RECUEIL GÉNÉRAL

DES

ANCIENNES LOIS FRANÇAISES,

DEPUIS L'AN 420, JUSQU'A LA RÉVOLUTION DE 1789;

PAR MM.

ISAMBERT, Avocat aux Conseils du Roi et à la Cour de cassation;
DECRUSY, Avocat;
TAILLANDIER, Avocat aux Conseils du Roi et à la Cour de cassation, Membre de la Société royale des Antiquaires de France.

> « Voulons et Ordonnons qu'en chacune Chambre de nos Cours de
> « Parlement, et semblablement es Auditoires de nos Baillifs et Sé-
> « nechaux y ait un livre des Ordonnances, afin que si aucune
> « difficulté y survenoit, on ait promptement recours à icelles. »
> (Art. 79 de l'Ordonn. de Louis XII, mars 1498, 1re de Blois.)

TOME XVIII.

AOUT 1661. — 31 DÉCEMBRE 1671.

PARIS,

BELIN-LEPRIEUR, LIBRAIRE-ÉDITEUR,
RUE PAVÉE-SAINT-ANDRÉ-DES-ARTS, N° 5.

VERDIÈRE, LIBRAIRE, QUAI DES AUGUSTINS, N° 25.

1829.

PARIS. IMPRIMERIE DE E. POCHARD,
RUE DU POT-DE-FER, n° 14.

ORDONNANCES DES BOURBONS.

SUITE DU RÈGNE DE LOUIS XIV.

N° 379. — EDIT *contre les mendians valides.*

Fontainebleau, août 1661. (Ord. 8, 3 Q. 430.—Archiv.—Rec. Cass.) Reg. P. P. septembre suivant.

LOUIS, etc. La mendicité des personnes valides a toujours été si odieuse à tous les peuples, qu'il ne s'en est point trouvé qui l'aient voulu souffrir ; et tous les états ont ordonné des châtimens contre ceux qui veulent vivre dans l'oisiveté, sans contribuer au public quelque chose de leur travail ou de leur industrie. Aussi les rois nos prédécesseurs ont fait plusieurs ordonnances, pour contraindre à travailler les mendians fainéans, quand ils se sont trouvés valides ; et nous, portés d'autant de commisération pour les foibles, que de juste sévérité contre les fainéans malicieux, aurions établi l'hôpital général en notre bonne ville de Paris, pour retirer et instruire les enfans délaissés, et secourir les vieilles personnes, les infirmes et les invalides ; et ce à dessein de pouvoir reconnoître les véritables pauvres pour les assister, et les fainéans qui s'opiniâtrent à la mendicité pour les employer aux ouvrages ou les châtier. En exécution de quoi les directeurs dudit hôpital général ont travaillé avec tant d'affection et de succès, que notredite ville et les faubourgs se trouvent beaucoup soulagés de l'importunité, surcharge et désordre des mendians. Et comme nous les aurions

I

mandés pour être informés de l'état dudit hôpital, de ses besoins, de leur conduite sur les pauvres, et des moyens de faire cesser la mendicité entièrement; ils nous auroient remontré que les rebellions qui se font fréquemment au bailli et aux archers par eux ordonnés pour prendre les pauvres, la fausse compassion de ceux qui leur donnent l'aumône dans les rues et dans les églises, le grand nombre des mendians mariés qui ne sont point enfermés, auxquels ils donnent portion tous les jours, les soldats estropiés qui ne sont pas de l'objet dudit hôpital, et principalement les valides mendians, arrêtoient l'exécution de notre dessein d'abolir la mendicité. A aucuns desquels empêchemens ayant depuis pourvu, celui des mendians valides est tellement augmenté dans le désordre, que quelques réglemens de police que lesdits directeurs aient pu faire, suivant l'autorité que nous leur en avons donnée, soit par la prison, le retranchement de portion, le fouet, ou les faisant raser, et usant de tous autres châtimens domestiques, ils ne laissent pas néanmoins de s'opiniâtrer à la mendicité, et en cette saison principalement, que la plupart des gens de travail étant malades par tous les villages, les laboureurs ne trouvent pas qui les secoure, quelque prix qu'ils offrent pour recueillir et resserrer les grains; ce qui causera une ruine totale, ou une disette notable en plusieurs provinces de notre royaume. A ces causes, nous, considérans que la mendicité opiniâtre et affectée par les personnes valides, est la source de tous les crimes contre Dieu et le public, et est en soi un crime de police, qui mérite des châtimens d'autant plus exemplaires, que telles gens se rendent incorrigibles par leurs mauvaises habitudes; en confirmant les ordonnances des rois nos prédécesseurs, la déclaration de feu roi notre très honoré seigneur et père, du 4 juillet 1659, registrée en notre cour de parlement de Paris, le 13 décembre audit an, ci-attachée sous notre contre-scel suivie de plusieurs arrêts de notredite cour et réglemens de police sur le même fait, savoir faisons que, pour ces causes, etc. Voulons et nous plaît que trois jours après la publication des présentes à son de trompe et cri public, les mendians valides de l'un et l'autre sexe, qui auront été par trois fois pris par les archers de l'hôpital général, conduits en icelui, et châtiés de la prison et du fouet, par ordre desdits directeurs, soient menés en nos prisons, pour, sur le certificat signé de quatre directeurs au moins, en leur bureau général, dont ils tiendront registre, être châtiés du fouet en place publique; et s'ils sont encore repris mendians, être condamnés, les hommes de servir en nos galères pendant cinq ans, et les femmes et filles au fouet, à être rasées et bannies pour dix ans de la prévôté et vicomté de Paris, le tout sans aucune forme de procès. Si donnons en mandement, etc.

N° 380. — EDIT *portant défenses de donner à fonds perdu aux communautés, excepté à l'Hôtel-Dieu.*

Fontainebleau, août 1661. (Ord. 8, 3 Q. 435. — Néron, II, 72.) Reg. P. P. septembre.

LOUIS, etc. Après la grâce que nous avons reçue du ciel, par une paix générale, qui a été suivie de tant de bénédictions, nous croyons être obligés de nous appliquer sérieusement au bien du royaume, duquel Dieu nous a donné la conduite et de pourvoir à tous les désordres qui s'y sont glissés depuis quelques années; entre lesquels est un certain commerce qui intéresse notablement les familles et le public, et qui emporte dans sa suite une contravention aux anciennes ordonnances, qui comme très utiles et nécessaires au bien de l'état, ont toujours été en vigueur, et auxquelles nous ne pouvons souffrir qu'il soit donné la moindre atteinte.

Ce désordre a été introduit par ceux qui, s'étant dépouillés de tout sentiment d'affection pour leurs parens et familles, ne considérant que leur satisfaction particulière, et ne cherchant que les aises et les commodités de la vie, qu'ils se sont persuadés consister en la jouissance facile et assurée de ce que leurs biens pourroient produire, se sont mis en peine de trouver les moyens d'en augmenter le revenu aux dépens même de la perte et aliénation de leurs fonds et principal; et dans cette pensée quelques-uns ayant vendu la propriété de leurs maisons, terres et héritages, et converti la valeur d'iceux en deniers comptans, ont trouvé des personnes disposées à les recevoir, et accepter les donations irrévocables qui leur ont été faites, à la charge d'en payer durant la vie des donateurs seulement, l'intérêt ou la rente, à un denier plus fort que celui porté par nos ordonnances. D'autres dans le même désir de se faire un revenu plus ample, ont donné par la même voie le fonds et la propriété de leurs maisons, terres et héritages, à la charge d'un intérêt annuel leur vie durant, qui excédoit de moitié la valeur des fruits que pouvoient produire les choses données. Il y en a encore d'autres qui se sont portés jusqu'à ce point que de prendre des sommes notables à constitution de rente au denier dix-huit et au denier vingt, dont leurs biens sont demeurés chargés, et leurs héritiers après leur mort; lesquelles sommes à l'instant même ils ont données en propriété à la charge d'une rente viagère sur le pied du denier dix, et quelquefois au denier huit, selon l'âge ou la constitution foible ou robuste des personnes, dont la vie plus longue ou plus courte, apportoit plus ou moins de profit. Et comme ceux qui dans ces motifs prenans résolution de convertir leurs biens en cette nature de rente, mettent leur principal soin, non seulement à en assurer le paiement, mais à le rendre commode et facile, ils ont cru qu'il ne pouvoit y avoir rien de plus certain que de s'adresser aux communautés, et entre les communautés à celles qui étoient en réputation d'être les plus riches. Et de fait nous avons été bien informés qu'il y en a plusieurs, qui, attirés par l'espérance du profit qu'il y avoit en ce négoce, s'y sont facilement engagés; en telle sorte que ceux de nos sujets qui veulent avoir à présent des rentes viagères, en abandonnant le fonds et la propriété de leurs biens, vont cherchant de communauté en communauté, celle qui sera leur condition meilleure et plus avantageuse: lequel désordre est venu à un tel excès, qu'il nous a semblé être nécessaire d'en arrêter le cours, et d'en défendre absolument l'usage à l'avenir, comme dommageable à ceux mêmes qui donnent, puisqu'ils se privent pour jamais de leurs biens, dont aux occasions ils ne peuvent plus tirer aucun secours; préjudiciable aux familles particulières, puisque par ce moyen les biens sont irrévocablement aliénés, et que les héritiers en sont privés pour toujours sans aucune espérance de retour, contre l'esprit de toutes les coutumes du royaume, qui ont si soigneusement pourvu à la conservation des biens dans les familles, et à empêcher les dispositions contraires aux lois de l'état, et aux anciennes et nouvelles ordonnances, dont par ces voies indirectes la prévoyance seroit éludée, en ce que par le temps une bonne partie des biens du royaume tomberoit en la propriété de gens de main-morte, qui sont incapables d'en posséder aucuns sans nos lettres de permission et d'amortissement, que nous ne voulons donner qu'en très grande connoissance de cause, et notamment dans ces occasions, auxquelles au contraire nous voulons promptement pourvoir. A ces causes, etc., défendons très expressément à tous nos sujets, de quelque qualité et condition qu'ils soient, de donner à l'avenir aucuns deniers comptans, héritages ou rentes aux communautés ecclésiastiques, régulières ou séculières, et autres gens de main-morte (à l'exception de l'Hôtel-Dieu, du grand hôpital de Paris, ou de la maison des incurables), par donations entrevifs, ou autres contrats, directement ou indirectement, en quelque sorte et manière, et pour quelque cause et prétexte que ce soit; à condition d'une rente leur vie durant, plus forte que ce qui est permis par nos ordonnances, ou qui excède le légitime revenu que pourroient produire les maisons, terres ou héritages donnés; et auxdites communautés et autres gens de main-morte, de les prendre et accepter : à peine de nullité desdits contrats, et de confiscation sur les donateurs des choses qui auront été par eux autrement données, et de trois mille livres d'amende contre lesdites communautés et gens de main-morte qui les auront acceptées; le tout payable, savoir, un tiers au dénonciateur, un tiers auxdits Hôtel-Dieu de Paris, et hôpital des incurables, et l'autre tiers à l'hôpital général. Comme aussi défendons à tous notaires, tabellions, greffiers, et autres personnes publiques, de recevoir lesdits actes, à peine de cent livres d'amende en cas de contravention, applicable comme dessus. Si donnons, etc.

N° 381. — ÉDIT *portant règlement pour la fabrique des cartes, tarots et dés.*

Fontainebleau, septembre 1661. (Ord. 9, 3 R. 160.)

N° 382. — RÈGLEMENT *pour l'établissement du conseil royal des finances, dont les décisions seront rédigées en forme d'ordonnance et signées par le roi.*

Fontainebleau, 15 septembre 1661. (Archiv. — Rec. Cass.)

Le Roi, ayant mûrement considéré depuis qu'il a plu à Dieu de donner la paix à ses peuples, le mauvais état des affaires des finances de son royaume, et toutes les causes dont il est provenu, sa Majesté, voulant y remédier à l'avenir, a résolu le présent règlement et déclaration de ses volontés.

Sa Majesté a supprimé pour toujours la commission de surintendant de ses finances, et toutes les fonctions qui y sont attachées.

Sadite Majesté, connoissant bien qu'elle ne peut donner des marques plus grandes de son amour pour ses peuples, que de prendre elle-même le soin de l'administration de ses finances, pour retrancher tous les abus qui s'y sont glissés jusqu'à présent, sadite Majesté a résolu d'appeler près de soi un conseil composé de personnes de capacité et probité connues, par l'avis duquel elle agira dans ladite administration, pour toutes les affaires qui étoient résolues et exécutées par le surintendant seul.

Ledit conseil sera appelé le conseil royal des finances, et sera composé d'un chef sous l'autorité et en la présence de sa Majesté, lorsque M. le chancelier ne sera pas audit conseil; et de trois conseillers, dont l'un sera intendant des finances, se réservant sa Majesté d'appeler en icelui M. le chancelier, lorsqu'elle le jugera à propos, auquel cas il tiendra le rang et la préséance due à sa dignité comme chef de tous les conseils du roi.

Sadite Majesté se réserve à elle seule la signature de toutes les ordonnances concernant les dépenses comptables et les comptans, tant pour dépenses secrètes que pour remises, intérêts et autres de toute nature.

Les états de distribution des finances, tant pour les recettes générales que pour les fermes, bois, domaines et autres deniers de toute nature, seront remis par l'intendant des finances qui en aura le département, avec ses avis et raisons sur les changemens à y faire, entre les mains de celui dudit conseil royal, qui sera ordonné par sa Majesté pour en être fait rapport, recevoir les ordres de sadite Majesté, et ensuite être lesdits états expédiés et signés par ledit intendant, remis entre les mains de celui qui en aura fait le rapport, pour être signés par sa Majesté, et par ceux dudit conseil, en la place et ordre que sa Majesté ordonnera.

L'intendant des finances, qui aura l'honneur d'être dudit conseil royal, aura l'épargne dans son département, et en conséquence tiendra le registre de toute la recette et dépense qui sera faite, dont il ne donnera communication à aucune personne, sans ordre exprès de sadite Majesté.

Toutes les ordonnances seront remises entre ses mains, pour être rapportées à sa Majesté, enregistrées et paraphées par lui, et ensuite expédiées par les trésoriers de l'épargne, chacun en l'année de son exercice.

Ledit intendant fera rendre tous les comptes des fermes, recettes générales, bois, domaines, affaires extraordinaires et autres recettes de toute nature, pour en être par lui fait rapport audit conseil général, et être lesdits comptes arrêtés et signés par sa Majesté, et ensuite par ceux dudit conseil royal.

Toutes les demandes d'emplois de nouvelles charges dans les

états de sa Majesté, seront rapportées et résolues dans ledit conseil royal.

Et pour toutes les affaires qui étoient traitées et résolues dans le conseil des finances, ou qui étoient signées par M. le chancelier, sadite Majesté tiendra ledit conseil, tel jour qu'il lui plaira ordonner, auquel M. le chancelier assistera pour y être lesdites affaires examinées et résolues, savoir :

Les brevets de la taille qui seront ensuite signés par sa Majesté et par tous ceux qui auront l'honneur d'assister audit conseil.

Tous les arrêts portant imposition sur les peuples, de quelque nature et qualité qu'ils puissent être, seront rapportés dans ledit conseil avant que de pouvoir être expédiés.

Les affiches contenant les conditions des baux ou fermes, seront examinées et résolues dans ledit conseil royal, et ensuite les fermes publiées, les enchères reçues, et lesdites fermes adjugées dans le conseil ordinaire des finances.

Tous les traités pour affaires extraordinaires, arrêts de prêt et autres de pareille nature, seront rapportés, examinés et résolus dans ledit conseil royal, et ensuite signés et expédiés en la même forme qui s'est pratiquée jusqu'à présent.

Les rôles de l'épargne, tant des dépenses comptables que des comptans, seront examinés et arrêtés dans ledit conseil royal, auquel seront présentes alors les mêmes personnes qui avoient accoutumé d'y assister, signés par sa Majesté, et ensuite par tous ceux qui y seront présens.

Nulle diminution ne pourra être accordée sur les fermes, recettes générales et affaires extraordinaires, de quelque nature qu'elles puissent être, qu'en présence de sa Majesté dans ledit conseil royal.

Toutes lesquelles affaires seront examinées et résolues dans ledit conseil royal, composé comme il est dit ci-dessus, de M. le chancelier, du chef et des trois conseillers audit conseil.

Sa Majesté veut et entend que toutes les semaines, une fois, le chef dudit conseil assemble tous ceux qui auront l'honneur d'en être, avec les autres directeurs et contrôleurs généraux, et intendans des finances, pour examiner toutes affaires de finances, ainsi que l'on avoit accoutumé de faire dans les petites directions chez les surintendans, à l'exception toutes fois de celles ci-dessus réservées au conseil royal, et particulièrement pour examiner tous les moyens d'augmenter les revenus ordinaires de sa Majesté, diminuer et ôter, s'il se peut, toutes les causes des diminutions des fermes, et des non-valeurs des recettes générales, et pour tenir soigneusement la main à ce que le recouvrement desdites impositions soit fait dans les temps prescrits par les ordonnances, en sorte que les dépenses que sa Majesté assignera sur lesdites impositions, soient ponctuellement payées et acquittées.

Toutes les affaires qui seront examinées dans les petites directions, seront ensuite rapportées dans les grandes directions, pour y être résolues en la forme accoutumée, et qui a été observée jusqu'à présent.

Les conseils des finances et grandes directions se tiendront ainsi qu'il est accoutumé, sans toutefois que l'on y puisse traiter d'aucune des matières ci-dessus réservées au conseil royal des finances.

En tous les conseils, le chef dudit conseil prendra la place que les surintendans des finances avoient accoutumé de prendre, et à l'égard des autres conseillers audit conseil royal, ils auront leur rang du jour de leurs brevets de conseiller-d'état.

Tous les arrêts et autres expéditions du conseil des finances, seront signés par lesdits chefs, et trois conseillers audit conseil royal.

Sa Majesté veut qu'à l'ouverture de toutes les séances de son conseil royal, il soit toujours fait rapport de l'état d'une ferme ou d'une recette générale, pour examiner tous les empêchemens que ses fermiers reçoivent en la perception des droits de leurs fermes, et les moyens justes et raisonnables pour les augmenter, afin d'interposer son autorité royale pour les faire valoir.

Sadite majesté se réserve de changer, augmenter ou diminuer au présent réglement, selon que la nécessité de son service le pourra requérir.

N° 383. — RÉGLEMENT *pour la discipline des troupes d'infanterie dans les garnisons.*

Fontainebleau, 12 octobre 1661. (Réglem. et ordonn. pour la guerre.)

N° 384. — ÉDIT *concernant le ressort du parlement de Metz.*

Fontainebleau, novembre 1661. (Archiv.)

N° 385. — ÉDIT *portant création d'une chambre de justice pour la recherche des abus et malversations commis dans les finances depuis 1635* (1).

---

(1) Cette chambre fut composée du premier président du parlement de Paris,

Fontainebleau, novembre 1661. (Rec. Cass.) Reg. P. P.—C. des A.—C. des C.
et chambre de justice, 3 décembre.

EXTRAIT.

LOUIS, etc. Après avoir heureusement terminé une guerre dont notre royaume, ainsi que le reste de la chrétienté, étoit affligé depuis vingt-cinq années, et avoir affermi nos conquêtes et le repos de notre état par une paix glorieuse, nous avons estimé que nous ne pouvions avoir une plus juste application ni mieux répondre à toutes les grâces que le ciel a visiblement répandues sur notre personne et sur notre état, qu'en faisant ressentir à nos peuples les effets du repos et de la tranquillité publique, tant en les déchargeant d'une partie des impositions que la durée de la guerre avoit rendues nécessaires, (et ce à mesure que nos finances se rétabliront, et que nos affaires nous le pourront permettre) qu'en bannissant le luxe de notre royaume, et réformant les abus qui se sont glissés dans la police, dans la distribution de la justice, et particulièrement dans l'administration de nos finances. C'est ce qui nous a fait résoudre d'en prendre nous-même le soin et la direction, et d'entrer dans le détail de toutes les recettes et dépenses de notre royaume, étant persuadé qu'il n'y avoit point d'autre moyen assez puissant pour rétablir l'ordre et en empêcher la dissipation : et nous avons reconnu que les désordres et malversations qui ont été commises depuis plusieurs années dans la dispensation de nos finances, ont produit tous les maux que nos peuples ont soufferts, et causé les surcharges extraordinaires que l'on a été obligé de faire sur eux pour subvenir aux besoins pressans de l'état, pendant qu'un petit nombre de personnes profitant

---

d'un président et de quatre conseillers au même parlement, d'un président et de deux conseillers en la chambre des Comptes, de deux conseillers à la cour des Aides, d'un conseiller pris dans chacun des parlemens du royaume, et du procureur-général du parlement de Paris. — Voy. aux Archives, à la suite de cet édit, une déclaration du 2 décembre suivant portant règlement pour l'exécution dudit édit ; des lettres de commission du roi, contenant les noms des juges et officiers composant la chambre de justice ; un monitoire publié dans toutes les paroisses de Paris pour aider à la découverte des auteurs des malversations, et un arrêt de la chambre de Justice portant défenses à tous trésoriers, receveurs, leurs commis, partisans, traitans, associés ou autres intéressés dans les finances du roi, domiciliés dans la ville et banlieue de Paris, et ceux qui sont à la suite de la Cour, d'en désemparer sans ordre du roi ou sans permission de la chambre ; et pour ceux qui ont leurs domiciles dans les autres villes, d'en sortir aussi sans la permission des juges de leurs domiciles, à peine d'être déclarés convaincus du crime de péculat.

de cette mauvaise administration ont par des voies illégitimes et par des moyens prohibés par nos ordonnances, élevé des fortunes subites et prodigieuses, fait des acquisitions immenses, et donné dans le public un exemple scandaleux, par leur faste et leur opulence, et par un luxe capable de corrompre les mœurs, et toutes les maximes de l'honnêteté publique; la nécessité du temps et la durée de la guerre nous ayant empêché d'apporter les remèdes nécessaires à un mal si dangereux; et même nous ayant obligé, quoiqu'à notre grand regret, à donner des déclarations pour décharger nos officiers comptables, et tous ceux qui avoient été intéressés dans nos finances, de la recherche d'une chambre de justice, moyennant certaines taxes, dans la distribution desquelles nous sommes bien informé que l'abus a été très grand. Mais à présent que nos soins ne sont point divertis, comme ils l'étoient durant la guerre, par la connoissance particulière que nous avons prise des grands dommages que ces désordres ont apportés à notre état, à notre service, et à tous nos sujets; et excité d'une juste indignation contre ceux qui les ont causés; nous avons résolu, tant pour satisfaire à la justice, et pour marquer à nos peuples combien nous avons en horreur ceux qui ont exercé sur eux tant d'injustice et de violence, que pour en empêcher à l'avenir la continuation, de faire punir exemplairement et avec sévérité tous ceux qui se trouveront prévenus d'avoir malversé dans nos finances, et délinqué à l'occasion d'icelles, ou d'avoir été les auteurs ou complices de la déprédation qui s'y est commise depuis plusieurs années, et des crimes énormes de péculat qui ont épuisé nos finances et appauvri nos provinces, et pour cet effet d'ordonner présentement une chambre de justice composée ainsi qu'il a été fait par le passé, de nombre d'officiers de nos cours souveraines, avec pouvoir de faire la recherche et punition des abus et malversations au fait de nos finances, et de tous les crimes et délits commis à l'occasion d'icelles par quelques personnes, de quelque qualité et condition qu'elles soient. A ces causes, etc., et afin d'inviter nos bons sujets d'aider à éclaircir la vérité des faits et cas susdits dont le crime et l'accusation sont publics, non-seulement important à nous, mais au général et particulier de nos sujets : nous ordonnons à ceux qui se voudront rendre et déclarer dénonciateurs et délateurs de tels crimes, pour récompense des frais qu'il leur conviendra faire, peines et vacations, le sixième des amendes et condamnations qui nous seront adjugées ou qui proviendront de leur dénonciation, en quelque sorte et manière que ce soit, lequel nous voulons et entendons leur être payé par préférence sur les deniers qui proviendront de leurdite dénonciation, par le receveur qui sera par nous commis à la recette d'iceux; sauf à nos juges en ladite chambre d'ordonner autres et plus grandes récompenses auxdits dénonciateurs ou autres personnes selon la diligence, qualités et circonstances de leurs avis, et du service qu'ils nous y auront rendu : sans que notredit procureur-général en ladite chambre puisse être poursuivi ou contraint de déclarer lesdits dénonciateurs, avenant qu'aucun des accusés (pour raison des cas susdits, circonstances et dépendances) fût absous des faits à lui imputés. nonobstant l'article de l'ordonnance d'Orléans, auquel pour cet effet nous avons dérogé et dérogeons par ces présentes, comme aussi à tous édits, déclarations, arrêts et lettres qui pourroient avoir été expédiés depuis ledit mois de mars 1635, portant révocation de l'établissement des chambres de justice et décharge en faveur de nos officiers comptables et autres de toutes recherches contre eux pour le fait de nos finances, encore que lesdits édits, déclarations, arrêts et lettres aient été registrés en nos cours souveraines; ensemble à l'ordonnance portant abolition des crimes commis et non poursuivis pendant vingt années : à tous lesquels édits, déclarations, arrêts, lettres et ordonnances, ainsi qu'aux dérogatoires y contenus, nous avons particulièrement dérogé et dérogeons par ces présentes, etc.

N° 386. — ORDONNANCE *portant qu'il sera envoyé des troupes d'infanterie des armées du roi dans les châteaux, citadelles et places fortes, pour servir à leur garde conjointement avec les troupes qui composent les garnisons ordinaires.*

Fontainebleau, 1ᵉʳ décembre 1661. (Réglem. et ordonn. pour la guerre.)

N° 387. — ORDONNANCE *portant que la moitié des officiers des troupes d'infanterie seront présens dans les garnisons.*

Paris, 18 décembre 1661. (Réglem. et ordonn. pour la guerre.)

N° 388. — LETTRES-PATENTES *portant érection de la terre de Randan en duché-pairie* (1).

1661. (Hen. Abr. chr.)

---

(1) Éteinte en 1774.

N° 389. — LETTRES-PATENTES *portant érection du duché de Nevers en duché-pairie en faveur du cardinal Mazarin* (1).

1661. (Hen. Abr. chr.)

N° 390. ÉDIT *portant établissement de carrosses à Paris* (2).

Paris, janvier 1662. (Ord. 9, 3 R. 28. — M. de Montmerqué, *Dissertation sur les carrosses à cinq sols, ou les Omnibus du 17e siècle*.) Reg. P. P. 7 février 1662, aux modifications portées par l'arrêt.

LOUIS, etc. Notre très cher et bien amé cousin le duc de Roanès, pair de France, gouverneur, et notre lieutenant-général de notre province du Poitou, et nos chers amés les marquis de Sourches, chevalier de nos ordres, grand prévôt de notre hôtel, chevalier et marquis de Crenan, grand échanson de France, nous ayant très humblement supplié de leur vouloir accorder la permission de faire un établissement dans la ville et faubourgs de Paris, pour la commodité d'un grand nombre de personnes peu accommodées comme plaideurs, gens infirmes et autres qui, n'ayant pas le moyen d'aller en chaises ou en carrosse, à cause qu'il en coûte une pistole ou deux écus (3) pour le moins, par jours, pourront être menés en carrosse pour un prix tout-à-fait modique, par le moyen de l'établissement de carrosses qui feroient toujours les mêmes trajets de Paris, d'un quartier à autre, savoir : les plus grands pour cinq sous marqués, et les autres à moins, et pour les faubourgs à proportion, et partiroient toujours à heures réglées, quelque petit nombre de personnes qui s'y trouvassent auxdites heures, et même à vide, quand il ne s'y présenteroit personne, sans que ceux qui se serviroient de ladite commodité fussent obligés de payer plus que

---

(1) Le cardinal mourut avant l'enregistrement. — Lettres de confirmation en 1676. — De surannation en 1692, non enregistrées, portant confirmation des lettres-patentes de 1676.

(2) Un savant magistrat, M. de Montmerqué, a retrouvé dans cet édit un usage analogue à celui qui a fait établir les *Omnibus*. On a cru que Pascal étoit l'inventeur de ces voitures : M. de Montmerqué pense le contraire, et croit qu'ainsi que madame Perier sa sœur, Pascal se contenta de placer des fonds dans cette entreprise qui ne put se soutenir que pendant peu d'années.

(3) La pistole, équivalente à la pièce de vingt-quatre livres d'aujourd'hui, valoit alors onze livres, et l'écu d'or cinq livres quatorze sols.

leurs places ; nous aurions sur le placet qu'ils nous en auroient présenté, renvoyé l'affaire à notre conseil le vingt-cinquième novembre dernier, pour donner son avis sur le contenu en icelui ; sur quoi notredit conseil ayant, par son résultat du dix-neuvième janvier, mois présent, ci-attaché sous notre contre-scel, déclaré que nous pouvons accorder à notredit cousin, le duc de Roanès, et auxdits marquis de Sourches et de Crenan, la permission et concession d'établir des carrosses publics dans la ville et faubourgs de Paris, à l'instar des coches de la campagne, et qu'à cet effet toutes lettres nécessaires peuvent être expédiées. A ces causes, désirant reconnoître les services de notredit cousin le duc de Roanès et desdits marquis de Sourches et de Crenan, qui nous en très particulière recommandation, et faciliter autant nous est possible la commodité de nos sujets, de notre grâce spéciale, pleine puissance et autorité royale, nous avons donné et octroyé, donnons et octroyons à notredit cousin le duc de Roanès et auxdits marquis de Sourches et de Crenan, par ces présentes signées de notre main, la faculté et permission d'établir en notredite ville et faubourgs de Paris, et autres de notre obéissance, tel nombre de carrosses qu'ils jugeront à propos, et aux lieux qu'ils trouveront le plus commodes, qui partiront à heures réglées pour aller continuellement d'un quartier à un autre, où chacun de ceux qui se trouveront auxdites heures ne payera que sa place pour un prix modique, comme il est dit ci-dessus ; pour jouir dudit privilége par notredit cousin le duc de Roanès et marquis de Sourches et de Crenan, leurs successeurs et ayant cause, pleinement et paisiblement et à toujours ; faisant très expresses inhibitions et défenses à toutes personnes de quelque qualité et condition qu'elles soient, de faire ni souffrir être fait aucun établissement de carrosses, coches ou autres voitures différentes, sous prétexte qu'elles fussent d'autre forme, figure, nombre de chevaux et autres différences, ni de toutes autres sortes de voitures roulantes, généralement quelconques, qu'on voudroit faire aller à l'instar des coches de la campagne, et à l'imitation du présent établissement, dans notre bonne ville de Paris et autres, sans la permission de notredit cousin le duc de Roanès et desdits marquis de Sourches et de Crenan, ou de ceux qui se trouveront être valablement autorisés d'eux ou de leurs successeurs et ayant cause, à peine, contre les contrevans, de trois mille livres d'amende et de confiscation de leurs chevaux, carrosses et autres voitures. Si donnons, etc.

N° 391. — TRAITÉ *par lequel Charles IV, duc de Lorraine, fait le roi héritier de ses états* (1).

Paris, 6 février 1662. Ratifié le 7. (Dumont, Corps Diplomat. t. VI. 2ᵉ part. p. 401.)

N° 392. — ARRÊT *du parlement portant qu'en cas de changement aux offices de notaires par mort, résignation ou autrement, toutes les minutes des contrats et autres actes qu'ils auront reçus seront soigneusement gardées et remises à leurs successeurs.*

Paris, 18 février 1662. (Rec. Cass.)

N° 393. — TRAITÉ *d'alliance avec la Hollande.*

Paris, 27 avril 1662. (Dumont, Corps diplom. t. VI, 2ᵉ part.)

N° 394. — DÉCLARATION *pour la vente par décret des immeubles des condamnés en la chambre de justice.*

Paris, 14 juin 1662. (Rec. Cass.)

N° 395. — EDIT *portant qu'il sera établi un hôpital en chaque ville et bourg du royaume pour les pauvres malades, mendians et orphelins.*

St Germain-en-Laye, juin 1662. (Rec. Cass. — Archiv.) Reg. P. P. 21 août.

LOUIS, etc. Entre les soins que nous prenons pour la conduite de l'état que Dieu nous a confié, et qu'il a soumis à notre autorité, celui des pauvres nous a été en particulière recommandation ; et le grand désir que nous avons toujours eu de pourvoir aux nécessités des mendians, comme les plus abandonnés, de procurer leur salut par les instructions chrétiennes, et d'abolir la mendicité et l'oisiveté, en élevant leurs enfans aux métiers dont ils seroient capables, nous auroit fait établir l'hôpital général en notre bonne ville de Paris, par nos lettres de déclaration du mois d'avril mil six cent cinquante-six. Cet établissement ayant eu l'effet que nous nous en étions promis, le public a reçu la satisfaction de voir notredite ville soulagée de l'importunité des mendians, et leurs enfans nourris à la piété chrétienne, et instruits aux métiers et ouvrages qu'ils peuvent apprendre, jus-

---

(1) Pour sûreté de l'exécution, il promit de remettre au roi la ville de Marsal, à condition que tous ses héritiers seroient déclarés princes du sang de France. Le parlement vérifia ce traité avec clause qu'il n'auroit lieu que quand tous ceux qui y seroient intérêt y auroient signé ; cette clause fit que le traité fut sans exécution. (Hen. Abr. chr.)

qu'à ce qu'il y ait des lieux et des ouvroirs dans les maisons dudit hôpital, pour de plus grandes manufactures : nos sujets ont vu de si grands succès pour la gloire de Dieu et le salut des pauvres, que plusieurs émus de charité et du désir de voir affermir la continuation de tant de bonnes œuvres, y ont fait des aumônes considérables; nous l'avons aussi appuyé de notre protection, et favorisé de nos grâces et libéralités. Mais quelques ménages et économie que les directeurs d'icelui y aient pu apporter, quelque soin qu'ils aient pris de chercher des moyens pour le faire subsister, tant par les avis qu'ils nous ont présentés que par les exhortations qu'ils ont procurées, être faites par les curés et prédicateurs, par les mémoires qu'ils ont fait imprimer plusieurs fois, de l'état et du besoin dudit hôpital, et par les quêtes faites en notre cour et suite, et dans les maisons de Paris par les dames les plus qualifiées, néanmoins la surcharge des mendians arrivés de diverses provinces de notre royaume, est venue jusqu'à tel point, que, quoique lesdits directeurs n'aient pas la moitié du revenu qui est nécessaire pour la subsistance ordinaire de quatre à cinq mille pauvres qu'ils ont nourris aux années précédentes, ils logent pourtant et nourrissent dans les cinq maisons dudit hôpital plus de six mille pauvres : ils donnent, de plus, la nourriture en six endroits de la ville, à trois mille autres pauvres mariés. Outre lesquels, on voit encore un très grand nombre de mendians dans ladite ville, qui ne peuvent être ni logés, par faute de bâtimens, ni nourris, pour ce que le revenu dudit hôpital ne monte pas à la moitié de la dépense qui se fait par chacun an dans icelui. C'est pourquoi, considérant que quand les bâtimens et les revenus seroient augmentés, il seroit impossible, sans ruiner cet hôpital, d'y loger ni nourrir tous les mendians qui abordent de tous endroits en notredite bonne ville, les uns par fainéantise, les autres par faute d'ouvrage, et la plupart par la grande nécessité qui est à la campagne; et à cause de cette occasion, s'accoutument, eux et leurs enfans, à cette malheureuse fainéantise qui cause tous les désordres et la corruption; pourquoi les biens de la campagne sont en partie délaissés, n'y ayant pas assez de personnes pour y faire le travail nécessaire. Outre qu'il n'est pas juste que notre bonne ville de Paris fournisse seule la nourriture que les autres villes de notre royaume doivent chacune à leurs pauvres, selon l'équité naturelle, et conformément aux ordonnances des rois nos prédécesseurs. Savoir faisons, qu'après avoir fait voir en notre conseil les ordonnances des rois nos prédécesseurs, et notamment celles des rois Charles IX, données à Moulins, en 1566, et de Henri III, données à Fontainebleau, au mois de mai 1586, registrées en nos cours de parlement; de l'avis de notredit conseil, de notre certaine science, pleine puissance et autorité royale, en confirmant les anciennes ordonnances, et y ajoutant les choses que l'expérience nous a fait connoître être nécessaires, ordonnons, voulons et nous plaît, qu'en toutes les villes et faubourgs de notre royaume, où il n'y a point encore d'hôpital général établi, il soit incessamment procédé à l'établissement d'un hôpital, et aux réglemens d'icelui pour y loger, enfermer et nourrir les pauvres mendians invalides, natifs des lieux, ou qui y auront demeuré pendant un an, comme aussi les enfans orphelins ou nés de parens mendians. Tous lesquels pauvres y seront instruits à la piété et religion chrétienne, et aux métiers dont ils pourront se rendre capables, sans qu'il leur soit permis de vaguer, ni sous quelque prétexte que ce soit, d'aller de ville en ville, ni de venir en notre bonne ville de Paris, et que les habitans des villes et gros bourgs y soient contraints par toutes voies dues et raisonnables; et afin que notre volonté puisse être promptement exécutée, mandons à nos amés et féaux les gens tenant nos cours de parlement, baillis, sénéchaux, prévôts, leurs lieutenans, et à tous autres nos justiciers et officiers, qu'ils fassent lire et enregistrer ces présentes pour être exécutées selon leur forme et teneur; et aux maires et échevins, capitaines et consuls des villes, qu'au plutôt ils aient à commettre et députer quelques-uns d'entre eux pour s'assembler, afin d'aviser aux moyens les plus propres et convenables en chacun lieu, pour l'établissement desdits hôpitaux; et que les réglemens qui seront faits, soient envoyés incontinent aux greffes de nosdits parlemens selon leur ressort, pour connoître de quel zèle, affection et diligence ils auront vaqué à ce que dessus, et être lesdits réglemens registrés en nosdites cours.

N° 396. — ARRÊT *du conseil-d'état portant que les enterremens des religionnaires ne pourront être faits que le matin à la pointe du jour, et le soir à l'entrée de la nuit.*

St-Germain-en-Laye, 7 août 1662. (Rec. Cass. — Nouv. Rec. de Lefevre.)

N° 397. — LETTRES *de noblesse accordées par le roi à Lebrun, son peintre ordinaire.*

Paris, octobre 1662. (Rec. Avoc. Cass.)

N° 598. — DÉCLARATION *qui maintient la ville de Dunkerque dans ses libertés et franchises, en fait un port franc et accorde le droit de naturalité, sans lettres ni finances, aux étrangers qui s'y habitueront* (1).

Paris, novembre 1662. (Archiv.)

PRÉAMBULE.

Nous pouvons dire avec beaucoup de satisfaction, que depuis notre avénement à la couronne, nous n'avons rien désiré si ardemment que de donner la paix à nos peuples : aussi combien que nous ayons pris naissance au milieu de la guerre : que les dispositions de notre personne et de notre âge, et les heureux succès qui ont accompagné la justice de nos armes, fussent de pressans motifs pour nous porter à les continuer; que les mouvemens d'ambition et de gloire soient ordinairement ceux qui touchent le plus les monarques, et qu'enfin, la qualité de conquérant ait toujours été prise pour le plus noble et le plus élevé de leurs titres, néanmoins, l'amour paternel que nous avons toujours eu pour nos sujets, a prévalu sur notre propre gloire; sous lui avons donné les bornes qu'elle ne pouvoit recevoir que de nous-mêmes; et au milieu de nos prospérités, nous avons bien voulu renoncer à tant et de si considérables avantages, pour donner la paix à nos peuples. Ce sont ces mêmes mouvemens qui nous ont depuis obligé de convertir nos soins à purger nos états de la confusion et des désordres que la licence de la guerre y avoit fait naître : et comme par des considérations d'état, et dont le succès a produit la paix générale, nous avions été obligé de joindre nos armes à celles de l'Angleterre, et en conséquence, de laisser en leurs mains la ville de Dunkerque, conquise par nos communes forces, nous avons depuis estimé que nous ne pouvions rien faire de plus glorieux pour nous, de plus considérable pour le bien de la chrétienté, l'affermissement de la paix entre les couronnes, le repos et la tranquillité de nos sujets, la sûreté et le rétablissement du commerce, que de retirer cette importante place des mains de l'étranger, et en même temps y établir le seul exercice de la religion catholique, apostolique et romaine, d'y rendre le commerce plus florissant et plus abondant qu'il n'a jamais été, en sorte que dans l'exécution de

---

(1) Le traité de restitution de Dunkerque à la France porte la date des 17/27 octobre 1662. (V. Dumont, Corps diplom. t. VI, 2ᵉ part. p. 432.)

ce dessein, les avantages se sont rencontrés réciproques; et le traité en ayant été résolu à condition de payer à notre très cher et très amé frère le roi d'Angleterre, la somme de cinq millions de livres, nous avons en cela principalement ressenti les grands et utiles effets du bon ordre et de la sage économie que nous avons apportés dans l'administration de nos finances, depuis que nous en avons pris la principale direction, ayant par ce moyen trouvé dans notre épargne un fonds suffisant pour pourvoir à cette dépense, non seulement sans aucune surcharge de nos sujets, mais au contraire lors même que nous continuons de leur accorder de notables soulagemens d'impositions de toute nature, en sorte que par cette dispensation de nos finances, nous nous trouvons avoir en pleine paix fait des conquêtes qui auroient pu au milieu de la guerre épuiser les forces d'un puissant état. Mais comme un des plus grands fruits que nous nous sommes promis de cette acquisition, consiste au rétablissement du commerce, et qu'il importe à cet effet de rendre à cette place (autrefois si fameuse parmi les négocians) son ancienne réputation, à convier toutes les nations d'y venir trafiquer, nous avons résolu de la remettre, non seulement dans tous les priviléges dont elle a ci-devant joui, mais encore de lui accorder toutes les autres franchises, exemptions et immunités dont jouissent les villes les plus florissantes. A ces causes, etc.

N° 399. — CONCESSION *à perpétuité des îles Lucayes et Caïques au sieur d'Ogeron, ses héritiers et ayans-cause.*

1662 (¹). (Moreau de St-Méry, t. Ier, p. 87.)

N° 400. — ARRÊT *du conseil qui décharge les nouveaux convertis du paiement de leurs dettes envers les religionnaires.*

Paris, 11 janvier 1663. (Rec. Avoc. Cass.)

N° 401. — RÉGLEMENT *pour la levée des droits de péage par eau et par terre, et pour la répression des abus y relatifs.*

Paris, 31 janvier 1663. (Ord. 9, 3 R. 140. — Bacquet 243. — Rec. Cass.)

N° 402. — RÉGLEMENT *général sur le fait des tailles.*

Paris, 12 février 1663. (Rec. Cass.) Reg. C. des A. 21 juin.

(¹) Moreau de St-Méry n'indique ni le lieu, ni le jour, ni le mois où cette concession fut signée.

PRÉAMBULE.

LOUIS, etc. Encore que par les réglemens ci-devant faits pour les tailles ès-années 1600, 1614, 1634, 1643, registrés en notre cour des aides à Paris, il ait été pourvu à tout ce qui sembloit lors nécessaire pour empêcher les abus et vexations qui se commettent d'ordinaire à l'imposition et levée des deniers desdites tailles, néanmoins l'expérience a fait voir que l'artifice des riches contribuables est tel, qu'ils inventent de nouveaux moyens pour se soulager non-seulement de la collecte, mais encore de ce qu'ils devroient légitimement porter aux dépens des misérables : c'est ce qui nous a obligé de nommer des commissaires de notre conseil pour revoir lesdits réglemens avec plusieurs mémoires à nous donnés sur l'inexécution d'iceux et de ce qu'il convient faire à l'avenir pour éviter lesdits abus, notre intention étant que les diminutions que nous ferons cy-après soient distribuées en faveur de ceux qui ont été surtaxés, et que ceux qui se sont indûment faits soulager soient imposés selon leurs biens et facultés, et surtout faire cesser les procès et différends qui naissent entre nos sujets pour nomination ou décharges des collecteurs, d'où s'en suit leur ruine et le retardement et la perte de nos deniers. Ce qui ayant été examiné par lesdits commissaires qui nous en ont fait le rapport, nous avons résolu d'y pourvoir au mieux qu'ils nous sera possible. A ces causes, etc.

N° 403. — ARRÊT *du conseil qui ordonne que les enfans dont les pères sont catholiques et les mères protestantes seront baptisés à l'église.*

Paris, mars 1663. (Rec. Avoc. Cass.)

N° 404. — ARTICLES, *réglemens, statuts, ordonnances et priviléges des cinquanteniers et dixainiers de la ville et faubourgs de Paris, dressés par ordre du roi.*

Paris, mars 1663. (Rec. Avoc. Cass.)

N° 405. — ORDONNANCE *portant que l'officier principal qui commandera en chaque corps-de-garde, donnera l'ordre et le mot au gouverneur ou commandant dans la place, au lieutenant pour sa Majesté, et au sergent-major en icelle, lorsqu'ils feront leurs rondes.*

Paris, mars 1663. (Réglem. et ordonn. pour la guerre.)

N° 406. — DÉCLARATION *sur l'article* 19 *de l'édit d'avril* 1598 *et l'article 39 du traité secret y annexé, contenant des dispositions contre les relaps* (1).

Paris, avril 1663. (Hist. de l'édit de Nantes. — Rec. Cass.)

LOUIS, etc. Le feu roi Henri le Grand notre aïeul ayant en l'année 1598 conclu et arrêté la pacification des troubles qui étoient lors dans le royaume sur le fait de la religion prétendue réformée, auroit, entr'autres choses par l'article 19 de son édit de Nantes, ordonné que ses sujets de ladite religion prétendue réformée ne seroient aucunement astreints ni obligés pour raison des abjurations, promesses et sermens qu'ils auroient ci-devant faits; néanmoins plusieurs de nos sujets de ladite religion prétendue réformée, sous ce prétexte et par des considérations de mariage, et autres semblables motifs, ayant depuis ledit édit fait abjuration de ladite religion prétendue réformée, profession de la religion catholique, et participé à ses plus saints mystères, retournent toutefois à leurs premières erreurs, et par cet abus et profanation tombent dans le crime de sacrilège et de relaps, au préjudice de toutes les lois divines et humaines, et même de plusieurs édits par lesquels lesdits abus et profanation des mystères de la religion catholique si particulièrement défendus auxdits de la religion prétendue réformée, que par ce moyen ils encourent les peines dues à de si grands crimes et peuvent d'autant moins s'en prétendre exempts, que sous prétexte dudit édit de Nantes ils renoncent et se départent des grâces et bénéfices d'icelui lorsqu'ils se font catholiques, dans un temps où ils ont l'entière liberté de demeurer dans ladite religion prétendue réformée. Outre que ledit article 19 n'étant que pour le passé et point pour l'avenir, l'on ne peut inférer que l'indulgence que notredit aïeul eut pour les relaps de ce temps-là, se puisse étendre jusqu'aux relaps du temps présent. C'est pourquoi, suivant toutes les maximes du droit, cette grâce effaçant le passé, suppose de plus étroites défenses de tomber dans de pareils inconvéniens à l'avenir. Mais comme la tolérance d'un mal le rend plus grand, la mauvaise interprétation que lesdits de la religion prétendue réformée ont faite dudit édit de Nantes sur ce point, a passé jusqu'au 39 des articles secrets, portant défenses de faire recherche des mariages contractés avant ledit édit par les prêtres et personnes religieuses,

---

(1) Voy. Rulhières, *Eclaircissemens historiques sur les causes de la révocation de l'édit de Nantes.*

plusieurs prétendant pareillement que cet article, dont les paroles se restreignent si précisément au passé, se pouvoit étendre jusqu'à l'avenir. Et après avoir apostasié depuis ledit édit, ont été reçus parmi lesdits de la religion prétendue réformée, et mariés par leurs ministres, lesquels, n'ignorant pas les termes dudit article 39, n'ont laissé d'y contrevenir manifestement, et se sont rendus coupables d'un crime que la qualité et le vœu de ces personnes rendent l'objet capital de l'animadversion de toutes les lois divines et humaines, et d'autant qu'une plus longue tolérance de ces désordres donneroit lieu aux fréquens changemens de religion qui en pourroient arriver et causeroient enfin des divisions préjudiciables au repos de notre état, au bien de notre service et à celui de l'église dont l'exemple du passé n'est qu'un trop évident témoignage; voulant y apporter le remède nécessaire pour maintenir notre royaume dans une parfaite tranquillité, et nos sujets dans le devoir, et le bon ordre qu'ils sont obligés de tenir pour leur salut: savoir faisons que, etc., voulons et nous plaît, en interprétant en tant que de besoin lesdits articles 19 dudit édit de Nantes et 39 des secrets d'icelui, que nul de nosdits sujets de la religion prétendue réformée qui en auroient une fois fait abjuration pour prendre et professer la religion catholique, apostolique et romaine, ne puisse jamais plus y renoncer, et retourner à ladite religion prétendue réformée, pour quelque cause ou prétexte que ce soit, ni même ceux de nosdits sujets catholiques qui sont prêtres ou engagés dans les ordres sacrés de l'église, ou liés par des vœux à des maisons religieuses, quitter la religion catholique, pour prendre la prétendue réformée, soit pour se marier ou autrement. Ce que nous leur défendons très expressément, sur peine d'être procédé contre les coupables suivant la rigueur des ordonnances. Ordonnons à cette fin, qu'il sera incessamment informé à la diligence de nos procureurs généraux en nos cours de parlement, tous substituts és baillages, et siéges présidiaux, contre les contrevenans, pour leur être le procès fait et parfait, ainsi qu'il appartiendra.

N° 407. — DÉCLARATION *portant qu'il sera fait information de l'état des haras.*

Paris, 16 mai 1663. (Rec. Avoc. Cass.)

N° 408. — ORDONNANCE *faisant de nouveau défenses de porter des passemens d'or et d'argent, vrais ou faux.*

Paris, 18 juin 1663. (Rec. Cass.)

Sa Majesté ne pouvant plus souffrir pendant que la paix lui donne les moyens de réparer les abus que la guerre auroit introduits dans son royaume et de s'appliquer à tout ce qu'elle croit pouvoir servir au soulagement de ses sujets que les plus qualifiés d'entr'eux s'incommodent par la dépense excessive où le luxe les engage, et qu'au préjudice de sa déclaration du 27 novembre 1661 qu'elle avoit faite pour réprimer ce désordre, il soit contrevenu impunément à son intention et aux défenses y contenues; sa Majesté, voulant qu'elle soit désormais exactement observée, fait de nouveau très expresses inhibitions et défenses à toutes personnes, tant hommes que femmes, de quelque qualité et condition qu'elles soient de porter aucun ornement d'or ni d'argent trait, soit vrai ou faux, sur leurs habits, manteaux, casaques, juste-au-corps, robes, jupes, et autres habits généralement quelconques, ni même en leurs cordons de chapeaux, baudriers, ceintures, porte-épées, éguillettes, écharpes, jarretières, gants, nœuds et rubans, à la réserve des boutons et boutonnières d'orfèvrerie d'or et d'argent dont elle permet l'usage aux endroits seulement où ils seront nécessaires; à peine de confiscation de tout ce qui se trouvera sur eux contraire à la présente et à la susdite déclaration, et des autres peines y contenues. Mande et ordonne sa Majesté au prévôt de Paris ou son lieutenant civil et tous autres ses justiciers et officiers qu'il appartiendra de tenir soigneusement la main à l'observation de la présente ordonnance et de la faire publier à son de trompe et cri public et afficher par tous les carrefours de la ville et faubourgs de Paris, à ce que nul n'en puisse ignorer.

N° 409. — RÉGLEMENT *pour l'artillerie et la poudre à canon.*

Paris, juin 1663. (Ord. 9, 3 R. 350.)

N° 410. — ARRÊT *du parlement contenant réglement général sur les prisons, en 46 articles.*

Paris, 6 juillet 1663. (Archiv.)

N° 411. — LETTRES-PATENTES *portant confirmation du séminaire établi à Paris pour la conversion des infidèles à l'étranger.*

Paris, 26 juillet 1663 (Ord. 9, 3 R. 423.)

N° 412. — Arrêt *du parlement de Provence, qui réunit le comtat d'Avignon à la couronne.*

Aix, 26 juillet 1663. (Rec. Cass. — M. Daunou, *Essai sur la puissance temporelle des papes*, t. I, p. 350.)

N° 413. — Ordonnance *portant que les sergens-majors des villes et places donneront leurs conclusions dans les procès criminels des soldats, à l'exclusion des sergens-majors des régimens.*

Paris, 7 août 1663. (Réglem. et ordonn. pour la guerre.)

N° 414. — Traité *de renouvellement d'alliance avec les Suisses.*

Soleure, 4 septembre 1663. (Dumont, Corps Diplom. t. VI, 2° part. p. 473.)

N° 415. — Commission *de lieutenant-général de l'Amérique, donnée à de Prouville de Tracy.*

Paris, 19 novembre 1663. (Moreau de St-Méry, t. I, p. 94.)

N° 416. — Déclaration *(le roi tenant son lit de justice) portant que ceux qui auront obtenu des lettres-patentes d'érection de pairies ne seront admis à poursuivre la réception après l'année de la date de ces lettres, s'ils ne rapportent des lettres de surannation.*

Paris, 15 décembre 1663. (Blanchard.)

N° 417. — Arrêt *du conseil concernant les domaines engagés.*

Paris, 24 décembre 1663. (Rec. Avoc. Cass.)

N° 418. — Edit *portant révocation des hérédités et survivances, et suppression de plusieurs offices.*

Paris, décembre 1663. (Rec. Avoc. Cass.)

N. 419. — Edit *portant établissement de l'Académie des inscriptions et belles-lettres, et de celle de peinture et de sculpture et statuts y annexés* (1).

Paris, décembre 1663. (Rec. Cass.) Reg. P. P. 14 mai 1664.)

---

(1) L'académie des Inscriptions et Belles-Lettres fut d'abord formée d'un petit nombre de membres de l'Académie françoise, qui commencèrent à s'assembler en 1663 dans la bibliothèque de Colbert pour travailler aux inscriptions, devises, médailles, etc., dont on avoit besoin pour fournir les dessins des tapisseries du roi. Elle fut nommée à juste titre la *petite académie*, car le nombre de ses mem-

N° 420. — **Lettres-patentes** *portant érection de la baronnie de Saint-Aignan en duché-pairie, en faveur de François de Beauvilliers.*

Paris, décembre 1663. (Ord. 9, 3 R. 483.)

N° 421. — **Lettres-patentes** *portant érection du comté de Noailles en duché-pairie.*

Paris, décembre 1663. (Ord. 9, 3 R. 486.)

N° 422. — **Lettres** *portant érection de la terre de la Meilleraie en duché-pairie* (1).

1663. (Hen. Abr. chr.)

N° 423. — **Lettres** *portant érection de la terre de Rethelois en duché-pairie, sous le nom de Mazarin* (2).

1663. (Hen. Abr. chr.)

N° 424. — **Lettres** *portant érection du marquisat de Coislin en duché-pairie* (3).

1663. (Hen. Abr. chr.)

N° 425. — **Déclaration** *sur le fait et négoce des lettres de change.*

Paris, 9 janvier 1664. (Ord. 10, 3 S, 22. — Rec. Cass. — Arch.) Reg. P. P., 26 janvier.

LOUIS, etc. Nos chers et bien amés les juges et consuls de

---

bres n'étoit alors que de quatre, savoir : Chapelain, l'abbé de Bouzeis, Charpentier et l'abbé de Cassagnes. Peu à peu le nombre des membres augmenta; Racine et Despréaux en firent partie en leur qualité d'historiographes, et le principal travail de la nouvelle académie fut de composer l'histoire de Louis XIV par médailles. Par l'entremise du chancelier Pontchartrain, du comte de Pontchartrain son fils, secrétaire d'état, et de l'abbé Bignon, l'académie des Inscriptions reçut une nouvelle organisation le 16 juillet 1701, au moyen d'un réglement qui lui fut donné par le roi; et enfin elle obtint, ainsi que l'académie des sciences, en février 1713, des lettres-patentes qui achevèrent de la constituer.

(1) En faveur de Charles de la Porte, seigneur de la Meilleraie, maréchal et grand-maître de l'artillerie de France, petit-fils de François de la Porte, avocat au parlement.

(2) En faveur d'Armand-Charles de la Porte Mazarini, mari d'Hortense Mancini.

(3) Éteint par la mort de l'évêque de Metz en 1733.

L'enregistrement de toutes ces lettres fut fait en un lit de justice, en même temps que l'enregistrement de celles accordées dès 1648, l'effet de ces dernières étant demeuré suspendu par la difficulté que le parlement avoit faite jusques-là de les enregistrer parce qu'elles avoient été données en minorité.

notre bonne ville de Paris ayant reconnu par un long usage le préjudice que reçoivent les négocians, faute d'un réglement certain pour l'acceptation, cautionnement et protêt de lettres de change, qui se tirent de tous les endroits de la chrétienté, auroient présenté leur requête à notre cour de parlement dudit lieu, tendante à ce qu'il fût pourvu d'un bon réglement sur le fait et négoce desdites lettres de change, sur laquelle requête notredite cour de parlement auroit ordonné qu'à la requête de notre procureur-général en icelui, poursuite et diligence desdits juges et consuls, douze notables bourgeois qui seroient par lui nommés, seroient assemblés pardevant le conseiller rapporteur de l'arrêt, pour donner leur avis sur ladite requête, laquelle à cet effet leur seroit communiquée, et de tout dressé procès-verbal : ce qui ayant été exécuté, et le procès-verbal contenant l'avis de douze notables bourgeois nommés par notredit procureur-général rapporté; et sur ses conclusions notredite cour par son arrêt du septième septembre 1663 ayant égard à ladite requête, en entérinant ledit avis, auroit ordonné qu'à l'avenir toutes cautions qui seroient baillées pour l'événement des lettres de change, billets payables au porteur, ou à ordre qui se trouveroient perdus, ne demeureroient obligées et responsables que pendant trois ans, lesquels passés l'acceptant qui auroit payé le tireur et ceux qui auroient passé les ordres en seroient et demeureroient déchargés sans qu'après les trois ans accomplis et révolus ils pussent être recherchés ni inquiétés pour raison desdits cautionnemens. Que tous porteurs de billets qui auroient été négociés seroient tenus de faire leurs diligences contre les débiteurs; savoir pour ceux qui seroient payables à ordre au porteur causés par valeur reçue, en lettres de change fournies ou à fournir, dans dix jours à compter du jour de l'échéance; et à l'égard de ceux par valeur reçue en marchandise, dans trois mois; et à faute de payement par les débiteurs, les porteurs de billets feroient signifier les diligences qu'ils auroient à ceux qui leur auroient donné les billets ou passé les ordres, et en poursuivroient le payement quinze jours après, les dimanches et fêtes comprises dans le terme, à compter du jour et date des protêts; et pour des billets qui seroient faits par des particuliers des provinces de ce royaume, seroient les porteurs tenus d'en faire les diligences contre les débiteurs, après dix jours, les fêtes et dimanches aussi compris; les diligences ainsi faites, seroient pareillement tenus de les notifier aux endosseurs, ou ceux qui les auroient donné ou passé les ordres et d'en poursuivre le payement, savoir contre les domiciliés de la ville de Paris dans quinze jours, et contre ceux qui sont demeurans dans les villes des autres provinces de ce royaume qui n'auront fait élection de domicile en notredite ville de Paris pour les lettres de change qui seront tirées de Lyon, Lyonnais, Forest, Dauphiné, Provence, Languedoc, Gascogne, Biscaye, Poitou, Auvergne, Limousin, pays d'Aulnis, Bretagne, Anjou, Périgord, Bourbonnais, Rouergue et Maine dans deux mois; pour celles de Normandie, Picardie, Champagne, Bourgogne, Touraine, Blaisois et Orléans, dans vingt jours, fors et excepté la ville de Rouen pour laquelle il n'y aura que douze jours, attendu la proximité de Paris, et continuelle correspondance d'Angleterre, Hollande et Flandre dans deux mois; d'Espagne dans quatre mois; de Portugal, Pologne, Suède et Danemark, dans six mois; d'Italie, Allemagne et Suisse dans trois mois: après lequel temps révolu et expiré sans diligence et poursuites faites en justice, lesdits porteurs de billets ou lettres de change ne seroient reçus à intenter aucune action, ni faire aucune demande contre les tireurs et endosseurs: ains demeureront pour le compte des porteurs. Qu'en outre tous actes de protêt pour être réputés bons ou valables, seroient dorénavant faits par deux notaires, ou un notaire et deux témoins; lesquels notaires et témoins seroient tenus se transporter au domicile de ceux sur lesquels lesdites lettres de change auront été tirées, ou qui auront fait les billets et desdits, protêts laisser copies. Pourront néanmoins lesdits protêts être faits par les huissiers ou sergens tant de Châtelet que des consuls, assistés de deux recors domiciliés et connus en cettedite ville de Paris, qui sauront écrire et qui signeront lesdits protêts; lesquels autrement demeureront nuls. Et pour plus grande validité dudit réglement, notredite cour auroit ordonné par le même arrêt, que nous serions très humblement suppliés de faire expédier nos lettres de déclaration sur icelui. A ces causes, et voulant en toutes choses et autant qu'il dépend de nous, autoriser les réglemens pour l'administration de la justice et prévoir les contestations qui pourroient arriver entre les négocians, après avoir fait voir en notre conseil ledit arrêt, ci attaché sous le contre-scel de notre chancellerie, de l'avis d'icelui et de notre grâce spéciale, pleine puissance et autorité royale, nous avons approuvé, loué, homologué et par ces présentes signées de notre main approuvons, louons et homologuons ledit réglement porté par ledit arrêt; ce faisant, voulons et nous plaît que conformément en icelui à l'avenir toutes cautions qui seront baillées pour l'événement des lettres de change et billets payables au porteur ou à ordre, qui se trouveront perdus, ne demeureront obligés et responsables que pendant trois ans, lesquels passés, l'acceptant qui aura payé le tireur et ceux qui auront passé les ordres en demeureront déchargés, sans qu'après les trois ans accomplis et révolus, ils puissent être recherchés ni inquiétés pour raison desdits cautionnemens. Que tous porteurs de billets qui auront été négociés seront tenus de faire leurs diligences contre les débiteurs ; savoir pour ceux qui seront payables à ordre ou au porteur causés pour valeur reçue en lettres de change fournies ou à fournir dans les dix jours de l'échéance, et à l'égard de ceux pour valeur reçue en marchandises dans trois mois. Et à faute de paiement par les débiteurs, les porteurs de billets feront signifier les diligences qu'ils auront faites à ceux qui leur auront donné des billets ou passé les ordres et en poursuivront le payement contre eux quinze jours après, les dimanches et fêtes comprises dans le terme, à compter du jour et date des protêts. Et pour les billets qui seront faits par des particuliers de cette ville de Paris ou autres qui seront négociés à des particuliers des provinces de ce royaume, seront les porteurs tenus d'en faire les diligences contre les débiteurs après dix jours, les fêtes et dimanches aussi comprises, lesquelles diligences ainsi faites seront pareillement tenus de les notifier aux endosseurs ou à ceux qui leur auroient donné ou passé les ordres et d'en poursuivre le payement, savoir contre les domiciliés de notre ville de Paris dans quinze jours, et contre ceux qui seront demeurans dans les villes des autres provinces du royaume, qui n'auront fait élection de domicile dans notredite ville de Paris, pour les lettres de change qui seront tirées de Lyon, Lyonnais, Forest, Dauphiné, Provence, Languedoc, Biscaye, Gascogne, Poitou, Auvergne, Anjou, Périgord, Bourbonnois, Rouergue et Maine, dans deux mois ; pour celles de Normandie et Picardie, Champagne, Bourgogne, Touraine, Blaisois, et Orléans, dans vingt jours, fors et excepté la ville de Rouen, pour laquelle il n'y aura que douze jours attendu la proximité de Paris, et continuelle correspondance ; d'Angleterre, Hollande et Flandre, dans deux mois ; d'Espagne dans quatre mois ; de Portugal, Pologne, Suède et Danemark, dans six mois ; d'Italie, Allemagne et Suisse, dans trois mois : après lequel temps révolu et expiré, faute de diligences et poursuites faites en justice, lesdits porteurs de billets et lettres de change ne seront reçus à intenter aucune action ni faire aucune demande contre les tireurs et endosseurs, ains demeureront pour le compte des porteurs. Et outre que tous actes de protêt pour être réputés bons et valables, seront dorénavant faits pardevant deux notaires, ou un notaire et deux témoins, lesquels notaires et témoins seront tenus se transporter au domicile de ceux sur lesquels les lettres de change seront tirées, ou qui auront fait les billets, et desdits protêts laisser copie. Pourront néanmoins lesdits protêts être faits par les huissiers et sergens, tant du Châtelet que des consuls, assistés de deux recors domiciliés et connus en notredite bonne ville de Paris qui sauront écrire et qui signeront lesdits protêts.

N° 426. — DÉCLARATION *sur les évocations et degrés de parenté sur icelles.*

Paris, 14 janvier 1664. Rec. Cass.

N° 427. — TRAITÉ *avec le pape (Alexandre VII) relativement à l'attentat commis à Rome, le 20 août 1662, contre l'ambassadeur de France (Crequi).*

Pise, 12 février 1664. (M. Daunou (1), *Essai sur la puissance temporelle des papes*, t. 2, p. 171.)

N° 428. — ARRÊT *du conseil portant que les intéressés en la compagnie des îles de l'Amérique, et les propriétaires desdites îles, en rapporteront les concessions et titres de propriété.*

Paris, 17 avril 1664. (Moreau de St-Mery, I, 98.)

N° 429. — RÈGLEMENT *pour les ordres militaires de Notre-Dame de Mont-Carmel et de Saint-Jean de Jérusalem.*

Paris, avril 1664. (Blanchard.)

N° 430. — EDIT *portant que les bulles d'Innocent X et d'Alexandre VII sur les cinq propositions de Jansénius seront publiées dans le royaume, et que tous les ecclésiastiques, séculiers et réguliers, seront tenus de souscrire le formulaire donné par l'assemblée du clergé, le 17 mars 1657.*

Paris, avril 1664. (Ord. 10, 3 S. 46. — Rec. Cass.)

---

(1) M. Daunou, après avoir analysé les conditions du traité, rapporte la protestation écrite par le pape lui-même, le 18 février 1664, contre ce traité, laquelle fut déposée dans les Archives du château Saint-Ange.

Le roi se saisit d'Avignon sitôt l'exécution du traité. Il s'empara de nouveau de cette ville, sous le pape Innocent XI, et la rendit à Alexandre VII. (Hen. Abr. chr.)

N.° 431. — Édit *qui abroge la loi Julia pour le Lyonnois, Mâconnois, Forêt et Beaujolois, et qui déclare les engagemens des femmes mariées valables et obligatoires sur tous leurs biens meubles et immeubles, dotaux et paraphernaux.*

Paris, avril 1664. (Ord. 10, 3 S. 350. — Néron, II, 74.) Reg. P. P., 20 août.

PRÉAMBULE.

LOUIS, etc. La liberté que nous avons laissée à nos peuples de vivre chacun dans leurs provinces, suivant les lois qu'un ancien usage leur avoit établies, a fait que quelques-uns se sont conservés dans la possession de décider par les lois romaines, les affaires sur lesquelles il n'y avoit point d'ordonnance faite par les rois nos prédécesseurs : les autres ont été régies par coutume, et les autres nonobstant qu'elles fussent généralement régies par le droit romain, n'ont pas laissé de recevoir, en certains cas, des usages différens : notre ville de Lyon et les provinces de Lyonnois, Forêt, Beaujolois et Mâconnois ont été de ces dernières, lesquelles, quoique gouvernées par le droit romain, se sont pourtant établi par une longue suite d'années, un usage différent de la loi Julie du fond dotal, suivant lequel elles ont reçu pour valables les obligations passées par les femmes conjointement avec leurs maris, sans aucune distinction des biens dotaux ou paraphernaux, mobiliers ou immobiliers, ce qu'elles ont fait, ou pour se mieux conformer aux lois de notre état et à l'édit de notre très honoré aïeul Henri IV, donné en l'an 1606, par lequel elles ont cru jusqu'ici que les femmes avoient la liberté d'obliger tous leursdits biens, ou à cause qu'elles ont trouvé ledit usage plus accommodant à la société civile, et plus favorable aux affaires des familles, lesquelles dans le temps qu'elles avoient besoin d'argent, comme il arrive souvent parmi la noblesse, dont les biens consistent ordinairement en fonds, qu'ils peuvent rarement obliger à cause des substitutions, ne trouveroient aucun secours dans les occasions les plus pressantes, ni dans celles où il s'agit de notre service, ou de parvenir à des emplois qui les mettent en état de nous en rendre, faute de pouvoir donner assurance, si les femmes n'en pouvoient donner aucune de leur part, sur les grandes sommes qu'elles auroient à lever préalablement à tous autres, tant pour raison de tous les biens qu'on leur constitue ordinairement en dot, sans aucune réserve, que pour raison de l'augment qui est réglé à la moitié desdites constitutions, et pour celle d'une certaine somme que l'on a de coutume de stipuler pour bagues et joyaux, proportionnément aux conditions et aux biens : cet usage n'est pas moins nécessaire au grand commerce qui fleurit dans notredite ville de Lyon et lieux circonvoisins, à cause de l'avantage de sa situation, lequel procure l'abondance de toutes sortes de marchandises à notre royaume, et donne les moyens, par les correspondances des marchands, de faire tenir à nos officiers ou autres employés à notre service dans les pays les plus éloignés, toutes les sommes dont ils peuvent avoir besoin, dont les rois nos prédécesseurs et nous, avons tiré des secours très considérables dans les occasions pressantes de notre état, dans la guerre et dans la paix; ce qui leur sera impossible de faire par le peu d'assurance qu'ils pourroient donner de leur part, des grandes sommes qu'il leur est nécessaire d'emprunter pour l'entretien du commerce, à cause qu'ils ont peu de biens en évidence, et que la plupart est employée dans leurdit négoce, dont ceux qui peuvent prêter n'ont aucune connoissance, au moyen de quoi leur crédit seroit bientôt absolument perdu, et tout le commerce par conséquent ruiné, au grand préjudice de notredite ville et détriment de tout notre état, si leurs femmes ne pouvoient non plus donner aucune sûreté sur tous les susdits biens qu'elles ont à leur pouvoir, même sous ce prétexte en mettre beaucoup davantage à couvert.

C'est pour toutes ces considérations que nos chers et bien amés les prévôts des marchands et échevins de notredite ville de Lyon, nous ont fait remontrer qu'au préjudice de cet usage établi dans ladite ville et susdites provinces, sur tant de fondemens autorisés par une infinité d'autres obligations, jugemens et sentences confirmés par arrêt, et par le tacite consentement de nos sujets, qui lui auroient pu donner force de loi, quand il n'auroit point été ordonné par le susdit édit de 1606, il y auroit eu depuis quelque temps des arrêts qui auroient détruit les obligations des femmes, jusqu'à la concurrence des biens dotaux, suivant la loi Julie du fond dotal, lesquels, s'ils rendoient la décision des procès formés sur cette matière, incertaine, en donnant atteinte à ladite coutume, engendreroient une infinité de troubles et procès dans les familles, dont la plupart ayant engagé presque tous leurs biens sous la foi publique de cet usage, en seroient, ou beaucoup incommodées, ou absolument ruinées. A quoi désirant pourvoir, nous aurions résolu de déclarer sur ce notre volonté, pour tenir lieu de loi certaine et constante dans notredite ville de Lyon et pays susdits. A ces causes, etc.

N° 432. — Edit *portant établissement de la compagnie des Indes occidentales, en 45 articles.*

Paris, 28 mai 1664. (Rec. Cass. — Moreau de St Méry, I, 100.)

PRÉAMBULE.

La paix dont jouit présentement cet état, nous ayant donné lieu de nous appliquer au rétablissement du commerce, nous avons reconnu que celui des colonies et de la navigation sont les seuls et véritables moyens de le mettre dans l'état où il est chez les étrangers : pour à quoi parvenir et exciter nos sujets à former de puissantes compagnies, nous leur avons promis de si grands avantages, qu'il y a lieu d'espérer que tous ceux qui prendront quelque part à la gloire de l'état, et qui voudront acquérir du bien par les voies honorables et légitimes, y entreront très volontiers. Ce que nous avons déjà reconnu avec beaucoup de joie par la compagnie qui s'est formée depuis quelque mois pour la terre ferme de l'Amérique, autrement appelée France équinoxiale; mais comme il ne suffit pas à ces compagnies de se mettre en possession des terres que nous leur concédons, et les faire défricher et cultiver par les gens qu'ils y envoient avec grands frais, si elles ne se mettent en état d'y établir le commerce, par le moyen duquel les François qui s'habitueront auxdits pays communiquent avec les naturels habitans, en leur donnant, en échange des denrées qui croissent dans leurs pays, les choses dont ils ont besoin, il est aussi absolument nécessaire pour faire ce commerce, d'équiper nombre de vaisseaux pour porter journellement les marchandises qui se débitent audit pays, et rapporter en France celles qui s'en retirent : ce qui n'a point été jusqu'à présent par les compagnies ci-devant formées. Ayant reconnu que le pays de Canada a été abandonné par les intéressés en la compagnie qui s'étoit formée en 1628, faute d'y envoyer annuellement quelques légers secours, et que dans les îles de l'Amérique, où la fertilité des terres y a attiré un grand nombre de François, ceux de la compagnie à laquelle nous les avions concédés en l'année 1642, au lieu de s'appliquer à l'agrandissement de ces colonies et d'établir dans cette grande étendue de pays un commerce qui leur devoit être très avantageux, se sont contentés de vendre lesdites îles à divers particuliers, lesquels s'étant seulement appliqués à cultiver les terres, n'ont subsisté depuis ce temps-là que par le secours des étrangers, en sorte que jusqu'à présent ils ont seuls profité du courage des François, qui ont les premiers découvert et habité lesdites îles, et du travail de plusieurs milliers de personnes qui ont cultivé lesdites terres. C'est pour ces considérations que nous avons repris des intéressés en ladite compagnie de Canada, la concession qui leur avoit été accordée dudit pays, par le feu roi notre très honoré seigneur et père de glorieuse mémoire, laquelle ils nous ont volontairement cédée par acte de leur assemblée du 24 février 1663, et que nous avons résolu de retirer toutes les îles de l'Amérique qui ont été vendues auxdits particuliers par ladite compagnie, en remboursant les propriétaires d'icelles du prix de leurs acquisitions et des améliorations qu'ils y auront faites. Mais comme notre intention a été en retirant lesdites îles, de les remettre entre les mains d'une compagnie qui peut les posséder toutes, achever de les peupler et y faire le commerce que les étrangers y font présentement, nous avons estimé en même temps qu'il étoit de notre gloire et de la grandeur et avantage de l'état, de former une puissante compagnie pour faire tout le commerce des Indes occidentales, à laquelle nous voulons concéder toutes lesdites îles, celle de Cayenne et toute la terre ferme de l'Amérique, depuis la rivière des Amazones jusqu'à celle d'Orenoc, le Canada, l'Acadie, îles de Terre-Neuve et autres îles et terres fermes, depuis le nord dudit pays de Canada jusqu'à la Virginie et Floride, ensemble toute la côte de l'Afrique, depuis le Cap-Vert jusqu'au cap de Bonne-Espérance, soit que lesdits pays nous appartiennent, pour être ou avoir été ci-devant habités par les François, soit que ladite compagnie s'y établisse, en chassant ou soumettant les sauvages ou naturels du pays, ou les autres nations de l'Europe qui ne sont dans notre alliance, afin que ladite compagnie ayant établi de puissantes colonies dans lesdits pays, elle les puisse régir et gouverner par un même esprit, et y établir un commerce considérable, tant avec les François qui y sont déjà habitués et ceux qui s'y habitueront ci-après, qu'avec les Indiens et autres naturels habitans desdits pays, dont elle pourra tirer de grands avantages : pour cet effet, nous avons jugé à propos de nous servir de ladite compagnie de la terre ferme de l'Amérique, laquelle compagnie étant déjà composée de beaucoup d'intéressés et munie de nombre de vaisseaux, peut aisément se mettre en état de former celle des Indes occidentales, et se fortifiant de tous ceux de nos sujets qui voudront y entrer, soutenir cette grande et louable entreprise. A ces causes, etc.

N° 433. — DÉCLARATION *portant réduction des officiers de la maison du roi.*

Fontainebleau, 30 mai 1664. (Néron, II, 76.)

PRÉAMBULE.

LOUIS, etc. Parmi les abus et les désordres qui se sont glissés pendant les guerres et les troubles de cet état, l'augmentation des officiers inutiles et supernuméraires employés dans nos états et ceux des maisons royales, n'a pas été le moindre pour la surcharge que cela a causé tant à nos finances, qu'à nos sujets contribuables aux tailles, qui s'en sont trouvés d'autant plus foulés: mais à présent que nous voulons faire ressentir à nos peuples les fruits de la paix que nous leur avons donnée, notre principale occupation est de soulager ceux de la campagne des subsides et impositions dont ils ont été surchargés par le passé : et pour cet effet nous étant fait représenter en notre conseil, tous les états de notre maison, et ceux des maisons royales, de nos compagnies d'ordonnances, et des gardes de notre corps, vennerie fauconnerie, chasses, et autres chefs, qu'on avoit accoutumé de porter chacun an en notre cour des Aides; nous les avons réduits au nombre d'officiers effectifs et servans dont ils doivent être composés à l'avenir, afin que le nombre des contribuables étant par ce moyen augmenté, les pauvres en puissent être soulagés. A ces causes, etc.

N° 434. — ARRÊT *du conseil qui exempte la compagnie d'Occident de la moitié des droits des fermes sur les marchandises qu'elle fera porter aux pays de sa concession, et sur celles qu'elle fera venir desdits pays.*

Fontainebleau, 30 mai 1664. (Moreau de St-Mery, 1, 114.)

N° 435. — DÉCLARATION *sur l'édit du 8 février 1661, contenant règlement contre les usurpateurs du titre de noblesse.*

Fontainebleau, 22 juin 1664. (Rec. Cass.)

N° 436. — Arrêt *du conseil qui défend aux ministres de la religion réformée de porter des soutanes et robes à manches.*

Fontainebleau, 30 juin 1664. (Nouv. Rec. de Lefèvre.)

N° 437. — Arrêt *du conseil qui ordonne que toutes les lettres de maîtrise où la clause de la religion catholique n'aura point été mise demeureront nulles.*

21 juillet 1664. (Nouv. Rec. de Lefèvre.)

N° 438. — Édit *pour l'établissement de la compagnie des Indes orientales* (48 art.)

Vincennes, août 1664. (Archiv.) Reg. P. P. 1ᵉʳ septembre.

PRÉAMBULE.

Tous les soins et toute l'application que nous avons donnés jusqu'à présent à réformer les abus qui se sont glissés dans tous les ordres de notre état pendant la longue guerre que le feu roi notre très honoré seigneur et père, de glorieuse mémoire, et nous, avons été nécessités de soutenir, nous paroissant clairement approuvés de Dieu, par le succès autant et plus favorable que nous pouvions désirer, que sa divine bonté veut bien donner à tous nos desseins; et étant fortement persuadés que nous ne pouvions répondre dignement aux grâces que nous recevons de sa main toute-puissante, qu'en donnant aux peuples qui sont soumis à notre obéissance les mêmes marques de bonté paternelle que nous recevons de lui tous les jours, et en notre personne, et en celles de notre famille royale, nous sommes convié d'autant plus à redoubler notre travail assidu et sans relâche, pour procurer à ces mêmes peuples le repos et le soulagement qu'ils ont si bien mérité de nous par les assistances qu'ils nous ont données pendant la durée d'une si longue guerre. Et d'autant que nous connoissons clairement que la félicité des peuples consiste, non seulement en la diminution considérable des impositions que nous leur avons accordée depuis deux ou trois années, mais beaucoup plus au rétablissement du commerce de notre royaume, par le moyen duquel seul l'abondance peut être attirée au dedans, et servir, non au luxe et à la profusion d'un petit nombre, comme celle qui provenoit ci-devant de la dissipation de nos finances, mais à se répandre sur le général des peuples, au moyen des manufactures, de la consommation des denrées et de l'emploi d'une infinité de personnes presque de tous âges et sexes que le commerce produit, ce qui concilie fort heureusement l'a-

…dance des biens temporels avec celle des spirituels, vu que par le travail assidu les peuples sont éloignés de toutes occasions de mal faire, inséparables de la fainéantise. Entre tous les moyens que nous avons souvent examinés pour parvenir à une si bonne fin, et après avoir fait plusieurs réflexions sur une matière de si grande étendue, nous nous sommes principalement attachés au commerce qui produit des voyages de longs cours, étant certain, et par le raisonnement ordinaire et naturel, et par l'expérience de nos voisins, que le profit surpasse infiniment la peine et le travail que l'on prend à pénétrer dans les pays si éloignés, ce qui, de plus, est entièrement conforme au génie et à la gloire de notre nation, et à l'avantage qu'elle a par dessus toutes les autres, de réussir avec facilité en tout ce qu'elle veut entreprendre. C'est ce qui nous auroit obligé d'employer tous nos soins à l'établissement d'une compagnie puissante pour faire le commerce des Indes orientales : et comme nous voyons une infinité de nos sujets de toutes conditions impatiens d'entrer dans cette compagnie et de la former, auquel effet ils attendent une déclaration de notre volonté pour la commencer et la conduire à une heureuse fin, nous ne pouvons retarder d'avantage à leur faire connoître tout ce que nous sommes disposés de faire en cette occasion pour leurs avantages.

N° 439. — DÉCLARATION *en faveur des officiers du conseil du roi et des cours souveraines, intéressés dans les compagnies des Indes orientales et occidentales.*

Fontainebleau, 27 août 1664. (Moreau de St-Méry, I, 122.) Reg. P. P., 1ᵉʳ septembre.

N° 440. — ÉDIT *pour l'établissement d'une manufacture de tapisseries à Beauvais.*

Vincennes, août 1664. (Rec. Cass. — Archiv.)

EXTRAIT.

Comme l'un des plus considérables ouvrages de la paix qu'il a plu à Dieu nous donner, est celui de rétablissement de toute sorte de commerce en ce royaume, et de le mettre en état de se passer de recourir aux étrangers pour les choses nécessaires à l'usage et à la commodité de nos sujets : aussi n'avons-nous jusqu'à présent rien oublié de tout ce qui leur pourroit procurer cet avantage, par tous les moyens que nous avons jugés propres succès de ce grand dessein : entre lesquels moyens celui du rétablissement de la fabrique des tapisseries, de la manière de celles de Flandre, dont la manufacture avoit été ci-devant introduite en notre bonne ville de Paris et autres de ce royaume, par les soins de feu roi Henri-le-Grand, notre très honoré aïeul, nous paroissant avec raison d'une très grande conséquence ; et notre cher et bien amé le sieur Colbert, notre conseiller en tous nos conseils, surintendant et ordonnateur général de nos bâtimens, arts et manufactures de France, nous ayant fait connoître que le rétablissement de cette fabrique et manufacture desdites tapisseries ne pouvoit pas mieux être commencé, ni le soin de cet ouvrage confié à personne plus capable de le conduire à une heureuse fin, que Louis Hinart, marchand tapissier et bourgeois de Paris, reconnu pour l'un des plus habiles au fait, non seulement de ladite fabrique, mais encore au commerce de cette sorte de marchandise, s'il nous plaisoit de lui accorder la permission d'établir la manufacture en notre ville de Beauvais, ou autre de notre province de Picardie que bon lui semblera, et qu'il jugera le plus commode pour en jouir par lui, ses successeurs et ayans-cause, pendant le temps et aux charges portées par les conditions et articles qu'il nous a pour cet effet présentés.

N° 441. — Edit *portant révocation des lettres de noblesse accordées depuis* 1634.

Vincennes, septembre 1664. (Néron, II, 77.)

EXTRAIT.

LOUIS, etc. Le feu roi notre très honoré seigneur et père, ayant reconnu que les principaux habitans des paroisses se voulant soustraire de la contribution des tailles, avoient par surprise ou faveur obtenu des lettres de noblesse, auroit, par son édit du mois de janvier 1634, révoqué celles expédiées vingt ans auparavant ; et par déclaration du 16 avril 1643, pareillement révoqué les anoblis de trente ans avant le mois de novembre 1640. Depuis, les guerres et troubles survenus dans notre état pendant notre minorité nous ayant obligé, pour certaines considérations, d'accorder grand nombre de semblables grâces, et ensuite de tirer quelque légère finance pour la confirmation desdits anoblis, pour aider aux dépenses dont nous étions lors chargé ; cela a produit un si mauvais effet, qu'il se rencontre que plusieurs paroisses ne peuvent plus payer leur taille, à cause du grand nombre d'exempts qui recueillent les principaux fruits de la terre, sans contribuer aux impositions dont ils devoient porter la meilleure partie au soulagement des pauvres, desquels voulant prendre un soin particulier, et leur témoigner notre affection paternelle.

A ces causes, etc., nous révoquons les lettres de noblesse accordées par le feu roi notredit seigneur et père et nous, depuis le premier jour de janvier 1634, jusqu'à présent nous réservant toutefois de confirmer ceux qui pour les services signalés dans nos armées et autres emplois importans, ont obtenu ledit titre de noblesse, en faisant par eux registrer leurs lettres en nos chambres des Comptes et cour des Aides; ce que nous entendons être fait sans nouveaux frais. Et d'autant que pour aider aux dépenses de la guerre aucuns desdits anoblis nous ont payé quelques taxes pour être confirmés, nous voulons que, pour aucunement les indemniser, eux et leurs enfans mâles jouissent d'exemption de taille pendant l'année 1665, après lequel temps passé ils seront compris aux rôles par les collecteurs, selon leurs biens et facultés, etc.

N° 442. — EDIT *portant réglement sur les droits à percevoir dans les villes maritimes et sur le transport des marchandises.*

Vincennes, septembre 1664. (Blanchard.)

N° 443. — DÉCLARATION *portant établissement d'un conseil supérieur à la Martinique.*

Versailles, 11 octobre 1664. (Moreau de St-Mery, I, 125.) Reg. C. Sup. de la Martinique le 19 octobre 1665.

LOUIS, etc., salut. Par notre édit du mois de mai dernier, ayant créé et établi une compagnie pour faire le commerce des Indes occidentales, et à icelle concédé plusieurs pays et terres en l'étendue desquels il est nécessaire d'établir des conseils souverains pour juger et terminer souverainement, et en dernier ressort, les procès et différends, tant civils que criminels, qui naissent journellement entre nos sujets habitans desdits pays, sur les appellations interjetées des sentences et jugemens des premiers juges, et obvier à plusieurs abus et inconvéniens qui arriveroient, si les crimes demeuroient impunis. Les créanciers frustrés du paiement de leur dû, ne sachant à qui s'adresser pour demander justice en cas d'appel desdits premiers juges, la plupart aimant mieux abandonner leurs légitimes prétentions que de venir en France les poursuivre, ne le pouvant faire sans s'exposer aux risques de la mer et se consommer en dépenses et frais extraordinaires; et d'autant que par ledit édit, les officiers desdits conseils souverains nous doivent être nommés et présentés par les directeurs généraux de ladite compagnie, pour leur en être expédié sur ce nos lettres de provision; lesdits directeurs nous auroient représenté qu'en attendant qu'il se présente des officiers de judicature de la suffisance et qualité requises pour l'établissement d'un seul conseil souverain pour lesdites îles de l'Amérique, concédées à ladite compagnie, il seroit nécessaire d'en établir un particulier en l'Ile de la Martinique, composé du gouverneur d'icelle, des officiers et des principaux habitans, ainsi qu'il a été fait ci-devant en faveur des seigneurs, propriétaires desdites îles, afin de juger et terminer souverainement et en dernier ressort les procès et différends mus et à mouvoir sur lesdites appellations de ladite île de la Martinique et des petites îles et dépendances, corriger ou infirmer lesdites sentences ou les confirmer si besoin est, et maintenir nosdits sujets dans le devoir, par les voies de la justice; lesdits directeurs généraux nous ayant sur ce supplié d'expédier nos lettres. A ces causes, et désirant pourvoir au bien et soulagement de nos sujets habitans de ladite île et ses dépendances, nous avons par ces présentes signées de notre main, établi et établissons en ladite île de la Martinique, un conseil supérieur composé du gouverneur d'icelle qui a été ou qui sera par nous pourvu sur la nomination desdits directeurs, et des officiers que ces directeurs trouveront à propos d'y faire entrer, et auxquels ils donneront leurs commissions expresses pour, avec le nombre des gradués requis par nos ordonnances, si tant y en a dans ladite île, et au défaut de gradués des principaux habitans d'icelle jusqu'au nombre de six, juger souverainement et en dernier ressort tous les procès et différends, tant civils que criminels, mus et à mouvoir entre nosdits sujets et habitans de ladite île de la Martinique et de celles qui en dépendent, et les appellations qui auront été interjetées des sentences et jugemens des juges seigneuriaux desdites îles, et ce sans aucuns frais, voulant qu'après la publication et enregistrement des présentes, le gouverneur de ladite île de la Martinique, avec ceux qui le voudront assister à l'administration de la justice souveraine, s'assemblent, à certains jours et heures, au lieu qui sera par eux avisé le plus commode, au moins une fois le mois, sans qu'il soit besoin de prendre autre procureur audit conseil que celui de la justice ordinaire, ni d'autre greffier que celui de la même justice, lequel sera tenu de tenir registre séparé de ce qui se traitera devant le premier juge et devant ledit conseil supérieur; le tout jusqu'à ce qu'il ait été pourvu aux charges de ladite justice souveraine, et qu'autrement en ait été par nous ordonné, nonobstant tous édits, ordonnances, réglemens et autres choses à ce contraires. Si donnons en mandement, au gouverneur de ladite île de la Martinique, qu'après qu'il lui sera apparu de bonne vie, mœurs, conversation et R. C. A. R. de ceux qui devront composer avec lui ledit conseil supérieur, et qu'il aura d'eux pris et reçu le serment en tel cas requis et accoutumé, et les mette et institue dans les fonctions de leur charge, les faisant reconnoître, obéir et entendre à tous ceux qu'il appartiendra : car tel est notre plaisir, etc.

N° 444. — ORDONNANCE *portant que la garde qui devra être posée devant le logis du roi lorsqu'il passera dans quelque place, ou devant le logis de ceux qui ont droit à cet honneur, sera faite par la compagnie du plus ancien corps de la garnison.*

Paris, novembre 1664. (Réglem. et ordonn. pour la guerre.)

N° 445. — JUGEMENT *par commissaires qui condamne le surintendant des finances Fouquet au bannissement perpétuel pour trahison et concussion* (1).

Paris, 20 décembre 1664. (Hen. Abr. chron.)

---

(1) Le procès dura 3 ans. Pour priver Fouquet de l'appui du parlement, on l'engagea à se défaire de sa charge de procureur général, qui lui donnoit le privilége de n'être jugé que par les chambres assemblées. Le roi vouloit sa condamnation à mort; par conséquent, le chancelier Séguier la vouloit aussi; ce dernier présidoit la commission, et montra un acharnement qui servit l'accusé. Sur vingt-deux juges, neuf conclurent à la mort, la majorité le condamna au bannissement, ce qui ne lui ôtoit que sa fortune et les faveurs actuelles de la cour. En vertu de son pouvoir absolu, le roi y ajouta la perte de la liberté; il l'envoya à la citadelle de Pignerol, où il mourut après 19 ans de captivité. Commuer une peine en une plus dure n'étoit conforme ni aux lois du royaume, ni à celles de l'humanité. — L'un des juges (Roquesante), qui avoit le plus déterminé la commission à l'indulgence, fut immédiatement exilé. Tout le monde sait que Fouquet dut la vie au courage, à la chaleur, à l'éloquence avec lesquels Pélisson, La Fontaine, Mme de Sevigné, Mlle Scudéri, Gourville, et quelques autres, le défendirent.

N. 446. — STATUT *et ordonnance pour le rétablissement de l'ordre de St-Michel.*

Paris, 12 janvier 1665. (Rec. Cass. — Archiv.)

Le Roi ayant rétabli la paix, non seulement dans ses états, mais aussi en ceux de la plupart des rois et princes de l'Europe ses alliés, après avoir soutenu et fini si heureusement une guerre étrangère de vingt-cinq années, sa Majesté a voulu donner toute son application, et employer son autorité pour faire refleurir son règne, la religion, la justice et l'ordre, qui sont les principales colonnes des états; ayant par ses soins et par sa piété étouffé les semences d'une hérésie naissante, condamnée par le saint-siège et par les évêques de son royaume, pour conserver en icelui l'uniformité des sentimens de l'église, réparé les contraventions et entreprises qui avoient été faites au préjudice des édits de pacification de Nantes; réformé les troupes de cavalerie et d'infanterie, et fait les réglemens nécessaires pour leur subsistance, avec ordre et discipline dans les principales villes et sur les frontières de son royaume; pourvu au soulagement de ses peuples par une diminution notable des tailles et impositions, établi des juges pour la recherche des abus et malversations commises au fait des finances, de l'administration desquelles elle a voulu elle-même se charger, après la connoissance exacte qu'elle a prise de ses droits et revenus, retranché les dépenses inutiles et assuré les nécessaires, supprimé grand nombre d'officiers, dont la multiplicité étoit onéreuse à sa Majesté et au public; réuni à son domaine et à ses fermes plusieurs rentes et droits qui en avoient été aliénés et vendus à vil prix, et enfin rétabli toutes choses dans un si bon ordre et avec un tel succès, qu'il se peut dire que depuis plusieurs siècles, le royaume de France n'a été si florissant ni si puissant qu'il se trouve aujourd'hui. Sa Majesté ayant considéré qu'il restoit encore à rétablir l'ordre des chevaliers de St-Michel établi par le feu roi Louis XI, par des motifs de piété et de reconnoissance, pour être conféré à des personnes de naissance et de mérite par leurs services, lequel depuis quelques années se trouve tellement avili en la personne de plusieurs particuliers, qui ont entrepris d'en porter la qualité sans noblesse et sans services; ce qui auroit obligé sa Majesté, par arrêt de son conseil du 14 juillet 1661, d'enjoindre à tous ceux qui ont été reçus audit ordre de St-Michel, de porter ou envoyer ès mains des sieurs commissaires, à ce par sa Majesté députés, les titres et preuves de leur noblesse et services, pour être par eux examinés, et lui en faire rapport. En exécution duquel arrêt ils ont décerné leurs ordonnances, qui ont été publiées dans toutes les provinces du royaume, et accordé divers délais pour représenter lesdits titres, lesquels sont expirés dès la fin du mois de mars dernier, à quoi plusieurs desdits chevaliers ont obéi, et les autres négligé d'y satisfaire, par la crainte de faire connoître la qualité de leur naissance et de leurs services; et sa Majesté, voulant remédier à tous les abus qui se sont glissés en la dispensation de cet ordre par le passé, et le rétablir dans le lustre et la dignité qu'il doit être, puisque les chevaliers et confrères d'icelui ont l'honneur d'avoir sa Majesté pour chef, et souverain dudit ordre de St-Michel, ainsi qu'elle l'est du St-Esprit, sa Majesté, par l'avis de plusieurs confrères de ses ordres, a ordonné et statué, ordonne et statue ce qu'il suit :

1. Que tous les statuts, ordonnances et réglemens faits lors de l'établissement de l'ordre de St-Michel, par le roi Louis XI, et depuis, seront inviolablement observés par les chevaliers et confrères dudit ordre, sans y contrevenir en quelque sorte et manière que ce soit.

2. Que le nombre de ceux qui seront admis à l'avenir audit ordre, sera réduit à cent, outre les chevaliers du St-Esprit, sans que ledit nombre puisse être augmenté en aucune manière, desquels il y aura six ecclésiastiques prêtres, âgés de trente ans, et constitués en dignités d'abbés ou de charges principales des églises cathédrales et collégiales, et six officiers des compagnies souveraines, lesquels sa Majesté ne veut pas exclure des récompenses d'honneur qu'ils peuvent mériter par des emplois et des services considérables, à condition toutefois qu'ils feront les mêmes preuves de leur naissance et de leurs services que les chevaliers militaires.

3. Que sur le rapport qui sera fait à sa Majesté par lesdits sieurs commissaires à ce députés des titres et preuves représentés par les chevaliers reçus audit ordre par le passé, il en sera choisi par sa Majesté jusqu'au nombre de cent, dont la naissance et les services seront jugés les plus considérables pour en être dressé un état signé par sa Majesté, lesquels auront seuls le droit de porter ledit ordre et de s'en qualifier chevaliers, et jouir des droits, priviléges et avantages y attachés en vertu de l'extrait dudit état et de la commission signée de celui qui sera commis par sa Majesté, et scellée du grand sceau dudit ordre, faisant défenses très expresses à tous les autres, de quelque condition

qu'ils soient, de plus porter la qualité de chevalier ni ledit ordre, nonobstant tous les brevets, lettres de cachet et certificats de réception qu'ils en ont obtenus, lesquels sa Majesté a déclaré nuls et de nul effet.

4. Et pour l'avenir, que nul ne pourra être admis à l'honneur de recevoir ledit ordre, qu'il ne soit de la religion catholique, apostolique et romaine (excepté les étrangers), de bonnes mœurs, âgé de trente ans, noble de deux races, et ayant servi sa Majesté et l'état, en des emplois considérables dans les armées, au moins l'espace de dix ans, et ceux de justice pendant le même temps de dix années dans les compagnies souveraines; et à cette fin, celui que sa Majesté estimera être un sujet capable de recevoir cet honneur, obtiendra de sa Majesté une commission signée de sa main, contre-signée du secrétaire des ordres, et scellée du grand sceau de l'ordre de St-Michel, adressante au chevalier de l'ordre du St-Esprit, qui aura été commis par sa Majesté, pour informer des faits ci-dessus, et examiner les preuves, tant de la noblesse que des services, lesquelles étant faites, seront mises en un sac cacheté et scellé du cachet des armes dudit commissaire avec son avis, et délivré ès mains du chancelier des deux ordres, pour en faire rapport à sa Majesté, laquelle par l'avis des confrères qu'elle aura appelés, ordonnera ce qu'il lui plaira, sur la réception ou exclusion de celui qui se présentera; et à l'égard de ceux que sa Majesté jugera dignes de cet honneur, elle écrira audit commissaire de leur donner le collier en la forme ordinaire et accoutumée.

5. Et afin de maintenir ledit ordre dans la règle et dignité convenable, sa Majesté veut et ordonne que tous les ans, au jour et fête de St-Michel, tous les chevaliers confrères d'icelui s'assembleront en chapitre dans la salle des Cordeliers de cette ville de Paris, en laquelle assemblée présidera ledit commissaire; et en cas d'absence, le plus ancien des chevaliers de St-Michel, où, après avoir assisté en corps à la messe solennelle qui sera célébrée, et chacun des confrères ayant pris séance suivant l'ordre de son ancienneté en la réception dudit ordre, proposer et examiner tous les réglemens nécessaires pour maintenir et accroître ledit ordre dans l'honneur et la dignité convenable, desquelles propositions et délibérations il sera tenu registre par celui qui sera commis par le secrétaire des deux ordres, au bas duquel tous les confrères qui auront assisté au chapitre, seront obligés de signer, et ledit commissaire expédiera un acte qui sera

mis ès mains du chancelier des deux ordres, pour en rendre compte à sa Majesté, recevoir ses volontés, et les faire savoir audit commissaire, afin d'en informer les confrères; et les frais qui seront nécessaires pour la célébration des messes et des assemblées, seront payés sur les deniers du marc d'or, par les ordonnances du chancelier des deux ordres de sa Majesté

6. Qu'aucun des confrères ne pourra se dispenser d'assister au chapitre général qui se tiendra ledit jour de St-Michel, s'il n'a excuse légitime par maladie, absence nécessaire ou autre empêchement valable, auquel cas il enverra procuration à tel des confrères qu'il avisera, pour consentir et signer les propositions et délibérations qui seront prises audit chapitre, à la pluralité des voix.

7. Que si après avoir été reçu audit ordre aucun des confrères changeoit de religion, il sera obligé de remettre son ordre ès mains du doyen des chevaliers d'icelui, sans qu'il puisse continuer à le porter, tant qu'il ne fera pas profession de la religion catholique, apostolique et romaine, sur peine d'être dégradé de noblesse.

8. Comme aussi, s'il arrivoit qu'aucun des confrères fît quelqu'acte dérogeant à noblesse et à la dignité de l'ordre de la chevalerie, sa Majesté l'a dès à présent comme pour lors dégradé de l'un et de l'autre, et déclaré déchu de tous les honneurs et avantages qui y sont attachés, et veut qu'il soit puni selon la rigueur des ordonnances.

9. Sa Majesté veut qu'aucun des confrères ne se puisse dispenser de porter la croix dudit ordre, qui sera de la même forme et figure, et plus petite de la moitié que celle du St-Esprit, à l'exception de la colombe qui est au milieu, au lieu de laquelle sera représentée en émail l'image de St-Michel, laquelle sera portée en écharpe avec un ruban noir.

10. Qu'aux assemblées de cérémonies et autres occasions où sa Majesté voudra appeler les confrères dudit ordre, ils seront tenus de se rendre près de sa Majesté pour la servir où il leur sera commandé.

11. Que tous les chevaliers et confrères dudit ordre seront obligés de porter ordinairement l'épée, excepté les six ecclésiastiques et les six qui seront des compagnies souveraines.

12. Que comme par le présent statut sa Majesté voulant réformer son ordre de St-Michel, a réglé le nombre des chevaliers d'icelui à cent, qu'elle veut être tous ses sujets naturels, et que

sa Majesté a été bien avertie que plusieurs étrangers de toute condition, sans aucune considération particulière de naissance, de mérite et de services, ont surpris des certificats de réception sans ses ordres particuliers; sa Majesté, en qualité de chef et souverain dudit ordre, ayant un notable intérêt de n'admettre pour ses confrères que des personnes qui aient bien mérité cette dignité, elle ordonne à ses ambassadeurs dans les royaumes et pays étrangers, de s'informer soigneusement du nom, des qualités et des services de ceux qui prétendent avoir droit de porter les marques dudit ordre, pour, sur les mémoires qui lui en seront envoyés par lesdits ambassadeurs, confirmer ceux qu'elle estimera en être dignes, et cependant elle a déclaré et déclare dès à présent nulles, et de nul effet et valeur, toutes les expéditions que les étrangers en ont obtenues, et les a dispensés et dispense de l'observation du serment qu'ils peuvent avoir fait lorsqu'ils sont entrés audit ordre; et pour cette fin, sa Majesté charge ses ambassadeurs de faire les instances convenables près de l'empereur, des rois, des souverains, républiques et potentats, dont ceux qui ont surpris de pareils certificats de réception se trouveront sujets, de leur faire défense de se qualifier dorénavant chevaliers dudit ordre, jusqu'à ce qu'avec connoissance de cause et mûre délibération, sa Majesté leur ait conféré cette qualité comme surnuméraire, et non compris dans ledit nombre réglé de cent pour ses sujets, sa Majesté se réservant d'accorder ces grâces honoraires sans limitation, aux étrangers qui les auront méritées par leur naissance et par les services qu'ils auront rendus à cette couronne.

13. Et afin que les présens statuts et réglemens soient inviolablement observés à l'avenir, sa Majesté veut qu'il en soit fait registre et qu'ils soient lus au commencement de la tenue des chapitres, afin que tous les confrères aient à s'y conformer.

N° 447. — RÈGLEMENT *sur le commandement des vaisseaux et galères, lorsque ces deux corps se trouveront ensemble.*

31 mars 1665. (Bajot, Rép. de l'adm. de la marine, p. 125.)

N° 448. — ARRÊT *du conseil portant renvoi devant les deux commissions nommées pour chaque province, l'une catho-*

lique, l'autre religionnaire, de toutes les affaires concernant la religion (1).

Paris, 24 avril 1665. (Hist. de l'édit de Nantes.)

N° 446. — DÉCLARATION *en forme d'édit pour l'exécution de la bulle d'Alexandre VII, sur les cinq propositions de Jansénius.*

Paris, avril 1665 (Archiv.—Rec. Cass.) Reg. P. P. en lit de justice, le 29 avril.

LOUIS, etc. Le dessein que nous avons de voir tous nos sujets réunis dans une même créance sur les matières de la foi et de la religion, nous obligeant de veiller incessamment pour empêcher les progrès de toutes les nouveautés qui pourroient troubler le repos des consciences, et la paix de l'église et de l'état, il n'y a point de soin que nous n'ayons apporté pour faire cesser toutes les contentions et pour arrêter le cours des erreurs qui pouvoient altérer la pureté de la foi que nous avons reçue de nos ancêtres. Dans ce dessein, nous avons appuyé de notre autorité les décisions qui ont été faites par les papes, et acceptées par l'église pour détruire la nouvelle secte qui s'est élevée à raison de la doctrine de Jansénius, évêque d'Ipre, contenue en son livre intitulé *Augustinus*. Et depuis la naissance de cette secte, jusques à notre déclaration du mois d'avril de l'année dernière 1664, nous avons employé tous les moyens possibles pour en arrêter le cours. et même les prélats de notre royaume ayant jugé à propos, après diverses délibérations, de dresser un formulaire de profession de foi, et imploré le secours de notre autorité, pour obliger tous les ecclésiastiques de notre royaume à le souscrire, nous avons par nosdites lettres de déclaration registrées en notre présence en notre cour de parlement de Paris, autorisé ledit formulaire, et ordonné que tous ceux qui refuseroient de le signer, lorsqu'il leur seroit prescrit par les mandemens de leurs évêques, demeureroient privés de leurs bénéfices, et déclarés indignes d'en posséder à l'avenir, et qu'il seroit procédé extraordinairement contre eux, selon la rigueur des constitutions canoniques. Mais quoique Dieu ait béni nos soins par un heureux succès, et que nous ayons tellement arrêté le cours de cette hérésie naissante, qu'il n'y ait plus présentement qu'un bien petit nombre de gens qui, par un aveuglement affecté, et par des subtilités étudiées, résistent aux

---

(1) Et comme il y avoit très souvent partage, les commissaires étoient tenus de renvoyer le différend au conseil d'état, toujours favorable aux catholiques.

définitions reçues par le consentement unanime de l'église: néanmoins, comme les principaux chefs de cette cabale continuent les efforts qu'ils ont toujours faits pour éluder la condamnation de leurs erreurs, et méprisant les décisions du saint-siége, le jugement des évêques et l'avis de la Faculté de théologie de Paris, refusent de signer le formulaire dressé par les prélats de notre royaume: nous avons résolu de mettre la dernière main pour achever un ouvrage si utile et si avantageux au bien de la religion et de l'état. Et quoique chacun connoisse assez la fausseté des prétextes les plus spécieux, dont les sectaires se sont servis pour colorer le refus qu'ils ont fait jusques ici de signer le formulaire; que la distinction du fait et du droit dont ils ont fait leur principale défense soit assez détruite par le bref des papes Innocent X et Alexandre VII, par lesquels ils ont nettement déclaré que le dessein du saint-siége a été de condamner les cinq propositions extraites du livre de Jansénius, au sens de cet auteur, et que l'autorité des assemblées générales du clergé de France, jointe au consentement presqu'unanime des archevêques et évêques de notre royaume, dût être d'un assez grand poids pour les engager à recevoir ledit formulaire, vu même que le pape l'avoit suffisamment approuvé, soit en louant la conduite des évêques par lesdits brefs que sa Sainteté leur a adressé lorsqu'ils lui ont donné connoissance de la résolution par eux prise d'en ordonner la signature, soit en blâmant ceux qui ont refusé d'y souscrire, ou qui vouloient en altérer le sens par des distinctions captieuses; et néanmoins, connoissant que toutes ces considérations n'ont pas été assez puissantes pour vaincre l'opiniâtreté de ceux qui veulent se signaler dans ces sortes de contestations, et qui dans ce dessein fomentent la division de l'église, nous avons cru que le meilleur moyen de détruire toutes les fausses subtilités dont ils se servent, et d'ôter tout prétexte même aux évêques qui ont fait refus jusqu'à présent de signer et faire signer dans leurs diocèses, étoit de consulter encore une fois le chef de l'église, afin que joignant son autorité à celle des archevêques et évêques de France, ce concours de puissance les obligeât à se soumettre et à souscrire ce qui avoit été si solennellement décidé. Pour cette fin, nous avons fait demander à sa Sainteté par notre ambassadeur extraordinaire en cour de Rome, qu'il lui plût ordonner la signature d'un formulaire; et sa Sainteté, ayant répondu favorablement aux instances qui lui ont été faites de notre part, et ayant fait expédier sa constitution en date du 15 du mois de février dernier, par laquelle elle auroit ordonné la signature d'un formulaire inséré dans ladite constitution; nous, pour concourir par notre autorité à faire cesser toutes les divisions qui jusques à présent ont partagé nos sujets sur ces matières, et à établir une entière uniformité dans leurs sentimens à cet égard, ayant résolu d'appuyer ladite constitution; savoir faisons que pour ces causes et autres, à ce nous mouvans, après avoir fait examiner en notre conseil la constitution de notre saint-père le pape Alexandre VII, dudit jour 15 février de la présente année 1665, ensemble le formulaire inséré en ladite constitution, et reconnu qu'en icelle il n'y a rien de contraire aux libertés de l'église gallicane ni aux droits de notre couronne, ni même au formulaire dressé par les évêques de notre royaume; nous, de l'avis de notredit conseil, etc, voulons et nous plaît que ladite constitution de notredit saint-père le pape dudit jour 15 février 1665, ci-attachée sous le contrescel de notre chancellerie, soit reçue et publiée en tout notre royaume, pays, terres et seigneuries de notre obéissance, pour y être gardée et observée inviolablement selon sa forme et teneur. Exhortons à cette fin, et néanmoins enjoignons aux archevêques et évêques de notre royaume et terres de notre obéissance, de signer et faire signer incessamment par tous les ecclésiastiques de leurs diocèses, tant séculiers que réguliers, ledit formulaire purement et simplement, aux termes auxquels il est conçu dans ladite constitution, sans user d'aucune distinction, interprétation ou restriction qui déroge directement ou indirectement auxdites constitutions des papes Innocent X et Alexandre VII, par lesquelles les cinq propositions extraites du livre de Jansénius ont été condamnées d'hérésies au sens de l'auteur; comme aussi, de nous certifier par écrit par lesdits archevêques et évêques qu'il aura été satisfait à la signature dudit formulaire dans les trois mois portés par ladite constitution, à compter du jour de la publication qui sera faite des présentes dans le bailliage, sénéchaussée ou siège royal, au ressort duquel est située chaque église métropolitaine ou cathédrale. Déclarant que ceux qui se serviront dans leurs signatures, des distinctions, interprétations ou restrictions susdites, auront encouru les peines portées par ladite constitution et par ces présentes.

Et afin que les ordonnances que lesdits archevêques ou évêques, ou leurs grands vicaires, feront publier par ladite signature soient exécutées sans difficulté, nous ordonnons à tous ecclésiastiques, séculiers et réguliers, mêmes aux moniales de signer ledit formulaire dans ledit temps de trois mois, nonobstant toutes exemptions, priviléges, lois diocésaines, droits de juridiction épiscopales ou quasi-épiscopales qui pourroient être prétendues par aucuns chapitres, abbayes, communautés, séculiers ou réguliers, ou par aucuns particuliers : auxquels priviléges, exemptions, droits de juridiction et lois diocésaines nous avons, en tant que besoin est ou seroit, dérogé par ces présentes pour ce regard, comme étant ce qui concerne la pureté de la foi et de la détermination des questions doctrinales, particulièrement réservé à la personne et au caractère de l'évêque, et ne pouvant leur être ôté par aucun privilége.

Et en cas de refus par aucuns ecclésiastiques, séculiers ou réguliers de souscrire ledit formulaire ; voulons qu'il soit procédé contre eux par les évêques ou par leurs officiaux, suivant les constitutions canoniques et les lois de notre royaume, et nonobstant tous priviléges et toutes appellations, simples ou comme d'abus, et sans préjudice d'icelles, pour lesquelles ne voulons être différé, comme s'agissant de police et discipline, dans laquelle les appellations comme d'abus ne doivent avoir aucun effet suspensif aux termes des ordonnances.

Voulons en outre que, faute d'avoir par les ecclésiastiques, séculiers ou réguliers, souscrit ledit formulaire dans ledit temps de trois mois, les bénéfices, dignités, personnats, offices, séculier sou réguliers, même les claustraux et amovibles, et généralement toute sorte de bénéfices dont ils seront pourvus, et auxquels ils prétendront droit, demeurent vacans et impétrables de plein droit, sans qu'il soit besoin d'aucune sentence ni déclaration judiciaire, et sans qu'ils puissent être rétablis dans leursdits offices et bénéfices, encore qu'ils voulussent postérieurement signer ledit formulaire ; et pour cette fin, ordonnons que ceux qui auront été pourvus en leurs lieux et places desdits bénéfices, soit par le collateur ordinaire, soit en cour de Rome, y soient maintenus. Enjoignons aux collateurs ordinaires d'y pourvoir incontinent après ledit temps de trois mois, et jusques à ce qu'il y ait été pourvu, voulons que les fruits desdits bénéfices soient saisis à la requête de nos procureurs généraux ou de leurs substituts, et employés aux profits des hôpitaux des lieux.

Et au cas qu'aucun archevêque ou évêque refuse de signer ledit formulaire et n'en ordonne pas la signature dans ledit temps de trois mois purement et simplement comme il est ci-dessus expliqué, nous voulons et entendons qu'il y soit contraint par saisie du revenu temporel de son archevêché ou évêché, et qu'il soit procédé à l'encontre de lui par les voies canoniques, suivant ce qui est porté par ladite constitution; et en outre, que les autres bénéfices de quelque qualité qu'ils puissent être, dont il se trouvera pourvu, demeurent vacans et impétrables de plein droit, sans qu'il soit besoin d'aucune sentence ni déclaration judiciaire. Et que ceux qui auront été pourvus en sa place y soient maintenus, ainsi qu'il est expliqué ci-dessus.

Et afin qu'à l'avenir nul n'ait rang ni autorité dans l'église qui puissent renouveler ces divisions ou troubler l'état en adhérant à ces nouvelles doctrines, nous voulons pour la police et la paix de notre royaume que, conformément à la déclaration publiée en notre présence en notre cour de parlement de Paris, le 29 avril 1664, aucune personne ne puisse être ci-après pourvue de quelque bénéfice que ce soit, séculier ou régulier, qu'il n'ait auparavant souscrit ledit formulaire en personne, entre les mains de son évêque, ou à son refus, en celles de l'archevêque métropolitain; et en cas de refus de l'un et de l'autre, en celles du plus ancien évêque de la province étant sur les lieux, qui aura signé et fait signer ledit formulaire.

Nous voulons pareillement que ceux qui seront dorénavant promus à l'ordre de sous-diaconat, ou qui prendront à l'avenir les degrés dans les universités de notre royaume, ou seront élus aux charges, principautés et régences desdites universités ou des colléges en dépendans, ou qui seront reçus à faire profession à l'avenir dans les monastères de notre royaume, ou nommés pour exercer aucunes charges ou offices dans iceux, signent ledit formulaire ci-dessus, en la manière et dans le temps porté par nosdites lettres du mois d'avril 1664, et sur les peines y contenues, si ce n'est qu'ils y eussent satisfait auparavant. Voulons aussi que nul ne puisse être admis dans les séminaires pour y enseigner, qu'il n'ait signé ledit formulaire en la forme ci-dessus exprimée.

Voulons, de plus, que nulle personne pourvue de bénéfice séculier ou régulier par nous, par les collateurs ordinaires en cour de Rome, ou en quelque sorte et manière que ce soit, ne puisse prendre ni se mettre en possession dudit bénéfice, sans en avoir la permission du lieutenant-général, et en son absence, du premier et plus ancien officier du bailliage ou sénéchaussée, dans le ressort de laquelle ledit bénéfice sera situé, lesquels ne pourront donner ladite permission qu'à ceux qui feront bien et duement apparoir par-devant eux avoir souscrit ledit formulaire, en la forme prescrite ci-dessus; et seront lesdites permissions, délivrées gratuitement et sans frais par les greffiers desdits siéges, qui en garderont les minutes pour y avoir recours quand besoin sera. Enjoignons pour cette fin, auxdits lieutenans généraux et aux substituts de nos procureurs généraux auxdits siéges, d'empêcher qu'aucun pourvu de bénéfice n'en prenne possession sans au préalable avoir obtenu ladite permission.

Et parce que ledit livre de Jansénius, intitulé *Augustinus*, a donné lieu aux derniers troubles et contestations des catholiques et aux nouvelles divisions de l'église, nous avons fait et faisons très expresses et itératives inhibitions et défenses à tous nos sujets, de quelque qualité et condition qu'ils soient, de vendre ou débiter ledit livre, ni même le garder sans la permission de l'évêque ou de ses grands vicaires; enjoignant à tous imprimeurs et libraires qui en ont présentement, de les porter ou faire porter dans quinzaine après la publication des présentes, au greffe de l'archevêché ou évêché dont ils sont, ou en ceux des bailliages ou sénéchaussées, dans le ressort desquelles ils font leur demeure, à peine de punition.

Que d'ailleurs, comme cette division qui avoit commencé à l'occasion dudit livre de Jansénius, a beaucoup augmenté par la liberté que plusieurs personnes ont prises d'écrire, composer, publier ou débiter plusieurs libelles contre les bulles des papes Innocent X et Alexandre VII, contre les délibérations des évêques et les censures de la Faculté de théologie, et principalement contre le formulaire dressé pour établir la paix dans l'église et l'uniformité dans ses sentimens; nous, afin d'empêcher ce désordre, avons aussi par cesdites présentes, fait et faisons très expresses inhibitions et défenses à tous nos sujets, de quelque qualité et condition qu'ils soient, d'écrire ou composer, imprimer, vendre ou débiter directement ou indirectement, sous quelque nom ou titre que ce puisse être, aucun ouvrage, lettres ou écrits tendans à favoriser, soutenir ou renouveler en quelque manière que ce soit la doctrine condamnée de Jansénius, ou à contredire ledit formulaire, sous peine d'être traités comme fauteurs d'hérétiques, et comme perturbateurs du repos public. Voulons que ceux qui ont écrit, enseigné ou prêché aucune chose contraire auxdites bulles, soient tenus en signant ledit formulaire de se rétracter, dont sera fait mention dans l'acte qui sera expédié de leur souscription.

N'entendons au surplus, par ces présentes, déroger aux droits des particuliers qui ont été pourvus en cour de Rome, ou nommés par nous aux bénéfices de ceux qui n'ont pas signé le formulaire dressé par les évêques de notre royaume en conséquence de notredite déclaration, ni à ce qui a été fait par la faculté de théologie de Paris contre ceux qui ont refusé de signer la censure de ladite faculté, du premier jour de février 1656, ni aussi aux arrêts rendus en notre conseil contre aucuns des chanoines du chapitre de Beauvais, les vingt-un juillet et deuxième octobre 1659, que nous voulons être exécutés selon leur forme et teneur, jusqu'à ce que lesdits chanoines aient souscrit le formulaire inséré dans ladite constitution de notre saint-père le pape, en la forme ci-devant exprimée. Si donnons, etc.

N° 447. — ARRÊT *du conseil qui autorise les curés à se transporter chez les religionnaires malades, assistés d'un magistrat, lequel ira demander au malade s'il veut mourir à la religion prétendue réformée, ou non; s'il veut se convertir, le curé devra être introduit près du malade pour l'entendre, l'instruire et le consoler.*

Saint-Germain-en-Laye, 12 mai 1665. (Hist. de l'édit de Nantes.)

N° 448. — LETTRES-PATENTES *pour l'établissement de coches d'eau sur la Seine.*

Saint-Germain-en-Laye, mai 1665. (Ord. 10, 3 S, 358.)

N° 449. — DÉCLARATION *portant que les relaps et apostats seront bannis à perpétuité.*

St-Germain-en-Laye, 20 juin 1665. (Hist. de l'édit de Nantes.)

N° 450. — DÉCLARATION *faisant défenses à tous laquais de porter des armes sous peine de la vie.*

Saint-Germain-en-Laye, 25 juin 1665. (Archiv.)

N° 451. — LETTRES-PATENTES *qui confirment la fondation du collége Mazarin.*

Saint-Germain en Laye, juin 1665. (Rec. Cass.) Reg. P. P. 14 août.

LOUIS, etc. Bien que la conduite que notre très cher et très amé cousin le feu sieur cardinal Mazarini a tenue soit en paix, soit en guerre, pour l'administration de nos affaires, soit remplie d'une infinité de grandes actions, et d'autant d'illustres marques d'une ardente affection pour l'augmentation de notre gloire, l'agrandissement de notre état et les avantages particuliers de nos sujets, il faut néanmoins avouer que rien n'a davantage signalé son zèle pour la France, que le dessein qu'il a formé pour l'établissement d'un collége pour l'éducation des jeunes gentilshommes nés dans les pays nouvellement soumis à notre obéissance. Car, en effet, quoique son grand courage se soit fait connoître à soutenir avec réputation une longue guerre pendant notre minorité contre des ennemis puissans, sa sagesse à assoupir les mouvemens intérieurs de notre royaume, et la prudente conduite de son heureux génie dans la conclusion de la paix générale qui a rendu à nos états ses premières limites, et rétabli l'ancienne réputation des François. Néanmoins il paroîtra toujours bien plus facile de nous conquérir des provinces par la force de nos armes, et de nous acquérir de nouveaux sujets, que d'engager les cœurs et de les rendre véritablement François : c'est cependant ce que s'est heureusement proposé de faire notredit cousin le cardinal Mazarini, par l'établissement dudit collége dans lequel faisant donner aux jeunes gentilshommes, issus des pays réunis à notre couronne, une éducation françoise, et leur inspirant insensiblement la douceur de notre domination, il effacera dans leurs cœurs, par la reconnoissance d'un traitement si favorable, tous les sentimens d'une affection étrangère, et y gravera profondément, par une noble institution, les caractères d'un amour sincère et fidèle pour notre personne et pour notre état. Et voulant favoriser en tout ce qui dépendra de nous un si grand et glorieux dessein et si digne du rang que notredit cousin tenoit dans l'église et près notre personne : à ces causes et autres considérations à ce nous mouvant de l'avis de notre conseil qui a vu le contrat ci-attaché sous le contre-scel de notre chancellerie, passé par notredit cousin le feu sieur cardinal Mazarini, pardevant Lefouyin et Levasseur, notaires au Châtelet de Paris, par lequel notredit cousin auroit fondé un collége et académie dans notre bonne ville de Paris, pour y instruire gratuitement aux exercices de corps et d'esprit convenables à la noblesse, les jeunes gentilshommes qui auroient pris naissance à Pignerolles, son territoire et vallée y jointes aux provinces d'Alsace et pays d'Allemagne qui y sont contigus, en Flandre, Artois, Hainaut, Luxembourg, Roussillon, Conflans, et en Sardaigne, en ce qui nous appartient en tous lesdits pays, et ce qui en est demeuré sous notre obéissance par le traité de Munster du 24 octobre 1648, et par celui de la paix générale conclue en l'île des Faisans le 7 novembre 1659. Ensemble pour les enfans nés en Italie dans l'état ecclésiastique, avec clause qu'une grande bibliothèque appartenant à notredit cousin, demeureroit jointe et unie audit collége et académie, nous avons confirmé, loué et approuvé et, par ces présentes signées de notre main, confirmons, louons et approuvons la fondation portée par ledit contrat que nous voulons être exécuté de point en point selon sa forme et teneur. Lequel collége et académie nous voulons être nommés et appelés du nom de Mazarini. Et pour donner des marques plus expresses de la satisfaction que nous avons dudit établissement, voulons et nous plaît que ladite fondation soit censée et réputée royale, et jouisse des mêmes avantages, priviléges et prérogatives que si elle avoit été par nous faite et instituée.

N° 452. — Arrêt *du parlement* (en 61 articles), *servant de réglement pour l'administration de la justice, dans les présidiaux, bailliages, sénéchaussées et autres siéges royaux.*

Paris, 10 juillet 1665. (Archiv. — Rec. chron. des ord. citées dans celles d'avril 1667, août 1670, mars 1673, Paris, 1757.)

N° 453. — Ordonnance *portant défenses à toutes personnes de se décorer du titre de la croix, et du collier de l'ordre de St-Michel, hors les cent réservés.*

Versailles, 10 juillet 1665. (Rec. Cass.)

Sa Majesté ayant résolu de tirer son ordre de Saint-Michel de la confusion et avilissement où il étoit tombé, et le rétablir dans l'ancienne dignité de son institution, elle auroit, par son ordonnance et réglement du 12 janvier dernier, renouvelé les anciens statuts dudit ordre de Saint-Michel, et réduit le grand nombre de ceux qui l'avoient obtenu à celui de cent; et pour remplir ce nombre, elle auroit fait choix de personnes desquelles elle a bien voulu elle-même prendre soin d'examiner particulièrement la naissance, le mérite et les services; elle leur auroit confirmé et conféré de nouveau cette dignité par lettres-patentes signées de sa main. Et d'autant que ceux à qui Sa Majesté a accordé cette grâce ont seuls le droit et pouvoir de porter la croix et qualité de chevaliers dudit ordre de Saint-Michel et de jouir des priviléges et avantages y attachés: néanmoins, Sa Majesté, étant avertie qu'au préjudice de ce plusieurs personnes qu'elle n'a pas honorées de ce choix, ni par conséquent de ce titre, ne laissent de porter les marques dudit ordre et de s'en qualifier chevaliers, sous prétexte des lettres de cachet, et certificats de leur réception, qu'ils en ont obtenu par le passé, et même de ce qu'aucun d'eux se trouvent dénommés dans la liste du 12 janvier dernier, quoiqu'elle ait été depuis réformée par celle du 20 avril ensuivant. Sa Majesté voulant sur ce déclarer précisément son intention, afin qu'étant notoire et publique, un chacun ait à s'y conformer, Sa Majesté a ordonné et ordonne que ceux qu'elle a confirmés, pourvus et nommés chevaliers de son ordre de Saint-Michel, par ses lettres patentes signées de sa main et scellées du grand sceau dudit ordre, en porteront seuls la croix et la qualité conformément aux anciens statuts, ordonnances et réglemens dudit ordre, et particulièrement celui du 12 janvier dernier, qu'elle veut être exactement observé sans qu'aucun s'en puisse dispenser. Fait, pour cette fin, Sa Majesté, défenses très expresses à toutes autres personnes de quelque condition qu'elles soient sans exception, d'entreprendre à l'avenir de porter la qualité de chevaliers de son ordre de Saint-Michel, ni la croix et le collier d'icelui, soit sur leurs personnes, à l'entour de leurs armes, ni ailleurs, directement ou indirectement, et sous quelque prétexte que ce soit, nonobstant tous brevets, lettres de cachet, commissions, certificats de réception et autres actes qu'ils pourroient avoir obtenus, même ledit état et liste du 12 janvier dernier, que Sa Majesté a révoqué comme nuls et de nul effet, le tout à peine de trois mille livres d'amende pour chacune contravention qu'elle a dès à présent comme pour lors déclarée encourue et affectée savoir, le tiers au dénonciateur, et les deux autres tiers à l'hôpital général de la ville de Paris. Au paiement de laquelle les contrevenans seront contraints par emprisonnement de leurs personnes en vertu de la présente ordonnance, ou des copies d'icelles dûment collationnées, sans autre forme ni figure de procès par le prévôt de son autel et grand-prévôt de France, et ses lieutenans vice-baillifs, vice-sénéchaux, prévôts des maréchaux ou leurs lieutenans nonobstant opposition ou appellation quelconques, dont Sa Majesté s'est réservée et reserve à sa personne la connoissance comme étant une dépendance de la discipline dudit ordre de Saint-Michel dont elle est le chef souverain, l'interdisant à toutes ses autres cours et juges, enjoint Sa Majesté aux siens maréchaux de France, gouverneurs et lieutenans-généraux de ses provinces, et particulièrement au sieur marquis de Sourdis, chevalier de ses ordres et commissaire député par Sa Majesté pour les affaires de celui de Saint-Michel, de tenir soigneusement la main à l'exécution de la présente ordonnance, et de l'avertir ponctuellement des contraventions et des noms des contrevenans, afin d'y pourvoir par les moyens qu'elle estimera nécessaires pour les réprimer, et pour maintenir l'honneur dudit ordre et l'obéissance qui est due à ses commandemens; veut Sa Majesté que sa présente ordonnance soit publiée à son de trompe et cri public, et affichée tant en la ville de Paris, cour et suite de Sa Majesté, que dans les villes principales des provinces de son royaume, et partout ailleurs où besoin sera, à ce qu'aucun n'en prétende cause d'ignorance.

N° 454. — Règlement *du roi qui défend, sous peine d'être puni comme vagabond, d'aller en pélerinage sans passeports, qui ne pourront être expédiés que sur le consentement des père et mère, ou en cas de décès, des deux plus proches parens donné par acte authentique.*

Saint-Germain-en-Laye, 25 juillet 1665. (Archiv.)

PRÉAMBULE.

Sa Majesté ayant reçu diverses plaintes de la part des bourgeois et habitans de plusieurs villes ou bourgs de ce royaume, de ce que leurs enfans, sous prétexte d'aller en pélerinage à St-Jacques en Galice, ou ailleurs hors de ce royaume, se débauchent, quittent leurs maisons et s'accostent souvent de méchantes compagnies pour faire ces pélerinages; que plusieurs desdits enfans périssent de faim et de misère en chemin, ou que, faute de moyens pour pouvoir revenir dans le royaume, ils demeurent dans les pays étrangers : et d'autant qu'outre la diminution que ce libertinage cause des sujets de Sa Majesté, il est important au repos des familles d'en arrêter la continuation; sa Majesté a défendu et défend très expressément, etc.

N° 455. — Arrêt *du conseil qui ordonne l'exécution d'un arrêt du parlement de Paris, portant qu'aucune fille ou femme ne pourra être reçue marchande lingère qu'elle ne fasse profession de la religion catholique, apostolique et romaine.*

Paris, 21 août 1665. (Hist. de l'édit de Nantes.)

N° 456. — DÉCLARATION *qui ordonne l'établissement de manufactures d'ouvrages de fil dans les villes du Quesnoy, Arras, Reims, Sédan, Château-Thierry, Loudun, Alençon, Aurillac et autres* (1).

Août 1665. (Rec. Cass.)

N° 457. — DÉCLARATION *portant établissement des grands jours à Clermont en Auvergne.*

Paris, 31 août 1665. (Rec. Avoc. Cass.) Reg. P. P. 5 septembre.

LOUIS, etc. La licence des guerres étrangères et civiles, qui depuis 30 ans désoloient notre royaume, ayant non seulement affoibli la force des lois et la rigueur des ordonnances, mais encore introduit un grand nombre d'abus tant en l'administration de nos finances qu'en la distribution de la justice, le premier et principal objet que nous nous sommes proposés, et celui auquel, après l'affermissement de nos conquêtes, après la sûreté du repos public, après la réparation de nos finances et le rétablissement du commerce, nous avons destiné tous nos soins, a été de faire régner la justice, et régner par elle dans notre état, persuadé qu'il n'y a rien dont nous soyons plus redevable à nos sujets, ni plus comptable à Dieu de qui seul relève notre couronne; mais comme nous sommes avertis que le mal est plus grand dans les provinces éloignées de notre cour de parlement, que les lois y sont méprisées, les peuples exposés à toute sorte de violence et d'oppression, que les personnes foibles et misérables ne trouvent aucun secours dans l'autorité de la justice, que les gentilshommes abusent souvent de leur crédit pour commettre des actions indignes de leur naissance : et que d'ailleurs la foiblesse des officiers est si grande, que ne pouvant résister à leurs vexations les crimes demeurent impunis. Pour remédier à tous ces désordres, dont le progrès pourroit par succession de temps diminuer notre puissance royale, affoiblir la juridiction de nos cours souveraines et éteindre celles de nos officiers subalternes, nous avons résolu d'établir une juridiction ou une cour, vulgairement appelée les grands jours, et de la faire tenir et exercer cette présente année en notre ville de Clermont pour les provinces du bas et haut Auvergne, Bourbonnois, Nivernois, Forest, Beaujolois, Saint-Pierre-le-Moustier, Montferrand, Montagnes d'Auvergne, Lyonnois, Combraille, la haute et basse

(1) Citée dans la déclaration du 12 octobre 1666.

Marche, Berry et de tous leurs ressorts, puis, selon le besoin et la nécessité, dans les autres villes principales des provinces que nous voulons comprendre sous la juridiction de cette cour, et ce, durant quelques mois de la présente année, à ces causes, etc., voulons et nous plaît, premièrement, que ladite cour et juridiction, vulgairement appelée les grands jours, soit tenue et exercée l'année présente en notre ville de Clermont par un des présidens de notre cour de parlement, un maître des requêtes ordinaire de notre hôtel, seize conseillers en notredite cour, un de nos avocats généraux, un substitut de notre procureur général, et autres officiers à ce nécessaires, et qu'ils tiendront lesdits grands jours, commençant le quinzième jour de septembre prochain et finissant le dernier novembre ensuivant, pendant lequel temps, après avoir commencé ladite séance en notredite ville de Clermont, elle pourra être continuée, selon l'exigence des cas, ès autres capitales villes desdites provinces comprises en ladite juridiction.

I. Pour, par ledit président, maître des requêtes, et conseillers, connoître, expédier, juger et terminer toutes causes et matières civiles et criminelles desdites provinces, même celles concernant nos sujets de la religion prétendue réformée, et dont la connoissance peut appartenir à nos chambres de l'édit, et décider de toutes appellations verbales interjetées des sentences définitives et interlocutoires données tant par les baillifs, sénéchaux et autres juges des pays susdits, et ressort d'iceux que de nos amés et féaux les gens tenant les requêtes de notre palais, à Paris, prévôt de ladite ville, et conservateur des priviléges royaux dudit lieu, pourvu que les choses litigieuses ou les parties collitigeantes, quoique ce soit celle qui sera défenderesse, soient des ressorts desdits grands jours.

II. Ensemble, connoître, juger et terminer toutes les appellations comme d'abus, instances de compulsoire, oppositions, subrogations, sommations, et requêtes formelles, adjudications et profits de tous exploits donnés en jugement, et ès-dits grands jours, réparations civiles, reprises de procès, réceptions d'enquêtes, création de curateur ès causes, permissions ou *pareatis*, décrets d'*iterato*, en ce que lesdites matières concernent lesdites appellations verbales.

III. Et outre, voulons qu'ils connoissent, jugent et décident des entretenemens et exécutions de contrats, des séquestres, réintégrandes, possessions, provisions, garnisons, reconnoissance de cédules, consignations, et autres matières qui se pourront vider sur-le-champ avec icelles appellations verbales, et non autrement.

IV. Et encore procèdent et fassent procéder aux exécutions des arrêts, à la taxation des dépens acquis et adjugés, reçoivent toutes les conclusions et acquiescemens en quelque manière que ce soit.

V. Pareillement pourront procéder au jugement des congés, défauts, en toute matière, par faute de présentation des parties ajournées, tant en notredite cour de parlement séant qu'ès-dits grands jours.

VI. Voulons aussi lesdits président, maître des requêtes et conseillers, connoître et décider de tous abus, fautes, malversations et négligence, dont nos officiers desdits pays et ressorts se trouveront chargés au fait de leurs états et offices ou autrement, et qu'ils les châtient, corrigent et punissent, selon l'exigence des cas, et qu'ils verront être à faire.

VII. Aussi pourront corriger et réformer tous les abus et mauvais usages qui se trouveront contraires à nos ordonnances, au bien et expédition de la justice, tant dans le style de procéder que dans l'instruction et expédition des procès, ès-siéges et auditoires desdits pays et ressorts.

VIII. Pareillement voulons qu'ils connoissent, jugent et décident de toutes matières criminelles, de quelle importance et qualité qu'elles soient, tant en première instance que par appel, ainsi que les matières se présenteront et offriront.

IX. La connoissance, jugement et décision de toutes lesquelles causes criminelles, et desdites appellations civiles, dont les assignations sont échues, ès-trois parlemens derniers, et aussi celle des parlemens précédens, ès-quelles l'une des parties sera présente et poursuivante, ou aura renouvelé procuration pour la poursuite et non autrement; le tout jusqu'à la somme de six cents livres de rente, et dix mille livres pour une fois payer, nous avons commise et attribuée, commettons et attribuons à nosdits président, maître des requêtes et conseillers, selon la commission qui leur sera ci-après dressée.

X. Voulons et nous plait les jugemens, arrêts et ordonnances qui auront été donnés par les président, maître des requêtes et conseillers, ès-dites matières, être de tel effet, vertu et exécutoire, et comme les jugemens donnés et prononcés en notredite cour de parlement, icelle séant, sans qu'aucun soit reçu à en appeler et réclamer, déclarant toutefois que notre vouloir intention est que tous les procès criminels soient vidés avant tous autres, et que les plaidoieries et l'expédition des causes civiles cessent pendant qu'il y aura des procès criminels en état d'être jugés; et afin d'accélérer l'instruction desdites matières criminelles, enjoignons à tous baillifs, sénéchaux, leurs lieutenans généraux et particuliers, et à tous autres juges étant du ressort de la cour des grands jours, d'informer incessamment des meurtres, rapts, violemens, levées de deniers, concussions commises, tant par nos officiers qu'autres personnes, des excès faits aux ministres de justice, et généralement de tous crimes; permettons à notre procureur général d'obtenir et faire publier monitions des archevêques, évêques et prélats du ressort de la cour des grands jours, afin de contraindre toutes personnes de venir à révélation contre lesdits malfaiteurs, lesquels monitoires seront publiés sans aucune intermission par les curés, vicaires et autres ayans pouvoir de ce faire, qui seront tenus d'envoyer incontinent les révélations qui leur auront été faites aux substituts de notredit procureur général, au plus prochain siège royal, à peine de saisie de leur temporel et d'amende arbitraire.

N° 458. — ÉDIT *portant réglement sur la police des halles* (en 24 articles).

Paris, août 1665. (Ord. 14, 5 Y, 484. — Rec. Cass.)

N° 459. — LETTRES-PATENTES *pour l'établissement d'une manufacture de glaces à Paris.*

Paris, octobre 1665. (Ord. 1, 5 T. 29.)

N° 460. — ARRÊT *du conseil pour le rétablissement des haras dans le royaume.*

Paris, 17 octobre 1665. (Archiv.)

EXTRAIT.

Le roi voulant prendre un soin particulier de rétablir dans son royaume les haras qui ont été ruinés par les guerres et désordres passés, même de les augmenter de telle sorte, que les sujets de Sa Majesté ne soient plus obligés de porter leurs deniers dans les pays étrangers pour achats des chevaux; Sa Majesté avoit envoyé visiter les haras qui restent et les lieux propres pour en faire établir, ayant fait acheter plusieurs chevaux entiers en Frise,

Hollande, Danemarck et Barbarie, pour servir d'étalons, et résolu de les distribuer, savoir ceux qui seront propres au carrosse, sur les côtes de la mer, depuis la frontière de Bretagne jusque sur la Garonne, où il se trouve des cavalles de taille nécessaire à cet effet; et les barbes dans les provinces de Poitou, Saintonge et Auvergne: mais d'autant que pour obliger les particuliers qui seront chargés des étalons destinés auxdits haras, il est raisonnable de leur accorder quelques priviléges pour aucunement les indemniser des soins qu'ils prendront pour faire réussir le dessein de Sa Majesté pour le bien de son service et du public. Sa Majesté, étant en son conseil, a commis et commet le sieur de Garsaut, l'un des écuyers de sa grande écurie, pour distribuer lesdits étalons ès-lieux qu'il jugera les plus propres des provinces ci-dessus nommées, et les mettre à la garde des particuliers qu'il choisira, et auxquels il délivrera ses certificats pour leur servir ce que de raison: lequel sieur de Garsaut dressera un rôle contenant les noms, surnoms et demeures de tous ceux qu'il aura chargé desdits étalons en vingt ou trente paroisses, pour être registré ès-greffes des élections dont elles dépendent; et pour obliger lesdits particuliers d'avoir le soin nécessaire pour l'entretenement desdits étalons, Sa Majesté a iceux déchargé et décharge de tutelle, curatelle, etc., et ce, durant le temps qu'ils se trouveront chargés desdits étalons, lesquels seront marqués d'une L couronnée à la cuisse; permet, Sa Majeté, auxdits particuliers préposés à la garde desdits étalons de prendre cent sols de chaque cavalle qui aura servi audit haras, et qui sera marquée, avec les poulains qui en proviendront, de la même marque, sans que lesdites cavalles et poulains ainsi marqués puissent être saisis pour la taille et autres deniers de Sa Majesté, ni pour dettes des communautés, etc.

N° 461. — DÉCLARATION *qui permet aux enfans des religionnaires, lorsque ces enfans se seront convertis et qu'ils seront âgés, les hommes de 14 ans, les filles de 12, d'exiger de leurs père et mère une pension proportionnelle à leurs besoins et facultés* (1).

Paris, 24 octobre 1665. (Hist. de l'édit de Nantes.) Reg. P. P. 27 novembre.

LOUIS, etc. Ayant été informé du refus que font plusieurs

---

(1) Il étoit difficile de trouver un moyen de conversion plus odieux et plus contraire à la morale publique.

pères et mères de la religion prétendue réformée de fournir à leurs enfans, qui se convertissent à la religion catholique, apostolique et romaine, savoir, les mâles à l'âge de quatorze ans, et les filles à celui de douze, les choses nécessaires pour leur subsistance et entretien; nous aurions, par arrêt de notre conseil d'état du 3 novembre de l'année dernière 1664, ordonné que lesdits enfans seroient nourris et entretenus ès-maisons de leursdits pères et mères, ainsi qu'auparavant leur changement de religion; si mieux n'aimoient lesdits pères et mères leur payer une pension proportionnée à leurs conditions et facultés: néanmoins, comme nous aurions été avertis qu'ils ne tenoient compte d'y satisfaire, et que s'ils avoient le choix de prendre chez eux lesdits enfans pour les nourrir et entretenir, il seroit à craindre qu'ils ne leur fissent quelques mauvais traitemens pour les obliger de retourner à ladite religion prétendue réformée; nous aurions jugé à propos d'y pourvoir par autre arrêt de notredit conseil du 30 janvier dernier; lequel voulant être exécuté, nous, etc., conformément à icelui, voulons et nous plaît, qu'après que lesdits enfans de la religion prétendue réformée se seront convertis à la religion catholique, apostolique et romaine; savoir, les mâles à l'âge de quatorze ans, et les filles à celui de douze, il sera à leur choix et option, ou de retourner en la maison de leurs pères et mères pour y être par eux nourris et entretenus, ou de leur demander pour cet effet une pension proportionnée à leurs conditions et facultés, laquelle pension lesdits pères et mères seront tenus de payer à leurs enfans de quartier en quartier: et en cas de refus, voulons qu'ils y soient contraints par toutes voies dues et raisonnables, nonobstant oppositions ou appellations quelconques. Si donnons, etc.

N° 462. — DÉCLARATION *portant que les possesseurs des lieux et places vagues distraits du domaine du roi, qui ont bâti et amélioré sans sa permission, seront conservés dans leur jouissance en payant chaque année le 20ᵉ de leurs revenus.*

Paris, dernier octobre 1665. (Néron, II, 85.)

N° 463. — ARRÊT *du conseil portant défenses aux consistoires de fournir la subvention d'autre ministre que celui qui dessert le lieu de leur établissement* (1).

Paris, 6 novembre 1665. (Nouv. rec. de Lefèvre. — Hist. de l'é[dit] de Nantes.)

(1 Cette licence, dit l'arrêt, produiroit le même abus que faisoit la liberté

N° 464. — DÉCLARATION *portant attribution à la chambre des Comptes, de la poursuite et liquidation des droits féodaux.*

Paris, 24 novembre 1665. (Archiv.)

N° 465. — LETTRES-PATENTES *portant érection du duché-pairie de Choiseul, en faveur du maréchal Duplessis Praslin* (éteint en 1705).

Paris, novembre 1665. (Ord. 10, 3 S, 422.)

N° 466. — LETTRES-PATENTES *portant érection du marquisat d'Isles en duché-pairie, sous le nom d'Aumont.*

Paris, novembre 1665. (Ord. 10, 3 S. 414.)

N° 467. — ARRÊT *du conseil qui fixe le prix auquel les monnoies auront cours au 1ᵉʳ janvier 1666.*

Paris, 7 décembre 1665. (Rec. Av. Cass.)

N° 468. — ARRÊT *du parlement contenant réglement pour les justices royales et subalternes dans l'étendue du ressort de la cour.*

Paris, 10 décembre 1665. (Archiv.—Rec. chron. d'ord. citées dans celles d'avril 1667, août 1669, août 1670, mars 1673, Paris, 1757.)

N° 469. — ORDONNANCE *pour l'enrôlement général des matelots, et la fermeture des ports de Poitou et de Saintonge.*

17 décembre 1565. (Code naval, p. 118)

N° 470. — ÉDIT *portant fixation du prix des offices des cours supérieures.*

Paris, décembre 1665. (Archiv.) Reg. P. P.—C. des C.—C. des A.—C. des Monn. 22 décembre.

EXTRAIT.

Le temps du droit annuel que nous avons accordé à nos officiers pour jouir de la dispense des quarante jours pour la conservation de leurs offices, par notre déclaration du 15 janvier 1657, venant à expirer à la fin du présent mois de décembre, nous aurions beaucoup souhaité y pouvoir apporter dès à présent un réglement convenable à la résolution que nous avons prise de réformer parfaitement tous les ordres de notre royaume ; mais

---

des annexes avant qu'elle eût été abolie, et par ce moyen les ministres deviendroient beaucoup plus fréquens qu'il n'est convenable à une religion qui n'est que tolérée, et qui ne peut prétendre avec justice que ce qui est nécessaire à son exercice.

quoique nous connoissions assez qu'il seroit du bien de la justice
et de celui de nos sujets de réduire le grand nombre de nos officiers, et particulièrement ceux de judicature par les vacances
qui pourroient arriver, suivant et au désir des ordonnances;
néanmoins nous avons bien voulu faire réflexion sur l'état des
familles particulières de nos officiers, et mettre en considération
que la meilleure partie de leur bien consiste fort souvent dans le
prix des offices dont ils sont pourvus, et préférant pour cette fois
l'intérêt particulier à celui du public, leur accorder la continuation du droit annuel pour quelques années; mais comme
d'ailleurs nous ne pouvons davantage dissimuler le préjudice
notable que cause à nos sujets l'excès où s'est porté le prix des
offices de judicature, qu'il est de notre devoir d'arrêter le cours
d'une infinité de désordres qui s'en sont ensuivis, et de faciliter
l'entrée des charges aux personnes que le mérite y appelleroit,
s'ils n'en étoient exclus par un prix qui n'a pas de borne, nous
avons résolu de lui en donner un, en le fixant à des sommes
proportionnées; et d'autant que rien n'est plus capable d'imprimer le respect de la justice et la soumission pour ses jugemens,
que de la voir administrer par des magistrats dont l'âge, l'expérience et la capacité puissent répondre dans le public au poids et
à la grandeur de leurs dignités, qui les rendent dépositaires des
lois, pour en porter l'exécution à nos sujets sous notre autorité;
qu'il est nécessaire pour cet effet de conformer les choses à la
prudence des anciennes ordonnances, qui ont prescrit un âge
d'une plus grande maturité pour être admis dans les compagnies
qui jugent en dernier ressort, que celui auquel les dernières
ordonnances se sont relâchées; à quoi voulant pourvoir, et faire
entendre sur ce nos intentions, à ces causes, etc.; voulons et
nous plaît que les présidens, conseillers et avocats généraux de
notre cour de parlement, chambre des Comptes, grand conseil,
cour de nos Aides et Monnoies, à Paris, soient reçus à payer le
droit annuel, suivant et ainsi qu'il est réglé par notre déclaration
du 6 octobre 1638, pendant le temps de trois années consécu-
tives, à commencer au 1ᵉʳ janvier prochain et finissant au dernier
décembre 1668, pour être dispensés de la règle des quarante
jours portés par nos ordonnances, sans être pour ce tenus de
nous payer aucun prêt, ni avance, dont nous les avons de grâce
déchargés; ce faisant, voulons et ordonnons que le prix desdites
charges demeure ci-après fixé, réglé et modéré : savoir, pour
ledit parlement, celles de président à mortier, chacune à la

somme de 350,000 liv.; celles des présidens aux enquêtes, chacune à la somme de 100,000 liv.; celles des présidens aux requêtes de notre palais, chacune à celle de 90,000 liv.; de maîtres des requêtes de notre hôtel, chacune à celle de 150,000 liv.; de conseillers laïques, chacune à celle de 100,000 liv.; de conseillers clercs, chacune à celle de 90,000 liv.; de commissaires aux requêtes du palais, chacune à celle de 15,000 liv.; et de nos avocats généraux, chacune à la somme de 150,000 liv.: et à l'égard des offices de la chambre de nos Comptes, celui de premier président en icelle, à la somme de 400,000 liv.; ceux de président en ladite chambre, chacun à la somme de 200,000 liv.; de maîtres ordinaires des Comptes, chacun à celle de 120,000 liv.; de correcteur, chacun à 50,000 liv.; d'auditeur, chacun à 45,000 liv.; de notre avocat général, à 30,000 liv.; et de notre procureur général, à 250,000 liv. Et en ce qui concerne les offices de notre grand conseil, ceux de président, chacun à la somme de 135,000 liv.; de conseillers, chacun à la somme de 90,000 liv.; celui de conseiller grand rapporteur, à la somme de 100,000 liv.; ceux de nos avocats généraux, chacun à la somme de 100,000 liv.; celui de notre procureur général, à la somme de 200,000 liv.: et à l'égard des offices de notredite cour des Aides, celui de premier président en icelle, à la somme de 350,000 liv.; ceux de présidens, chacun à la somme de 150,000 liv.; de conseillers, chacun à la somme de 80,000 liv.; de nos avocats généraux, à la somme de 110,000 liv.; et de notre procureur général, à la somme de 200,000 liv.: et pour ladite cour des Monnoies, l'office de premier président en icelle, à la somme de 150,000 liv.; ceux de présidens, chacun à la somme de 40,000 liv.; ceux de conseillers-contrôleurs généraux des comptoirs, chacun à la somme de 27,000 liv.; ceux des autres conseillers, chacun à la somme de 20,000 liv.; les commissions unies aux charges de présidens, conseillers et commissaires en Guyenne, chacun à la somme de 15,000 liv.; les offices de nos avocats généraux, chacun à la somme de 20,000 liv.; celui de notre procureur général, à la somme de 60,000 liv., sans que le prix desdits offices ci-dessus réglé puisse être augmenté par traité volontaire, vente ou adjudication par décret, directement ou indirectement, en quelque sorte et manière que ce puisse être, et à peine, en cas de contravention, d'être les résignataires déclarés incapables de tenir et exercer aucune charge de judicature, et en outre de la perte entière du prix, qui sera porté moitié par le résignant et l'autre par le résignataire, applicable à l'hôpital général; nous réservant néanmoins, vacation arrivant desdites charges, soit par résignation, décès ou autrement, la faculté d'en disposer préférablement en faveur de personnes suffisantes et capables, ou de les supprimer et réduire au nombre porté par nos ordonnances à notre choix, selon et ainsi qu'il sera par nous avisé, en payant et remboursant toutefois préalablement en deniers comptans au résignant, sa veuve, héritiers, ou à ceux qui auront droit ès-dites charges, le prix ci-dessus arrêté; et à cet effet seront tenus, tous porteurs de résignations desdits offices ou nomination d'iceux, de les présenter, et mettre ès-mains de nos très chers et féaux les chanceliers ou gardes de nos sceaux pour avoir sur icelles notre permission, dont ils seront tenus de faire apparoir au contrôleur général de nos finances avant que leurs résignations puissent être admises, à peine de nullité d'icelles, et des provisions, lesquelles pourroient être expédiées en conséquence. Et d'autant qu'il importe particulièrement pour les considérations susdites de régler l'âge nécessaire pour avoir entrée dans lesdites charges, voulons, ordonnons et nous plaît, qu'aucun ne puisse être ci-après pourvu, admis, ni reçu en icelles; savoir, en celles de présidens dans nosdites cours, qu'il n'ait atteint l'âge de quarante années accomplies; en celles de conseillers, l'âge de vingt-sept; et en celles de nos avocats et procureurs généraux, celui de trente années, sans qu'ils en puissent être ci-après dispensés pour quelque cause et sous quelque prétexte que ce puisse être; voulons en outre que tous les officiers des bailliages, sénéchaussées, siéges présidiaux, et autres subalternes desdites cours, comme aussi les trésoriers de France, des généralités du ressort d'icelles, soient admis au paiement dudit droit annuel pendant ledit temps de trois années, en payant par eux aux trésoriers de nos revenus casuels, par forme de prêt et avance, par ceux qui voudroient jouir de ladite grâce, le tiers du sixième denier du prix de leurs offices sur le pied des évaluations et augmentations, suivant et ainsi qu'il est porté par ladite déclaration du 6 octobre 1638, etc.

N° 471. — ÉDIT *portant réduction des constitutions des rentes du denier dix-huit au denier vingt,*

Paris, décembre 1665. (Rec. Cass.) Reg. P. P. 22 décembre.

LOUIS, etc. L'affection que nous portons à nos sujets nous ayant fait préférer à notre gloire et à l'agrandissement de nos états la satisfaction de leur donner la paix, nous avons en même temps employé nos principaux soins pour leur faire recueillir les fruits d'une parfaite tranquillité ; et comme le commerce, les manufactures et l'agriculture sont les moyens les plus prompts, les plus sûrs et les plus légitimes pour mettre l'abondance dans notre royaume ; aussi nous n'avons rien oublié de toutes les choses qui pourroient obliger nos sujets de s'y appliquer ; et quoique la protection que nous y donnons et les établissemens des diverses manufactures qui ont été faites par nos ordres et de nos deniers, apportent dès à présent un notable soulagement à un très grand nombre de familles qui trouvent leur subsistance dans leur travail, et d'autres avantages proportionnés à leurs conditions, et que d'un si heureux commencement nous ayons tout sujet de nous promettre des succès encore plus utiles et plus avantageux ; néanmoins les gros intérêts que le change et rechange de l'argent produit, et les profits excessifs qu'apportent les constitutions de rentes, pouvant servir d'occasion à l'oisiveté, et empêcher nos sujets de s'adonner au commerce, aux manufactures et à l'agriculture ; et d'ailleurs la valeur de l'argent étant beaucoup diminuée par la quantité qui en vient des Indes, qui se répand dans nos états, nous avons estimé nécessaire d'en diminuer pareillement le profit, pour mettre quelque sorte de proportion entre l'argent et les choses qui tombent dans le commerce ; à quoi même nous sommes conviés par l'exemple des rois Henri-le-Grand, notre aïeul, et de notre très honoré seigneur et père, qui auroient ordonné par leurs édits des années 1601 et 1634, que les intérêts qui se payoient lors, demeureroient réduits du denier 14 au denier 16, et du denier 16 au denier 18. Nous avons à cet effet résolu, ainsi même qu'il se pratique le plus ordinairement à présent dans les contrats de constitutions de rentes, d'y apporter de la modération, et de fixer à celles qui se feront ci-après un pied convenable et proportionné au prix et quantité de l'argent qui a cours dans notre royaume ; et voulant aussi faciliter à nos sujets les moyens de réparer les dégâts, ruines et désordres qu'ils ont soufferts dans leurs maisons et biens pendant la durée d'une longue guerre, en apportant une juste modération aux intérêts des sommes qu'ils pourront être obligés d'emprunter pour les mettre en valeur ; à ces causes, etc., voulons et nous plaît, que les deniers qui seront ci-après donnés à constitution de rente par nos sujets de quelque qualité et condition qu'ils soient, ne puissent produire par an plus haut intérêt que celui du denier 20, auquel nous avons réglé, réduit et modéré lesdites constitutions dans toutes les provinces et juridictions de notre royaume, terres et pays de notre obéissance. Ce faisant, défendons très expressément à tous notaires, et tabellions et autres, de recevoir ou passer aucuns contrats de constitutions de rentes à plus haute raison que celle du denier 20, à peine de privation de leurs charges, et d'être lesdits contrats déclarés usuraires, et procédé extraordinairement contre ceux au profit desquels lesdites constitutions auront été passées, et de perte du prix principal applicable à l'hôpital général des lieux où lesdits contrats auront été passés; et en conséquence, faisons très expresses inhibitions et défenses à tous juges de rendre aucuns jugemens, sentences de condamnation des plus grands intérêts, sous les mêmes peines. Déclarons en outre nulles, et de nul effet et valeur, les promesses qui pourroient être ci-après passées portant intérêts, même celles de change et rechange, si ce n'est à l'égard des marchands fréquentant les foires de notre ville de Lyon, pour cause de marchandise, sans fraude toutefois, ni déguisement. Le tout sans préjudice desdites constitutions qui se trouveront avoir été faites jusqu'au jour de la publication des présentes, lesquelles seront exécutées comme elles auroient pu être auparavant.

N° 472. — ARRÊT du conseil qui confirme aux seigneurs religionnaires hauts-justiciers en *Poitou*, le droit d'exercice dans leurs maisons.

Paris, 19 janvier 1666. (Hist. de l'édit de Nantes.)

N° 473. — ARRÊT du conseil qui ordonne que ceux qui prêteront leurs deniers pour être employés au paiement des taxes seront subrogés aux droits et hypothèques du roi.

Versailles, 22 janvier 1666. (Archiv.)

N° 474. — DÉCLARATION portant que la France prend parti pour la Hollande contre l'Angleterre.

St-Germain-en-Laye, 26 janvier 1666. (Moreau de St-Mery, I, 149.)

N° 475. — DÉCLARATION sur la fixation des biens nobles et roturiers prohibitive de l'établissement des droits sur les fruits, bouvages, banalités (1) de four et autres, par les communes sur les habitans.

St.-Germain-en-Laye, février 1666. (Julien, Comment. sur les statuts de Provence, Aix, 1778, 2 vol. in-4°, I, 86.) Non enreg. par l'opposition de la noblesse.

EXTRAIT.

Louis, etc. Comte de Provence, Forcalquier et terres adjacen-

---

(1) Cette loi ne se retrouve pas dans les recueils des autres parlements. Elle

tes, etc. Voulons et nous plaît, que tous les biens de notredit pays de Provence, soient et demeurent à toujours dans l'état noble ou roturier où ils se trouvent de présent, fors ceux acquis par les seigneurs par droit de prélation, qui reprendront la qualité de roturiers qu'ils avaient, et seront sujets aux mêmes impositions qu'ils étaient avant qu'ils eussent été retirés par le droit de prélation, sans que tous lesdits biens nobles ou roturiers

---

n'est imprimée que dans l'ouvrage que Julien, professeur de droit à l'université d'Aix, publia par ordre des états en 1778, et qui est bien plus exact et plus étendu que celui de Mourgues. Cette déclaration est précieuse par les banalités. La Provence qui se vantoit d'un attachement inviolable au droit romain, a subi comme les autres provinces de France le joug de la féodalité, et des servitudes personnelles et réelles. Les lois romaines (27 *Dig. ad Leg. aquil.*, et 24 *Dig. de Damno infecto*), reconnoissoient la liberté à chacun d'avoir des fours et de cuire son pain, sauf les précautions contre l'incendie ; mais dans les dixième et onzième siècles, la servitude de banalité fut rétablie avec d'autres. Abolies à Paris par Philippe-Auguste dans une loi perdue, mais citée dans les ordonnances du prévôt Boileau, sous saint Louis, et par l'ordonnance de 1305, art. 2 : (V. notre Recueil), et encore par sentence du 28 mars 1675, dans presque toutes les provinces, les banalités se maintinrent dans la Provence. Voir le texte d'une requête présentée à François 1er, et répondue par lui en 1520, tirée du registre *Potentia*, f° 391 et 408, regardée comme authentique par les auteurs de cette province. Cette loi de 1520 fut probablement renouvellée d'anciens statuts confirmés par Charles III, d'Anjou, dernier comte de Provence ; par Louis XI, lors de la réunion de ce pays à la France en 1482, et par l'ordonnance de Charles VIII, d'octobre 1486. (V. notre recueil.)

La noblesse de Provence ayant formé opposition à cette déclaration, le roi la confirma par arrêt du conseil du 15 juin 1668, (ci-après) revêtu de lettres patentes enregistrées en la chambre des comptes et aides de Provence, le 29 octobre 1669. Le 14 novembre 1750, Louis XV déclara les banalités, établies par les communautés, rachetables et défendit aux particuliers d'en continuer la perception. Les banalités féodales étaient exceptées du rachat. — V. sur le rachat des banalités la déclaration de Louis XV, du 5 février 1764.

Les banalités en tant que servitudes personnelles ont été abolies par l'art. 1er du décret du 4 août 1789, sanctionné le 3 novembre ; en tant que féodales, par l'art. 23 de la loi du 28 mars 1790 ; toutes les banalités sans distinction sont abolies par la loi du 25 août 1792 art. 5. La cour de cassation, par arrêt du 7 frimaire an 13, a jugé que les banalités conventionnelles avoient survécu à cette abolition ; mais par avis du Conseil-d'État approuvé le 10 brumaire an 14, il a été décidé que toute banalité étoit abolie. V. aussi avis du Conseil-d'État du 11 brumaire an 14, supplément au recueil des lois, année 1823. Un troisième avis du Conseil-d'État du 5 juillet 1806 (et non 1808), comme le dit M. Dupin, Lois des communes, t. II, p. 428, et Recueil de l'intérieur, est revenu à l'arrêt de cassation de l'an 13. V. aussi arrêts des 31 mars 1813, 5 février 1816, et 30 décembre 1828, Merlin, Rép., v° Banalité : le président Henrion de Pansey, Dissertations féodales et Pouvoir municipal, Delamarre, Traité de police. (Isambert.)

puissent à l'avenir changer de nature par droit de compensation, déguerpissement, commis, confiscation, vente, ou pour quelqu'autre cause et sous quelque prétexte que ce puisse être, directement ni indirectement, en sorte que les biens nobles jouissent de la franchise des tailles ès-mains des personnes roturières, comme des personnes nobles; et que les biens roturiers demeurent à toujours taillables ès mains des personnes nobles, comme des personnes roturières. Faisons très expresses inhibitions et défenses auxdites communautés et habitans des villes et lieux de ladite Province, de vendre aucuns biens avec la franchise des tailles, ni affranchir d'autres biens de la contribution desdites tailles, de surcharger ci-après les biens roturiers d'aucune vente de dixain, douzain, ou autres taxes sur les fruits qui se recueilleront, droit de bouvage, fournage et autres, soit par vente à prix d'argent ou pour quelqu'autre cause ou prétexte que ce puisse être, le tout à peine de nullité des contrats qui seraient sur ce passés, dépens dommages et intérêts. Voulons en outre que tous les procès et différends mus et à mouvoir, pendans et indécis en notre conseil et ailleurs pour raison des choses susdites, soient jugés et terminés suivant et au désir de notre présente déclaration, nonobstant ledit arrêt de règlement du conseil du 15 décembre 1556, et lettres patentes expédiées en conséquence du 12 juin 1557, et autres arrêts du 21 janvier 1625, 20 août 1637 et 6 juin 1643; et tous autres arrêts, tant de notre conseil, que de nos cours de parlement et des comptes, aides et finances, à ce contraire auxquels nous avons dérogé et dérogeons par ces présentes.

N° 476. — ARRÊT *du conseil portant règlement général pour la recherche des usurpateurs des titres de noblesse, et ordonnant (art. 17), qu'il sera fait un catalogue contenant les noms, surnoms, armes et demeures des véritables gentilshommes, pour être registré en chaque baillage.*

St. Germain-en-Laye, 22 mars 1666. (Archiv.)

N° 477. — ORDONNANCE *pour l'embarquement des premières troupes réglées, envoyées aux îles.*

St-Germain-en-Laye, 24 mars 1666. (Moreau de St-Méry, I, 151.)

N° 478. — ORDONNANCE *contre les déserteurs.*

St-Germain-en-Laye, 31 mars 1666. (Règlem. et ordonn. pour la guerre.)

N° 479. — RÈGLEMENT *pour les portions congrues des vicaires* ecclésiastiques et des curés, confirmatif de l'art. 13 de l'ordonnance de janvier 1629 et des déclarations des 17 août 1632 et 18 décembre 1634.

St-Germain-en-Laye, 30 mars 1666 (Néron, II, 81.) Reg. gr. conseil, 26 avril.

N° 480. — EDIT *portant réglement sur les remontrances du clergé* (en 30 art.).

St-Germain-en-Laye, mars 1666. (Mém. Clergé, V, 700.— Rec. ord. ecclésiast., t. II, Paris, 1764.)

PRÉAMBULE.

LOUIS, etc. Comme la piété et religion sont les plus assurés fondemens des états et empires, nous avons cru aussi que leur accroissement dépendoit principalement d'un soin exact de tout ce qui regarde la gloire de Dieu et l'avancement de son service. C'est pourquoi nous reçûmes très volontiers les remontrances qui nous furent faites par l'assemblée générale du clergé de notre royaume ès années 1655, 1656 et 1657 au sujet des contraventions et entreprises qui s'étoient faites par les désordres des temps sur les droits et prérogatives des archevêques, évêques, chapitres et communautés, et sur la juridiction ecclésiastique; et nous pensions y avoir suffisamment pourvu par notre édit du mois de février 1657, adressant à nos cours de parlement, qui contient plusieurs bons réglemens; mais n'ayant point été registré, et s'étant encore fait de nouvelles entreprises, les archevêques, évêques et autres ecclésiastiques représentans le clergé de France assemblé présentement par notre permission en notre bonne ville de Paris, nous ont fait leurs remontrances, et présenté le cahier, tant pour le bien et avancement de la piété, que pour la manutention de l'église dans ses immunités et franchises dont elle a toujours joui, et des droits et prérogatives qui lui appartiennent.

N° 481. — DÉCLARATION *portant prorogation pour cinq ans de la faculté de retrait des biens ecclésiastiques aliénés par subvention.*

St-Germain-en-Laye, 31 mars 1666. (Néron, II, 79.)

PRÉAMBULE.

LOUIS, etc. Que les avantages de l'église nous aient toujours été en très singulière recommandation, et considérant que son patrimoine contribuoit beaucoup à maintenir la splendeur de sa dignité : nous avions à l'exemple des rois nos prédécesseurs apporté ce qui a été de notre autorité pour en empêcher la dissipation, et qu'ainsi nous ayions reçu favorablement les propositions qui nous ont été faites pour la réunion des biens ecclésiastiques aliénés : néanmoins la justice que nous devons indistinctement à tous nos sujets, nous obligeant de considérer universellement leurs intérêts, nous avons sujet de douter que la grâce de la faculté de rachat des biens des bénéfices de notre royaume aliénés en l'année 1566 et suivantes, en conséquence des bulles des papes, et lettres-patentes des rois nos prédécesseurs, qui pouvoit être juste dans les premiers temps auxquels les aliénations ont été faites, ne le seroit plus dans la suite, ayant été facile de les retirer de la première main auparavant qu'ils eussent fait souche dans les familles, et lorsque la proportion d'entre les héritages aliénés, et le prix qui auroit été remboursé, pouvoit encore se rencontrer.

Mais après que par une paisible possession affermie par une longue suite d'années et au-delà de la centenaire; que par différens partages et sous-partages, ventes volontaires, ou forcées, les biens sont rentrés dans le commerce, et se trouvent par ce moyen confondus avec le patrimoine des familles dont ils sont les établissemens, que par la diminution notable de la valeur de l'argent causée par l'abondance, il n'y ait plus aucune proportion entre les biens aliénés, et le prix qui en seroit remboursé ; la faveur du retrait semble devoir cesser, et le repos et le bien public l'emporter sur les avantages particuliers des ecclésiastiques, et quoique ces considérations nous puissent raisonnablement porter à laisser les choses dans la disposition du droit commun, néanmoins voulant bien encore déférer pour cette fois aux pressantes instances qui nous ont été faites de la part du clergé, et le traiter favorablement en toutes occasions; A ces causes, etc.

N° 482. — Déclaration *sur les édits d'avril 1663 et 20 juin 1665, portant que les relaps ou apostats et les blasphémateurs seront jugés par le parlement.*

St Germain-en-Laye, 2 avril 1666. (Hist. de l'édit de Nantes. — Archiv.)

LOUIS, etc. Depuis qu'il a plu à Dieu de donner la paix à notre royaume, nous avons appliqué nos soins à réformer les désordres que la licence de la guerre y avoit introduits; et parce que les contraventions aux édits de pacification étoient les plus considérables, nous avons fait travailler exactement à les réparer par des commissaires, tant catholiques que de la religion prétendue réformée, que nous avons envoyés à cet effet dans nos provinces, par le rapport desquels nous aurions reconnu que l'un des plus grands maux, et auquel il étoit nécessaire de pourvoir, concernait l'abus qui s'est introduit depuis quelque temps, par lequel plusieurs qui professoient la religion prétendue réformée, l'abjuroient pour embrasser la catholique, lesquels, après avoir participé à ses plus saints mystères, retournoient par un mépris scandaleux et sacrilège à leur première hérésie : comme aussi ceux qui étoient engagés dans les ordres sacrés, ou qui s'étoient liés par des vœux, quittoient leur ordre et abandonnoient leur monastère pour professer la religion prétendue réformée ; à quoi nous aurions cru avoir suffisamment pourvu par notre déclaration du mois d'avril 1663; ayant fait défense à nos sujets de la religion prétendue réformée qui en auroient fait une fois abjuration pour professer la catholique ; et à ceux qui sont engagés dans les ordres sacrés de l'église, et aux religieux et religieuses de quitter la religion catholique pour prendre la prétendue réformée, sous quelque prétexte que ce soit. Mais parce que ces défenses, sans aucune peine, n'auroient produit l'effet que nous nous étions promis, nous aurions été obligés de donner une seconde déclaration le 20 juin de l'année dernière 1665, par laquelle nous aurions ordonné que les relaps et apostats seroient punis de la peine du bannissement; lesquelles déclarations seroient encore demeurées sans effet, d'autant que ceux qui sont prévenus de ces crimes se retirent aux chambres de l'édit, quoique la connoissance dudit fait ait été attribuée par lesdites déclarations aux parlemens, auxquels à cet effet nous les aurions adressées, et ce sous prétexte que nous n'en aurions précisément interdit la connoissance auxdites chambres, auxquelles la juridiction n'en peut appartenir, nos édits n'ayant été faits en faveur de ceux qui sont prévenus de tels crimes, non plus que des blasphèmes et impiétés, proférés contre les mystères de la religion catholique, savoir faisons, etc. Voulons et nous plaît que, conformément à nosdites déclarations, tous prévenus et accusés du crime de relaps ou apostasie, soient jugés par les parlemens chacun dans son ressort, et le procès par eux fait et parfait, conformément à ladite déclaration du 22 juin 1665, comme pareillement ceux qui seront prévenus de blasphèmes et impiétés proférés contre les mystères de la religion catholique, avec défenses aux chambres de l'édit d'en connoître directement, ni indirectement, sous quelque prétexte que ce soit, à peine d'en répondre. Si donnons, etc.

N 483. — RÉGLEMENT *sur l'exercice de la religion prétendue réformée.*

St-Germain-en-Laye, 2 avril 1666. (Mém. du Clergé, VI, 497. — Archiv.—Hist. de l'édit de Nantes.)

LOUIS, etc. Le plus grand soin que nous avons eu depuis notre avénement à la couronne, a été de maintenir nos sujets catholiques et de la religion prétendue réformée, dans une paix et tranquillité parfaite, observant exactement l'édit de Nantes et celui de 1643. Mais quoique la loi prévoit les cas qui arrivent plus ordinairement pour y apporter les précautions nécessaires, néanmoins la multiplicité des faits qui surviennent journellement ne pouvant être réduite à une règle certaine, il a été nécessaire au fait particulier aussitôt que les occasions ont fait naître quelque difficulté, d'en faire le jugement et décision dans les règles et formes ordinaires de la justice; ce qui aurait donné lieu à plusieurs arrêts intervenus en notre conseil, et à quelques autres en nos chambres de l'édit, dont la connoissance n'ayant été publique, bien souvent nos sujets se sont trouvés engagés dans des procès et contestations qu'ils eussent pu éviter s'ils eussent su que semblables questions auroient été déjà décidées par arrêts : de sorte que pour prévenir pareils inconvéniens, et nourrir paix et amitié entre nos sujets, tant catholiques que ceux de la religion prétendue réformée, les archevêques, évêques et autres ecclésiastiques députés en l'assemblée générale du clergé, qui se tient à présent par notre permission en notre bonne ville de Paris, nous auroient très instamment supplié de rédiger lesdites décisions en une seule déclaration, y ajoutant quelques articles pour aucuns faits survenus, pour rendre le tout notoire et public à tous nos sujets; et que, par ce moyen, n'en pouvant prétendre cause d'ignorance, ils aient à s'y conformer, et faire cesser les discords et altercations qui pourroient survenir sur pareils faits, et que ce qui a été jugé et décidé par lesdits arrêts sera ferme et stable à toujours, et soit exécuté comme une loi inviolable. A ces causes, etc., voulons et nous plaît que lesdits arrêts rendus en notre conseil soient gardés et observés selon leur forme et teneur : ce faisant,

Art. 1. Que les ministres ne pourront faire les prêches ailleurs que dans les lieux destinés pour cet usage, et non dans les lieux et places publiques, sous quelque prétexte que ce soit.

2. Que ceux de ladite religion prétendue réformée ne pourront établir aucuns prêches aux lieux du domaine qui leur sont

adjugés, sous prétexte de la haute justice comprise dans lesdites adjudications.

3. Que dans le lieu où les seigneurs de ladite religion prétendue réformée ayant haute justice, font l'exercice d'icelle, il n'y aura aucune marque d'exercice public.

4. Que les ministres ne pourront consoler les prisonniers dans les conciergeries, qu'à voix basse, dans une chambre séparée, et assistés seulement d'une ou de deux personnes.

5. Que lesdits ministres ne se serviront dans leurs prêches, et ailleurs, de termes injurieux et offensifs contre la religion catholique ou l'état; ains, au contraire, se comporteront dans la modération ordonnée par les édits, et parleront de la religion catholique avec tout respect.

6. Que les notaires qui recevront les testamens ou autres actes de ceux de la religion prétendue réformée ne parleront de ladite religion qu'aux termes portés par les édits.

7. Que ceux de la religion prétendue réformée ne pourront faire imprimer aucuns livres touchant la religion prétendue réformée qu'ils ne soient attestés et certifiés par des ministres approuvés, dont ils seront responsables, et sans la permission des magistrats et consentement de nos procureurs; et ne pourront lesdits livres être débités qu'aux lieux où l'exercice de ladite religion est permis.

8. Que lesdits ministres ne pourront prendre la qualité de pasteurs de l'église, ains seulement celle de ministres de la religion prétendue réformée. Comme aussi ne parleront avec irrévérence des choses saintes et cérémonies de l'église, et n'appelleront les catholiques d'autre nom que de celui de catholiques.

9. Que lesdits ministres ne pourront porter robes ou soutanes, ni paraître en habit long ailleurs que dans les temples.

10. Que lesdits ministres tiendront registre des baptêmes et mariages qui se feront desdits de la religion prétendue réformée, et en fourniront de trois mois en trois mois un extrait aux greffes des bailliages et sénéchaussées de leur ressort.

11. Qu'ils ne pourront faire aucuns mariages entre personnes catholiques et de la religion prétendue réformée lorsqu'il y aura opposition, jusqu'à ce que ladite opposition ait été vidée par les juges à qui la connoissance en appartient.

12. Ne pourront lesdits de la religion prétendue réformée recevoir à leurs assemblées de consistoires autres que ceux qu'ils appellent *anciens* avec leurs ministres.

13. Que les anciens des consistoires ne pourront être institués héritiers, ni légataires universels en ladite qualité.

14. Que ceux de ladite religion prétendue réformée assemblés en synode, soit national ou provincial, ne permettront aux ministres de prêcher ou résider alternativement en divers lieux, ains au contraire leur enjoindront de résider et prêcher seulement au lieu qui leur aura été donné par lesdits synodes.

15. Comme aussi lesdits de la religion prétendue réformée qui assisteront aux synodes, ne mettront dans les tables de leurs églises les lieux où l'exercice publique de ladite religion a été interdit, ni ceux où il ne se fait que par le privilége du seigneur et dans son château.

16. Comme pareillement ceux de ladite religion prétendue réformée ne pourront entretenir aucunes correspondances avec les autres provinces, ni leur écrire sous prétexte de charité ou autres quelconques; et ne recevront les appellations des autres synodes, sauf à les relever au synode national.

17. Mêmes défenses sont faites aux ministres, anciens et autres de ladite religion prétendue réformée, d'assembler aucuns colloques que durant le synode convoqué par permission de sa Majesté, et en présence du commissaire député.

18. Ni de faire aucune assemblée dans l'intervalle desdits synodes, y recevoir dans le même intervalle des proposans, donner des commissions ou délibérer d'aucunes affaires par lettres circulaires, ou en quelqu'autre manière, et pour quelque cause que ce puisse être, à peine d'être punis conformément à nosdits édits et ordonnances.

19. Que les ministres, consistoires et synodes de ladite religion prétendue réformée n'entreprendront de juger de la validité des mariages faits et contractés par lesdits de la religion prétendue réformée.

20. Pareilles défenses sont faites aux consistoires et synodes de censurer ni autrement punir les pères, mères et tuteurs qui envoient leurs enfans ou pupilles aux colléges et écoles des catholiques, ou qui les font instruire par des précepteurs catholiques, sans toutefois que lesdits enfans y puissent être contraints pour le fait de leur religion.

21. Qu'aux feux de joie qui se feront par ordre de sa Majesté dans les places publiques, et lors de l'exécution des criminels de ladite religion prétendue réformée, les ministres ni autres ne pourront chanter les psaumes.

22. Que les corps morts de ceux de ladite religion prétendue réformée ne pourront être enterrés dans les cimetières des catholiques, ni dans les églises, sous prétexte que les tombeaux de

leurs pères y sont, ou qu'ils aient quelque droit de seigneurie ou de patronage.

23. Que ceux de ladite religion ne pourront exposer leurs corps morts au-devant des portes de leurs maisons, ni faire des exhortations ou consolations dans les rues à l'occasion des enterremens d'iceux.

24. Que les enterremens des morts desdits de la religion prétendue réformée ne pourront être faits ès-lieux où l'exercice public de leur religion n'est point permis, que dès le matin à la pointe du jour, ou le soir à l'entrée de la nuit, sans qu'il y puisse assister plus grand nombre de dix personnes des parens et amis du défunt : et pour les lieux où l'exercice public de ladite religion est permis, lesdits enterremens s'y feront depuis le mois d'avril jusqu'à la fin du mois de septembre, à six heures précises du matin et à six heures du soir, et depuis le mois d'octobre jusqu'à la fin de mars, à huit heures du matin et à quatre heures du soir; et aux convois se trouveront, si bon leur semble, les plus proches parens du défunt, et jusqu'au nombre de trente personnes seulement, lesdits parens compris.

25. Que les cimetières occupés par lesdits de la religion prétendue réformée, et qui tiennent aux églises, seront rendus aux catholiques, nonobstant tous actes et transactions contraires, et pour les cimetières par eux occupés qui ne sont pas tenans aux églises, aux lieux où il n'y en a qu'un qui est commun avec les catholiques, ceux de la religion prétendue réformée exhiberont dans trois mois les anciens cadastres des lieux par-devant les commissaires exécuteurs de l'édit ou leurs subdélégués pour vérifier si lesdits cimetières n'ont point appartenu aux catholiques; auquel cas ils leur seront rendus sans aucun remboursement; et à faute par lesdits de la religion prétendue réformée de remettre lesdits cadastres dans lesdits temps, ils seront tenus de délaisser lesdits cimetières aux catholiques, sans que, pour raison de ce, ils puissent prétendre aucuns dédommagemens; et en cas d'éviction desdits cimetières, sa Majesté leur permet d'en acheter d'autres à leurs frais et dépens en lieu commode qui leur sera indiqué par lesdits commissaires ou leurs subdélégués.

26. Que les domiciliés de ladite religion prétendue réformée auxquels les présidiaux feront le procès pour cas prévôtaux, ne pourront faire juger la compétence aux chambres de l'édit, lorsque lesdits présidiaux auront prévenu sur les prévôts, mais sera ladite compétence jugée par lesdits présidiaux, auquel cas pourront les prévenus récuser trois des juges sans cause, suivant

l'article 65 de l'édit de Nantes. Pourront néanmoins les domiciliés de la religion prétendue réformée prévenus de crime prévôtal, demander leur renvoi aux chambres de l'édit pour y faire juger la compétence lorsque le procès leur sera fait par le prévôt, suivant les articles 65 et 67 dudit édit; lesquels seront exécutés à l'égard des vagabonds, suivant leur forme et teneur; et le jugement rendu sur le déclinatoire par lesdites chambres pour les domiciliés de la religion prétendue réformée aura lieu pour les catholiques prévenus du même crime lorsque le procès sera fait conjointement.

27. Que les conseillers de ladite religion prétendue réformée des sénéchaussées et autres, ne pourront présider en l'absence des chefs de leur compagnie; mais seulement les catholiques, lesquels porteront la parole à l'exclusion desdits officiers de la religion prétendue réformée, quoique plus anciens.

28. Que les procès qui concernent le général des villes et communautés, dans lesquels les consuls sont parties en cette qualité, bien que le consulat soit mi-parti, ne pourront être attirés aux chambres de l'édit pour les affaires concernant les comptes seulement, encore que dans icelles il se trouve plus grand nombre de personnes de ladite religion prétendue réformée que de catholiques, sauf aux particuliers de ladite religion prétendue réformée de jouir du privilège de déclinatoire auxdites chambres de l'édit, dans lequel nous voulons qu'ils soient conservés, conformément aux édits.

29. Que, suivant la déclaration de 1631, et l'art. 27 de l'édit de Nantes, dans les villes et lieux où les consulats et conseils politiques sont mi-partis; le premier consul sera choisi du nombre des habitans catholiques plus qualifiés et taillables, avec défenses auxdits de la religion prétendue réformée de demander à l'avenir d'être admis au premier consulat, ni d'entrer dans les états qui se tiennent dans les provinces, ni dans les assiettes des diocèses.

30. Qu'en toutes assemblées des villes et communautés, les consuls et conseillers politiques catholiques, seront du moins en nombre égal à ceux de la religion prétendue réformée, dans lesquels conseils le curé ou vicaire pourra entrer, comme l'un des conseillers politiques et premier opinant, au défaut d'autres habitans plus qualifiés, et sans préjudice du droit des prieurs des lieux qui peut appartenir aux ecclésiastiques pourvus de bénéfices situés esdits lieux.

31. Que les charges des greffiers de maisons consulaires ou secrétaires des communautés, d'horlogers, portiers et autres charges uniques municipales, ne pourront être tenues que par des catholiques.

32. Que dans les assemblées des maîtres jurés des métiers, les catholiques seront du moins en pareil nombre que ceux de la religion prétendue réformée.

33. Que lorsque les processions auxquelles le Saint-Sacrement sera porté, passeront devant les temples de ceux de la religion prétendue réformée, ils cesseront de chanter leurs pseaumes jusqu'à ce que lesdites processions aient passé.

34. Que lesdits de la religion prétendue réformée seront tenus de souffrir qu'il soit tendu par l'autorité des officiers des lieux au devant de leurs maisons et autres lieux à eux appartenans, les jours de fêtes ordonnés pour ce faire, conformément à l'art. 5 des particuliers de l'édit de Nantes, et seront tenus lesdits de la religion prétendue réformée faire nettoyer devant leurs portes.

35. Que lesdits de la religion prétendue réformée rencontrant le Saint Sacrement dans les rues pour être porté aux malades ou autrement, seront tenus de se retirer au son de la cloche qui précède, sinon se mettront en état de respect, en ôtant par les hommes leurs chapeaux; avec défenses de paroître aux portes, boutiques et fenêtres de leurs maisons, lorsque le Saint Sacrement passera, s'ils ne se mettent en pareil état.

36. Ne pourront lesdits de la religion prétendue réformée faire aucune levée de deniers sur eux, sous le nom et prétexte de collecte, mais seulement celles qui leur sont permises par les édits.

37. Que les deniers qu'ils ont faculté d'imposer seront imposés en présence d'un juge royal, conformément à l'art. 33 des particuliers de l'édit de Nantes, et l'état envoyé à sa Majesté ou à son chancelier, avec défenses aux collecteurs des deniers de la taille, de se charger directement ni indirectement de la levée des deniers que lesdits de la religion prétendue réformée auront imposés pour leurs affaires particulières, lesquels seront levés par des collecteurs séparés.

38. Que suivant l'art. 2 des particuliers de l'édit de Nantes, les artisans de ladite religion prétendue réformée ne pourront être tenus de contribuer aux frais des chapelles, confréries ou autres semblables, si ce n'est qu'il y ait statuts, fondation ou convention contraire, et néanmoins seront contraints de contribuer et payer

les droits qui se paient ordinairement par les maîtres et les compagnons desdits métiers, pour être lesdites sommes employées à l'assistance des pauvres desdits métiers, et autres nécessités et affaires de leur vacation.

39. Que les dettes contractées par lesdits de la religion prétendue réformée seront acquittées par eux seuls; et ne pourra la liquidation des sommes être faite que par-devant les commissaires députés de sa Majesté dans les provinces, pour la liquidation et vérification des dettes de communauté.

40. Que ceux de ladite religion ne pourront suborner les catholiques, ni les induire à changer de religion, sous quelque prétexte que ce soit, et que les catholiques qui auront abjuré leur religion ne pourront se marier que six mois après leur changement.

41. Lesdits de la religion prétendue réformée seront tenus, ainsi qu'il leur est enjoint par l'art. 23 de l'édit de Nantes, de garder les lois de l'église catholique reçues dans le royaume, pour le fait des mariages contractés et à contracter, ès degrés de consanguinité et affinité.

42. Que les ministres convertis seront conservés en l'exemption de paiement des tailles, et logement des gens de guerre, comme ils l'étaient avant leur conversion.

43. Que les convertis à la religion catholique seront exempts du paiement des dettes de ceux de la religion prétendue réformée.

44. Que les temples et les cimetières desdits de la religion prétendue réformée ne seront tirés du cadastre, ni déchargés de la taille, et en sera usé comme par le passé.

45. Que les enfans dont les pères sont ou auront été catholiques seront baptisés et élevés en l'église catholique, quoique les mères soient de la religion prétendue réformée, comme aussi les enfans dont les pères sont décédés en ladite religion catholique seront élevés dans ladite religion; auquel effet ils seront mis entre les mains de leurs mères, tuteurs ou autres parens catholiques à leur réquisition, avec défenses très-expresses de mener lesdits enfans aux temples ni aux écoles desdits de la religion prétendue réformée, ni de les élever en icelle, encore que leurs mères soient de ladite religion prétendue réformée.

46. Que lesdits de la religion prétendue réformée ne pourront tenir aucunes écoles pour l'instruction de leurs enfans ou autres qu'aux lieux où ils ont droit de faire l'exercice public de leur religion, conformément à l'art. 13 des particuliers de l'édit de

Nantes, dans lesquelles écoles, soit qu'elles soient dans les villes ou faubourgs, on ne pourra enseigner qu'à lire, écrire, et l'arithmétique tant seulement.

47. Que les ministres de ladite religion ne pourront tenir aucuns pensionnaires que de la religion prétendue réformée, ni en plus grand nombre que de deux à la fois.

48. Que les ecclésiastiques et religieux ne pourront entrer ès maisons des malades de la religion prétendue réformée, s'ils ne sont accompagnés d'un magistrat ou d'un échevin ou consul du lieu, et appelés par les malades : auquel cas ne leur sera donné aucun empêchement. Permis néanmoins aux curés desdits lieux assistés du juge, échevins ou consuls de se présenter aux malades, pour savoir de lui s'il veut mourir en la profession de la religion prétendue réformée, ou non, et après sa déclaration se retirera.

49. Que les pauvres malades catholiques et de la religion prétendue réformée seront reçus indifféremment dans les hôpitaux des lieux, sans y pouvoir être contraints par force ou violence de changer de religion; et pourront les ministres, et autres de la religion prétendue réformée, y aller visiter et consoler lesdits de la religion, à condition qu'ils ne feront aucunes assemblées, prières, ni exhortations à haute voix, qui puissent être entendues des autres malades.

50. Que les enfans qui ont été ou seront exposés, seront portés aux hôpitaux des catholiques, pour être nourris et élevés dans ladite religion catholique.

51. Que les aumônes qui sont à la disposition des chapitres, prieurs et curés se feront par eux-mêmes ou de leur ordre, dans les lieux de la fondation, à la porte des églises, aux pauvres tant catholiques que de la religion prétendue réformée, et ce en présence des consuls du lieu. Et à l'égard des aumônes qui sont à la distribution des échevins ou consuls, elles se feront publiquement à la porte de la maison de ville, en présence des prieurs ou vicaires des lieux qui en pourront tenir contrôle.

52. Que les hôpitaux et maladeries de fondation des communautés seront régis par les consuls des lieux.

53. Que lesdits de la religion prétendue réformée garderont et observeront les fêtes indites par l'église, et ne pourront, ès jours de l'observance desdites fêtes, vendre ni étaler à boutiques ouvertes, ni pareillement les artisans travailler hors les chambres et maisons fermées èsdits jours défendus, en aucun

métier dont le bruit puisse être entendu au-dehors par les passans ou les voisins, suivant l'art. 20 de l'édit de Nantes, auquel effet lesdites fêtes seront indites au son de la cloche, ou proclamées à la diligence des consuls ou échevins.

54. Que lesdits de la religion prétendue réformée ne pourront étaler ni débiter publiquement de la viande au jour que l'église catholique en ordonne l'abstinence.

55. Que les cloches des temples desdits de la religion prétendue réformée ès lieux où l'exercice est permis, cesseront de sonner depuis le jeudi saint dix heures du matin, jusqu'au samedi saint à midi, ainsi que font celles des catholiques.

56. Qu'ès villes et lieux où il y aura citadelle ou garnison par nos ordres, lesdits de la religion prétendue réformée ne pourront s'assembler au son de la cloche, ni en poser aucunes sur leurs temples.

57. Et comme nous avons été informés de quelques faits survenus non encore décidés par arrêt, pour prévenir les altercations et différends d'entre nos sujets catholiques et de la religion prétendue réformée, ordonnons que les mariages faits et contractés dans l'église des catholiques ou par-devant leur propre curé, ne pourront être jugés que par les officiaux des évêques, lesquels connoîtront de la validité ou invalidité d'iceux. Et où lesdits mariages seroient faits dans les temples de ceux de ladite religion ou par-devant leurs ministres, en ce cas si le défendeur est catholique, lesdits officiaux en connoîtront pareillement, et si le défendeur est de la religion prétendue réformée, les juges royaux en connoîtront, et par appel les chambres de l'édit.

58. Que les causes criminelles où les ecclésiastiques seront défendeurs, seront traitées par-devant les juges royaux et sénéchaux, et en cas d'appel aux parlemens. Que les chambres de l'édit ne pourront connoître de la propriété ni de la possession des dîmes, même inféodées, ni d'autres droits, devoirs ou domaines de l'église, avec défenses auxdites chambres de l'édit d'en prendre aucune connoissance.

59. Que ceux de ladite religion prétendue réformée paieront les impositions ordonnées, tant pour la réédification ou réparation des églises paroissiales et maisons curiales, qu'entretenement des maîtres d'écoles et régens catholiques, sans néanmoins qu'ils puissent être cotisés à l'égard des capitations qui pourroient être ordonnées pour ledit effet suivant l'art. 2 des particuliers de l'édit de Nantes.

N° 484. — ARRÊT du conseil portant défenses aux protestans de tenir académie pour les exercices de la noblesse.

St-Germain-en-Laye, 2 avril 1666. (Nouv. Rec. de Lefèvre.)

N° 485. — ÉDIT sur l'établissement des lanternes à Paris.

St-Germain-en-Laye, avril 1666. (Blanchard.)

N° 486. — DÉCLARATION pour la punition des jureurs et blasphémateurs.

Fontainebleau, 30 juillet 1666. (Ord. 11, 3 T, 130. — Delamare, I, 550. — Néron, II, 79. — Rec. Cass.) Reg. au P. P., 6 septembre.

LOUIS, etc. Considérant qu'il n'y a rien qui puisse davantage attirer la bénédiction du ciel sur notre personne et sur notre état que de garder et de faire garder par tous nos sujets inviolablement ses saints commandemens, et faire punir avec sévérité ceux qui s'emportent à cet excès de mépris que de blasphémer, jurer et détester son saint nom, nous aurions, lors de l'entrée à notre majorité, et à l'imitation des rois nos prédécesseurs, fait expédier une déclaration le 7 septembre 1651, enregistrée en nos cours de parlement, portant défenses, sous de sévères peines, de blasphémer, jurer et détester la divine Majesté, et de profaner aucunes paroles contre l'honneur de la très sacrée Vierge, sa mère, et des saints; mais ayant appris avec déplaisir qu'au mépris de nosdites défenses, au scandale de l'église et à la ruine du salut d'aucuns de nos sujets, ce crime règne presque par tous les endroits de notre royaume; ce qui procède particulièrement de l'impunité de ceux qui le commettent, nous nous estimerions indignes du titre que nous portons de Roi Très-Chrétien, si nous n'apportions tous les soins possibles pour réprimer un crime si détestable, qui offense et attaque directement et au premier chef la divine Majesté.

A ces causes, savoir faisons qu'après avoir fait mettre cette affaire en délibération en notre conseil, de l'avis d'icelui et de notre pleine puissance et autorité royale, nous avons, en confirmant et autorisant les ordonnances des rois nos prédécesseurs, même notredite déclaration dudit jour 7 septembre 1651, défendu et défendons très expressément à tous nos sujets, de quelque qualité et condition qu'ils soient, de blasphémer, jurer et détester le saint nom de Dieu, ni proférer aucunes paroles contre l'honneur de la très sacrée Vierge, sa mère, et des saints, voulons et nous plaît que tous ceux qui se trouveront convaincus d'avoir juré et blasphémé le saint nom de Dieu et de sa très sainte Mère et des saints, soient condamnés pour la première fois en une amende pécuniaire selon leurs biens, la grandeur et énormité du serment et blasphême ; les deux tiers de l'amende applicables aux hôpitaux des lieux, et où il n'y en aura, à l'église, et l'autre tiers au dénonciateur ; et si ceux qui auront été ainsi punis, retombent à faire ledit serment, seront pour la seconde, tierce et quatrième fois, condamnés aux amendes double, triple et quadruple, et pour la cinquième fois seront mis au carcan aux jours de fêtes, de dimanches ou autres, et y demeureront depuis huit heures du matin jusqu'à une heure d'après-midi, sujets à tous injures et opprobres, et en outre condamnés à une grosse amende, et pour la sixième fois seront menés et conduits au pilori, et là auront la lèvre de dessus coupée d'un fer chaud, et la septième fois seront menés et mis audit pilori et auront la lèvre de dessous coupée ; et si par obstination et mauvaise coutume invétérée ils continuoient après toutes ces peines à proférer lesdits juremens et blasphêmes, voulons et ordonnons qu'ils aient la langue coupée tout juste, afin qu'à l'avenir ils ne les puissent plus proférer, et en cas que ceux qui se trouveront convaincus n'aient de quoi payer lesdites amendes ils tiendront prison pendant un mois au pain et à l'eau, ou plus long-temps, ainsi que les juges le trouveront plus à propos selon la qualité et énormité desdits blasphêmes ; et afin que l'on puisse avoir connoissance de ceux qui retomberont auxdits blasphêmes, sera fait registre particulier de ceux qui auront été pris et condamnés. Voulons que tous ceux qui auront ouï lesdits blasphêmes aient à les révéler aux juges des lieux dans les 24 heures ensuivant, à peine de soixante sols parisis d'amende, ou plus grande peine s'il y échet ; déclarons néanmoins que nous n'entendons comprendre les énormes blasphêmes qui, selon la théologie, appartiennent au genre d'infidélité, et dérogent à la bonté et grandeur de Dieu et de ses autres attributs ; voulons que lesdits crimes soient punis de plus grandes peines que celles ci-dessus à l'arbitrage des juges, selon leur énormité. Si donnons, etc.

N 487. — ORDONNANCE *qui prescrit à tous les propriétaires et fermiers des terres, dans l'étendue des chasses et plaisirs du roi, à deux lieues à la ronde de Paris, de ficher en terre, aussitôt après la récolte, des épines au nombre de cinq dans chaque arpent, savoir : une au milieu et les quatre autres aux coins pour empêcher les chasses de nuit aux traineaux.*

<small>Fontainebleau, 9 août 1666. (Cod. des chasses, I, 432, Paris, 1765.)</small>

N° 488. — ORDONNANCE *portant que les officiers de cavalerie assisteront dans les conseils de guerre qui seront tenus pour le jugement des soldats d'infanterie, et les officiers d'infanterie pour le jugement de ceux de cavalerie, lorsqu'il n'y aura pas nombre suffisant d'officiers, soit d'infanterie ou de cavalerie, pour rendre lesdits jugemens.*

<small>Vincennes, 22 août 1666. (Réglem. et ordonn. pour la guerre.)</small>

N° 489. — ORDONNANCE *portant défenses aux armateurs français de mettre les prisonniers à rançon.*

<small>Vincennes, 9 octobre 1666. (Lebeau, I, 45.)</small>

Sa Majesté étant informée que les capitaines qui ont armé des vaisseaux sur les commissions de M. le duc de Beaufort, grand-maître, chef et surintendant général de la navigation et commerce de France, pour faire la guerre aux Anglois, après avoir vendu les prises qu'ils ont faites, ont mis à rançon les officiers, matelots et autres gens de l'équipage, ensemble les passagers trouvés sur lesdites prises, et ont exigé des sommes de deniers assez considérables, ce qui pourroit préjudicier à l'échange réciproque que S. M. a établi avec le roi d'Angleterre; à quoi étant nécessaire de pourvoir, S. M. a ordonné et ordonne qu'après que les inventaires des vaisseaux pris sur les ennemis de l'état qui seront amenés dans les ports du royaume, auront été faits par les officiers de l'amirauté ainsi qu'il est accoutumé, lesdits officiers remettent entre les mains des gouverneurs des places, ou en cas qu'il n'y en ait point d'établis, en celles des maires et échevins, tous les prisonniers, tant de l'équipage que passagers, trouvés sur lesdites prises, pour être par eux gardés sûrement et les vivres fournis, dont ils donneront avis à S. M. pour être incessamment pourvu à leur échange, sauf à pourvoir auxdits armateurs pour ce qu'ils pourront prétendre à cause de leur rançon.

N° 490. — DÉCLARATION *portant défenses de vendre des points de fil étrangers.*

<small>Vincennes, 12 octobre 1666. (Rec. Cass.) Reg. P. P. 15 octobre.</small>

N° 491. — Ordonnance *portant ampliation de celle du dernier mars 1666 pour la recherche et punition des déserteurs, et pour régler le temps de service des soldats, après lequel ils pourront demander leur congé.*

St-Germain-en-Laye, 28 octobre 1666. (Reglem. et ordonn. pour la guerre.)

N° 492. — Edit *portant que les navires, frégates, bateaux et autres vaisseaux sont meubles.*

Vincennes, 8 octobre 1666. (Néron, II, 80.)

LOUIS, par la grâce de Dieu roi de France et de Navarre, comte de Provence, Forcalquier et terres adjacentes, à tous présens et à venir, Salut. Le commerce de la mer étant un des plus puissans moyens pour apporter l'abondance pendant la paix et rendre en guerre les forces d'un état plus formidables, nous n'avons rien trouvé plus digne de nos soins que de donner notre application pour le rétablir dans toutes les mers qui sont de la dépendance de notre royaume; et d'autant qu'il importe pour la liberté de navigation, que les vaisseaux puissent être négociés, achetés et vendus promptement en toutes sûretés, sans être les acquéreurs assujettis aux longueurs et formalités de justice, et que l'un des plus grands obstacles qui se rencontrent à la facilité de ce commerce, procède d'un usage qui s'est abusivement glissé, particulièrement dans les ports et havres de Provence de considérer par fictions dans les contrats les navires et toutes sortes de vaisseaux au-dessus d'un certain prix comme immeubles, et en cette qualité susceptibles d'hypothèques, nous avons estimé qu'il était nécessaire de pourvoir au retranchement de cet abus, et à cet effet avons fait examiner en notre conseil les demandes des députés du commerce, et propositions faites en l'assemblée desdits députés, avec les avis qui nous ont été donnés sur ce sujet. A ces causes, etc., voulant contribuer en ce qui dépendra de notre autorité pour rendre le commerce maritime plus florissant, de l'avis de notre conseil, etc., voulons et nous plaît qu'à l'avenir tous les navires, frégates, bateaux et autres vaisseaux de quelque grandeur, nature et qualité qu'ils puissent être, soient sensés et réputés meubles, sans qu'ils puissent être pris ni considérés comme immeubles dans les ventes, achats, traités et compositions qui en pourront être faites à quelque prix et somme qu'ils puissent monter, ni être chargés ni rendus susceptibles d'aucunes hypothèques, saisis, vendus ou adjugés, ni les deniers qui en proviendront distribués d'autre façon et manière que ceux qui proviennent des autres meubles, nonobstant tous édits, ordonnances, déclarations, usages, coutumes et autres choses à ce contraires, auxquels nous avons dérogé et dérogeons par ces présentes. Si donnons, etc.

N° 493. — ÉDIT (1) *portant concession de priviléges et exemptions à ceux qui se marient avant ou pendant leur vingtième année, jusqu'à 25 ans, et aux pères de famille ayant dix à douze enfans.*

St-Germain-en-Laye, novembre 1666. (Néron, II, 81.) Reg. C. des A., 9 décembre.

LOUIS, etc. Bien que les mariages soient les sources fécondes d'où dérivent la force et la grandeur des états, et que les lois saintes et profanes aient également concouru pour en honorer la fertilité et la favoriser de leurs grâces; néanmoins nous avons trouvé que par la licence des temps, ces priviléges étoient anéantis, et la dignité des mariages déprimée. Dans le dessein que nous avons d'en relever les avantages, nous croirions manquer à ce que nous devons à la félicité de notre règne, si, pour donner des marques de la considération que nous avons pour ce lien sacré et politique, nous n'accordions, à l'exemple de tous les siècles, des distinctions d'honneur à sa fécondité, et des prérogatives qui en rendent le mérite plus recommandable.

En effet nous ne saurions approuver que les Romains, ces sages politiques, qui ont donné des lois à toute la terre et régné par tout l'univers, bien plus sûrement par la sagesse et la justice du gouvernement que par la terreur de leurs armes, aient accordé des récompenses aux pères qui donneroient des enfans à l'état, et fourniroient des colonies à l'empire, pour répandre par tout le monde la grandeur de leur nom, leur gloire et la réputation de leur vertu, et que par des usages contraires, que nous apprenons être reçus dans les tribunaux de notre royaume, ceux de nos sujets qui vivent hors le mariage soient bien plus favorablement traités dans la contribution aux charges publiques que ceux qui s'y trouvent engagés : et d'ailleurs informés de l'usage particulier de notre province de Bourgogne, suivant lequel tous hommes et femmes qui ont douze enfans vivans jouissent de l'exemption de toutes impositions, à quoi désirant

---

(1) Revoq. 23 janvier 1683.

pourvoir en étendant ces mêmes grâces à tous les sujets de notre royaume, et leur en accordant de nouvelles.

A ces causes, etc., nous avons statué que dorénavant tous nos sujets taillables qui auront été mariés avant la vingtième année de leur âge, soient et demeurent exempts de toute contribution aux tailles, impositions et autres charges publiques, sans y pouvoir être compris ni employés qu'ils n'aient vingt-cinq ans révolus et accomplis. Et à l'égard de ceux qui seront mariés dans la vingt-unième année de leur âge, qu'ils jouissent de la même exemption jusqu'à la vingt-quatrième année de leur âge accomplie.

Comme aussi voulons et nous plaît que tout père de famille qui aura dix enfans vivans, nés en loyal mariage, non prêtres, religieux ni religieuses, soit et demeure exempt de la collecte de toute taille, taillon, sel, subsides et autres impositions, tutelle, curatelle, logement de gens de guerre, contributions aux ustensiles, guet, garde et autres charges publiques, si ce n'est qu'aucun desdits enfans soit mort portant les armes pour notre service, auquel cas il sera censé et réputé vivant. Voulons pareillement que tout père et chef de famille qui aura douze enfans vivans et décédés, comme dessus, soit en outre exempt de toutes tailles, taillon, subsides et impositions.

Comme au contraire que tous nos sujets taillables, qui ne seront mariés dans la vingt-unième année, soient compris et imposés aux tailles et autres charges et impositions publiques, à proportion de leurs biens et moyens, commerce, arts, métiers et autres emplois auxquels ils se seront adonnés. Et comme la noblesse est l'appui le plus ferme des couronnes, et qu'en la propagation des gentilshommes consiste la principale puissance de l'état; aussi voulant témoigner la considération que nous en faisons, et nous réservant de donner des marques plus particulières de notre estime à ceux qui se signaleront par leur vertu; nous avons ordonné par ces mêmes présentes, voulons et nous plaît que les gentilshommes et leurs femmes qui auront dix enfans nés en loyal mariage, non prêtres, religieux ni religieuses, et qui seront vivans, si ce n'est qu'ils soient décédés portant les armes pour notre service, jouissent de mille livres de pension par chacun an, comme aussi ceux qui auront douze enfans vivans ou décédés, comme dessus, jouissent de deux mille livres de pension. Voulons pareillement et nous plaît que les habitans des villes franches de notre royaume, bourgeois non-taillables ni nobles, et leurs femmes qui ont dix ou douze enfans, comme dessus, jouissent en l'un et l'autre cas de la moitié des pensions accordées aux gentilshommes et à leurs femmes, aux mêmes conditions ci-dessus mentionnées, et qu'ils demeurent en outre exempts du guet, gardes et autres charges de ville. Et pour prévenir les fraudes et suppositions qui pourroient être faites pour parvenir aux exemptions, priviléges et grâce portées par notre présente concession, voulons et nous plait que les particuliers taillables qui prétendront être de la qualité requise pour jouir du bénéfice d'icelle, soient tenus de rapporter leur contrat de mariage, et faire compulser les extraits de baptême et mortuaires de tous leurs enfans vivans et décédés, avec les asséeurs et collecteurs des tailles de la paroisse de leur domicile, et notre procureur de l'élection du ressort, et de mettre le tout aux greffes desdites élections, certifiés par eux véritables, et qu'ils sont de la qualité requise par le présent édit, et aux termes d'icelui; avec soumission, tant par eux que par deux de leurs plus proches parens, à la peine de mille livres d'amende, applicable au paiement des tailles de la paroisse de leur domicile, et d'être procédé contre eux extraordinairement comme faussaires, s'il se trouve avoir été commis aucun dol, fraude ou supposition dans lesdits extraits et déclarations, et qu'il soit prouvé celui qui demandera l'exemption n'être de la qualité requise; à laquelle preuve lesdits asséeurs et collecteurs et nos procureurs des élections, seront perpétuellement reçus: et pour faire foi et justifier du service desdits enfans, et décès d'iceux dans la profession des armes, les pères et mères seront tenus aussitôt l'enrôlement de leursdits enfans, d'en tirer du commandant un certificat, et icelui faire registrer au greffe de l'élection, dans laquelle ils seront demeurans; comme aussi en cas de décès, pareil certificat du service et de la mort, sans que l'on puisse avoir aucun égard auxdits certificats de service et de mort, si ceux de l'enrôlement n'ont été rapportés et registrés lors dudit enrôlement, ainsi qu'il est dit ci-dessus. Lesquels certificats d'enrôlement de service et de décès seront envoyés par nos procureurs des élections aux maîtres des requêtes ordinaires de notre hôtel, qui seront par nous départis dans nos provinces et généralités de leurs demeures, pour être par eux envoyés au contrôleur général de nos finances. Et en cas d'absence dudit maître des requêtes, commissaire départi, nos procureurs des élections seront tenus de les envoyer directement audit contrôleur général de nos finances. Quant aux gentilshommes et leurs femmes, et aux bourgeois et leurs femmes, non taillables ni nobles, habitans des villes franches, ils seront tenus de représenter leurs contrats de mariage, avec les certificats du nombre, état et qualité de leurs enfans, par-devant les maîtres des requêtes qui seront par nous départis dans les généralités de leurs domiciles; lesquels certificats seront attestés véritables, à l'égard des gentilshommes et leurs femmes, par deux gentilshommes, leurs plus proches parens, qui feront soumission de demeurer déchus de leurs qualités et prérogatives de noblesse, s'il se trouve qu'ils aient certifié contre la vérité; et ceux des habitans des villes franches par le juge principal des lieux, dont lesdits commissaires départis dresseront leurs procès-verbaux qu'ils enverront au contrôleur général de nos finances, pour sur iceux être lesdites pensions employées sur les états de nos finances, et payées aux susdits gentilshommes et bourgeois, ou à leurs veuves leur vie durant, par les receveurs de nos tailles des élections, où ils seront demeurans, suivant les états qui en seront dressés par nos ordres. Si donnons, etc.

N° 494. — ORDONNANCE *portant qu'il sera retenu trente sols par mois sur la solde des soldats pour habillemens et chaussures, et remonte des cavaliers; et que le décompte leur en sera fait de trois mois en trois mois.*

St-Germain-en-Laye, 5 décembre 1666. (Réglem. et ordonn. pour la guerre.)

N° 495. — EDIT *qui confirme le réglement sur le nettoiement des boues, la sûreté de Paris et autres villes.*

St-Germain-en-Laye, décembre 1666. (Delamare, I, 144. — Archiv. — Rec. Cass.) Reg. P. P. 13 décembre.

PRÉAMBULE.

LOUIS, etc. Les plaintes qui nous ont été faites du peu d'ordre qui étoit dans la police de notre bonne ville de Paris et faubourgs d'icelle, nous ayant obligés de rechercher les causes dont ces défauts pouvoient procéder, nous aurions fait examiner en notre conseil les anciennes ordonnances et réglemens de police, que nous aurions trouvé si prudemment concertés, que nous aurions estimé qu'en apportant l'application et les soins nécessaires pour leur exécution, elle pourroit être aisément rétablie, et les habitans de notre bonne ville de Paris en recevoir de notables commodités; qu'en effet bien que le grand concours d'habitans, de carrosses et harnois, et la disposition des rues eût fait croire que le nettoiement n'en pouvoit être bien fait, et que, quelqu'exactitude que l'on y eût pu apporter, il étoit impossible que les boues n'incommodassent les gens de pied, néanmoins comme nous n'estimons rien au-dessous de notre application, et que nous voulons bien descendre jusqu'aux moindres choses, lorsqu'il s'agit de la commodité publique; les ordres que nous y avons fait apporter ont fait voir en bien peu de jours, et sans qu'il ait été nécessaire d'augmenter les taxes, que, dans la saison de l'année la plus incommode, le nettoiement a été fait avec tant d'exactitude, que chacun par son expérience s'est détrompé de cette opinion : et comme le défaut de la sûreté publique expose les habitans de notre bonne ville de Paris à une infinité d'accidens, nous avons estimé qu'il étoit encore de nos soins de la rétablir, et afin qu'il ne manquât aucune chose de notre part à la sûreté de la capitale de notre royaume, où nous faisons notre séjour plus ordinaire, comme les rois nos prédécesseurs, nous avons bien voulu charger nos finances de la dépense nécessaire pour le redoublement de la garde que nous y venons d'établir avec tant d'ordre, de discipline et de vigilance, que nous avons tout sujet de nous promettre le rétablissement de la sûreté tout entière : et d'autant qu'à cet effet, il importe de régler le port d'armes, et de prévenir la continuation des meurtres, assassinats et violences qui se commettent journellement par la licence que des personnes de toutes qualités se donnent de porter, de celles mêmes qui sont le plus étroitement défendues, et de donner aux officiers de police un pouvoir plus absolu sur les vagabonds et gens sans aveu que celui qui est porté par les anciennes ordonnances. A ces causes, etc.

N° 496. — Edit *sur l'établissement des maisons religieuses et autres communautés.*

St-Germain-en-Laye, décembre 1666. (Delamare, I, 408. — Rec. Cass. — Rec. ord. ecclésiast.) Reg. P. P. 31 mars 1667.

LOUIS, etc. Les rois nos prédécesseurs ayant jugé combien il étoit important à l'état, et au bien de leur service, qu'il ne se fît dans le royaume aucun établissement de maisons régulières et communautés, sans leur autorité et permission, portées par leurs lettres-patentes, scellées de leur grand sceau; ils ont de temps en temps, pour maintenir un règlement si juste, si nécessaire et si utile, fait défenses par diverses ordonnances de faire aucun établissement de cette nature sans lettres-patentes enregistrées en nos cours de parlement; ce qui a été durant quelque temps très religieusement observé, en sorte que, ne s'y étant commis aucun abus, le nombre des communautés de notre royaume se seroit trouvé peu considérable, et nos sujets n'en auroient point reçu d'incommodité; mais il est arrivé que pendant la longueur des dernières guerres, et durant notre minorité, plusieurs maisons régulières et communautés se sont formées sans lettres-patentes par la connivence ou négligence que nos officiers ont apportée à faire garder lesdites ordonnances; ce qui a fait que le nombre s'en est augmenté de manière qu'en beaucoup de lieux les communautés tiennent et possèdent la meilleure partie des terres et des revenus, qu'en d'autres elles subsistent avec peine, pour n'avoir été suffisamment dotées, et qu'aucunes se sont vues réduites à la nécessité d'abandonner leurs maisons à la poursuite de leurs créanciers, au grand scandale de l'église, et au préjudice des personnes qui étaient entrées dans lesdites communautés, et de leurs familles qui s'en sont trouvées surchargées; et ayant résolu d'empêcher qu'à l'avenir il ne s'en établisse aucune, et de faire garder pour cette fin plus de précautions qu'il n'en a été apporté par le passé, savoir faisons, etc. Voulons et nous plaît qu'à l'avenir il ne pourra être fait aucun établissement de colléges, monastères, communautés religieuses ou séculières, même sous prétexte d'hospice en aucunes villes ou lieux de notre royaume, pays, terres et seigneuries de notre obéissance, sans permission expresse de nous, par lettres-patentes bien et dûment enregistrées en nos cours de parlement, et sans que nosdites lettres, ensemble lesdits arrêts d'enregistrement d'icelles, aient été enregistrées dans les bailliages, sénéchaussées ou siéges royaux, dans le ressort desquels ils seront situés; et ce par ordonnance des lieutenans généraux esdits siéges, rendues sur les conclusions des substituts de nos procureurs-généraux en iceux, et en cas que lesdits monastères, colléges ou communautés soient établis dans l'enceinte, faubourgs ou proche d'aucunes de nos villes, voulons que nosdites lettres, arrêts de nos cours et ordonnances desdits lieutenans généraux rendus en conséquence, soient enregistrés dans les hôtels communs desdites villes, de l'ordonnance des magistrats d'icelles.

Que si néanmoins il étoit formé quelque opposition à l'exécution desdites lettres-patentes, enregistrées en la forme ci-dessus, nous ordonnons auxdits lieutenans-généraux et substituts de nos procureurs-généraux, et aux maires et échevins, jurats et capitouls desdites villes, d'en donner incontinent avis à nos procureurs-généraux, pour nous en être par eux rendu compte; et cependant leur défendons de souffrir qu'il soit passé outre auxdits établissemens, jusqu'à ce que les oppositions aient été levées.

Et afin que nosdites lettres-patentes, portant permission de faire ledit établissement soient accordées avec connoissance de cause, nous voulons et entendons que l'approbation de l'archevêque ou évêque diocésain ou des vicaires généraux, ensemble le procès-verbal du juge du lieu où devra être fait ledit établissement, contenant les avis des maires, échevins, consuls, jurats, capitouls, curés des paroisses et supérieurs des maisons religieuses établis esdits lieux, assemblés séparément en présence du substitut de notre procureur-général, soient attachés sous le contre-scel de nosdites lettres, sans néanmoins que lesdits maire et échevins, consuls, capitouls, jurats, curés ou supérieurs desdites maisons religieuses, puissent s'assembler pour donner leur avis, qu'il ne leur soit auparavant apparu de nos ordres, soit par lettres signées de nous, ou contre-signées par l'un de nos secrétaires d'état et de nos commandemens, ou par arrêt de notre conseil, donné nous y étant, par lequel la requête à nous présentée pour avoir nos lettres-patentes, tendantes à établissement de communauté dans leur ville, leur soit envoyée pour nous donner avis sur icelui.

Et en cas que ci-après il s'y fasse aucun établissement de communauté régulière ou séculière sans avoir été satisfait à toutes les conditions ci-dessus énoncées, sans exception d'aucunes, nous déclarons dès à présent, comme pour lors, l'assemblée qui se fera sous ce prétexte être illicite, faite sans pouvoir, et au préjudice de notre autorité et des lois du royaume.

Déclarons lesdites prétendues communautés incapables d'ester en jugement, de recevoir aucuns dons et legs de meubles et immeubles et de tous autres effets civils; comme aussi toutes dispositions tacites ou expresses faites en leur faveur, nulles et de nul effet, et les choses par elles acquises ou données, confisquées aux hôpitaux généraux des lieux.

Défendons à tous les archevêques et évêques, et autres soi-disant avoir juridiction ordinaire dans l'étendue de notre royaume de planter la croix sur la porte desdits monastères ou communautés, de bénir leur oratoire ou chapelle, de donner l'habit de novice, ou de recevoir à profession aucuns religieux et religieuses, qu'il ne leur ait apparu de nosdites lettres-patentes dûment enregistrées, ensemble de l'ordonnance du lieutenant-général, et de l'acte de leur enregistrement fait en l'hôtel commun de la ville.

Défendons à tous généraux d'ordres, vicaires-généraux et provinciaux, supérieurs des maisons religieuses, et aux abesses et supérieures des moniales, de donner obédience aux religieux et religieuses qui sont sous leurs charges, pour faire un nouvel établissement, s'il ne leur est préalablement apparu de nos lettres-patentes, portant permission de le faire, de l'arrêt d'enregistrement d'icelles en nosdites cours de parlement, et de la sentence dudit lieutenant-général en la forme ci-dessus énoncée; et que le tout n'ait été mis dans les registres de l'hôtel commun desdites villes et lieux où lesdits établissemens devront être faits, et qu'il n'en soit fait mention dans leurs lettres d'obédience; à peine d'être procédé extraordinairement, tant contre les supérieurs que contre ceux qui auront été envoyés pour faire ledit établissement, à la diligence des substituts de nos procureurs généraux sur les lieux, auxquels nous ordonnons de le faire, nonobstant tous priviléges et exemptions auxquels nous défendons à nos juges d'avoir égard, à peine d'en répondre en leur propre et privé nom. Voulons que les communautés et monastères établis contre notre présente déclaration, soient incessamment séparés, et que les religieux ou religieuses qui y auront été introduits soient renvoyés dans les monastères du même ordre; que la pension de ceux ou celles qui auront été reçus à profession soit payée par les évêques ou leurs grands-vicaires qui les y auront admis, ou par leurs héritiers; et que lesdits évêques ou leurs grands-vicaires soient pareillement tenus des dettes contractées par lesdites nouvelles communautés, auxquelles pensions et dettes, les biens meubles et immeubles desdits évêques et grands-vicaires demeureront affectés spécialement.

Voulons en outre que les baillis, sénéchaux, ou les lieutenans-généraux et les substituts de nos procureurs-généraux, les maires, échevins, capitouls, jurats et consuls des villes et lieux qui auront souffert lesdits établissemens sans que toutes lesdites formalités aient été observées, soient, savoir : lesdits lieutenans-généraux et substituts, privés de leurs charges, et déclarés, comme nous les déclarons, incapables de posséder ni exercer aucun office royal; et lesdits maires, échevins, jurats, capitouls et consuls, durant l'exercice desquels lesdits établissemens auront été faits, déchus des prérogatives et priviléges qu'ils pourroient avoir acquis par l'exercice desdites charges. Voulons aussi que lesdits lieutenans-généraux, substituts, maires, échevins, jurats, capitouls et consuls, soient tenus au paiement des pensions des religieux et religieuses qui se trouveront profez lorsque les communautés établies contre nos défenses seront séparées, et des dettes contractées par lesdites communautés depuis leurs prétendus établissemens, et ce solidairement avec les évêques ou leurs vicaires-généraux, qui les auront reçus à profession, ou contribué audit établissement en quelque manière que ce soit. Et d'autant que certaines congrégations, monastères et communautés ont ci-devant obtenu de nous des permissions générales d'établir des maisons ou hospices dans toutes les villes de notre royaume, où ils seront appelés du consentement de l'évêque et des habitans, sans avoir besoin de nouvelles lettres; comme aussi l'amortissement de tous les biens qu'ils pourroient acquérir pour la dotation desdits monastères, nous avons par ces présentes révoqué et révoquons lesdites permissions, pour quelque cause et en quelques termes qu'elles aient été accordées, les déclarant nulles et de nul effet.

Nous avons pareillement révoqué toutes lettres d'amortissement accordées à quelques communautés que ce soit, pour les biens qu'elles doivent ci-après acquérir, nonobstant les arrêts de vérification desdites lettres, auxquels nous défendons à nos juges, officiers et justiciers d'avoir aucun égard.

Afin que l'espérance d'obtenir nos lettres d'établissement ou de confirmation ne serve plus de prétexte de commencer l'érection d'aucun monastère ou communauté sans notre autorité, nous avons par ces présentes déclaré et déclarons les monastères et communautés qui seront établis sans nos lettres-patentes bien et dûment enregistrées où besoin sera, indignes et incapables d'en obtenir ci-après, et si par surprise aucunes étoient obtenues, nous les déclarons nulles, et défendons à nos cours de parlement d'y avoir égard.

Voulons qu'indistinctement toutes les communautés de notre royaume, établies depuis trente ans, soient tenues de représenter nos lettres, en vertu desquelles elles ont été établies, aux juges des lieux, en présence des substituts de nos procureurs-généraux, lesquels en dresseront leurs procès-verbaux, avec un état des monastères et communautés qui auront été établis sans avoir obtenu nosdites lettres et arrêts d'enregistrement ensemble du nombre de religieux ou religieuses, profez et novices, de leurs qualités, de leurs maisons, domaines et revenus ; pour lesdits procès-verbaux vus, être pourvu par confirmation de leur établissement, suppression, ou par translation desdits religieux ou religieuses en d'autres monastères desdits ordres, ainsi que nous le jugerons le plus convenable pour le bien de l'église et de notre royaume ; et à cette fin voulons que lesdits procès-verbaux soient mis dans trois mois au plus tard du jour de la publication des présentes, ès mains de notre très cher et féal le sieur Séguier, chevalier et chancelier de France, et jusqu'à ce qu'il y ait été pourvu, défendons de donner l'habit, ni recevoir aucune personne à profession dans lesdits monastères établis depuis trente années, et qui n'ont obtenu de nous lettres d'établissement ou de confirmation, sous les mêmes peines ci-dessus exprimées, lesquelles nous défendons à nos officiers et justiciers de remettre ou modérer, sous quelque prétexte ou occasion que ce soit.

N'entendons comprendre en la présente déclaration les établissemens des séminaires des diocèses, lesquels nous admonestons, et néanmoins enjoignons aux archevêques et évêques de dresser et instituer en leurs diocèses, et aviser de la forme qui leur semblera la plus propre et la plus convenable, selon la nécessité et condition des lieux, et pourvoir à la dotation et fondation d'iceux, par union de bénéfices, assignations de pensions, ou autrement, ainsi qu'ils verront être à faire. Si donnons, etc.

N° 497. — ORDONNANCE *concernant la discipline des officiers des troupes aux îles.*

St-Germain-en-Laye, 1er février 1667. (Moreau de St-Méry, I, 163.)

N° 498. — ORDONNANCE *touchant l'emploi des troupes aux îles par les gouverneurs généraux ou particuliers.*

St-Germain-en-Laye, 1er février 1667. (Moreau de St-Méry, I, 164.)

N° 499. — ORDONNANCE *qui règle le rang des officiers généraux et particuliers aux îles.*

St-Germain-en-Laye, 18 février 1667. (Moreau de St-Méry, I, 164.)

N° 500. — ORDONNANCE *portant que les capitaines de vaisseaux commis à la levée des équipages nécessaires pour l'armement* des vaisseaux, pourront contraindre par toutes sortes de voies les matelots, pilotes, canonniers et autres gens de mer, qui refuseront de s'engager volontairement.

4 mars 1667. (Code naval, p. 121.)

N° 501. — ÉDIT *portant création d'un lieutenant de police de Paris* (1).

St-Germain-en-Laye, mars 1667. (Delamare, I, 147. — Rec. Cass.) Reg. P. P. 15 mars.

LOUIS, etc. Notre bonne ville de Paris étant la capitale de nos états et le lieu de notre séjour ordinaire qui doit servir d'exemple à toutes les autres villes de notre royaume, nous avons estimé que rien n'étoit plus digne de nos soins, que d'y bien régler la justice et la police, et nous avons donné notre application à ces deux choses. Elle a été suivie de tant de succès, et plusieurs défauts de la police ont déjà été si heureusement corrigés, que chacun, excité par les commodités qu'il en reçoit, concourt et prête volontiers la main pour la perfection d'un si grand ouvrage; mais il est nécessaire que la réformation que nous y apportons, soit soutenue par des magistrats; et, comme les fonctions de la justice et de la police sont souvent incompatibles et d'une trop grande étendue pour être bien exercées par un seul officier dans Paris, nous aurions résolu de les partager, estimant que l'administration de la justice contentieuse et distributive qui requiert une présence actuelle en beaucoup de lieux, et une assiduité continuelle, soit pour régler les affaires des particuliers, soit pour l'inspection qu'il faut avoir sur les personnes à qui elles sont commises, demandoit un magistrat tout entier, et que d'ailleurs la police qui consiste à assurer le repos du public et des particuliers, à purger la ville de ce qui peut causer les désordres, à procurer l'abondance et à faire vivre chacun selon sa condition et son devoir, demandoit aussi un magistrat particulier qui pût être présent à tout. A ces causes, etc., éteignons et supprimons l'office de lieutenant civil de notre prévôt de Paris dont étoit

---

(1) Rien n'égale les désordres qui se commettaient à Paris avant la création du lieutenant de police. Cette fonction fut confiée à La Reynie. « Ce magistrat, dit M. Dulaure, établit une surveillance beaucoup plus active qu'auparavant. On lui doit une organisation régulière de l'espionnage, et ce qui vaut mieux, on lui doit les *lanternes*. » Blanchard date du mois d'avril de l'année précédente l'édit de création des lanternes. V. ci-dessus, n° 485, p. 86.

pourvu le feu sieur d'Aubray, sans que, pour quelque cause, prétexte et occasion que ce soit, ledit office puisse être ci-après rétabli ni créé de nouveau : ce faisant, nous avons créé, érigé et établi, et par ces mêmes présentes créons, érigeons et établissons en titre d'offices formés, deux offices de lieutenant de notre prévôt de Paris, dont l'un sera nommé et qualifié notre conseiller et lieutenant civil dudit prévôt de Paris, et l'autre notre conseiller et lieutenant du prévôt de Paris pour la police, pour être, lesdites deux charges, remplies et exercées par deux différens officiers, et sans que ci-après elles puissent être jointes et réunies pour quelque cause, et sous quelque prétexte que ce puisse être ; et pour régler les fonctions desdites charges, voulons et nous plaît qu'au lieutenant civil appartienne la réception de tous les officiers du Châtelet, ensemble la connoissance de toutes actions personnelles, réelles et mixtes ; de tous contrats, testamens, promesses, matières bénéficiales et ecclésiastiques, de l'apposition des scellés, confection des inventaires, tutelles, curatelles, avis de parens, émancipations et toutes autres matières concernant la justice contentieuse et distributive dans l'étendue de la ville, prévôté et vicomté de Paris pour en faire les fonctions en la même forme et manière que les précédens lieutenans civils ont eu droit et pouvoir de ce faire dans les mêmes chambres et sièges, et avec les mêmes officiers, à l'exception toutefois des matières concernant la police ; précédera ledit lieutenant civil, celui de police, dans toutes les assemblées générales et particulières, sans dépendance néanmoins, autorité, ni subordination de l'un à l'autre ; mais exerceront leurs fonctions séparément et distinctement chacun en ce qui le concernera ; et quant au lieutenant de police, il connoîtra de la sûreté de la ville, prévôté et vicomté de Paris, du port des armes prohibées par les ordonnances, du nettoiement des rues et places publiques, circonstances et dépendances, donnera les ordres nécessaires en cas d'incendie ou d'inondation ; connoîtra pareillement de toutes les provisions nécessaires pour la subsistance de la ville, amas et magasins qui en pourront être faits, du taux et prix d'icelles ; de l'envoi des commissaires et autres personnes nécessaires sur les rivières, pour le fait des amas de foin, bottelage, conduite et arrivée d'icelui à Paris, comme faisoit ci-devant le lieutenant civil exerçant la police ; réglera les étaux des boucheries et adjudications d'iceux ; aura la visite des halles, foires et marchés, des hôtelleries, auberges, maisons garnies, brelans, tabacs et lieux mal famés ;

aura la connoissance des assemblées illicites, tumultes, séditions et désordres qui arriveront à l'occasion d'icelles; des manufactures et dépendances d'icelles; des élections des maîtres et gardes des six corps des marchands, des brevets d'apprentissage et réception des maîtres; de la réception des rapports, des visites desdits gardes, de l'exécution de leurs statuts et réglemens, et des renvois des jugemens ou avis de notre procureur sur le fait des arts et métiers, et ce en la même forme et manière que les lieutenans civils exerçant la police en ont ci-devant bien et duement usé; pourra étalonner les poids et balances de toutes les communautés de la ville et faubourgs d'icelle, à l'exclusion de tous autres juges; connoîtra des contraventions qui seront commises à l'exécution des ordonnances, statuts et réglemens faits pour le fait de l'imprimerie par les imprimeurs, en l'impression de livres et libelles défendus, et par les colporteurs en la vente et distribution d'iceux. Les chirurgiens seront tenus de lui donner les déclarations de leurs blessés et qualités d'iceux. Pourra connoître de tous délinquans, et trouvés en flagrant délit en fait de police, leur faire et parfaire leur procès sommairement et les juger seul, sinon ès-cas où il s'agira des peines afflictives, et, audit cas, en fera son rapport au présidial en la manière accoutumée; et généralement appartiendra audit lieutenant de police, l'exécution de toutes les ordonnances, arrêts, réglemens concernant le fait d'icelles, circonstances et dépendances pour en faire les fonctions en la même forme et manière qu'ont fait, ou eu droit de faire les ci-devant pourvus de la charge de lieutenant civil exerçant la police. Le tout, sans innover ni préjudicier aux droits et jurisdiction que pourroient avoir, ou possession en laquelle pourroient être les lieutenans criminel, particulier et notre procureur audit Châtelet, même les prévôts des marchands et échevins de ladite ville, de connoître des matières ci-dessus mentionnées, ce qu'ils continueront de faire bien et dûment, comme ils auroient pu faire auparavant; seront tenus les commissaires du Châtelet, huissiers et sergens, d'exécuter les ordres et mandemens desdits lieutenans civil et de police, même les chevaliers du guet, lieutenant criminel de robe courte, et prévôt de l'Ile: comme aussi les bourgeois de prêter main-forte à l'exécution des ordres et mandemens, toutefois et quand ils en seront requis. Aura ledit lieutenant de police, son siège ordinaire et particulier dans le Châtelet, en la chambre présentement appelée la chambre civile; et entendra en icelle les rapports des commissaires, et y jugera sommairement toutes les matières de police, les jours de chacune semaine, ou à tels jours qu'il jugera nécessaires, et aura en outre la disposition d'une autre petite chambre à côté, jusqu'à ce qu'il ait été, par nous, pourvu sur le fait desdites chambres. Jouiront lesdits lieutenans civil et de police, chacun à leur égard, des mêmes droits, avantages, honneurs et prérogatives qui ont appartenu et dont ont bien et dûment joui ou dû jouir les ci-devant lieutenans civils en l'une et l'autre desdites fonctions; et sera procédé à leur réception èsdites charges au parlement et installation en leurs siéges en la manière accoutumée, nous réservant au surplus la libre et entière disposition desdites charges, pour en disposer toutefois et quand bon nous semblera en remboursant à ceux qui seront pourvus d'icelles, les sommes convenues pour raison de ce; suivant leurs consentemens ci-attachés sous le contre-scel de notre chancellerie. Si donnons, etc.

N° 502. — ÉDIT *portant, entr'autres choses, réglement sur le nombre des charrues que les ecclésiastiques, gentilshommes, officiers, bourgeois et autres privilégiés peuvent faire valoir par leurs mains.*

St-Germain-en-Laye, mars 1661. (Archiv.)

N° 503. — ORDONNANCE *civile touchant la réformation de la justice* (1).

St-Germain-en-Laye, avril 1667.

LOUIS, etc. Comme la justice est le plus solide fondement de la durée des états, qu'elle assure le repos des familles et le bon-

---

(1) Cette célèbre ordonnance fut préparée avec la plus grande solennité. Colbert, dit le président Hénault, qui avoit rétabli les finances, porta ses vues plus loin. Justice, commerce, marine, police, tout se ressentit de l'esprit d'ordre qui a fait le principal caractère de ce ministre et des vues supérieures dont il envisageoit chaque partie du gouvernement. Il forma à ce sujet un conseil où toutes ces matières seroient discutées, et d'où l'on a vu sortir tant de réglemens et tant de belles ordonnances qui font aujourd'hui les fondemens les plus solides de notre gouvernement, et dont on ne s'est point écarté depuis. Les noms de ceux qui composèrent ce conseil, doivent être conservés : c'étoit le chancelier Séguier, le maréchal de Villeroi, pour qui avoit été créé la place de chef du conseil, Colbert, d'Aligre, d'Ormesson, de Lezeau, de Machault, de Sève, Menardeau, de Morangis, Poncet, Boucherat, de la Marguerie, Pussort, Voisin, Hotman et Marin. Les séances commencèrent le jeudi 28 oc-

heur des peuples ; nous avons employé tous nos soins pour la rétablir par l'autorité des lois au-dedans de notre royaume, après lui avoir donné la paix par la force de nos armes. C'est pourquoi ayant reconnu par le rapport de personnes de grande expérience que les ordonnances sagement établies par les rois nos prédéces-

---

tobre 1666, et continuèrent toutes les semaines, quelquefois plusieurs jours, jusqu'au 10 février suivant. »

Louis XIV voulut, pour la rédaction de l'ordonnance civile, adjoindre aux membres de ce conseil une députation du parlement de Paris. Il écrivit, à cet effet, le 24 janvier 1667, au parlement, et, en particulier, au premier président (de Lamoignon) et au procureur-général, avec ordre au premier président et aux autres présidens, à quatre conseillers de la grand'chambre et aux cinq anciens présidens de chambres des enquêtes, avec les doyens des mêmes chambres, à l'ancien président des requêtes du palais et au doyen de la première chambre et aux avocats et procureurs généraux de s'assembler incessamment chez le premier président pour conférer avec lui et les commissaires du conseil sur les articles préparés par ces commissaires.

Les conférences s'ouvrirent le 26 janvier 1667, et se terminèrent le 17 mars suivant après avoir occupé quinze séances.

L'ordonnance civile fut en vigueur jusqu'à la promulgation du Code de procédure actuel. Il est vrai que l'assemblée constituante avoit décrété le 24 août 1790 que « le Code de procédure civile seroit incessamment réformé, de manière qu'elle soit rendue plus simple, plus expéditive et moins coûteuse; » mais les événemens ne permirent pas que l'on s'occupât de suite de cette réformation.

Ce n'est point ici le lieu de porter un jugement sur l'ordonnance de 1667; nous pensons pouvoir dire cependant qu'elle n'a pu soutenir long-temps sa grande célébrité. Le Code de procédure, qui nous régit aujourd'hui, quoique bien imparfait, apporta de nombreuses améliorations dans l'établissement des formes.

Nous croyons utile de terminer cette note par l'indication bibliographique des principaux ouvrages auxquels l'ordonnance de 1667 a donné naissance.

1° Procès-verbal des conférences tenues pour l'examen des ordonnances de 1667 et 1670. Plusieurs éditions dont la dernière in-4°, est de 1776.

2° Explication des ordonnances de Louis XIV sur les matières civiles et sur les matières criminelles, par Fr. de Boutaric. Toulouse, 1743, 3 vol. in-4°.

3° Conférences des nouvelles ordonnances de Louis XIV pour la réformation de la justice (de 1667, 1669, 1670 et 1673, par Philippe Bornier). Plusieurs éditions dont la dernière 2 vol. in-4°, de 1760.

4° Code civil ou commentaire sur l'ordonnance de 1667, par Serpillon. Paris, 1776, in-4°.

5° Nouveau commentaire sur l'ordonnance civile du mois d'avril 1667, par Jousse. Plusieurs éditions dont la dernière 2 vol. in-12, de 1767.

6° Questions sur l'ordonnance de Louis XIV du mois d'avril 1667, par M. A. Rodier. Paris, Toulouse. Plusieurs éditions dont la dernière in-4°, de 1777.

7° L'ordonnance de 1667 mise en pratique, conformément à la jurisprudence du parlement de Toulouse. Dôle, 1759, in-8°.

seurs pour terminer les procès, étoient négligées ou changées par le temps et la malice des plaideurs; que même elles étoient observées différemment en plusieurs de nos cours, ce qui causoit la ruine des familles par la multiplicité des procédures, les frais des poursuites et la variété des jugemens; et qu'il étoit nécessaire d'y pourvoir, et rendre l'expédition des affaires plus prompte, plus facile et plus sûre, par le retranchement de plusieurs délais et actes inutiles, et par l'établissement d'un style uniforme dans toutes nos cours et sièges. A ces causes, de l'avis de notre conseil et de notre certaine science, pleine puissance et autorité royale, nous avons dit, déclaré et ordonné, disons, déclarons, ordonnons et nous plaît ce qui ensuit.

TITRE PREMIER.

De l'observation des ordonnances.

Article. 1. Voulons que la présente ordonnance, et celles que nous ferons ci-après, ensemble les édits et déclarations que nous pourrons faire à l'avenir, soient gardées et observées par toutes nos cours de parlement, grand Conseil, chambres des Comptes, cours des Aides et autres nos cours, juges, magistrats, officiers, tant de nous que des seigneurs, et par tous nos autres sujets, même dans les officialités.

2. Seront tenues nos cours de parlement et autres nos cours, procéder incessamment à la publication et enregistrement des ordonnances, édits, déclarations et autres lettres, aussitôt qu'elles leur auront été envoyées, sans y apporter aucun retardement, et toutes affaires cessantes, même la visite et jugemens des procès criminels ou affaires particulières des compagnies.

3. N'entendons toutefois empêcher que si par la suite du temps, usage et expérience, aucuns articles de la présente ordonnance se trouvoient contre l'utilité ou commodité publique, ou être sujets à interprétation, déclaration ou modération, nos cours ne puissent en tout temps nous représenter ce qu'elles jugeront à propos, sans que sous ce prétexte l'exécution en puisse être sursise.

4. Les ordonnances, édits, déclarations et lettres-patentes qui auront été publiées en notre présence, ou de notre exprès mandement, porté par personnes que nous aurons à ce commises, seront gardées et observées du jour de la publication qui en sera faite.

5. Et à l'égard des ordonnances, édits, déclarations et lettres-

patentes que nous pourrons envoyer en nos cours pour y être registrées, seront tenues nosdites cours de nous représenter ce qu'elles jugeront à propos dans la huitaine après la délibération, pour les compagnies qui se trouveront dans les lieux de notre séjour; et dans six semaines pour les autres qui en seront plus éloignées. Après lequel temps, elles seront tenues pour publiées, et en conséquence seront gardées, observées, et envoyées par nos procureurs-généraux aux bailliages, sénéchaussées, élections et autres siéges de leur ressort, pour y être pareillement gardées et observées.

6. Voulons que toutes nos ordonnances, édits, déclarations et lettres-patentes soient observées, tant aux jugemens des procès qu'autrement, sans y contrevenir; ni que sous prétexte d'équité, bien public, accélération de la justice, ou de ce que nos cours auroient à nous représenter, elles ni les autres juges s'en puissent dispenser ou en modérer les dispositions, en quelque cas et pour quelque cause que ce soit.

7. Si dans les jugemens des procès qui seront pendans en nos cours de parlement et autres nos cours, il survient aucun doute ou difficulté sur l'exécution de quelques articles de nos ordonnances, édits, déclarations et lettres-patentes, nous leur défendons de les interpréter, mais voulons qu'en ce cas elles aient à se retirer par-devers nous, pour apprendre ce qui sera de notre intention.

8. Déclarons tous arrêts et jugemens qui seront donnés contre la disposition de nos ordonnances, édits et déclarations, nuls et de nul effet et valeur; et les juges qui les auront rendus, responsables des dommages et intérêts des parties, ainsi qu'il sera par nous avisé.

TITRE II.
Des ajournemens.

Art. 1. Les ajournemens et citations en toutes matières et en toutes jurisdictions, seront libellés, contiendront les conclusions et sommairement les moyens de la demande, à peine de nullité des exploits et de vingt livres d'amende contre les huissiers, sergens ou appariteurs, applicable moitié aux réparations de l'auditoire, et l'autre moitié aux pauvres du lieu, sans qu'elle puisse être remise ou modérée pour quelque cause que ce soit.

2. Tous sergens et huissiers, même de nos cours de parlement, grand Conseil, chambres des Comptes, cours des Aides, Requê-

tes de notre hôtel et du palais, seront tenus en tous exploits d'ajournemens de se faire assister de deux témoins ou recors, qui signeront avec eux l'original et la copie des exploits, sans qu'ils puissent se servir de recors qui ne sachent écrire, ni qui soient parens, alliés ou domestiques de la partie. Déclareront aussi les huissiers et sergens par leurs exploits, les juridictions où ils sont immatriculés, leur domicile et celui de leurs recors, avec leur nom, surnom et vacation, le domicile et la qualité de la partie; le tout à peine de nullité, et de vingt livres d'amende applicable comme dessus.

3. Tous exploits d'ajournement seront faits à personne ou domicile; et sera fait mention en l'original et en la copie des personnes auxquelles ils auront été laissés, à peine de nullité et de pareille amende de vingt livres. Pourront néanmoins les exploits concernant les droits d'un bénéfice, être faits au principal manoir du bénéfice; comme aussi ceux concernant les droits et fonctions des offices ou commissions, ès lieux où s'en fait l'exercice.

4. Si les huissiers ou sergens ne trouvent personne au domicile, ils seront tenus, à peine de nullité et de vingt livres d'amende, d'attacher leurs exploits à la porte et d'en avertir le proche voisin, par lequel ils feront signer l'exploit; et s'il ne le veut ou ne peut signer, ils en feront mention; et en cas qu'il n'y eût aucun proche voisin, feront parapher leur exploit et dater le jour du paraphe par le juge du lieu, et, en son absence ou refus, par le plus ancien praticien auquel nous enjoignons de le faire sans frais.

5. Tous huissiers et sergens seront tenus de mettre au bas de l'original des exploits les sommes qu'ils auront reçues pour leurs salaires, à peine de vingt livres d'amende comme dessus.

6. Les demandeurs seront tenus de faire donner dans la même feuille ou cahier de l'exploit, copie des pièces sur lesquelles la demande est fondée, ou des extraits, si elles sont trop longues; autrement, les copies qu'ils donneront dans le cours de l'instance n'entreront en taxe, et les réponses qui y seront faites seront à leurs dépens, et sans répétition.

7. Les étrangers qui seront hors le royaume, seront ajournés ès hôtels de nos procureurs-généraux des parlemens, où ressortiront les appellations des juges devant lesquels ils seront assignés; et ne seront plus données aucunes assignations sur la frontière.

8. Ceux qui seront condamnés au bannissement et aux galères

à temps, et les absens pour faillite, voyage de long cours ou hors du royaume, seront assignés à leur dernier domicile, sans qu'il soit besoin de procès-verbal de perquisition, ni de leur créer un curateur, dont nous abrogeons l'usage.

6. Ceux qui n'ont ou n'ont eu aucun domicile connu, seront assignés par un seul cri public au principal marché du lieu de l'établissement du siège où l'assignation sera donnée sans aucune perquisition; et sera l'exploit paraphé par le juge des lieux sans frais.

10. Les ajournemens pourront être faits par-devant tous juges en cause principale et d'appel, sans aucune commission ni mandement, encore que les ajournés eussent leur domicile hors le ressort des juges par-devant lesquels ils seront assignés.

11. Ceux qui ont droit de *committimus* ne pourront faire ajourner aux Requêtes de notre hôtel ou du palais qu'en vertu de lettres de *committimus* bien et dûment expédiées, et non surannées, desquelles sera laissé copie dans la même feuille, ou cahier de l'exploit. S'il y avoit néanmoins des instances qui y fussent liées ou retenues, les ajournemens pourront y être donnés en sommation ou autrement, sans lettres, requête ou commission particulière.

12. Ne seront donnés aucuns ajournemens par-devant nos cours et juges en dernier ressort, soit en première instance, par appel ou autrement, qu'en vertu de lettres de chancellerie, commission particulière ou arrêt. Pourront néanmoins les ducs et pairs, pour raison de leurs pairies, l'Hôtel-Dieu, le grand bureau des pauvres, l'hôpital général de notre bonne ville de Paris, et autres personnes et communautés qui ont droit de plaider en première instance, soit en la grand'chambre de notre parlement de Paris, ou en nos autres cours de parlement, y faire donner les assignations sans arrêt ni commission.

13. Ne pourront aussi être donnés aucuns ajournemens en notre conseil, ni aux Requêtes de notre hôtel, pour juger en dernier ressort, qu'en vertu d'arrêt de notre conseil ou commission de notre grand sceau.

14. Enjoignons à tous sergens qui ne savent écrire et signer, de se défaire de leurs offices dans trois mois: sinon le temps passé, les avons déclarés vacans et impétrables. Leur défendons dès à présent d'en faire aucune fonction, à peine de faux, vingt livres d'amende envers la partie, et de tous dépens, dommages et intérêts; et aux seigneurs hauts-justiciers, et tous autres qui ont

droit d'établir des sergens dans l'étendue de leurs justices, d'en pourvoir aucuns qui ne sachent écrire et signer, à peine de déchéance et privation de leurs droits pour cette fois seulement, et d'y être par nous pourvu.

15. Ceux qui demeureront ès châteaux et maisons fortes, seront tenus d'élire leur domicile en la plus prochaine ville et d'en faire enregistrer l'acte au greffe de la juridiction royale du lieu; sinon, les exploits qui leur seront faits aux domiciles ou aux personnes de leurs fermiers, juges, procureurs d'office et greffiers, vaudront comme faits à leur propre personne.

16. En tous siéges et en toutes matières où le ministère des procureurs est nécessaire, les exploits d'ajournemens, d'intimations ou anticipations, contiendront le nom du procureur du demandeur, à peine de nullité des exploits et de tout ce qui pourroit être fait en exécution, et de vingt livres d'amende contre le sergent.

TITRE III.

Des délais sur les assignations et ajournemens.

ART. 1. Les termes et délais des assignations qui seront données aux prévôtés et châtellenies royales, à des personnes domiciliées au lieu où est établi le siége de la prévôté et châtellenie, seront au moins de trois jours, et ne pourront être plus longs de huitaine.

2. Si le défendeur est demeurant hors du lieu, et néanmoins en l'étendue du ressort, le délai de l'assignation sera au moins de huitaine, et ne pourra être plus long de quinzaine.

3. Aux siéges présidiaux, bailliages et sénéchaussées royales, le délai des assignations données à ceux qui sont domiciliés où le siége est établi, ou dans la distance de dix lieues, ne pourra aussi être moindre de huitaine, et plus long de quinzaine; et pour ceux qui sont hors la distance des dix lieues, le délai de l'assignation sera au moins de quinzaine, et au plus de trois semaines.

4. Aux Requêtes de notre hôtel, Requêtes du palais, et aux siéges des conservations des priviléges des universités, les délais des assignations seront de huitaine pour ceux qui demeurent en la ville où est le siége de la juridiction; de quinzaine pour ceux qui sont dans l'étendue de dix lieues; d'un mois pour ceux qui sont dans la distance de cinquante lieues, et de six semaines au-delà des cinquante lieues; le tout dans le ressort du même parle-

ment; et de deux mois pour ceux qui sont demeurans hors le ressort.

5. Si dans la huitaine après l'échéance de l'assignation, le défendeur ne constitue procureur et ne baille ses défenses, le demandeur pourra lever son défaut au greffe; mais il ne pourra le faire juger, sinon après un autre délai, qui sera de huitaine pour ceux qui seront ajournés à huitaine ou à quinzaine; et à l'égard des autres qui seront assignés à plus longs jours, le délai pour faire juger le défaut, outre celui de l'assignation et de huitaine pour défendre, sera encore de la moitié du temps porté par le délai de l'assignation : lesquels délais seront pareillement observés en toutes nos cours à l'égard du demandeur et du défendeur.

6. Dans les délais des assignations et des procédures, ne seront compris les jours des significations des exploits et actes, ni les jours auxquels écheeront les assignations.

7. Tous les autres jours seront continus et utiles pour les délais des assignations et procédures, même les dimanches, fêtes solennelles, et les jours des vacations, et autres auxquels il ne se fait aucune expédition de justice.

TITRE IV.

Des présentations.

Art. 1. En nos cours de parlement, grand Conseil, cours des Aides, et autres nos cours où il y a des greffes des présentations, les défendeurs intimés et anticipés seront tenus de se présenter et coter le nom de leur procureur sur le cahier des présentations dans la quinzaine; et en tous les autres sièges où il y a pareillement des greffes des présentations dans la huitaine; et aux matières sommaires, tant en nos cours qu'ès autres sièges, dans trois jours, le tout après l'échéance de l'assignation : et seront les présentations faites tous les jours sans distinction.

2. Les demandeurs, et ceux qui ont relevé leur appel ou qui ont fait anticiper, ne feront à l'avenir aucune présentation dont nous abrogeons l'usage à leur égard; ensemble les délais pour la clôture des cahiers, et tous autres délais et procédures.

TITRE V.

Des congés et défauts en matière civile.

Art. 1. En toutes les causes qui seront poursuivies aux Requêtes de notre hôtel, Requêtes du palais, cours des monnoies, sièges des grands-maîtres des eaux et forêts, sièges présidiaux, bailliages, sénéchaussées, siéges des conservateurs des priviléges des universités, prévôtés et châtellenies royales, le défendeur sera tenu dans les délais à lui accordés, selon la distance des lieux (après le jour de l'assignation échue), de nommer procureur et faire signifier ses défenses, signées de celui qui aura charge d'occuper, avec copie des pièces justificatives, si aucunes il a : autrement sera donné défaut avec profit, sans autre acte ni sommation préalable.

2. Abrogeons en toutes causes l'usage des déboutés de défense et réajournemens; défendons aux procureurs, greffiers, huissiers et sergens de les obtenir, expédier ni signifier, à peine de nullité et de vingt livres d'amende en leur nom.

3. Si le défendeur, dans le délai ci-dessus à lui accordé, ne met procureur, le demandeur prendra son défaut au greffe; et si après avoir mis procureur il ne baille copie de ses défenses et pièces, si aucunes il a, le demandeur prendra défaut en l'audience, sans autre acte ni sommation préalable; et le profit du défaut, en l'un et l'autre cas, sera jugé sur-le-champ, les conclusions adjugées au demandeur avec dépens, si la demande se trouve juste et bien vérifiée.

4. Si toutefois l'exploit d'assignation contient plus de trois chefs de demandes, le profit du défaut pourra être jugé sur pièces vues et mises sur le bureau, sans qu'en ce cas les juges puissent prendre aucunes épices.

5. Dans les défenses seront employées les fins de non-recevoir, nullité des exploits ou autres exceptions péremptoires; si aucunes y a, pour y être préalablement fait droit.

TITRE VI.

Des fins de non-procéder.

Art. 1. Défendons à tous nos juges, comme aussi aux juges ecclésiastiques et des seigneurs, de retenir aucune cause, instance ou procès, dont la connoissance ne leur appartient; mais leur enjoignons de renvoyer les parties par-devant les juges qui doivent en connoître, ou d'ordonner qu'elles se pourvoiront, à peine de nullité des jugemens; et en cas de contravention, pourront les juges être intimés et pris à partie.

2. Défendons aussi à tous juges, sous les mêmes peines et de nullité des jugemens qui interviendront, d'évoquer les causes, instances et procès pendans aux siéges inférieurs ou autres juridictions, sous prétexte d'appel ou connexité, si ce n'est pour

juger définitivement en l'audience, et sur-le-champ par un seul et même jugement.

3. Enjoignons à tous juges, sous les mêmes peines, de juger sommairement à l'audience les renvois, incompétences et déclinatoires, qui seront requis et proposés, sous prétexte de litispendance, connexité ou autrement, sans appointer les parties, lors même qu'il en sera délibéré sur le registre, ni réserver et joindre au principal, pour y être préalablement ou autrement fait droit.

4. Les appellations de déni de renvoi et d'incompétence, seront incessamment vidées par l'avis de nos avocats et procureurs-généraux; et les folles intimations et désertions d'appel, par l'avis d'un ancien avocat, dont les avocats ou les procureurs conviendront : et ceux qui succomberont seront condamnés aux dépens, qui ne pourront être modérés, mais seront taxés par les procureurs des parties sur un simple mémoire, sans frais et sans nouveau voyage.

5. Dans les causes qui se videront par expédient, la présence du procureur ne sera point nécessaire, lorsque les avocats seront chargés des pièces.

6. Les qualités seront signifiées avant d'aller à l'expédient, et les prononciations rédigées et signées aussitôt qu'elles auront été arrêtées.

7. En cas de refus de signer par l'avocat de l'une des parties, l'appointement sera reçu, pourvu qu'il soit signé de l'avocat de l'autre partie et du tiers, sans qu'il soit besoin de sommation ni autre procédure.

8. Les appointemens sur les appellations, qui auront été vidés par l'avis d'un ancien avocat, ou par celui de nos avocats et procureurs-généraux, seront prononcés et reçus en l'audience sur la première sommation, s'il n'y a cause légitime pour l'empêcher.

TITRE VII.

Des délais pour délibérer.

ART. 1. L'héritier aura trois mois depuis l'ouverture de la succession pour faire l'inventaire, et quarante jours pour délibérer : et si l'inventaire a été fait avant les trois mois, le délai de quarante jours commencera du jour qu'il aura été parachevé.

2. Celui qui aura été assigné comme héritier en action nouvelle ou en reprise, n'aura aucun délai de délibérer, si avant l'échéance de l'assignation il y a plus de quarante jours que l'inventaire ait

été fait en sa présence ou de son procureur, ou lui dûment appelé.

3. Si, au jour de l'échéance de l'assignation, les délais de trois mois pour faire inventaire et quarante jours pour délibérer n'étoient expirés, il aura le reste du délai, soit pour procéder à l'inventaire, soit pour faire sa déclaration; et s'ils étoient expirés, encore que l'inventaire n'ait point été fait, ne sera accordé aucun délai pour délibérer.

4. S'il justifie néanmoins que l'inventaire n'ait pu être fait dans les trois mois, pour n'avoir eu connoissance du décès du défunt, ou à cause des oppositions et contestations survenues, ou autrement, il lui sera accordé un délai convenable pour faire l'inventaire, et quarante jours pour délibérer; lequel délai sera réglé en l'audience, et sans que la cause puisse être appointée.

5. La veuve qui sera assignée en qualité de commune, aura les mêmes délais pour faire inventaire et délibérer, que ceux accordés ci-dessus à l'héritier, et sous les mêmes conditions.

TITRE VIII.

Des garans.

ART. 1. Les garans, tant en garantie formelle, pour les matières réelles ou hypothécaires, qu'en garantie simple pour toute autre matière, seront assignés sans commission ou mandement du juge, en quelque lieu qu'ils soient demeurans, si ce n'est en nos cours, et à l'égard des juges en dernier ressort, par devant lesquels l'assignation ne sera donnée qu'en vertu d'arrêt ou commission.

2. Le délai pour faire appeler le garant sera de huitaine du jour de la signification de l'exploit du demandeur originaire, et encore de tout le temps qui sera nécessaire pour appeler le garant, selon la distance du lieu de sa demeure, à raison d'un jour pour dix lieues, et autant pour retirer l'exploit.

3. Si néanmoins le défendeur originaire est assigné en qualité d'héritier, et qu'il y ait lieu de lui donner délai pour délibérer, le délai de garant ne commencera que du jour que le délai pour délibérer sera expiré; ce qui sera pareillement observé à l'égard des veuves qui seront assignées en qualité de communes.

4. L'exploit en garantie sera libellé, contiendra sommairement les moyens du demandeur avec la copie des pièces justificatives de la garantie, de l'exploit du demandeur originaire et des pièces

dont il aura donné copie; et y seront observées les autres formalités ordonnées pour les ajournemens.

5. Si le délai de l'assignation en garantie n'est échu en même temps que celui de la demande originaire, il ne sera pris aucun défaut contre le défendeur originaire, en donnant par lui au demandeur copie de l'exploit de la demande en garantie et des pièces justificatives.

6. Si le demandeur originaire soutient qu'il n'y a lieu au délai pour appeler garant, l'incident sera jugé sommairement en l'audience.

7. Il n'y aura point d'autre délai d'amener garant en quelque matière que ce soit, sous prétexte de minorité, bien d'église ou autre cause privilégiée, sauf, après le jugement de la demande principale, à poursuivre les garans.

8. Ceux qui seront assignés en garantie formelle ou simple, seront tenus de procéder en la juridiction où la demande originaire sera pendante, encore qu'ils dénient être garans; si ce n'est que le garant soit privilégié, et qu'il demande son renvoi par-devant le juge de son privilège. Mais s'il paroît par écrit ou par l'évidence du fait, que la demande originaire n'ait été formée que pour traduire le garant hors de sa juridiction, enjoignons aux juges de renvoyer la cause par-devant ceux qui en doivent connoître; et, en cas de contravention, pourront les juges être intimés et pris à partie en leur nom.

9. En garantie formelle, les garans pourront prendre le fait et cause pour le garanti, lequel sera mis hors de cause, s'il le requiert avant la contestation.

10. Encore que le garanti ait été mis hors de cause, il pourra y assister pour la conservation de ses droits.

11. Les jugemens rendus contre les garans seront exécutoires contre les garantis, sauf pour les dépens, dommages et intérêts, dont la liquidation et exécution ne sera faite que contre les garans; et suffira de signifier le jugement aux garantis, soit qu'ils aient été mis hors de cause ou qu'ils y aient assisté, sans autre demande ni procédure.

12. En garantie simple, les garans ne pourront prendre le fait et cause, mais seulement intervenir, si bon leur semble.

13. Si la demande principale et celle en garantie soient en même temps en état d'être jugées, il y sera fait droit conjointement; sinon le demandeur originaire pourra faire juger sa demande séparément trois jours après avoir fait signifier que l'instance

principale est en état; et le même jugement prononcera sur la disjonction, si les deux instances, originaire et en garantie, avoient été jointes, sauf après le jugement du principal à faire droit sur la garantie, s'il y échet.

14. Les garans qui succomberont, seront condamnés aux dépens de la cause principale, du jour de la sommation seulement, et non de ceux faits auparavant, sinon de l'exploit de demande originaire.

15. Les mêmes délais qui auront été donnés pour le premier garant, seront gardés à l'égard du second; et s'il y a plusieurs garans intéressés en une même garantie, il n'y aura qu'un seul délai pour tous, qui sera réglé selon la demeure du garant le plus éloigné.

TITRE IX.

Des exceptions dilatoires, et de l'abrogation des vues et montrées.

Art. 1. Celui qui aura plusieurs exceptions dilatoires sera tenu de les proposer par un même acte.

2. Si néanmoins un héritier ou une veuve, en qualité de commune, sont assignés, ne seront tenus de proposer les autres exceptions dilatoires qu'après le terme pour délibérer expiré.

3. Ceux qui feront demande de censives par action, ou de la propriété de quelque héritage, rente foncière, charge réelle ou hypothèque, seront tenus, à peine de nullité, de déclarer par leur premier exploit le bourg, village ou hameau, le terroir et la contrée où l'héritage est situé; sa consistance, ses nouveaux tenans et aboutissans, du côté du septentrion, midi, orient et occident; sa nature au temps de l'exploit, si c'est terre labourable, prés, bois, vignes, ou d'autre qualité; en sorte que le défendeur ne puisse ignorer pour quel héritage il est assigné.

4. S'il est question du corps d'une terre ou métairie, il suffira d'en désigner le nom et la situation; et si c'est d'une maison, les tenans et aboutissans seront désignés en la même manière.

5. Abrogeons les exceptions des vues et montrées pour quelque cause que ce soit.

TITRE X.

Des interrogatoires sur faits et articles.

Art. 1. Permettons aux parties de se faire interroger en tout état de cause sur faits et articles pertinens, concernant seulement la matière dont est question, par-devant le juge où le différend est pendant; et, en cas d'absence de la partie, par-devant le juge qui sera par lui commis : le tout sans retardation de l'instruction et jugement.

2. Les assignations pour répondre sur faits et articles seront données en vertu d'ordonnance du juge sans commission du greffe, encore que la partie fût demeurante hors du lieu où le différend est pendant, et sans que pour l'ordonnance le juge et le greffier puissent prétendre aucune chose.

3. L'assignation sera donnée à personne ou domicile de la partie, et non à aucun domicile élu ni à celui du procureur, et sera donné copie de l'ordonnance du juge et des faits et articles.

4. Si la partie ne compare aux jour et lieu qui seront assignés, ou fait refus de répondre, sera dressé un procès-verbal sommaire faisant mention de l'assignation et du refus; et sur le procès-verbal seront les faits tenus pour confessés et avérés en toutes juridictions et justices, même en nos cours de parlement, grand Conseil, chambres des Comptes, cours des Aides, et autres nos cours, sans obtenir aucun arrêt ou jugement, et sans réassignation.

5. Voulons néanmoins que si la partie se présente avant le jugement du procès pour subir l'interrogatoire, elle soit reçue à répondre, à la charge de payer les frais de l'interrogatoire et d'en bailler copie à la partie, même de rembourser les dépens du premier procès-verbal, sans les pouvoir répéter et sans retardation du jugement du procès.

6. La partie répondra en personne, et non par procureur ni par écrit; et en cas de maladie ou empêchement légitime, le juge se transportera en son domicile pour recevoir son interrogatoire.

7. Le juge, après avoir pris le serment, recevra les réponses sur chacun fait et article, et pourra même d'office interroger sur aucuns faits, quoiqu'il n'en ait été donné copie.

8. Les réponses seront précises et pertinentes sur chacun fait, et sans aucun terme injurieux ni calomnieux.

9. Seront tenus les chapitres, corps et communautés, nommer un syndic, procureur ou officier, pour répondre sur les faits et articles qui lui auront été communiqués, et à cette fin passeront un pouvoir spécial dans lequel les réponses seront expliquées et affirmées véritables; autrement seront les faits tenus pour confessés et avérés, sans préjudice de faire interroger les syndics.

procureurs et autres qui ont agi par les ordres de la communauté, sur les faits qui les concerneront en particulier, pour y avoir par le juge tel égard que de raison.

10. Les interrogatoires se feront aux frais et dépens de ceux qui les auront requis, sans qu'ils puissent en demander aucune répétition ni les faire entrer en taxe, même en cas de condamnation de dépens.

TITRE XI.

Des délais et procédures ès cours de parlement, grand conseil et cours des aides, en première instance et cause d'appel.

Art. 1. Ès cours de parlement, grand conseil et cours des Aides, tant en première instance qu'en cause d'appel, les délais des assignations seront de huitaine pour ceux qui demeurent en la même ville où sont établies nos cours de parlement et cours des Aides, et où le grand Conseil fera sa résidence; de quinzaine pour ceux qui sont demeurans hors la ville dans la distance de dix lieues; d'un mois pour ceux qui ont leur domicile au-delà de dix lieues, dans la distance de cinquante; de six semaines pour ceux qui sont au-delà de cinquante lieues : le tout dans le ressort du même parlement et cour des Aides; et de deux mois pour les personnes qui sont domiciliées hors le ressort; et pour le grand Conseil, au-delà des cinquante lieues, le délai des assignations sera augmenté d'un jour pour dix lieues.

2. Ès causes qui seront poursuivies en première instance en nos cours de parlement, grand Conseil et cours des Aides; le défendeur sera tenu, dans les délais ci-devant ordonnés, après l'échéance de l'assignation, de mettre procureur et fournir ses défenses avec copie des pièces justificatives.

3. Si dans le délai, après l'échéance de l'assignation, le défendeur ne constitue procureur, le demandeur lèvera son défaut au greffe, et huitaine après le baillera à juger.

4. Si le défendeur, après avoir mis procureur, ne fournit ses défenses dans le même délai et copie des pièces justificatives, si aucunes il a, le demandeur prendra aussi son défaut au greffe, lequel il fera signifier au procureur du défendeur; et huitaine après la signification, le baillera à juger.

5. Pour le profit de défaut, les conclusions seront adjugées au demandeur avec dépens, si elles sont trouvées justes et dûment vérifiées, sans qu'en aucun cas les juges puissent prendre des épices pour le jugement des défauts.

6. Si, avant le jugement des défauts, le défendeur constitue procureur et fournit de défenses avec copie des pièces justificatives sur le principal, les parties se pourvoiront à l'audience; et néanmoins les dépens du défaut seront acquis au demandeur. Mais s'il constitue seulement procureur, sans fournir de défenses, le demandeur pourra poursuivre le jugement de son défaut, sans autre procédure ni sommation.

7. Ne seront pris à l'avenir aucuns défauts, sauf purs et simples, et aux ordonnances, ni permission de les faire juger; et ne seront faites autres procédures que celles ci-dessus ordonnées, sans aucuns réajournemens; l'usage desquelles procédures et réajournemens nous abrogeons.

8. Trois jours après les défenses fournies et la copie des pièces justificatives, la cause sera poursuivie à l'audience sur un simple acte signé du procureur et signifié, sans prendre au greffe aucun avenir, desquels nous abrogeons l'usage en toutes cours et juridictions.

9. Aucune cause ne pourra être appointée au conseil, en droit, ou à mettre, si ce n'est en l'audience à la pluralité des voix, à peine de nullité; et seront tenus les juges de délibérer préalablement si la cause sera appointée ou jugée, avant que d'ouvrir leurs opinions sur le fond; ce qui sera observé dans toutes nos cours, juridictions et justices, même celles des seigneurs.

10. Pourront néanmoins être pris des appointemens au greffe ès matières de reddition de compte, liquidation de dommages et intérêts, et appellations de taxes de dépens, lorsqu'il y aura plus de deux croix.

11. Abrogeons toutes les instructions à la barre et par-devant les conseillers commis, comme aussi les renvois par-devant les juges, à lieu, jour et heure extraordinaires. N'entendons néanmoins en ce y comprendre les comparutions sur les clameurs de haro et sur les arrêts des personnes ou des biens, en vertu des priviléges des villes et des foires.

12. L'appointement en droit à écrire et produire sera de huitaine, et emportera aussi réglement à contredire dans pareil délai, encore que cela ne soit exprimé dans l'appointement.

13. Sera néanmoins aux affaires de peu de conséquence donné un simple appointement à mettre dans trois jours, pour être ensuite distribué par celui à qui la distribution appartiendra.

14. Ès appellations qui seront relevées ès cours de parlement, grand Conseil, cours des Aides, présidiaux, bailliages, séné-

chaussées et autres siéges, des sentences rendues sur des appointemens en droit, même par forclusion, contre l'une des parties, ou sur des appointemens à mettre, quand les deux parties ont produit, chacune des parties sera tenue dans la huitaine après l'échéance du délai de l'assignation pour comparoir, de mettre ses productions au greffe de la cour ou du siége où l'appel ressortit, et le faire signifier au procureur de la partie adverse.

15. Trois jours après que le procès aura été jugé, le rapporteur mettra au greffe le *dictum* de la sentence et le procès entier, sans qu'il puisse après le jugement en donner communication aux parties ni à leur procureur, à peine de tous dépens, dommages et intérêts.

16. Le procès ayant été remis au greffe, les procureurs retireront leur production : leur défendons de prendre celles des parties adverses, et aux greffiers de les bailler par communication, ni les mettre ès mains des messagers, à peine de vingt livres d'amende et de tous dépens, dommages et intérêts, sauf aux parties de prendre des copies collationnées des pièces qui auront été produites.

17. Si l'une des parties est en demeure de faire mettre ou joindre dans la huitaine ses productions au greffe de la cour ou siége d'appel, et de le signifier au procureur de la partie adverse, elle en demeurera forclose de plein droit, et le procès sera jugé sur ce qui se trouvera au greffe, sans faire aucun commandement, sommation ni autre procédure; et néanmoins les inductions, si aucunes ont été tirées des pièces, écritures et reconnoissances contenues ès productions du défaillant, demeureront pour constantes et avérées contre lui.

18. Dans la même huitaine après l'échéance de l'assignation pour comparoir, l'intimé sera tenu de fournir et mettre au greffe la sentence en forme ou par extrait, à son choix; et à faute de ce faire dans le temps, l'appelant sans commandement ni signification préalable pourra lever la sentence par extrait, aux frais et dépens de l'intimé, dont sera délivré exécutoire.

19. Huitaine après que le procès et la sentence auront été mis au greffe, le procureur plus diligent offrira et fera signifier au procureur de la partie adverse l'appointement de conclusion portant réglement de fournir griefs et réponses de huitaine en huitaine, avec sommation de comparoir au greffe pour le passer; et à faute de ce faire trois jours après la signification, sera le congé

ou défaut délivré et jugé, et pour le profit l'appelant déchu de son appel, et l'intimé du profit de la sentence.

20. Les délais de fournir griefs et réponses commenceront contre l'appelant du jour de la sommation qui en aura été faite à son procureur par acte signé du procureur de l'intimé; et contre l'intimé, du jour de la signification qui aura été faite à son procureur des griefs de l'appelant; et sera la forclusion acquise de plein droit contre l'un et l'autre, sans autre commandemens et procédure, à peine de nullité.

21. Le même sera observé au lieu des forclusions de fournir de causes d'appel, réponses et contredits ès instances appointées au conseil.

22. Défendons d'avoir égard aux réponses à griefs et réponses aux causes d'appel, si elles n'ont été signifiées.

23. Si durant le cours du procès principal, ou en cause d'appel, sont formées des appellations ou demandes incidentes, ou qu'on obtienne des lettres de restitution, rescision ou autres, la partie sera tenue d'expliquer ses moyens dans les mêmes lettres ou dans la requête qui contiendra ses appellations et demandes, et d'y joindre les pièces justificatives, faire signifier le tout à l'intimé et défendeur, et lui en donner copie.

24. Les incidens seront réglés sommairement et sans épices, par la chambre où le procès sera pendant, sur une simple requête qui sera présentée à cette fin par l'appelant et demandeur, laquelle contiendra les moyens et l'emploi fait de sa part pour cause d'appel, écritures et productions de ses requêtes et lettres, et des pièces qui y seront jointes, dont sera donné acte et ordonné que le défendeur sera tenu de fournir de réponses, écrire et produire de sa part dans trois jours, ou autre plus bref délai, selon la nature et qualité des incidens qui seront joints au procès principal.

25. Sera tenu le défendeur ou intimé dans le même délai de faire bailler au procureur du demandeur et appelant copie de l'inventaire de sa production et des pièces y contenues, sans qu'on puisse donner des contredits sur les incidens, sauf à y répondre par requête.

26. Ne seront expédiées à l'avenir aucunes lettres pour articuler faits nouveaux, mais les faits seront posés par une simple requête qui sera signifiée et jointe au procès, sauf au défendeur d'y répondre par autre requête.

27. Si durant le cours d'un procès une des parties forme des

demandes incidentes, prend des lettres ou interjette des appellations des jugemens et appointemens qui auront été produits, elle sera tenue de faire tous les incidens par une même requête, laquelle sera réglée en la forme ci-dessus ordonnée; et à faute de ce faire, les autres incidens qui seront formés ensuite par la même partie, avec les pièces justificatives qui les concerneront, seront joints au procès, pour sur ces incidens, ensemble sur les requêtes et pièces qui pourront être jointes de la part de l'autre partie, y être fait droit définitivement ou autrement; et à cette fin les parties seront tenues se communiquer les requêtes et pièces dont ils entendent se servir.

28. Toutes requêtes d'intervention, tant en première instance qu'en cause d'appel, en contiendront les moyens, et en sera baillé copie et des pièces justificatives pour en venir à l'audience des sièges et cours où le procès principal sera pendant, pour être plaidées et jugées contradictoirement ou par défaut, sur la première assignation, même ès chambres des Enquêtes de nos cours de parlement. Ce que nous voulons être observé, à peine de nullité et de cassation des jugemens et arrêts qui pourroient intervenir, et de répétition de tous dommages et intérêts solidairement, tant contre la partie que contre les procureurs en leur nom.

29. Ceux qui font profession de la R. P. R. ne pourront, sous prétexte d'intervention, évoquer en la chambre de l'édit les procès pendans entre d'autres parties ès chambres de nos cours de parlement; si l'intervention n'est faite dans le mois pour les causes d'audience, à compter du jour de la publication du rôle, si elles y ont été mises, ou de la signification du premier acte pour venir plaider; et s'il y a appointement en droit ou au conseil, du jour de l'appointement; et à l'égard des procès par écrit du jour du premier arrêt de conclusion : autrement ils ne seront recevables à évoquer, sauf à intervenir dans les chambres où les procès seront pendans, sans qu'ils en puissent évoquer.

30. Si par le jugement du procès qui aura été évoqué ès chambres de l'édit, sur l'intervention d'aucun faisant profession de la R. P. R., il paroit que l'intervenant n'eût aucun intérêt au procès, et qu'il ne fût intervenu que pour évoquer; en ce cas il sera condamné aux dommages et intérêts des parties qui auront été évoquées, et en cent cinquante livres d'amende envers nous, pour avoir abusé de son privilège.

31. Le procureur de celui qui voudra évoquer en la chambre

de l'édit, sera fondé de procuration spéciale, autrement il en sera débouté.

32. Défendons à tous greffiers, en quelque siége et matière que ce soit, d'écrire sur leur feuille ou dans le registre de leurs minutes, et de délivrer, collationner ou parapher aucun congé ou défaut, appointement à mettre ou en droit, arrêt, jugement ou ordonnance de requête et pièces mises ès causes d'audience, qu'il n'ait été prononcé publiquement par le juge, à peine de faux, et de cent livres d'amende, applicable la moitié à nous et moitié aux réparations de l'auditoire.

33. Défendons pareillement aux procureurs en toutes nos cours, jurisdictions et justices, de mettre au greffe des productions en blanc, ni aucun inventaire dont les cottes ne soient pas remplies, et aux greffiers de les recevoir. Et voulons que s'il s'en trouve aucune à l'avenir de cette qualité, le procureur qui l'aura mise et le greffier qui l'aura reçue soient condamnés chacun en cent cinquante livres d'amende, applicable comme dessus ; et sera le procès jugé, sans qu'il soit besoin de faire aucune poursuite pour remplir l'inventaire.

TITRE XII.
Des compulsoires et collations des pièces.

Art. 1. Les assignations pour assister aux compulsoires, extraits ou collations des pièces, ne seront plus données aux portes des églises ou autres lieux publics, pour de là se transporter ailleurs, mais seront données à comparoir au domicile d'un greffier ou notaire, soit que les pièces qui doivent être compulsées soient en leur possession, ou entre les mains d'autres personnes.

2. Le procès-verbal de compulsoire et de collation ne pourra être commencé qu'une heure après l'échéance de l'assignation, dont mention sera faite dans le procès-verbal.

3. Si la partie qui requiert le compulsoire ne compare, ou procureur pour lui à l'assignation, il paiera à la partie qui aura comparu, pour ses dépens, dommages et intérêts, la somme de vingt livres et les frais de son voyage, s'il en écheoit, qui seront payés comme frais préjudiciaux.

4. Les assignations données aux personnes ou domiciles des procureurs, auront pareil effet pour les compulsoires, extraits ou collations des pièces, et pour les autres procédures, que si elles avoient été faites au domicile des parties.

5. Les recounoissances et vérifications d'écritures privées se

seront, partie présente ou dûment appelée, par-devant le rapporteur, ou s'il n'y en a, par-devant l'un des juges qui sera commis sur une simple requête; pourvu, et non autrement, que la partie contre laquelle on prétend se servir des pièces soit domiciliée ou présente au lieu où l'affaire est pendante, sinon la reconnoissance se fera par-devant le juge royal ordinaire du domicile de la partie, qui sera assignée à personne ou domicile et sans prendre aucune commission; et s'il échéoit de faire quelque vérification, elle sera faite par-devant le juge où est pendant le procès principal.

6. Les pièces et écritures privées dont on poursuivra la reconnoissance ou vérification, seront communiquées à la partie en présence du juge ou commissaire.

7. A faute de comparoir par le défendeur à l'assignation, sera donné défaut, pour le profit duquel si on prétend que l'écriture soit de sa main, elle sera tenue pour reconnue; et si elle est d'une autre main, il sera permis de la vérifier tant par témoins que par comparaison d'écritures publiques et authentiques.

8. La vérification par comparaison d'écritures sera faite par experts sur les pièces de comparaison, dont les parties conviendront; et à cette fin elles seront assignées au premier jour.

9. Si au jour de l'assignation l'une des parties ne compare ou ne veut nommer des experts, la vérification se fera sur les pièces de comparaison par les experts nommés par la partie présente, et par ceux qui seront nommés par le juge au lieu de la partie refusante ou défaillante.

TITRE XIII.

De l'abrogation des enquêtes d'examen à futur, et des enquêtes par turbes.

ART. 1. Abrogeons toutes enquêtes d'examen à futur, et celles par turbes touchant l'interprétation d'une coutume ou usage; et défendons à tous juges de les ordonner ni d'y avoir égard, à peine de nullité.

TITRE XIV.

Des contestations en cause.

ART. 1. Trois jours après la signification des défenses et des pièces justificatives, la cause sera poursuivie en l'audience sur un simple acte signé du procureur et signifié, sans qu'on puisse prendre aucun avenir ni jugement pour plaider au premier jour, à peine de nullité et de vingt livres d'amende contre chacun des procureurs et greffiers qui les auront pris et expédiés.

2. Le demandeur, dans le même délai de trois jours, pourra, si bon lui semble, fournir de réplique, sans que la procédure en puisse être arrêtée ni le délai prorogé.

3. Abrogeons l'usage des dupliques, tripliques, additions, premières et secondes, et autres écritures semblables; défendons à tous juges d'y avoir égard, et de les passer en taxe.

4. Les procureurs seront tenus de comparoir en l'audience au jour qu'écheéra l'assignation et le délai pour venir plaider; et, si la cause est de la qualité de celles qui ont besoin du ministère des avocats, ils les y feront trouver, sinon sera donné défaut ou congé au comparant, qui sera jugé sur-le-champ, et pour le profit, le défendeur sera renvoyé absous; ou si c'est le demandeur, ses conclusions lui seront adjugées si elles sont trouvées justes et bien vérifiées.

5. Ne seront à l'avenir données et expédiées aucunes sentences qui ordonnent le rapport ou le rabat des défauts et congés, à peine de nullité et de vingt livres d'amende contre chacun des procureurs et greffiers qui les auront obtenues et expédiées. Pourront néanmoins les défauts et congés être rabattus par les juges en la même audience, en laquelle ils auront été prononcés; auquel cas n'en sera délivré aucune expédition à l'une et à l'autre des parties, sous les mêmes peines.

6. Si au jour de l'assignation la cause n'a point été appelée, ou n'a pu être expédiée, elle sera continuée et poursuivie en la prochaine audience sur un simple acte signifié au procureur, sans aucun avenir ni jugement, à peine de nullité et d'amende comme dessus.

7. La cause étant plaidée, sera jugée en l'audience, si la matière y est disposée; sinon les parties seront réglées à mettre dans trois jours, ou en droit, à écrire et produire dans huitaine, selon la qualité de l'affaire.

8. Le procureur qui aura produit, fera signifier que sa production est au greffe, et du jour de la signification commenceront les délais, tant de produire que de contredire; lesquels étant expirés, l'autre partie demeurera forclose de plein droit, sans qu'à l'avenir en aucunes jurisdictions, même en nos cours de parlement, grand Conseil, cours des Aides, et autres nos cours, il soit baillé aucunes requêtes, ni pris à l'audience ou au greffe aucun acte de commandement ou forclusion de produire ou con-

tredire ; l'usage desquelles procédures nous abrogeons, et défendons de s'en servir ni de les employer dans les déclarations de dépens, ni dans les mémoires de frais et salaires des procureurs, à peine de vingt livres d'amende contre les procureurs en leur nom.

9. Aucun ne pourra prendre communication de la production de la partie adverse, s'il n'a produit ou renoncé de produire par un acte signé de son procureur, et signifié.

10. Les productions ne seront plus communiquées et retirées sur les récépissés des procureurs, mais les procureurs en prendront communication par les mains des rapporteurs.

11. Ne pourront les greffiers délivrer aux huissiers les procès mis au greffe, ni les bailler en communication aux procureurs ou autres, avant la distribution, à peine de cent livres d'amende, applicable moitié à nous et moitié à la partie qui en fera plainte.

12. Les contredits ne seront plus offerts en baillant, mais seront signifiés, et baillé copie, comme aussi des salvations, si aucunes sont fournies ; sinon les contredits et salvations seront rejettés du procès.

13. La cause sera tenue pour contestée par le premier réglement, appointement ou jugement qui interviendra après les défenses fournies, encore qu'il n'ait pas été signifié.

14. Aux siéges des maîtrises particulières des eaux et forêts, connétablies, élections, greniers à sel, traites foraines, conservations des priviléges des foires, et aux justices des hôtels et maisons de ville, et autres jurisdictions inférieures, lorsque le défendeur sera domicilié ou présent au lieu de l'établissement du siége, le delai des assignations ne pourra être moindre de vingt-quatre heures, s'il y a péril en la demeure, ni plus long de trois jours, et de huitaine au plus pour ceux qui sont demeurans ailleurs, dans la distance de dix lieues ; et si le défendeur est demeurant en lieu plus éloigné, le délai sera augmenté à proportion d'un jour pour dix lieues.

15. Vingt quatre heures après l'échéance de l'assignation, les parties seront ouïes en l'audience, et jugées sur-le-champ, sans qu'elles soient obligées de se servir du ministère des procureurs.

TITRE XV.

Des procédures sur le possessoire des bénéfices, et sur les régales.

Art. 1. Es matières de complaintes pour le possessoire des bénéfices, les exploits de demandes seront faits et les assignations données en la forme et dans les délais ci-dessus prescrits pour les autres affaires civiles.

2. Le demandeur sera tenu d'exprimer dans l'exploit le titre de sa provision, et le genre de la vacance sur laquelle il a été pourvu, et bailler au défendeur des copies signées de lui, du sergent et des recors, de ses titres et capacités.

3. L'exploit d'assignation sera donné à la personne ou au domicile du défendeur qui est en possession actuelle du bénéfice, sinon au lieu du bénéfice.

4. Les complaintes pour bénéfice seront poursuivies par-devant nos juges auxquels la connoissance en appartient, privativement aux juges d'église et à ceux des seigneurs, encore que les bénéfices soient de la fondation des seigneurs ou de leurs auteurs, et qu'ils en aient la présentation ou collation.

5. Ne seront dorénavant donnés aucuns appointemens à communiquer titres, ni à écrire par mémoire.

6. Le défendeur en complainte sera tenu dans les délais ci-devant accordés aux défendeurs, fournir ses défenses, dans lesquelles seront aussi expliqués le titre de sa provision et le genre de la vacance sur laquelle il a été pourvu ; et de bailler au procureur du demandeur des copies signées de son procureur, tant des défenses que de ses titres et capacités.

7. Trois jours après la cause sera portée à l'audience sur un simple acte signifié à la requête du procureur plus diligent, pour être prononcé sur-le-champ, si faire se peut, sur la pleine maintenue, sur la récréance, ou sur le séquestre, s'il y écheoit.

8. Il ne sera ajouté foi aux signatures et expéditions de cour de Rome, si elles ne sont vérifiées, et sera la vérification faite par un simple certificat de deux banquiers et expéditionnaires, écrit sur l'original des signatures et expéditions sans autre formalité.

9. Les sentences de récréance seront exécutées à la caution juratoire, nonobstant oppositions ou appellations quelconques, et sans y préjudicier.

10. Les récréances et séquestres seront exécutés avant qu'il soit procédé sur la pleine maintenue.

11. Si durant le cours de la procédure celui qui avoit la possession actuelle du bénéfice décède, l'état et la main-levée des fruits sera donnée à l'autre partie sur une simple requête, qui sera faite judiciairement à l'audience, en rapportant l'extrait du

registre mortuaire et les pièces justificatives de la litispendance, sans autres procédures.

12. Celui qui interviendra en une complainte pour le possessoire d'un bénéfice, sera tenu d'expliquer dans sa requête ses moyens d'intervention, et bailler copie signée de son procureur, tant de la requête que des titres et capacités, au procureur de chacune des parties.

13. Si aucun est pourvu d'un bénéfice pour cause de dévolu, l'audience lui sera déniée, jusques à ce qu'il ait donné bonne et suffisante caution de la somme de cinq cents livres, et qu'il l'ait fait recevoir en la forme ordinaire; et à faute de bailler caution dans le délai qui lui aura été prescrit, eu égard à la distance du lieu où le bénéfice est desservi, et du domicile du dévolutaire, il demeurera déchu de son droit, sans qu'il puisse être reçu à purger la demeure.

14. Déclarons les mineurs de vingt-cinq ans, qui seront pourvus de bénéfices, capables d'agir en justice, sans l'autorité et assistance d'un tuteur ou curateur, tant en ce qui concerne le possessoire, que pour les droits, fruits et revenus du bénéfice.

15. Si avant le jugement de la complainte, l'une des parties résigne son droit purement et simplement, ou en faveur, la procédure pourra être continuée contre le résignant, jusqu'à ce que le résignataire ait paru en cause.

16. Pourra le résignataire se faire subroger aux droits de son résignant, et continuer procédure sur une requête verbale, faite judiciairement sans appeler parties, et sans obtenir lettres de subrogation, que nous défendons aux officiers de nos chancelleries de présenter, signer et sceller à l'avenir.

17. Les sentences de récréance, séquestre ou de maintenue, ne seront valables ni exécutoires, si elles ne sont données par plusieurs juges, du moins au nombre de cinq, qui seront dénommés dans la sentence; et si elles sont rendues sur instance, ils en signeront la minute. N'entendons toutefois rien changer pour ce regard en l'usage observé ès requêtes de notre hôtel et du palais.

18. S'il intervient aucune condamnation de restitution de fruits, dépens, dommages et intérêts, elle sera exécutée contre le résignataire, même pour les fruits échus, et les dépens faits avant la résignation admise; et néanmoins le résignant demeurera garant des fruits, dépens, dommages et intérêts de son temps.

19. Le pétitoire des bénéfices qui auront vaqué en régale, sera

poursuivi en la grand' chambre de notre cour de parlement de Paris, qui en connoîtra privativement aux autres chambres du même parlement, et à toutes nos autres cours et juges.

20. La demande en régale sera formée et proposée verbalement en l'audience, sans autre procédure; et sur la requête judiciaire, sera ordonné que toutes les parties qui prétendent droit au même bénéfice, seront assignées pour y venir défendre dans les délais ci-dessus réglés.

21. Après l'échéance de l'assignation et les délais accordés ci-devant aux défendeurs, la cause sera portée et jugée en l'audience, sur un simple acte signifié à la requête du procureur le plus diligent sans autres procédures.

22. Si l'une des parties est en demeure de constituer procureur dans les délais ci-dessus, ou si, après avoir mis procureur, il ne compare à l'audience, sera pris un défaut ou congé contre le défaillant, et le profit jugé sur-le-champ.

23. S'il y a contestation formée par-devant autres juges pour le possessoire du même bénéfice, entre autres parties, du moment que la demande en régale aura été signifiée aux contendans, le différend demeurera évoqué de plein droit en la grand' chambre de nostre cour de parlement de Paris, pour être fait droit avec toutes les parties sur la demande en régale.

24. La cause ayant été plaidée en l'audience, s'il se trouve que le bénéfice ait vaqué en régale, il sera adjugé au demandeur, sinon sera déclaré n'avoir vaqué en régale, et en ce cas la pleine maintenue ou la récréance du bénéfice sera adjugée à l'une des autres parties.

TITRE XVI.

De la forme de procéder par-devant les juge et consuls des marchands.

Art. 1. Ceux qui seront assignés pardevant les juge et consuls des marchands, seront tenus de comparoir en personne à la première audience pour être ouïs par leur bouche.

2. En cas de maladie, absence ou autre légitime empêchement, pourront envoyer un mémoire contenant les moyens de leur demande ou défenses, signé de leur main, ou par un de leurs parens, voisins ou amis, ayant de ce charge et procuration spéciale, dont il fera apparoir; et sera la cause vuidée sur-le-champ, sans ministère d'avocat ni de procureur.

3. Pourront néanmoins les juge et consuls, s'il est nécessaire

de voir les pièces, nommer, en présence des parties ou de ceux qui seront chargés de leur mémoire, un des anciens consuls ou autre marchand non suspect pour les examiner, et sur son rapport donner sentence qui sera prononcée en la prochaine audience.

4. Pourront, s'ils jugent nécessaire d'entendre la partie non comparante, ordonner qu'elle sera oüie par sa bouche en l'audience, en lui donnant délai compétent, ou si elle étoit malade, commettre l'un d'entre eux pour prendre l'interrogatoire, que le greffier sera tenu rédiger par écrit.

5. Si l'une des parties ne compare à la première assignation, sera donné défaut ou congé emportant profit.

6. Pourront néanmoins les défauts et congés être rabattus en l'audience suivante, pourvu que le défaillant ait sommé par acte celui qui a obtenu le défaut ou congé de comparoir en l'audience, et qu'il ait offert par le même acte de plaider sur-le-champ.

7. Si les parties sont contraires en faits, et que la preuve en soit recevable par témoins, délai compétent leur sera donné pour faire comparoir respectivement leurs témoins, qui seront oüis sommairement en l'audience, après que les parties auront proposé verbalement leurs reproches, ou qu'elles auront été sommées de le faire, pour ensuite être la cause jugée en la même audience, ou au conseil sur la lecture des pièces.

8. Au cas que les témoins de l'une des parties ne comparent, elle demeurera forclose et déchue de les faire oüir, si ce n'est que les juge et consuls, eu égard à la qualité de l'affaire, trouvent à propos de donner un nouveau délai d'amener témoins; auquel cas les témoins seront oüis secrètement en la chambre du conseil.

9. Les dépositions des témoins oüis en l'audience seront rédigées par écrit, et s'ils sont oüis en la chambre du conseil, seront signées du témoin, sinon sera fait mention de la cause pour laquelle il n'a point signé.

10. Les juge et consuls seront tenus faire mention dans leur sentence des déclinatoires qui seront proposés.

11. Ne sera pris par les juge et consuls aucunes épices, salaires, droits de rapport et du conseil, même pour les interrogatoires et audition de témoins ou autrement, en quelque cas ou pour quelque cause que ce soit, à peine de concussion et de restitution du quadruple.

TITRE XVII.
Des matières sommaires.

Art. 1. Les causes pures personnelles, qui n'excéderont la somme ou valeur de quatre cents livres, seront réputées sommaires en nos cours de parlement, grand conseil, cour des aides et autres nos cours, même ès requêtes de notre hôtel et du palais; et à l'égard des bailliages et sénéchaussées, et en toutes nos autres juridictions, et aux justices des seigneurs, même aux officialités, celles qui n'excéderont la somme ou valeur de deux cents livres.

2. Et néanmoins les demandes excédant la somme ou valeur de deux cents livres, qui auront été appointées ès juridictions et justices inférieures, et portées par appel en nos cours, y seront jugées comme procès par écrit.

3. En toutes nos cours et en toutes juridictions et justices, les choses concernant la police, à quelque somme ou valeur qu'elles puissent monter, les achats, ventes, délivrances et paiemens pour provisions et fournitures de maisons, en grain, farine, pain, vin, viande, foin, bois et autres denrées, les sommes dues pour ventes faites ès ports, étappes, foires et marchés, loyer de maisons, fermes, et actions pour les occuper, ou exploiter, ou aux fins d'en vuider, tant de la part des propriétaires que des locataires ou fermiers, non jouissances, diminutions de loyers, fermages et réparations, soit qu'il y ait bail ou non, les impenses utiles et nécessaires, les méliorations, détériorations, labours et semences, les prises de chevaux et bestiaux en délit, les saisies qui en seront faites, leur nourriture, dépense ou louages, les gages des serviteurs, peine d'ouvriers, journées de gens de travail, parties d'apothicaires et chirurgiens, vacations de médecins, frais et salaires des procureurs, huissiers, sergens, et autres droits d'officiers, appointemens et récompenses seront aussi réputées matières sommaires, pourvu que ce qui sera demandé n'excède la somme ou valeur de mille livres.

4. Réputons encore pour matières sommaires les appositions et levée des scellés, les confections et clôtures d'inventaires, et les oppositions formées à la levée du scellé, aux inventaires et clôtures, en ce qui concerne la procédure seulement, les oppositions faites aux saisies, exécutions, vente des meubles, les préférences et privilèges sur le prix en provenant, pourvu qu'il n'y ait que trois opposans, et que leurs prétentions n'excèdent

la somme de mille livres, sans y comprendre les cas de contributions au marc la livre.

5. Les demandes afin d'élargissement et provisions des personnes emprisonnées, celles afin de main-levée des effets mobiliaires saisis ou exécutés, les établissemens ou décharges des gardiens, commissaires, dépositaires ou séquestres, les réintégrandes, les provisions requises pour nourritures et alimens, et tout ce qui requiert célérité, et où il peut y avoir du péril en la demeure, seront aussi réputées matières sommaires, pourvu qu'elles n'excèdent la somme ou valeur de mille livres.

6. Les parties pourront plaider sans assistance d'avocats ni de procureurs en toutes matières sommaires, si ce n'est en nos cours de parlement, grand conseil, cours des aides, et autres nos cours, aux requêtes de notre hôtel et du palais, et aux siéges présidiaux.

7. Les matières sommaires seront jugées en l'audience, tant en nos cours qu'en toutes autres juridictions et justices, incontinent après les délais échus, sur un simple acte pour venir plaider, sans autre procédure ni formalité; et seront à cette fin établies des audiences particulières.

8. Si les parties se trouvent contraires en faits dans les matières sommaires et que la preuve par témoins en soit reçue, les témoins seront ouïs en la prochaine audience, en la présence des parties, si elles y comparent, sinon en l'absence des défaillans; et néanmoins à l'égard de nos cours des requêtes de notre hôtel et du palais, et des présidiaux, les témoins pourront être ouïs au greffe par un de nos conseillers; le tout sommairement, sans frais et sans que le délai puisse être prorogé.

9. Les reproches seront proposés à l'audience avant que les témoins soient entendus, si la partie est présente; et en cas d'absence, sera passé outre à l'audition, et sera fait mention sur le plumitif, ou par le procès-verbal, si c'est au greffe, des reproches et de la déposition des témoins.

10. Si le différend ne peut être jugé sur-le-champ, les pièces seront laissées sur le bureau, sans inventaires de production, écritures ni mémoires, pour y être délibéré et le jugement prononcé au premier jour à l'audience, sans épices ni vacations, à peine de restitution du quadruple contre celui qui aura présidé.

11. Tout ce que dessus sera exécuté en première instance, et en cause d'appel, à peine de nullité.

12. En fait de police les jugemens définitifs ou provisoires, à

quelque somme qu'ils puissent monter, seront exécutés nonobstant oppositions ou appellations, et sans y préjudicier, en baillant caution.

13. Les jugemens définitifs donnés ès matières sommaires seront exécutoires par provision en donnant caution, nonobstant oppositions ou appellations, et sans y préjudicier, quand les condamnations ne seront, savoir à l'égard des justices des duchés et pairies, et autres qui ressortissent sans moyen au parlement, que de quarante livres; aux autres justices, même des duchés et pairies, qui ne ressortissent nûment en nos cours de parlement, de vingt-cinq livres; en nos prévôtés et châtellenies, et autres nos siéges inférieurs, maîtrises particulières des eaux et forêts, siéges particuliers d'amirautés, élections et greniers à sel, de soixante livres, en nos bailliages et sénéchaussées, siéges des grands maîtres des eaux et forêts, connétablies et siéges généraux d'amirautés, de cent livres; et aux requêtes de notre hôtel et du palais, de trois cents livres et au-dessous; le tout, encore qu'il n'y ait contrats, obligations, ni promesses reconnues, ou condamnations précédentes.

14. En toutes matières sommaires qui n'excéderont la somme de mille livres les sentences de provision seront exécutées, nonobstant et sans préjudice de l'appel, en baillant caution, encore qu'il n'y eût contrat, obligation, promesse reconnue, ou condamnation précédente.

15. S'il y a contrats, obligations, promesses reconnues ou condamnations précédentes, par sentence dont il n'y ait point d'appel, ou qu'elles soient exécutoires nonobstant l'appel, les sentences de provisions seront exécutées, à quelques sommes qu'elles puissent monter, en donnant caution.

16. Défendons à nos cours de parlement, grand conseil, cours des aides, et autres nos cours et à tous autres juges, de donner défenses ou surséances en aucuns des cas exprimés aux précédens articles: et si aucunes étoient obtenues, nous les avons dès à présent déclarées nulles, et voulons que sans y avoir égard, et sans qu'il soit besoin d'en demander main-levée, les sentences soient exécutées, nonobstant tous jugemens, ordonnances ou arrêts contraires, et que les parties qui auront présenté les requêtes, afin de défense ou de surséance, et les procureurs qui les auront signées, ou qui en auront fait demande en l'audience ou autrement, soient condamnés chacun en cent livres d'amende,

applicable moitié à la partie et l'autre moitié aux pauvres; lesquelles amendes ne pourront être remises ni modérées.

17. Si les instances sur la provision et sur la définitive sont en même temps en état, les juges y prononceront par un même jugement, et pourront ordonner qu'en cas d'appel leur jugement sera exécuté par manière de provision, en baillant bonne et suffisante caution, lorsqu'il échet de juger par provision. Abrogeons l'usage de donner en ce cas séparément la sentence de provision et la définitive.

TITRE XVIII.

Des complaintes et réintégrandes.

Art. 1. Si aucun est troublé en la possession et jouissance d'un héritage, ou droit réel, ou universalité de meubles qu'il possédoit publiquement, sans violence, à autre titre que de fermier ou possesseur précaire, peut, dans l'année du trouble, former complainte en cas de saisine, et nouvelleté contre celui qui lui a fait le trouble.

2. Celui qui aura été dépossédé par violence ou voie de fait, pourra demander la réintégrande par action civile et ordinaire, ou extraordinairement par action criminelle; et s'il a choisi l'une de ces deux actions, il ne pourra se servir de l'autre, si ce n'est qu'en prononçant sur l'extraordinaire on lui eût réservé l'action civile.

3. Si le défendeur en complainte dénie la possession du demandeur, ou de l'avoir troublé, ou qu'il articule possession contraire, le juge appointera les parties à informer.

4. Celui contre lequel la complainte ou réintégrande sera jugée, ne pourra former la demande au pétitoire, sinon après que le trouble sera cessé, et celui qui aura été dépossédé, rétabli en la possession, avec restitution de fruits et revenus, et payé des dépens, dommages et intérêts, si aucuns ont été adjugés; et néanmoins s'il est en demeure de faire taxer ses dépens, et liquider les fruits, revenus, dommages et intérêts, dans le temps qui lui aura été ordonné, l'autre partie pourra poursuivre le pétitoire en donnant caution de payer le tout après la taxe et liquidation qui en sera faite.

5. Les demandes en complainte ou en réintégrande ne pourront être jointes au pétitoire, ni le pétitoire poursuivi, que la demande en complainte ou en réintégrande n'ait été terminée

et la condamnation parfournie et exécutée. Défendons d'obtenir lettres pour cumuler le pétitoire avec le possessoire.

6. Ceux qui succomberont dans les instances de réintégrande et complainte, seront condamnés en l'amende selon l'exigeance du cas.

7. Les jugemens rendus par nos juges, sur les demandes en complainte et réintégrande, seront exécutés par provision en baillant caution.

TITRE XIX.

Des séquestres et des commissaires, et gardiens des fruits, et choses mobiliaires.

ART. 1. Toutes demandes en sequestre seront formées par requête, et portées à l'audience par un simple acte, qui contiendra le jour pour venir plaider, et sera signifié au procureur du défendeur.

2. Les séquestres pourront être ordonnés, tant sur la demande des parties, que d'office, en cas que les juges estiment qu'il y ait nécessité de le faire.

3. Le commissaire devant lequel les parties devront procéder, sera nommé par la même sentence qui ordonnera le séquestre, et y sera prescrit le temps auquel les parties devront comparoir.

4. Si l'une des parties est en demeure de se trouver à l'assignation ou de nommer un séquestre, le juge en nommera d'office un suffisant et solvable, résidant ou proche du lieu où sont situées les choses qui doivent être séquestrées, sans proroger l'assignation: si ce n'est qu'en connoissance de cause, et suivant les circonstances, le juge donne un délai, qui ne sera plus long de huitaine et sans qu'il puisse être prorogé.

5. Le juge ne pourra nommer pour séquestre aucun de ses parens et alliés, jusques au degré de cousins germains inclusivement, à peine de nullité, de cent livres d'amende, et de répondre en son nom des dommages et intérêts des parties, en cas d'insolvabilité du séquestre.

6. Après que le séquestre aura été nommé, il sera assigné pour faire serment devant le juge; à quoi il pourra être contraint par amende et par saisie de ses biens.

7. En vertu de l'ordonnance du juge, et sans que sa présence soit requise, un huissier ou sergent, à la requête de la partie poursuivante, mettra le séquestre en possession des choses données à sa garde.

8. Les choses séquestrées seront spécialement déclarées par le procès-verbal du sergent, lequel sera signé du séquestre, s'il sait et veut signer; sinon sera interpellé de le faire, dont sera fait mention dans le procès-verbal, à peine de nullité, de cinquante livres d'amende, au profit de celui qui poursuit l'établissement du séquestre, et de tous dépens, dommages et intérêts.

9. Le sergent sera tenu, sous les mêmes peines, de se faire assister de deux témoins qui sachent signer, et de leur faire signer son procès-verbal, et d'y déclarer leur nom, surnom, qualité, domicile et vacation.

10. Si les choses séquestrées consistent en quelque jouissance, le séquestre sera tenu de faire incessamment procéder en justice, les parties dûment appelées, au bail judiciaire, en cas qu'il n'y eût point de bail conventionnel, ou qu'il eût été fait en fraude et à vil prix.

11. Lors de l'adjudication le séquestre sera tenu de faire arrêter les frais du bail sur-le-champ par le juge, sans qu'il puisse les faire taxer séparément, à peine de perte de frais et de vingt livres d'amende contre le séquestre.

12. Les réparations ou autres impenses nécessaires aux lieux séquestrés ne seront faites que par autorité de justice, les parties dûment appelées, autrement elles tomberont en pure perte à ceux qui les auront fait faire. Défendons aux séquestres, sous les mêmes peines de vingt livres d'amende et de tous dépens, dommages et intérêts, de s'en rendre adjudicataires.

13. Les huissiers ou sergens ne pourront prendre pour gardiens et commissaires des choses par eux saisies aucuns de leurs parens et alliés, ni pareillement le saisi, sa femme, ses enfans ou petits enfans, à peine de tous dépens, dommages et intérêts envers le créancier saisissant.

14. Les frères, oncles et neveux du saisi ne pourront aussi être établis gardiens ou commissaires aux meubles et fruits saisis, sous pareille peine; si ce n'est qu'ils y aient expressément consenti par le procès-verbal de saisie et exécution, et qu'ils l'aient signé ou déclaré ne pouvoir signer.

15. Les huissiers ou sergens déclareront par leurs procès-verbaux si les exécutions ont été faites avant ou après-midi, spécifieront par le menu les choses par eux saisies, et mettront en possession d'icelles les gardiens et commissaires, s'ils le requièrent.

16. Si aucun empêche par violence l'établissement ou l'admi-

nistration du séquestre ou la levée des fruits, il perdra le droit qu'il eût pu prétendre sur les fruits par lui pris et enlevés, lesquels appartiendront incommutablement à l'autre partie; et sera en outre condamné en trois cents livres d'amende envers nous, dont il ne pourra être déchargé; et l'autre partie sera mise en possession des choses contentieuses; sans préjudice des poursuites extraordinaires, que nous entendons être faites par nos procureurs généraux, ou nos procureurs sur les lieux, contre celui qui aura fait la violence, auxquels nous enjoignons et à nos autres officiers d'y tenir la main.

17. Celui qui par violence empêchera l'établissement des gardiens et commissaires aux meubles ou fruits saisis, ou qui les enlèvera, sera condamné envers l'autre partie au double de la valeur des meubles et fruits saisis, et en cent livres d'amende envers nous, sans préjudice des poursuites extraordinaires.

18. Les parties ne pourront prendre directement ni indirectement le bail des choses séquestrées, ni la partie saisie se rendre adjudicataire des fruits saisis étant sur pied, à peine de nullité du bail ou de la vente, et de cinquante livres d'amende contre la partie saisie, et de pareille amende contre celui qui lui prêtera son nom, le tout applicable au saisissant.

19. Les sentences de séquestres rendues par nos juges et par ceux des seigneurs qui ordonneront les séquestres, seront exécutées par provision, nonobstant et sans préjudice de l'appel.

20. Les séquestres demeureront déchargés de plein droit pour l'avenir, aussitôt que les contestations d'entre les parties auront été définitivement jugées, et les gardiens et commissaires deux mois après que les oppositions auront été jugées, sans obtenir aucun jugement de décharge; le tout néanmoins en rendant compte de leur commission pour le passé.

21. Ceux qui auront fait établir un séquestre seront obligés de faire vuider leurs différends et les oppositions dans trois ans, à compter du jour de l'établissement du séquestre; autrement les séquestres demeureront déchargés de plein droit, sans qu'il soit besoin d'obtenir autre décharge, si ce n'est que le séquestre fût continué par le juge en connoissance de cause.

22. Ce qui sera aussi observé à l'égard des commissaires et gardiens après un an, à compter du jour de leur commission.

TITRE XX.

Des faits qui gisent en preuve vocale ou littérale.

Art. 1. Voulons que les faits qui gisent en preuve soient succinctement articulés, et les réponses sommaires, sans alléguer aucune raison de droit, interdisant toutes répliques et additions; et défendons d'y avoir égard et de les mettre en taxe ni les comprendre dans les mémoires des frais et salaires des procureurs; le tout à peine de répétition du quadruple.

2. Seront passés actes par-devant notaires, ou sous signature privée, de toutes choses excédant la somme ou valeur de cent livres, même pour dépôts volontaires, et ne sera reçu aucune preuve par témoins contre et outre le contenu aux actes, ni sur ce qui seroit allégué avoir été dit avant, lors ou depuis les actes, encore qu'il s'agît d'une somme ou valeur moindre de cent livres, sans toutefois rien innover pour ce regard, en ce qui s'observe en la justice des juge et consuls des marchands.

3. N'entendons exclure la preuve par témoins pour dépôt nécessaire en cas d'incendie, ruine, tumulte ou naufrage, ni en cas d'accidens imprévus, où on ne pourroit avoir fait des actes, et aussi lorsqu'il y aura un commencement de preuve par écrit.

4. N'entendons pareillement exclure la preuve par témoins pour dépôts faits en logeant dans une hôtellerie, entre les mains de l'hôte ou de l'hôtesse, qui pourra être ordonnée par le juge, suivant la qualité des personnes et les circonstances du fait.

5. Si dans une même instance la partie fait plusieurs demandes, dont il n'y ait point de preuve ou commencement de preuve par écrit, et que jointes ensemble elles soient au-dessus de cent livres, elles ne pourront être vérifiées par témoins, encore que ce soit diverses sommes qui viennent de différentes causes et en différens temps, si ce n'étoit que les droits procédassent par succession, donation ou autrement de personnes différentes.

6. Toutes les demandes, à quelque titre que ce soit, qui ne seront entièrement justifiées par écrit, seront formées par un même exploit, après lequel les autres demandes, dont il n'y aura point de preuve par écrit, ne seront reçues.

7. Les preuves de l'âge, du mariage et du temps du décès, seront reçues par des registres en bonne forme qui seront foi et preuve en justice.

8. Seront faits par chacun an deux registres pour écrire les baptêmes, mariages et sépultures en chacune paroisse, dont les

feuillets seront paraphés et cotés par premier et dernier par le juge royal du lieu où l'église est située; l'un desquels servira de minute et demeurera ès mains du curé ou du vicaire, et l'autre sera porté au greffe du juge royal pour servir de grosse; lesquels deux registres seront fournis annuellement aux frais de la fabrique avant le dernier décembre de chacune année, pour commencer d'y enregistrer par le curé ou vicaire les baptêmes, mariages et sépultures, depuis le premier janvier ensuivant jusqu'au dernier décembre inclusivement.

9. Dans l'article des baptêmes sera fait mention du jour de la naissance, et seront nommés l'enfant, le père et la mère, le parrain et la marraine; et aux mariages seront mis les noms et surnoms, âges, qualités et demeures de ceux qui se marient, s'ils sont enfans de famille, en tutelle, curatelle, ou en puissance d'autrui, et y assisteront quatre témoins qui déclareront sur le registre s'ils sont parens, de quel côté et quel degré; et dans les articles de sépultures sera fait mention du jour du décès.

10. Les baptêmes, mariages et sépultures seront en un même registre, selon l'ordre des jours, sans laisser aucun blanc; et aussitôt qu'ils auront été faits, ils seront écrits et signés, savoir: les baptêmes par le père, s'il est présent, et par les parrains et marraines, et les actes de mariage, par les personnes mariées et par quatre de ceux qui y auront assisté; les sépultures, par deux des plus proches parens ou amis qui auront assisté au convoi; et si aucun d'eux ne savent signer, ils le déclareront, et seront de ce interpellés par le curé ou vicaire, dont sera fait mention.

11. Seront tenus les curés ou vicaires, six semaines après chacune année expirée, de porter ou d'envoyer sûrement la grosse et la minute du registre, signé d'eux et certifié véritable au greffe du juge royal qui l'aura coté et paraphé; et sera tenu le greffier de le recevoir et y faire mention du jour qu'il aura été apporté, et en donnera la décharge, après néanmoins que la grosse aura été collationnée à la minute qui demeurera au curé ou vicaire, et que le greffier aura barré en l'une et en l'autre tous les blancs et feuillets qui resteront, le tout sans frais : laquelle grosse de registre sera gardée par le greffier pour y avoir recours.

12. Après la remise du registre au greffe, il sera au choix des parties d'y lever les extraits dont ils auront besoin, signés et expédiés par le greffier, ou de le compulser ès mains des curés ou vicaires; et y sera fait mention du jour de l'expédition et délivrance, à peine de nullité. Pour chacun desquels extraits et cer-

tificats, pourront tant les curés ou vicaires que les greffiers prendre dix sols ès villes èsquelles il y a parlement, évêché ou siège présidial, et cinq sols ès autres lieux; sans qu'ils puissent exiger ou recevoir plus grande somme, sous quelque prétexte que ce soit, à peine d'exaction.

13. Enjoignons à tous curés ou vicaires, marguilliers, custodes et autres directeurs des œuvres et fabriques, aux maîtres et administrateurs, recteurs et supérieurs ecclésiastiques des hôpitaux, et tous autres, pour les lieux où il y aura eu baptêmes, mariages et sépultures, chacun à son égard, de satisfaire à tout ce que dessus; à peine d'y être contraints, les ecclésiastiques par saisie de leur temporel, et à peine de vingt livres d'amende contre les marguilliers ou autres personnes laïques en leur nom.

14. Si les registres sont perdus, ou qu'il n'y en ait jamais eu, la preuve en sera reçue tant par titres que par témoins; et en l'un et l'autre cas, les baptêmes, mariages et sépultures pourront être justifiés, tant par les registres ou papiers domestiques des pères et mères décédés, que par témoins, sauf à la partie de vérifier le contraire, même à nos procureurs-généraux et à nos procureurs sur les lieux, quand il s'agira des capacités des bénéficiers, réceptions, sermens et installations aux charges et offices.

15. Sera tenu registre des tonsures, des ordres mineurs et sacrés, vestures, noviciats et professions de vœux, savoir: aux archevêchés et évêchés pour les tonsures, ordres mineurs et sacrés; et aux communautés régulières pour les vestures, noviciats et professions. Lesquels registres seront en bonne forme, reliés, et les feuillets paraphés par premier et dernier par l'archevêque ou évêque, ou par le supérieur ou la supérieure des maisons religieuses, chacun à son égard; et seront approuvés par un acte capitulaire inséré au commencement du registre.

16. Chacun acte de vesture, noviciat et profession sera écrit de suite sans aucun blanc, et signé, tant par le supérieur et supérieure, que par celui qui aura pris l'habit ou fait profession, et et par deux des plus proches parens ou amis qui y auront assisté; dont le supérieur ou la supérieure seront tenus de délivrer extrait vingt-quatre heures après qu'ils en auront été requis.

17. Les grands prieurs de l'ordre de St-Jean de Jérusalem seront tenus, dans l'an et jour de la profession faite par nos sujets dans l'ordre, de faire registrer l'acte de profession; et à cette fin enjoignons au secrétaire de chacun grand prieuré d'avoir un re-

gistre relié, dont les feuilles seront pareillement paraphées par première et dernière par les grands prieurs, pour y être écrit la copie des actes de profession et le jour auquel elles auront été faites, et l'acte d'enregistrement signé par le grand prieur pour être délivré à ceux qui les requerront; le tout à peine de saisie du temporel.

18. Permettons à toutes personnes qui auront besoin des actes de baptêmes, mariages, sépultures, tonsures, ordres, vestures, noviciats ou professions, de faire compulser tous les registres entre les mains des dépositaires, lesquels seront tenus de les représenter pour en être pris des extraits; et à ce faire contraints, nonobstant tous privilèges et usages contraires, à peine de saisie du temporel et de privation de leurs droits, exemptions et privilèges à eux accordés par nous et nos prédécesseurs.

TITRE XXI.

Des descentes sur les lieux, taxe des officiers qui iront en commission, nomination et rapports d'experts.

Art. 1. Les juges, même ceux de nos cours, ne pourront faire descente sur les lieux dans les matières où il n'échcoit qu'un simple rapport d'experts, s'ils n'en sont requis par écrit par l'une ou l'autre des parties, à peine de nullité, de restitution de ce qu'ils auront reçu pour leurs vacations, et de tous dépens, dommages et intérêts.

2. Les rapporteurs des procès pendans en nos cours, requêtes de notre hôtel et du palais, ne pourront être commis pour faire les descentes ordonnées à leur rapport; mais sera commis par le président un des juges qui aura assisté au jugement, ou à leur refus, un autre conseiller de la même chambre; ce qui sera aussi observé et gardé pour les descentes ordonnées en l'audience.

3. Dans les bailliages, sénéchaussées, présidiaux et autres siéges, l'ordre du tableau sera gardé à commencer par le lieutenant-général et autres principaux officiers, et les conseillers qui auront assisté en l'audience ou au rapport de l'instance.

4. Les commissaires pour faire les descentes seront nommés par le même arrêt ou jugement qui les ordonnera.

5. Les commissaires ne pourront faire les descentes sans la réquisition de l'une des parties, et sera tenue la partie requérante consigner les frais ordinaires.

6. L'arrêt ou jugement qui ordonnera la descente, et la re-

quête portant réquisition pour y procéder, seront mis par-devers le commissaire qui donnera sur la première assignation un jour et lieu certain pour s'y trouver; le tout signifié à la partie ou à son procureur. Et sera tenu le commissaire de partir dans le mois du jour de la réquisition; autrement sera subrogé un autre en sa place, sans que le temps du voyage puisse être prorogé, à peine de nullité et de restitution de ce qui aura été reçu.

7. S'il y a causes de récusation contre le commissaire, elles seront proposées trois jours avant son départ, pourvu que le jour du départ ait été signifié huit jours auparavant; autrement sera passé outre par le commissaire, et ce qui sera fait et ordonné, exécuté, nonobstant oppositions ou appellations, prises à partie et récusation, même pour causes depuis survenues, sauf à y faire droit après le retour du commissaire.

8. Les jugemens qui ordonneront que les lieux et ouvrages seront vus, visités, toisés ou estimés par experts, feront mention expresse des faits sur lesquels les rapports doivent être faits, du juge qui sera commis pour procéder à la nomination des experts, recevoir leur serment et rapport, comme aussi du délai dans lequel les parties devront comparoir par-devant le commissaire.

9. Si au jour de l'assignation l'une des parties ne compare, ou qu'elle soit refusante de nommer ou convenir d'experts, le commissaire en nommera d'office pour la partie absente ou refusante, pour procéder à la visitation avec l'expert nommé par l'autre partie; et en cas de refus par l'une et l'autre des parties d'en nommer, le commissaire en nommera d'office; le tout sauf à récuser: et si la récusation est jugée valable, il en sera nommé d'autres en la place de ceux qui auront été récusés.

10. Le commissaire ordonnera par le procès-verbal de nomination des experts, le jour et l'heure pour comparoir devant lui, et faire le serment; ce qu'ils seront tenus de faire sur la première assignation; et dans le même temps sera mis entre leurs mains l'arrêt ou jugement qui aura ordonné la visite, à quoi ils vaqueront incessamment.

11. Les juges et les parties pourront nommer pour experts des bourgeois; et en cas qu'un artisan soit intéressé en son nom contre un bourgeois, ne pourra être pris pour tiers expert qu'un bourgeois.

12. Les experts délivreront au commissaire leur rapport en minute, pour être attaché à son procès-verbal et transcrit dans la grosse en même cahier.

13. Si les experts sont contraires en leur rapport, le juge nommera d'office un tiers qui sera assisté des autres en la visite; et si tous les experts conviennent, ils donneront un seul avis et par un même rapport, sinon donneront chacun leur avis.

14. Abrogeons l'usage de faire recevoir en justice les procès-verbaux des descentes et rapports des experts, et pourront les parties les produire ou les contester si bon leur semble.

15. Défendons aux commissaires et aux experts de recevoir par eux ou par leurs domestiques aucuns présens des parties, ni de souffrir qu'ils les défrayent ou payent leur dépense directement ou indirectement, à peine de concussion et de trois cents livres d'amende applicable aux pauvres des lieux; et seront les vacations des experts taxées par le commissaire.

16. Les juges employés en même temps en différentes commissions hors les lieux de leur domicile, ne pourront se faire payer qu'une seule fois de la taxe qui leur appartiendra par chacun jour, qui leur sera payée par égale portion par les parties intéressées.

17. Si la longueur du voyage est augmentée à l'occasion d'une autre commission, les journées seront payées par les parties intéressées, à proportion du temps qui aura été employé à cause de l'augmentation du voyage.

18. Lorsque les juges seront sur les lieux pour vaquer à des commissions et descentes, et qu'à l'occasion de leur présence ils seront requis d'exécuter une autre commission, ils ne seront payés par les parties intéressées à la nouvelle commission et descente, que pour le temps qu'ils y vaqueront, et les parties intéressées à la première commission paieront les journées employées pour aller sur les lieux où la première descente devoit être faite, et pour leur retour.

19. Les commissaires seront tenus de faire mention sur les minutes et grosses de leurs procès-verbaux des jours qui auront été par eux employés pour se transporter sur les lieux, et de ceux de leur séjour et retour, et de ce qui aura été consigné par chacune des parties et reçu des taxes faites pour la grosse du procès-verbal, et de ceux qui auront assisté à la commission; le tout à peine de concussion et de cent livres d'amende.

20. Si les commissaires sont trouvés sur les lieux, ils ne prendront aucune vacation pour leur voyage ni pour leur retour; et s'ils sont à une journée de distance, ils prendront la taxe d'un jour pour le voyage et autant pour le retour, outre le séjour.

21. Chacune des parties sera tenue d'avancer les vacations de son procureur, sauf à répéter si elle obtient condamnation de dépens en fin de cause; et si, outre l'assistance de son procureur, elle veut avoir un avocat ou quelqu'autre personne pour conseil, elle paiera ses vacations sans répétition. Si néanmoins la partie poursuivante se trouvoit obligée d'avancer les vacations pour l'autre partie, exécutoire lui en sera délivré sur-le-champ, sans attendre l'issue du procès.

22. Lorsque les officiers feront des descentes ou autres commissions hors la ville et banlieue de l'établissement de leur siège, ils ne prendront par chacun jour que les sommes qui seront par nous cy-après ordonnées par une déclaration particulière.

23. Pourra la partie plus diligente faire donner au procureur de l'autre partie, copie des procès-verbaux et rapports d'experts, et trois jours après poursuivre l'audience sur un simple acte, et produire les procès-verbaux et rapports des experts, si le principal différend est appointé.

TITRE XXII.
Des enquêtes.

ART. 1. Ès matières où il écheera de faire des enquêtes, le même jugement qui les ordonnera, contiendra les faits des parties, dont elles informeront respectivement, si bon leur semble, sans autres interdits et réponses, jugement ni commission.

2. Si l'enquête est faite au même lieu où le jugement a été rendu, ou dans la distance de dix lieues, elle sera commencée dans la huitaine du jour de la signification du jugement faite à la partie ou à son procureur, et parachevée dans la huitaine suivante; s'il y a plus grande distance, le délai sera d'un jour pour dix lieues. Pourra néanmoins le juge, si l'affaire le requiert donner une autre huitaine pour la confection de l'enquête, sans que le délai puisse être prorogé; le tout nonobstant oppositions, appellations, récusations et prises à partie, et sans y préjudicier.

3. Après que les reproches auront été fournis contre les témoins, ou que le délai d'en fournir sera passé, la cause sera portée à l'audience, sans faire aucun acte ou procédure pour la réception d'enquête; et ne seront plus fournis moyens de nullité par écrit, sauf à les proposer en l'audience, ou par contredits, si c'est en procès par écrit.

4. Si l'enquête n'est faite et parachevée dans les délais ci-dessus, le défendeur pourra poursuivre l'audience sur un simple

acte, sans forclusion de faire enquête, dont nous abrogeons l'usage.

5. Les témoins seront assignés pour déposer et la partie pour les voir jurer, par ordonnance du juge, sans commission du greffe.

6. Le jour et l'heure pour comparoir seront marqués dans les exploits d'assignations qui seront donnés aux témoins et aux parties; et si les témoins et les parties ne comparent, sera différé d'une autre heure, après laquelle les témoins présens feront le serment, et seront ouïs, si les parties ne consentent la remise à un autre jour.

7. Les témoins seront assignés à personne ou domicile, et les parties au domicile de leurs procureurs.

8. Les témoins seront tenus de comparoir à l'heure de l'assignation, ou au plus tard à l'heure suivante, à peine de dix livres d'amende, au paiement de laquelle ils seront contraints par saisie et vente de leurs biens, et non par emprisonnement, si ce n'est qu'il fût ordonné par le juge, en cas de manifeste désobéissance: et seront les ordonnances des juges exécutées contre les témoins, nonobstant oppositions ou appellations, même celles des commissaires enquêteurs ou examinateurs, pour la peine de dix livres seulement, encore qu'ils n'aient aucune juridiction, et sans tirer à conséquence en autre chose.

9. Soit que la partie compare ou non à la première assignation, ou à la seconde, si les parties en ont consenti la remise, le juge ou commissaire prendra le serment des témoins qui seront présens, et sera par lui procédé à la confection de l'enquête, nonobstant et sans préjudice des oppositions ou appellations, même comme de juge incompétent, récusations ou prises à partie, sauf à en proposer les moyens, et fournir de reproches après l'enquête.

10. Si le juge fait l'enquête dans le lieu de sa résidence, et qu'il soit récusé ou pris à partie, il sera tenu de surseoir jusqu'à ce que les récusations et prises à partie aient été jugées.

11. Les parens et alliés des parties, jusqu'aux enfans des cousins issus de germain inclusivement, ne pourront être témoins en matière civile pour déposer en leur faveur ou contre eux, et seront leurs dépositions rejetées.

12. Abrogeons la fonction des adjoints, même de ceux en titre d'offices, pour la confection des enquêtes, sauf à être pourvu à

leur indemnité, ainsi que de raison; n'entendons néanmoins rien changer ès cas portés par l'édit de Nantes.

13. Le juge ou commissaire à faire enquête, en quelque juridiction que ce soit, même en nos cours, recevra le serment et la déposition de chacun témoin, sans que le greffier ni autre puisse les recevoir ni rédiger par écrit hors de sa présence.

14. Au commencement de la déposition, sera fait mention du nom, surnom, âge, qualité et demeure du témoin, du serment par lui prêté, s'il est serviteur ou domestique, parent ou allié de l'une ou de l'autre des parties, et en quel degré.

15. Les témoins ne pourront déposer en la présence des parties, ni même en la présence des autres témoins, aux enquêtes qui ne seront point faites à l'audience; mais seront ouïs séparément, sans qu'il y ait autres personnes que le juge ou commissaire à faire l'enquête et celui qui écrira la déposition.

16. La déposition du témoin étant achevée, lecture lui en sera faite, et sera ensuite interpellé de déclarer si ce qu'il a dit contient vérité; et s'il y persiste, il signera sa déposition, et en cas qu'il ne sût ou ne pût signer, il le déclarera, dont sera fait mention sur la minute et sur la grosse.

17. Les juges ou commissaires feront rédiger tout ce que le témoin voudra dire, touchant le fait dont il s'agit entre les parties, sans rien retrancher des circonstances.

18. Si le témoin augmente, diminue, ou change quelque chose en sa déposition, il sera écrit par apostille et par renvoi en la marge, qui seront signés par le juge et le témoin s'il sait signer, sans qu'il puisse être ajouté foi aux interlignes, ni même aux renvois qui ne seront point signés; et si le témoin ne sait signer, en sera fait mention sur la minute et sur la grosse.

19. Le juge sera tenu de demander au témoin s'il requiert taxe; et si elle est requise, il la fera, eu égard à la qualité, voyage et séjour du témoin.

20. Tout ce que dessus sera observé en la confection des enquêtes, à peine de nullité.

21. Défendons aux parties de faire ouïr en matière civile plus de dix témoins sur un même fait, et aux juges ou commissaires d'en entendre plus grand nombre; autrement la partie ne pourra prétendre le remboursement des frais qu'elle aura avancés pour les faire ouïr, encore que tous les dépens du procès lui soient adjugés en fin de cause.

22. Le procès-verbal d'enquête sera sommaire, et ne con-

tiendra que le jour et l'heure des assignations données aux témoins pour déposer, et aux parties pour les voir jurer; le jour et l'heure des assignations échues, leur comparution ou défaut; la prestation de serment des témoins, si c'est en la présence ou absence de la partie; le jour de chacune déposition; le nom, surnom, âge, qualité et demeure des témoins; les réquisitions des parties et les actes qui en seront accordés.

23. Les greffiers ou autres, qui auront écrit l'enquête et le procès-verbal, ne pourront prendre autre salaire, vacation ni journée, que l'expédition de la grosse, selon le nombre des rôles, au cas que l'enquête ait été faite au lieu de leur demeure; et si elle a été faite ailleurs, ils auront le choix de prendre leurs journées, qui seront taxées aux deux tiers de celles du juge ou commissaire, sans qu'ils puissent prendre ensemble leurs journées et leurs grosses, pour quelque prétexte que ce soit.

24. Les expéditions et procès-verbaux des enquêtes seront délivrés aux parties, à la requête desquelles elles auront été faites, et non aux autres parties; et si elles ont été faites l'office, elles seront seulement délivrées à nos procureurs généraux ou nos procureurs sur les lieux, ou aux procureurs fiscaux des justices des seigneurs, à la requête desquels elles auront été faites.

25. Ceux qui auront été pris pour greffiers en des commissions particulières, qui n'auront point de dépôt, remettront la minute des enquêtes et procès-verbaux ès greffes des juridictions où le différend est pendant, trois mois après la commission achevée; sinon seront les greffiers ou autres qui auront écrit l'enquête et procès-verbal, sur le certificat du greffier de la justice où le procès est pendant, que les minutes n'auront été remises en son greffe, contraints après les trois mois au paiement de deux cents livres d'amende applicable moitié à nous, et l'autre moitié à la partie qui en aura fait plainte; sauf aux greffiers ou autres qui auront écrit les minutes, après les avoir remis au greffe, à prendre exécutoire de leur salaire contre la partie à la requête de qui l'enquête aura été faite.

26. Abrogeons l'usage d'envoyer les expéditions des enquêtes dans un sac clos et scellé, même de celles qui auront été faites en une autre juridiction, et pareillement toutes publications, réceptions d'enquêtes, et tous jugemens, appointemens, sentences et arrêts, portans que la partie donnera moyens de nullité et de reproche.

27. Après la confection de l'enquête, celui à la requête de qui elle aura été faite donnera copie du procès-verbal, pour fournir par la partie dans la huitaine des moyens de reproches, si bon lui semble; et sera procédé au jugement du différend, sans aucun commandement ni sommation.

28. Si celui qui a fait faire l'enquête étoit refusant ou négligent de faire signifier le procès-verbal et d'en donner copie, l'autre partie pourra le sommer par un simple acte d'y satisfaire dans trois jours, après lesquels il pourra lever le procès-verbal; et sera tenu le greffier lui en délivrer une expédition en lui représentant l'acte de sommation et lui payant ses salaires de la grosse du procès-verbal, dont sera délivré exécutoire contre la partie qui en devoit donner copie.

29. La partie qui aura fourni de moyens de reproches, ou qui y aura renoncé, pourra demander copie de l'enquête, laquelle lui sera délivrée par la partie; et en cas de refus, l'enquête sera rejetée, et sans y avoir égard, procédé au jugement du procès.

30. Si la partie contre laquelle l'enquête aura été faite en veut prendre avantage, il pourra la lever en faisant apparoir de la signification de ses moyens de reproches ou de l'acte portant renonciation d'en fournir, dont sera laissé copie au greffier, à la charge d'avancer par lui les droits et salaires du greffier dont lui sera délivré exécutoire pour s'en faire rembourser par la partie qui aura fait faire l'enquête; et dans l'exécutoire seront compris les frais du voyage pour faire lever les expéditions ou pour le salaire des messagers.

31. Si la partie qui a fait faire l'enquête refuse d'en faire donner copie et du procès-verbal, l'autre partie aura un délai de huitaine pour lever le procès-verbal, et pareil délai pour lever l'enquête; et en cas que l'enquête ait été faite hors le lieu où le différend est pendant, il sera donné un autre délai selon la distance du lieu, tant pour le voyage que pour le retour de celui qui sera envoyé pour la lever, à raison d'un jour pour dix lieues.

32. Tous les délais de huitaine ci-devant ordonnés ne seront que pour nos cours et pour nos bailliages, sénéchaussées, présidiaux; et à l'égard de nos autres juridictions, des justices des seigneurs, même des duchés et pairies et des juges ecclésiastiques, les délais seront seulement de trois jours.

33. La partie qui aura fait faire une enquête ne pourra demander à l'autre partie copie du procès-verbal de son enquête, ni pareillement le lever, qu'il n'ait auparavant fait signifier le

procès-verbal de l'enquête faite à sa requête, ni demander copie de l'autre enquête ni la lever, qu'il n'ait donné copie de la sienne.

34. Celui auquel aura été donné copie, tant du procès-verbal que de l'enquête faite contre lui, ne pourra en cause principale ou d'appel faire ouïr à sa requête aucun témoin ni donner aucun moyen de reproche contre les témoins ouïs en l'enquête de la partie.

35. Si la permission de faire enquête a été donnée en l'audience, sans que les parties aient été appointées à écrire, les enquêtes seront portées à l'audience pour y être jugées sur un simple acte et sans autres procédures.

36. Si l'enquête est déclarée nulle par la faute du juge ou commissaire, il en sera fait une nouvelle aux frais et dépens du juge ou commissaire, dans laquelle la partie pourra faire ouïr de nouveau les mêmes témoins.

TITRE XXIII.

Des reproches des témoins.

Art. 1. Les reproches contre les témoins seront circonstanciés et pertinens, et non en termes vagues et généraux, autrement seront rejetés.

2. S'il est avancé dans les reproches que les témoins ont été emprisonnés, mis en décret, condamnés ou repris de justice, les faits seront réputés calomnieux, s'ils ne sont justifiés avant le jugement du procès par des écrous d'emprisonnement, décrets, condamnations ou autres actes.

3. Celui qui aura fait faire l'enquête pourra, si bon lui semble, fournir de réponses aux reproches, et les réponses seront signifiées à la partie; autrement défendons d'y avoir égard, le tout sans retardation du jugement.

4. Les juges ne pourront appointer les parties à informer sur les faits des reproches, sinon en voyant le procès, au cas que les moyens de reproches soient pertinens et admissibles.

5. Les reproches des témoins seront jugés avant le procès, et s'ils sont trouvés pertinens et qu'ils soient suffisamment justifiés, les dépositions n'en seront levées.

6. Défendons aux procureurs de fournir aucun reproche contre les témoins, si les reproches ne sont signés de la partie, ou s'il ne leur apparoir d'un pouvoir spécial par écrit à eux donné pour les proposer.

TITRE XXIV.
Des récusations des juges.

ART. 1. Les récusations en matière civile seront valables en toutes cours, juridictions et justices, si le juge est parent ou allié de l'une des parties jusqu'aux enfans des cousins issus de germain, qui sont le quatrième degré inclusivement; et néanmoins il pourra demeurer juge si toutes les parties y consentent par écrit.

2. Le juge pourra être récusé en matière criminelle, s'il est parent ou allié de l'accusateur ou de l'accusé, jusqu'au cinquième degré inclusivement; et s'il porte le nom et armes, et qu'il soit de la famille de l'accusateur ou de l'accusé, il s'abstiendra, en quelque degré de parenté ou d'alliance que ce puisse être, quand la parenté ou alliance sera connue par le juge, ou justifiée par l'une des parties, sans qu'en l'un ni l'autre cas il puisse demeurer juge, nonobstant le consentement de toutes les parties, même de nos procureurs généraux, ou nos procureurs sur les lieux et des procureurs fiscaux des seigneurs.

3. Tout ce qui est ci-dessus ordonné en matière civile et criminelle aura lieu, encore que le juge soit parent ou allié commun des parties.

4. Ce qui est dit des parens et alliés aura pareillement lieu pour ceux de la femme, si elle est vivante, ou si le juge ou la partie en ont des enfans vivans; et en cas que la femme soit décédée et qu'il n'y eût enfans, le beau-père, le gendre ni les beaux-frères ne pourront être juges.

5. Le juge pourra être récusé, s'il a un différend sur pareille question que celle dont il s'agit entre les parties, pourvu qu'il y en ait preuve par écrit; sinon le juge en sera cru à sa déclaration, sans que celui qui proposera la récusation puisse être reçu à la preuve par témoins, ni même demander aucun délai pour rapporter la preuve par écrit.

6. Le juge pourra être récusé, s'il a donné conseil ou connu auparavant du différend comme juge ou comme arbitre, s'il a sollicité ou recommandé, ou s'il a ouvert son avis hors la visitation et jugement, en tous lesquels cas il sera cru à sa déclaration, s'il n'y a preuve par écrit.

7. Sera aussi récusable le juge qui aura procès en son nom dans une chambre en laquelle l'une des parties sera juge.

8. Le juge pourra être récusé pour menace par lui faite ver-

blement ou par écrit depuis l'instance, ou dans les six mois précédant la récusation proposée, ou s'il y a eu inimitié capitale.

9. Le juge sera aussi récusable, si lui ou ses enfans, son père, ses frères, oncles, neveux, ou ses alliés en pareil degré ont obtenu quelque bénéfice des prélats, collateurs et patrons ecclésiastiques ou laïques, qui soient parties ou intéressés en l'affaire, pourvu que les collations ou nominations aient été volontaires et non nécessaires.

10. Si le juge est protecteur ou syndic de quelque ordre, et nommé dans les qualités; s'il est abbé, chanoine, prieur, bénéficier, ou du corps d'un chapitre, collége ou communauté, tuteur honoraire ou onéraire, subrogé-tuteur ou curateur, héritier présomptif ou donataire, maître ou domestique de l'une des parties, il n'en pourra demeurer juge.

11. N'entendons néanmoins exclure les juges des seigneurs de connoître de tout ce qui concerne les domaines, droits et revenus ordinaires ou casuels, tant en fief que roture de la terre, même des baux, sous-baux et jouissances, circonstances et dépendances, soit que l'affaire fût poursuivie sous le nom du seigneur ou du procureur fiscal; et à l'égard des autres actions où le seigneur sera partie ou intéressé, le juge n'en pourra connoître.

12. N'entendons aussi exclure les autres moyens de fait ou de droit, pour lesquels un juge pourroit être valablement récusé.

13. Les officiers de nos cours, bailliages, sénéchaussées et autres siéges et juridictions, même ceux des seigneurs, pourront solliciter, si bon leur semble, ès maisons des juges, pour les procès qu'eux, leurs enfans, père, mère, oncles, tantes, neveux ou nièces, et les mineurs de la tutelle ou curatelle desquels ils seront chargés, auront ès cours, juridictions et justices dont ils sont officiers; leur défendons de les solliciter dans les lieux de la séance, de l'entrée desquels voulons qu'ils s'abstiennent entièrement pendant la visitation et jugement du procès.

14. Si néanmoins, lorsqu'il sera procédé au jugement des procès qu'ils auront en leur nom, ou pour leurs père, mère, enfans ou mineurs, dont ils seront tuteurs ou curateurs, il étoit besoin qu'ils fussent ouïs par leur bouche, ils ne pourront, sous ce prétexte, ou pour quelque autre que ce soit, après avoir été ouïs, demeurer en la chambre et lieu de l'auditoire, dans lequel le procès sera examiné et délibéré; mais seront tenus d'en sortir.

sans qu'ils puissent solliciter pour aucunes autres personnes, sur peine d'être privés de l'entrée de la cour, juridictions ou justices et de leurs gages pour un an, ce qui ne pourra être remis ni modéré pour quelque cause et occasion que ce soit; chargeons nos procureurs en chacun siége d'avertir nos procureurs généraux des contraventions, et nos procureurs généraux de nous en donner avis, à peine d'en répondre par eux, chacun à leur égard en leur nom.

15. Si la récusation est jugée valable, le juge ne pourra, pour quelque cause et sous quelque prétexte que ce soit, assister en la chambre ou auditoire pendant le rapport du procès, et si c'est à l'audience, il sera tenu de se retirer, à peine de suspension pour trois mois, sauf après la prononciation de reprendre sa place.

16. Ce que nous voulons avoir aussi lieu à l'égard de celui qui présidera en l'audience, nonobstant l'usage ou abus introduit en aucunes de nos cours, où le président récusé reçoit les avis, et prononce le jugement, ce que nous abrogeons en toutes cours, juridictions et justices, et en cas d'appointement, l'instance sera distribuée par celui des autres présidens ou juges à qui la distribution appartiendra.

17. Tout juge qui saura causes valables de récusation en sa personne sera tenu, sans attendre qu'elles soient proposées, d'en faire sa déclaration qui sera communiquée aux parties.

18. Aucun juge ne pourra se déporter du rapport et jugement des procès, qu'après avoir déclaré en la chambre les causes pour lesquelles il ne peut demeurer juge, et que sur sa déclaration il n'ait été ordonné qu'il s'abstiendra.

19. Enjoignons pareillement aux parties qui sauront cause de récusation contre aucun des juges pour parenté, alliance ou autrement, de les déclarer et proposer aussitôt qu'elles seront venues à leur connoissance.

20. Après la déclaration du juge ou de l'une des parties, celui qui voudra récuser sera tenu de le faire dans la huitaine du jour que la déclaration aura été signifiée, après lequel temps il n'y sera plus reçu; mais si la partie est absente et que son procureur demande un délai pour l'avertir et en recevoir procuration expresse, il lui sera accordé suivant la distance des lieux, sans que les délais puissent être prorogés pour quelque cause que ce soit.

21. Si le juge ou l'une des parties n'avoient point fait de dé-

claration, celui qui voudra récuser, le pourra faire en tout état de cause, en affirmant que les causes de récusation sont venues depuis peu à sa connoissance.

22. Voulons, suivant l'article septième du titre des descentes, que le juge ou commissaire ne puisse être récusé, sinon trois jours avant son départ, pourvu que le jour du départ ait été signifié huit jours auparavant, encore que ce soit pour cause depuis survenue; et sera passé outre, nonobstant les récusations, prises à partie, oppositions ou appellations, et sans y préjudicier, sauf, après la descente et confection d'enquête, à proposer et juger les causes de récusation.

23. Les récusations seront proposées par requête, qui en contiendra les moyens, et sera la requête signée de sa partie ou d'un procureur fondé de procuration spéciale, qui sera attachée à la requête. Pourra néanmoins le procureur, en cas d'absence de la partie, signer la requête sans pouvoir spécial, pour requérir que le juge ait à s'abstenir, en cas que lui ou la partie ait reconnu quelques causes de récusation.

24. Les récusations seront communiquées au juge, qui sera tenu de déclarer si les faits sont véritables ou non; après quoi sera procédé au jugement des récusations, sans qu'il puisse y assister ni être présent en la chambre.

25. En toutes nos juridictions, même ès justices des seigneurs, les récusations devant ou après la preuve seront jugées au nombre de cinq au moins, s'il y a six juges ou plus grand nombre, y compris celui qui est récusé, et s'il y en a moins de six, ou même si le juge récusé étoit seul, elles seront jugées au nombre de trois, et en l'un et en l'autre cas le nombre des juges sera suppléé, s'il est besoin, par avocats du siége, s'il y en a, sinon par les praticiens suivant l'ordre du tableau.

26. Les jugemens et sentences qui interviendront sur les causes de récusation au nombre de cinq et de trois juges, selon la qualité des siéges, juridictions et justices, seront exécutés nonobstant oppositions ou appellations et sans y préjudicier, si ce n'est lorsqu'il sera question de procéder à quelque descente, information ou enquête, èsquels cas le juge récusé ne pourra passer outre nonobstant l'appel, et y sera procédé par autre des juges ou praticiens du siége non suspect aux parties, selon l'ordre du tableau, jusqu'à ce qu'autrement il en ait été ordonné sur l'appel du jugement de la récusation, si ce n'est que l'intimé déclare vouloir attendre le jugement de l'appel.

27. Les appellations des jugemens ou sentences intervenues sur les causes de récusation, seront vuidées sommairement sans épices et sans frais; et néanmoins, s'il intervient sentence définitive ou interlocutoire au principal et qu'il en soit appelé, l'appel de la sentence ou jugement rendu sur la récusation, sera joint à l'appel de la sentence ou jugement intervenu au principal pour y être fait droit conjointement.

28. Les juges présidiaux pourront juger sans appel les récusations ès matières dont la connoissance leur est attribuée en dernier ressort, pourvu que ce soit au nombre de cinq.

29. Celui dont les récusations auront été déclarées impertinentes et inadmissibles, ou qui en aura été débouté faute de preuves, sera condamné en deux cents livres d'amende en nos cours de parlement, grand conseil et autres nos cours; cent livres aux requêtes de notre hôtel et du palais; cinquante livres aux présidiaux, bailliages, sénéchaussées; trente-cinq livres en nos châtelenies, prévôtés, vicomtés, élections, greniers à sel et aux justices des seigneurs, tant des duchés et pairies, qu'autres ressortissans nûment en nos cours, et vingt-cinq livres aux autres justices des seigneurs, le tout applicable, sçavoir moitié à nous, ou aux seigneurs dans leur justice, et l'autre moitié à la partie, sans que les amendes puissent être remises ni modérées.

30. Outre les condamnations d'amende, le juge récusé pourra demander réparation des faits contre lui proposés, que nous voulons lui être adjugée suivant sa qualité et la nature des faits, auquel cas néanmoins il ne pourra demeurer juge.

TITRE XXV.

Des prises à partie.

Art. 1. Enjoignons à tous juges de nos cours, juridictions et justices et des seigneurs, de procéder incessamment au jugement des causes, instances et procès qui seront en état de juger, à peine de répondre en leur nom des dépens, dommages et intérêts des parties.

2. Si les juges dont il y a appel refusent ou sont négligens de juger la cause, instance ou procès qui sera en état, ils seront sommés de le faire, et commandons à tous huissiers et sergens qui en seront requis de leur faire les sommations nécessaires, à peine d'interdiction de leur charge.

3. Les sommations seront faites aux juges en leur domicile, ou

au greffe de leur juridiction, en parlant à leur greffier ou aux commis des greffes.

4. Après deux sommations de huitaine en huitaine pour les juges ressortissans nûment en nos cours, et de trois jours en trois jours pour les autres siéges, la partie pourra appeler comme de déni de justice, et faire intimer en son nom le rapporteur s'il y en a, sinon celui qui devra présider, lesquels nous voulons être condamnés en leurs noms aux dépens, dommages et intérêts des parties, s'ils sont déclarés bien intimés.

5. Le juge qui aura été intimé ne pourra être juge du différend, à peine de nullité et de tous dépens, dommages et intérêts des parties, si ce n'est qu'il ait été follement intimé, ou que l'une et l'autre des parties consentent qu'il demeure juge ; et sera procédé au jugement par autre des juges et praticiens du siège non suspects, suivant l'ordre du tableau, si mieux n'aime l'autre partie attendre que l'intimation soit jugée.

TITRE XXVI.

De la forme de procéder aux jugemens, et des prononciations.

ART. 1. Le jugement de l'instance ou procès qui sera en état de juger, ne sera différé par la mort des parties ni de leurs procureurs.

2. Si la cause, instance ou procès n'étoient en état, les procédures faites et les jugemens intervenus depuis le décès de l'une des parties ou d'un procureur, ou quand le procureur ne peut plus postuler, soit qu'il ait résigné ou autrement, seront nuls, s'il n'y a reprise ou constitution de nouveau procureur.

3. Le procureur qui saura le décès de sa partie sera tenu de le faire signifier à l'autre, et seront les poursuites valables jusqu'au jour de la signification du décès.

4. Si celui à qui la signification du décès a été faite soutient que la partie n'est décédée, il pourra continuer sa procédure ; mais si le décès se trouve véritable, tout ce qui aura été fait depuis la signification sera nul et de nul effet, sans que les frais puissent entrer en taxe, ni même être employés par le procureur à sa partie dans son mémoire de frais et salaires, si ce n'est qu'elle eût donné un pouvoir spécial et par écrit de continuer la procédure nonobstant la signification du décès.

5. Celui qui aura présidé verra à l'issue de l'audience ou dans le même jour ce que le greffier aura rédigé, signera le plumitif et parphera chacune sentence, jugement ou arrêt.

6. Toutes sentences, jugemens ou arrêts sur productions des parties, qui condamneront à des intérêts ou à des arrérages, en contiendront les liquidations ou calcul.

7. Abrogeons en nos cours, et dans toutes jurisdictions, les formalités des prononciations des arrêts et jugemens, et des significations pour raison de ce, sans que les frais puissent entrer en taxe, ni dans les mémoires de frais et salaires des procureurs.

8. Les sentences, jugemens et arrêts seront datés du jour qu'ils auront été arrêtés, sans qu'ils puissent avoir d'autre date, et sera le jour de l'arrêt écrit de la main du rapporteur en suite du *dictum* ou dispositif, avant que de le mettre au greffe, à peine des dépens, dommages et intérêts des parties.

TITRE XXVII.
De l'exécution des jugemens.

Art. 1. Ceux qui auront été condamnés par arrêt ou jugement passé en force de chose jugée, à délaisser la possession d'un héritage, seront tenus de ce faire quinzaine après la signification de l'arrêt ou jugement faite à personne ou domicile, à peine de deux cents livres d'amende, moitié envers nous et moitié envers la partie, qui ne pourra être remise ni modérée.

2. Les arrêts ou sentences ne pourront être signifiés à la partie, s'ils n'ont été préalablement signifiés à son procureur, en cas qu'il y ait procureur constitué.

3. Si quinzaine après la première sommation les parties n'obéissent à l'arrêt ou jugement, ils pourront être condamnés par corps à délaisser la possession de l'héritage, et en tous les dommages et intérêts de la partie.

4. Si l'héritage est éloigné de plus de dix lieues du domicile de la partie, il sera ajouté au délai ci-dessus un jour pour dix lieues.

5. Les sentences et jugemens qui doivent passer en force de chose jugée, sont ceux rendus en dernier ressort et dont il n'y a appel, ou dont l'appel n'est pas recevable, soit que les parties y eussent formellement acquiescé, ou qu'elles n'en eussent interjeté appel dans le temps, ou que l'appel ait été déclaré péri.

6. Tous arrêts seront exécutés dans toute l'étendue de notre royaume en vertu d'un *pareatis* du grand sceau, sans qu'il soit besoin d'en demander aucune permission à nos cours de parlement, baillifs, sénéchaux et autres juges dans le ressort ou détroit desquels on les voudra faire exécuter. Et au cas que quelques-

unes de nos cours ou siéges en empêchent l'exécution et qu'ils rendent quelques arrêts, jugemens ou ordonnances portant défenses ou surséance de les exécuter; voulons que le rapporteur et celui qui aura présidé soient tenus solidairement des condamnations portées par les arrêts dont ils auront retardé ou empêché l'exécution, et des dommages et intérêts de la partie; et qu'ils soient solidairement condamnés en deux cents livres d'amende envers nous : de laquelle contravention nous réservons la connoissance à nous et à notre conseil. Sera néanmoins permis aux parties et exécuteurs des arrêts hors l'étendue des parlemens et cours où ils auront été rendus, de prendre un *pareatis* en la chancellerie du parlement où ils devront être exécutés, que les gardes des sceaux seront tenus de sceller à peine d'interdiction, sans entrer en connoissance de cause. Pourront même les parties prendre une permission du juge des lieux au bas d'une requête, sans être tenus de prendre en ce cas *pareatis* au grand sceau et petites chancelleries. Mandons à nos gouverneurs et lieutenans-généraux de tenir la main à l'exécution de la présente ordonnance sur la simple représentation des *pareatis* ou de la permission du juge des lieux.

7. Le procès sera extraordinairement fait et parfait à ceux qui par violence ou voie de fait auront empêché directement ou indirectement l'exécution des arrêts ou jugemens, et seront condamnés solidairement aux dommages et intérêts de la partie, et responsables des condamnations portées par les arrêts et jugemens et en deux cents livres d'amende, moitié envers nous et moitié envers la partie, qui ne pourra être remise ni modérée; à quoi nos procureurs-généraux et nos procureurs sur les lieux tiendront la main.

8. Les héritages et autres immeubles de ceux qui auront été condamnés par provision à quelque somme pécuniaire ou espèce, pourront être saisis réellement, mais ne pourront être vendus et adjugés qu'après la condamnation définitive.

9. Celui qui aura été condamné de laisser la possession d'un héritage en lui remboursant quelques sommes, espèces, impenses ou méliorations, ne pourra être contraint de quitter l'héritage qu'après avoir été remboursé; et à cet effet sera tenu de faire liquider les espèces, impenses et méliorations dans un seul délai qui lui sera donné par l'arrêt ou jugement; sinon l'autre partie sera mise en possession des lieux, en donnant caution de les payer après qu'elles auront été liquidées.

10. Les tiers opposans à l'exécution des arrêts, qui auront été

déboutés de leurs oppositions, seront condamnés en cent cinquante livres d'amende; et ceux qui seront déboutés des oppositions à l'exécution des sentences, en soixante-quinze livres; le tout applicable moitié envers nous et moitié envers la partie.

11. Les arrêts et jugemens passés en force de chose jugée, portant condamnation de délaisser la possession d'un héritage, seront exécutés contre le possesseur condamné, nonobstant les oppositions des tierces personnes et sans préjudice de leurs droits

12. Si aucun est condamné par sentence, et qu'elle ait été signifiée avec toutes les formalités ordonnées pour les ajournemens, et qu'après trois ans écoulés depuis la signification celui qui a obtenu la sentence l'ait sommé avec pareille solemnité d'en interjeter appel, celui qui est condamné ne sera plus recevable à en appeler six mois après la sommation, mais la sentence passera en force de chose jugée : ce qui aura lieu pour les domaines de l'église, hôpitaux, collèges, universités et maladeries, si ce n'est que le premier délai sera de six ans au lieu de trois.

13. Si le titulaire d'un bénéfice contre lequel la sentence a été rendue décède pendant les six années, son successeur paisible aura une année entière et ce qui restera des six pour interjeter appel; après lequel temps celui qui aura obtenu la sentence sera tenu de la lui faire signifier avec sommation d'en interjeter appel, et dans les six mois pourra le successeur en appeler, nonobstant que pareille sommation ait été faite à son prédécesseur, et qu'il fût décédé dans les six mois.

14. Les délais ci-dessus seront observés tant entre présens qu'absens, fors et excepté contre ceux qui seront absens hors le royaume pour notre service et par nos ordres.

15. Si celui qui sera condamné décède pendant ces trois années, ses héritiers ou légataires universels majeurs auront, outre le temps qui en restoit à écouler une année entière, après laquelle celui qui aura obtenu la sentence sera obligé de la leur faire signifier avec sommation d'en interjeter appel, si bon leur semble, nonobstant que pareille sommation eût été faite au défunt; et dans les six mois, à compter du jour de la nouvelle sommation, ils pourront interjeter appel, sans qu'après ce terme ils y puissent être reçus, et la sentence passera contre eux en force de chose jugée; ce qui sera aussi observé à l'égard des donataires, légataires particuliers, et tiers détenteurs.

16. La fin de non-recevoir n'aura lieu contre les mineurs pendant le temps de leur minorité, et jusqu'à ce qu'ils aient vingt-

cinq ans accomplis, après lesquels les délais commenceront à courir.

17. Au défaut des sommations ci-dessus les sentences n'auront force de choses jugées qu'après dix ans, à compter du jour de leur signification, et qu'après vingt années à l'égard des domaines de l'église, hôpitaux, colléges, universités et maladeries, à compter aussi du jour de la signification des sentences; lesquelles dix et vingt années courront tant entre présens qu'absens.

18. Voulons que les sommes pour condamnations, taxes, salaires, redevances et autres droits, soient exprimées à l'avenir dans les jugemens, conventions et autres actes, par deniers, sols et livres, et non par parisis ou tournois; et encore que les actes portent le parisis, la somme n'en sera pas augmentée, sans néanmoins rien innover pour le passé.

TITRE XXVIII.
Des réceptions de cautions.

Art. 1. Tous jugemens qui ordonneront de bailler caution, feront mention du juge devant lequel les parties se pourvoiront pour la réception de la caution.

2. La caution sera présentée par acte signifié à la partie ou au procureur, et fera sa soumission au greffe, si elle n'est point contestée.

3. Si la caution est contestée, sera donné copie de la déclaration de ses biens, et les pièces justificatives seront communiquées sur le récépissé du procureur; et sur la première assignation à comparoir par-devant le commissaire, sera procédé sur-le-champ à la réception ou rejet de la caution : et seront les ordonnances du commissaire exécutées, nonobstant oppositions ou appellations, et sans y préjudicier. Défendons à tous juges de donner aucuns appointemens à mettre, en droit ou de contrariété, sur leur solvabilité ou insolvabilité.

4. La caution étant reçue et l'acte signifié à la partie ou au procureur, elle fera sa soumission au greffe.

TITRE XXIX.
De la reddition des comptes.

Art. 1. Les tuteurs, procureurs, curateurs, fermiers judiciaires, séquestres, gardiens et autres qui auront administré les biens d'autrui, seront tenus de rendre compte aussitôt que leur gestion sera finie; et seront toujours réputés comptables encore que le compte soit clos et arrêté, jusqu'à ce qu'ils aient payé le reliquat, s'il en est dû, et remis toutes les pièces justificatives.

2. Le comptable pourra être poursuivi de rendre compte par-devant le juge qui l'aura commis; et s'il n'a pas été nommé par autorité de justice, il sera poursuivi par-devant le juge de son domicile, sans que, sous prétexte de saisie ou intervention de créanciers privilégiés de l'une ou de l'autre des parties, les comptes puissent être évoqués ou renvoyés en autre juridiction.

3. Le défendeur à la demande en reddition de compte sera tenu de comparoir à la première assignation; sinon sera donné défaut contre lui, et pour le profit, condamné à rendre compte : et s'il compare, et qu'au jour qui lui aura été signifié par un simple acte de venir plaider, aucun avocat ou procureur ne se présente en l'audience pour défendre, sera condamné sur-le-champ à rendre compte sans autre délai ni procédure.

4. En cas que la cause étant plaidée ne se puisse juger définitivement en l'audience, les parties seront appointées à mettre dans trois jours sans autre procédure.

5. Tout jugement portant condamnation de rendre compte, commettra celui qui devra recevoir la présentation et affirmation du compte; et s'il est rendu sur un appointement à mettre ou sur un procès par écrit, le rapporteur ne pourra être commis pour le compte; mais en sera commis un autre par celui à qui la distribution appartiendra.

6. La préface du compte ne pourra excéder six rôles, le surplus ne passera en taxe, et ne seront transcrites dans les comptes autres pièces que la commission du rendant, l'acte de tutelle et l'extrait de la sentence ou arrêt qui condamne à rendre compte.

7. Le rendant sera tenu d'insérer dans le dernier article du compte la somme à quoi se monte la recette, celle de la dépense et reprise, distinctement l'une de l'autre; et si la recette se trouve plus forte que la dépense et reprise, l'oyant pourra prendre exécutoire de l'excédant qui lui sera délivré sur l'extrait du dernier article du compte, sans préjudice des débats formés ou à former contre la recette, dépense et reprise et des soutenemens au contraire.

8. Les rendans comptes présenteront et affirmeront leur compte, en personne, ou par procureur fondé de procuration spéciale, dans le délai qui leur aura été prescrit par le jugement de condamnation, sans aucune prorogation; et le délai passé ils y seront contraints par saisie et vente de leurs biens, même par em-

prisonnement de leur personne, si la matière y est disposée et qu'il soit ainsi ordonné.

9. Après la présentation et affirmation, sera baillé copie du compte au procureur des oyans; et les pièces justificatives de la recette, dépense et reprise lui seront communiquées sur son récépissé, pour les voir et examiner pendant quinze jours, après lesquels il sera tenu de les rendre, à peine de prison, de soixante livres d'amende et du séjour, dépens, dommages et intérêts des parties en son nom, sans qu'aucunes des peines ci-dessus puissent être réputées comminatoires, remises ou modérées, sous quelque prétexte que ce soit.

10. N'entendons toutefois empêcher que le juge ne puisse, en connoissance de cause et pour considérations importantes, proroger le délai d'une autre quinzaine pour une fois seulement; après lequel temps le procureur qui retiendra les pièces, sera contraint de les rendre sous les peines et par les mêmes voies que dessus.

11. Si les oyans ont un même intérêt, ils seront tenus de nommer un seul et même procureur, et à faute d'en convenir sera permis à chacune des parties d'en mettre un à ses frais; auquel cas ne sera donné qu'une seule copie du compte et une seule communication des pièces justificatives au plus ancien.

12. Si les oyans ont des intérêts différens, le rendant fera signifier à chacun des procureurs une copie du compte, et leur communiquera les pièces justificatives; et s'il y a des créanciers intervenans, ils n'auront tous ensemble qu'une seule communication, tant du compte que des pièces justificatives, par les mains du plus ancien des procureurs qu'ils auront chargé.

13. Après le délai de la communication expiré, sera pris au greffe l'appointement de fournir par les oyans leurs consentemens ou débats dans huitaine, les soutenemens par le rendant huitaine après, écrire et produire dans une autre huitaine, et contredire dans la huitaine suivante.

14. Défendons à tous nos juges, commissaires examinateurs, et autres de quelque qualité qu'ils soient, sans exception, de faire à l'avenir aucuns procès-verbaux d'examen de compte, dont nous abrogeons l'usage en tous les siéges, même en nos cours de parlement et autres nos cours.

15. Défendons de s'assembler en la maison du juge ou commissaire de la reddition du compte, pour mettre par forme d'apostilles à côté de chaque article les consentemens, débats et sou-

ténemens des parties; et n'entendons néanmoins déroger à l'usage observé par les commissaires du Châtelet de Paris.

16. Si les oyans ne fournissent leurs consentemens ou débats dans la huitaine portée par le réglement, il sera permis au rendant après qu'elle sera passée, de produire au greffe son compte avec les pièces justificatives, pour être distribué en la manière accoutumée; et s'ils les ont fournis, ils pourront au même temps donner leurs productions, sans que, pour mettre l'instance en état, il soit besoin que d'un simple acte de commandement de satisfaire au réglement, et en conséquence passé outre au jugement.

17. Les comptes seront écrits en grand papier, à raison de vingt-deux lignes pour pages, et quinze syllabes pour lignes, à peine de radiation dans la taxe, des rôles où il se trouvera de la contravention.

18. Le rendant ne pourra employer dans la dépense de son compte les frais de la sentence ou de l'arrêt par lesquels il est condamné de le rendre, si ce n'est qu'il eût consenti avant la condamnation; mais pour toutes dépenses communes, employera son voyage, s'il en échet; les assignations pour voir présenter et affirmer le compte; la vacation du procureur qui aura mis les pièces du compte par ordre, celle du commissaire pour recevoir la présentation et affirmation, et des procureurs, s'ils y ont assisté, ensemble les grosses et copies du compte.

19. Déclarons toutes lettres d'état qui pourront être ci-après obtenues par ceux qui sont obligés ou condamnés de rendre compte, subreptices: défendons à tous juges d'y avoir égard, s'il n'y est par nous dérogé par clause spéciale, et fait mention dans les lettres de l'instance de compte; et si la clause n'est insérée dans les lettres, l'instance du compte pourra être poursuivie et jugée.

20. Le jugement qui interviendra sur l'instance de compte, contiendra le calcul de la recette et dépense, et formera le reliquat précis, s'il y en a aucun.

21. Ne sera ci-après procédé à la révision d'aucun compte; mais s'il y a des erreurs, omissions de recette ou faux emplois, les parties pourront en former leur demande, ou interjeter appel de la clôture du compte, et plaider leurs prétendus griefs en l'audience.

22. Pourront les parties étant majeurs, compter par-devant

des arbitres ou à l'amiable, encore que celui qui doit rendre compte, ait été commis par ordonnance de justice.

23. Si ceux à qui le compte doit être rendu, sont absens hors le royaume d'une absence longue et notoire, et qu'à l'assignation il ne se présente aucun procureur, le rendant après l'affirmation lèvera son défaut au greffe, qu'il donnera à juger, et pour le profit seront les articles alloués s'ils sont bien et dûment justifiés : si par le calcul le rendant se trouve débiteur, il en demeurera dépositaire sans intérêt en donnant caution ; et si c'est le tuteur, il sera déchargé de bailler caution.

TITRE XXX.
De la liquidation des fruits.

Art. 1. S'il y a condamnation de restitution de fruits par sentence, jugement ou arrêt, ceux de la dernière année seront délivrés en espèces ; et quant à ceux des années précédentes, la liquidation en sera faite eu égard aux quatre saisons et prix commun de chacune année, si ce n'est qu'il en ait été autrement ordonné par le juge, ou convenu entre les parties.

2. Les parties qui auront été condamnées à la restitution des fruits, ou leurs héritiers, seront tenus au jour de la première assignation donnée en exécution de la sentence, jugement ou arrêt, de représenter, par-devant le juge ou commissaire, les comptes, papiers de recette et baux à ferme des héritages, et donner par déclaration les frais de labour, semences et récolte de ce qu'ils auront fait valoir par leurs mains ; ensemble de la quantité des fruits qui en sont provenus ; pour, après la déduction faite des frais, être le surplus, si aucun y a, payé dans un mois pour tout délai.

3. Si celui qui aura obtenu jugement à son profit, soutient que le contenu en la déclaration des fruits donnée par la partie n'est véritable, l'une et l'autre des parties pourront, si le juge l'ordonne, faire preuve respectivement par écrit et par témoins de la quantité des fruits ; et quant à la valeur, la preuve en sera faite par les extraits des registres des gros fruits du greffe plus prochain ; et les labours, semences et frais de récolte seront estimés par experts.

4. Si par le rapport des experts, ou par autre preuve, la quantité ou valeur des fruits ne se trouve excéder le contenu en la déclaration, le demandeur en liquidation qui aura insisté, sera

condamné en tous les dépens du défendeur, qui seront taxés par le même jugement.

5. Si la liquidation excède le contenu en la déclaration, le défendeur sera condamné aux dépens qui seront aussi liquidés par le même jugement.

6. En toutes nos villes et bourgs où il y aura marché, les marchands faisant trafic de blés et autres espèces de gros fruits, ou les mesureurs feront rapport par chacune semaine de la valeur et estimation commune des fruits, sans prendre aucuns salaires; à quoi faire ils pourront être contraints par amendes ou autres peines qui seront arbitrées par les juges.

7. A cette fin, les marchands ou mesureurs seront tenus de nommer deux ou trois d'entre eux, qui, sans être appelés ni ajournés, feront et affirmeront par serment par-devant le juge du lieu le rapport de l'estimation, dont il sera aussitôt fait registre par le greffier, sans faire séjourner ni attendre les marchands, et sans prendre d'eux aucuns salaires ni vacation, à peine d'exaction.

8. Sera fait preuve de la valeur des fruits dont on fait rapport en justice, tant en exécution des arrêts ou sentences, qu'en toutes autres matières où il sera question d'appréciation, par les extraits des estimations, et non autrement.

9. Défendons aux greffiers ou commis de prendre ni recevoir plus de cinq sols de l'expédition de l'extrait du rapport des quatre saisons de chacune année, à peine d'exaction.

TITRE XXXI.

Des dépens.

ART. 1. Toute partie, soit principale ou intervenante, qui succombera, même aux renvois, déclinatoires, évocations ou réglemens de juges, sera condamnée aux dépens indéfiniment, nonobstant la proximité, ou autres qualités des parties, sans que, sous prétexte d'équité, partage d'avis, ou pour quelque autre cause que ce soit, elle en puisse être déchargée. Défendons à nos cours de parlement, grand conseil, cour des Aydes, et autres nos cours, requêtes de notre hôtel et du palais, et à tous autres juges, de prononcer par hors de cour sans dépens. Voulons qu'ils soient taxés en vertu de notre présente ordonnance, au profit de celui qui aura obtenu définitivement, encore qu'ils n'eussent été adjugés, sans qu'ils puissent être modérés, liquidés ni réservés.

2. Seront aussi tenus les arbitres, en jugeant les différends, de condamner indéfiniment aux dépens celui qui succombera; si ce n'est que par le compromis il y eût clause expresse portant pouvoir de les remettre, modérer et liquider.

3. Si dans le cours du procès il survient quelque incident qui soit jugé définitivement, les dépens en seront pareillement adjugés.

4. Après que le procès, sur lequel sera intervenu sentence, jugement ou arrêt adjudicatif des dépens, aura été mis au greffe, les procureurs retireront chacun séparément les productions des parties pour lesquelles ils auront occupé, qui leur seront délivrées par les greffiers après les avoir vérifiées, en leur faisant apparoir par le procureur plus diligent d'une sommation faite aux autres procureurs pour y assister à jour précis, à peine, en cas de refus ou de demeure, de trois livres contre le greffier par chacun jour, dont il sera délivré exécutoire à la partie.

5. Sera donnée copie au procureur du défendeur en taxe, de l'arrêt, jugement ou sentence qui les auront adjugés, ensemble de la déclaration qui en aura été dressée, pour, dans les délais réglés pour le voyage et retour, suivant la distance des lieux, et le domicile du défendeur en taxe, à raison d'un jour pour dix lieues en cas qu'il soit absent, prendre communication des pièces justificatives des articles par les mains et au domicile du procureur du demandeur, sans déplacer, et faire par lui huitaine après ses offres au procureur du demandeur, de la somme qu'il avisera pour les dépens adjugés contre lui, et en cas d'acceptation des offres il en sera délivré exécutoire.

6. Si nonobstant les offres, le demandeur fait procéder à la taxe, et que par le calcul, en ce non compris les frais de la taxe, les dépens ne se trouvent excéder les offres faites par le défendeur, les frais de la taxe seront supportés par le demandeur, et ne seront compris dans l'exécutoire.

7. Les procureurs ne pourront, en dressant la déclaration, composer plusieurs articles d'une seule pièce; mais seront tenus de la comprendre toute entière dans un seul et même article, tant pour l'avoir dressée que pour l'expédition, copie, signification, et autres droits qui la concernent, à peine de radiation et d'être déduit au procureur du demandeur autant de ses droits pour chacun article qui aura passé en taxe, qu'il s'en trouvera de rayés dans la déclaration.

8. Ne sera aussi employé dans les déclarations ni fait aucune

taxe aux procureurs que pour un seul droit de conseil pour toutes les demandes, tant principales qu'incidentes, et un autre droit de conseil, en cas qu'il soit fait aucune demande, soit principale ou incidente par les parties contre lesquelles ils occuperont, à peine de vingt livres d'amende contre le procureur, en son nom, pour chacun autre droit qui auroit été par lui employé dans sa déclaration.

9. N'entrera pareillement en taxe aucun autre droit de consultation, encore qu'elle fût rapportée et signée des avocats.

10. Toutes écritures et contredits seront rejetés des taxes de dépens, si elles n'ont été faites et signées par un avocat plaidant, du nombre de ceux qui seront inscrits dans le tableau qui sera dressé tous les ans, et qui seront appelés au serment qui se fait aux ouvertures, et seront tenus de mettre le reçu au bas des écritures.

11. Lorsqu'au procès il y aura des écritures et avertissemens, les préambules des inventaires faits par les procureurs en seront distraits, et n'entreront en taxe, ni pareillement les rôles des inventaires et contredits, dans lesquels il aura été transcrit des pièces entières ou choses inutiles, ce que nous défendons à tous avocats et procureurs, à peine de restitution du double envers la partie qui l'aura avancé, et du simple envers la partie condamnée. Comme aussi défendons aux procureurs et à tous autres de refaire des écritures ni d'en augmenter les rôles après le procès jugé, à peine de restitution du quadruple contre les contrevenans, qui ne pourra être modérée, et de suspension de leur charge; enjoignons à nos cours et autres nos juges d'y tenir la main, dont nous chargeons leur honneur et conscience.

12. Ne sera taxé aux procureurs pour droit de révision des écritures que le dixième de ce qui entre en taxe pour les avocats, et sans que ce droit de révision puisse être pris dans les cours, siéges et juridictions dans lesquelles il n'a eu lieu jusques à ce jour. Faisons défenses aux procureurs d'employer dans leur mémoire de frais, qu'ils donneront à leurs parties, autres plus grands droits que ceux qui leur seront légitimement dus et qui entreront en taxe, à peine de répétition contre eux et de trois cents livres d'amende.

13 Et pour faciliter les taxes de dépens, et empêcher qu'il ne soit employé dans les déclarations autres droits que ceux qui sont légitimement dus et qui doivent entrer en taxe, sera dressé à la diligence de nos procureurs généraux et de nos procureurs

sur les lieux, et mis dans les greffes de toutes nos cours, siéges et juridictions, un tableau ou registre, dans lequel seront écrits tous les droits qui doivent entrer en taxe, même ceux des déclarations, assistances de procureurs et autres droits nécessaires pour parvenir à la taxe; ensemble les voyages et séjours, lesquels pourront y être employés et taxés, suivant les différens usages de nos cours et siéges, qualités des parties et distance des lieux.

14. Les voyages et séjours qui doivent entrer en taxe, ne pourront être employés ni taxés, s'ils n'ont été véritablement faits et dû être faits, et que celui qui en demandera la taxe ne fasse apparoir d'un acte fait au greffe de la juridiction en laquelle le procès sera pendant, lequel contiendra son affirmation qu'il a fait exprès le voyage pour le fait du procès, et que l'acte n'ait été signifié au procureur de la partie, aussitôt qu'il aura été passé, et le séjour ne pourra être compté que du jour de la signification.

15. Si après que la déclaration des dépens aura été signifiée et copie laissée, il n'a été fait aucunes offres, ou qu'elles ne soient acceptées dans les délais ci-devant ordonnés, elle sera mise par le procureur du demandeur en taxe ès mains du procureur-tiers, avec les pièces justificatives; et à cet effet, voulons que, dans nos cours, siéges et justices où il ne se trouvera point de procureurs-tiers en titre d'office, il soit nommé et commis par la communauté des procureurs par chacun mois, ou tel autre temps qu'il sera par eux avisé, nombre suffisant d'entre eux pour régler et taxer les dépens en la forme et manière ci-après ordonnée, si ce n'est dans les siéges où il y a des commissaires examinateurs.

16. Le procureur-tiers sera tenu de coter de sa main au bas de la déclaration le jour qu'elle lui aura été délivrée avec les pièces.

17. Sera signifié par acte au procureur du défendeur en taxe le jour que la déclaration et pièces justificatives auront été mises entre les mains du procureur-tiers, avec sommation d'en prendre communication sans déplacer.

18. Trois jours après la première sommation il en sera fait une seconde, par laquelle le procureur du demandeur en taxe sommera celui du défendeur de se trouver en l'étude du procureur-tiers, à certain jour et heure précise, pour voir arrêter les dé-

pens contenus en la déclaration et la signer; autrement il y sera procédé tant en présence qu'absence.

19. Si le procureur du défendeur compare, seront les dépens arrêtés par le procureur-tiers en sa présence.

20. A faute par le procureur du défendeur en taxe de comparoir à l'assignation, le procureur-tiers sera tenu d'arrêter les dépens, pour ce fait être les arrêtés par lui mis sur la déclaration conformément à son mémoire, lequel y demeurera attaché, et ne sera le premier article passé que pour un seul.

21. Le procureur-tiers sera tenu d'arrêter les dépens qui contiendront deux cents articles et au-dessous, huitaine après qu'il en aura été chargé, et ceux qui contiendront plus grand nombre d'articles, dans la quinzaine, à peine de répondre des dommages et intérêts des parties.

22. Le procureur du défendeur en taxe ne pourra prendre aucun droit d'assistance, s'il n'a écrit de sa main sur la déclaration des diminutions, à peine de faux et d'interdiction.

23. S'il y a plusieurs procureurs des défendeurs en taxe condamnés par le même jugement, ils ne prendront assistance que pour les articles qui les concerneront; et à l'égard des frais ordinaires et extraordinaires de criées, reddition de compte de tuteur, héritiers bénéficiaires, curateurs aux biens vacans, commissaires et autres, les parties qui auront un intérêt commun, y assisteront par le plus ancien procureur. Pourront néanmoins les autres procureurs y être présents, sans prendre aucun droit d'assistance, et sans la pouvoir employer dans leurs mémoires de frais et salaires, si ce n'est qu'ils aient pouvoir par écrit pour y assister.

24. Après que la déclaration aura été arrêtée par le tiers, sera signifié un troisième acte au procureur du défendeur, par lequel on lui dénoncera que les dépens ont été arrêtés, et sera sommé de les signer avec protestation qu'à faute de ce faire, le calcul en sera signé par le commissaire par défaut, ce qui sera exécuté en cas de refus, et passé outre, en faisant mention dans l'arrêté et calcul de la sommation.

25. Le tiers, sur chacune pièce qui entrera en taxe, sera tenu de mettre *taxé*, avec son paraphe.

26. Les commissaires signeront les déclarations sans prendre aucun droit, et auront seulement leurs clercs le droit de calcul, lorsqu'ils l'auront fait et écrit de leur main, suivant la taxe qui sera arrêtée dans le tableau ou registre des droits pour les dé-

pens, ci-dessus mentionné. Leur défendons de prendre autres ni plus grands droits, à peine du quadruple.

27. Dans les exécutions de dépens seront aussi employés les frais pour les lever, avec ceux du premier exploit et de la signification qui sera faite tant des exécutoires que de l'exploit.

28. Si la partie qui a succombé interjette appel de la taxe des dépens, son procureur sera tenu de croiser dans trois jours sur la déclaration les articles dont il est appelant, et à faute de ce faire, sur la première requête, il sera déclaré non-recevable en son appel.

29. Après que le procureur de l'appelant aura croisé sur la déclaration les articles dont il sera appelant, pourra l'intimé se faire délivrer exécutoire du contenu aux articles non croisés dont il n'y aura point d'appel.

30. Les appellations des articles croisés sous deux croix seulement, seront portées à l'audience, et quand il y en aura davantage, sera pris un appointement au greffe.

31. L'appelant sera condamné en autant d'amendes qu'il y aura de croix et chefs d'appel sur lesquels il sera condamné, si ce n'est qu'il soit appelant des articles croisés par un moyen général; et néanmoins les dépens adjugés pour la raison des appellations des taxes, seront liquidés par le même jugement qui prononcera sur les appellations.

32. Les dépens qui seront adjugés, soit à l'audience ou sur les procès par écrit, par les baillifs, sénéchaux et présidiaux, seront taxés en la même forme et manière qu'en nos cours, et tous les droits réglés suivant l'usage des sièges dans lesquels les condamnations seront intervenues, ainsi qu'ils seront employés dans le tableau et registre ci-dessus mentionné, et seront les dépens taxés par les juges ou commissaires examinateurs des dépens créés et établis à cet effet; auxquels commissaires examinateurs nous défendons de prendre plus grands droits sous prétexte d'attributions et usages contraires, que ceux qui seront arrêtés, à peine de concussion et d'interdiction de leurs charges.

33. Les juges subalternes, tant royaux que des seigneurs particuliers, seront tenus en toutes sentences, soit en l'audience ou procès par écrit, de liquider les dépens, eu égard aux frais qui auront été légitimement faits, sans aucunes déclarations de dépens, à peine contre les contrevenans de vingt livres d'amende, et de restitution des droits qui auront été perçus, dont sera délivré exécutoire aux parties qui les auront déboursés.

TITRE XXXII.

De la taxe et liquidation des dommages et intérêts.

Art. 1. La déclaration des dommages et intérêts sera dressée, et copie donnée au procureur du défendeur, ensemble de la sentence, jugement ou arrêt qui les auront adjugés; et lui seront communiquées sur son récépissé les pièces justificatives, pour les rendre dans la quinzaine, à peine de prison, de soixante livres d'amende et du séjour, dépens, dommages et intérêts des parties en son nom, sans qu'aucune des peines puisse être réputée comminatoire, ni remise ou modérée sous quelque prétexte que ce soit.

2. Pourra le demandeur dans les délais pareils à ceux ci-dessus réglés en l'article cinquième du titre de la taxe des dépens, faire ses offres, et en cas d'acceptation, en sera passé appointement de condamnation qui sera reçu en l'audience.

3. Si le défendeur ne fait point d'offres ou qu'elles soient contestées, sera pris appointement à produire dans trois jours; et en cas qu'elles soient contestées, si par l'événement les dommages et intérêts n'excèdent la somme offerte, le demandeur sera condamné en tous frais et dépens, depuis le jour des offres, lesquels seront liquidés par le même jugement.

4. Les procureurs qui auront occupé dans les instances principales, seront tenus d'occuper dans celle de liquidation des dommages et intérêts, sans qu'il soit besoin de nouveau pouvoir.

TITRE XXXIII.

Des saisies et exécutions, et ventes des meubles, grains, bestiaux et choses mobiliaires.

Art. 1. Tous exploits de saisie et exécutions de meubles, ou choses mobiliaires, contiendront l'élection du domicile du saisissant dans la ville où la saisie et exécution sera faite; et si la saisie et exécution n'est faite dans une ville, bourg, ou village, le domicile sera élu dans le village ou la ville qui est plus proche.

2. Les saisies et exécutions ne se feront que pour chose certaine et liquide, en deniers ou en espèces; et si c'est en espèces, sera sursis à la vente jusqu'à ce que l'appréciation en ait été faite.

3. Toutes les formalités des ajournemens seront observées dans les exploits de saisie et exécution, et sous les mêmes peines.

4. Avant d'entrer dans une maison pour y saisir des meubles ou effets mobiliers, l'huissier ou sergent sera tenu d'appeler deux voisins au moins pour y être présens, auxquels il fera signer son exploit ou procès-verbal, s'ils savent ou veulent signer, sinon en fera mention, comme aussi du temps de l'exploit, si c'est avant ou après midi, et le fera aussi signer par ses recors : et s'il n'y a point de voisin, sera tenu de le déclarer par l'exploit, et de le faire parapher par le plus prochain juge incontinent après l'exécution.

5. Si les portes de la maison sont fermées, et qu'il n'y ait personne pour les ouvrir, ou que ceux qui y seront n'en veulent faire l'ouverture, l'huissier ou sergent se retirera devant le juge du lieu, lequel, au bas de l'exploit ou procès-verbal du sergent, nommera deux personnes, en présence desquelles l'ouverture des portes et la saisie et exécution seront faites, et signeront l'exploit ou procès-verbal de saisie avec les recors.

6. Les exploits ou procès-verbaux de saisies et exécutions, contiendront par le menu et en détail tous les meubles saisis et exécutés.

7. Sera laissé sur-le-champ au saisi copie de l'exploit, ou procès-verbal signé des mêmes personnes qui auront signé l'original.

8. Le nom et le domicile de celui en la garde duquel auront été mises les choses saisies, seront signifiés au saisi par le même procès-verbal.

9. Défendons aux gardiens de se servir des choses saisies pour leur usage particulier, ni de les bailler à louage ; et en cas de contravention, voulons qu'ils soyent privés du paiement des frais de garde et de nourriture, et condamnés aux dommages et intérêts des parties.

10. Si les bestiaux saisis produisent d'eux-mêmes quelque profit ou revenu, le gardien en rendra compte au saisi ou aux créanciers saisissans.

11. La vente des choses saisies sera faite au plus prochain marché public aux jours et heures ordinaires des marchés, et sera tenu le sergent signifier auparavant à la personne ou domicile du saisi, le jour et l'heure de la vente, à ce qu'il ait à faire trouver des enchérisseurs si bon lui semble.

12. Les choses saisies ne pourront être vendues qu'il n'y ait au moins huit jours francs entre l'exécution et la vente.

13. Les bagues, joyaux et vaisselle d'argent de la valeur de

trois cents livres ou plus, ne pourront être vendus qu'après trois expositions à trois jours de marchés différens, si ce n'est que le saisissant et le saisi en conviennent par écrit, qui sera mis entre les mains du sergent pour sa décharge.

14. En procédant par saisie et exécution, sera laissé aux personnes saisies une vache, trois brebis ou deux chèvres, pour aider à soutenir leur vie, si ce n'est que la créance pour laquelle la saisie est faite procède de la vente des mêmes bestiaux, pour avoir prêté l'argent pour les acheter; et de plus sera laissé un lit et l'habit dont les saisis seront vêtus et couverts.

15. Les personnes constituées aux ordres sacrés de prêtrise, de diaconat ou sous-diaconat, ne pourront être exécutées en leurs meubles destinés au service divin, ou servant à leur usage nécessaire, de quelque valeur qu'ils puissent être, ni même en leurs livres qui leur seront laissés jusqu'à la somme de cent cinquante livres.

16. Les chevaux, bœufs et autres bêtes de labourage, charrues, charrettes, et ustensiles servant à labourer et cultiver les terres, vignes et prés, ne pourront être saisis, même pour nos propres deniers, à peine de nullité, de tous dépens, dommages et intérêts, et de cinquante livres d'amende contre le créancier et le sergent solidairement. N'entendons toutefois comprendre les sommes dues au vendeur ou à celui qui a prêté l'argent pour l'achat des mêmes bestiaux et ustensiles, ni ce qui sera dû pour les fermages et moissons des terres où seront les bestiaux et ustensiles.

17. Les choses saisies seront adjugées au plus offrant et dernier enchérisseur, en payant par lui sur-le-champ le prix de la vente.

18. Les huissiers ou sergens seront tenus de faire mention dans leurs procès-verbaux du nom et domicile des adjudicataires, desquels ils ne pourront rien prendre ni recevoir directement ou indirectement outre le prix de l'adjudication, à peine de concussion.

19. Tous les articles ci-dessus seront observés par les huissiers et sergens, à peine de nullité des exploits de saisies et procès-verbaux de ventes, dommages et intérêts envers le saisissant et le saisi, d'interdiction, et de cent livres d'amende applicable moitié à nous, moitié à la partie saisie, sans que la peine puisse être remise ou modérée.

20. Incontinent après la vente, les deniers en provenant se-

ront délivrés par le sergent ou huissier entre les mains du saisissant, jusqu'à la concurrence de son dû, le surplus délivré au saisi, et en cas d'opposition, à qui par justice sera ordonné, à peine, contre l'huissier ou sergent, d'interdiction et de cent livres d'amende applicable moitié à nous, et moitié à celui qui devoit recevoir les deniers.

21. Après que la vente aura été faite, l'huissier ou sergent portera la minute de son procès-verbal de vente au juge, lequel, sans frais, taxera de sa main ce qu'il conviendra à l'huissier ou sergent pour son salaire, à cause de la saisie, vente et exécution; de laquelle taxe les huissiers ou sergens feront mention, dans toutes les grosses des procès-verbaux, à peine d'interdiction et de cent livres d'amende envers nous.

TITRE XXXIV.
De la décharge des contraintes par corps.

Art. 1. Abrogeons l'usage des contraintes par corps après les quatre mois établis par l'art. 48 de l'ordonnance de Moulins, pour dettes purement civiles : défendons à nos cours, et à tous autres juges de les ordonner, à peine de nullité; et à tous huissiers et sergens de les exécuter, à peine de dépens, dommages et intérêts.

2. Pourront néanmoins les contraintes par corps après les quatre mois, être ordonnées pour les dépens adjugés, s'ils montent à deux cents livres et au-dessus; ce qui aura lieu pour la restitution des fruits et pour les dommages et intérêts au-dessus de deux cents livres.

3. Pourront aussi les tuteurs et curateurs, être contraints par corps après les quatre mois, pour les sommes par eux dues, à cause de leur administration, lorsqu'il y aura sentence, jugement ou arrêt définitif, et que la somme sera liquide et certaine.

4. Défendons à nos cours et à tous autres juges, de condamner aucuns de nos sujets par corps en matière civile, sinon et en cas de réintégrande pour délaisser un héritage en exécution des jugemens, pour stellionat, pour dépôt nécessaire, consignation faite par ordonnance de justice ou entre les mains de personnes publiques, représentation des biens par les séquestres, commissaires ou gardiens, lettres de change quand il y aura remise de place en place, dettes entre marchands pour fait de marchandise dont ils se mêlent.

5. N'entendons aussi déroger aux priviléges des deniers

royaux, ni à celui des foires, ports, étapes et marchés, et des villes d'arrêt.

6. Défendons de passer à l'avenir aucuns jugemens, obligations ou autres conventions, portant contrainte par corps contre nos sujets; à tous greffiers, notaires et tabellions, de les recevoir; et à tous huissiers et sergens de les exécuter, encore que les actes ayent été passés hors de notre royaume, à peine de tous dépens, dommages et intérêts.

7. Permettons néanmoins aux propriétaires des terres et héritages situés à la campagne, de stipuler par les baux les contraintes par corps.

8. Ne pourront les femmes et filles s'obliger ni être contraintes par corps, si elles ne sont marchandes publiques, ou pour cause de stellionat procédant de leur fait.

9. Les septuagénaires ne pourront être emprisonnés pour dettes purement civiles, si ce n'est pour stellionat, recelé et pour dépens en matière criminelle, et que les condamnations soient par corps.

10. Pour obtenir la contrainte par corps après les quatre mois ès cas exprimés au second article, le créancier fera signifier le jugement à la personne ou domicile de la partie, avec commandement de payer, et déclaration qu'il y sera contraint par corps après les quatre mois.

11. Les quatre mois passés, à compter du jour de la signification, le créancier lèvera au greffe une sentence, jugement ou arrêt, portant que dans la quinzaine la partie sera contrainte par corps, et lui sera signifier, pour après la quinzaine expirée, être la contrainte exécutée sans autres procédures; et seront toutes les significations faites avec toutes les formalités ordonnées pour les ajournemens.

12. Si la partie appelle de la sentence, ou s'oppose à l'exécution de l'arrêt ou jugement portant condamnation par corps, la contrainte sera sursise jusqu'à ce que l'appel ou l'opposition ayent été terminés: mais si avant l'appel ou opposition signifiée les huissiers ou sergens s'étoient saisis de sa personne, il ne sera sursis à la contrainte.

13. Les poursuites et contraintes par corps n'empêcheront les saisies, exécutions et ventes des biens de ceux qui sont condamnés.

TITRE XXXV.
Des requêtes civiles.

ART. 1. Les arrêts et jugemens en dernier ressort ne pourront être rétractés que par lettres en forme de requête civile, à l'égard de ceux qui auront été parties ou duement appellés, et de leurs héritiers, successeurs, ou ayans cause.

2. Permettons de se pourvoir par simple requête afin d'opposition contre les arrêts et jugemens en dernier ressort, auxquels le demandeur en requête n'aura été partie ou duement appellé, et même contre ceux donnés sur requête.

3. Permettons pareillement de se pourvoir par simple requête contre les arrêts et jugemens en dernier ressort, qui auroient été rendus à faute de se présenter, ou en l'audience à faute de plaider, pourvu que la requête soit donnée dans la huitaine du jour de la signification à personne ou domicile de ceux qui seront condamnés, s'ils n'ont constitué procureur, ou au procureur quand il y en a un, si ce n'est que la cause ait été appellée à tour de rôle; auquel cas les parties ne se pourront pourvoir contre les arrêts et jugemens en dernier ressort intervenus en conséquence, que par requête civile.

4. Ne seront obtenues lettres en forme de requête civile contre les sentences présidiales rendues au premier chef de l'édit; mais il suffira de se pourvoir par simple requête au même présidial.

5. Les requêtes civiles seront obtenues et signifiées, et assignations données, soit au procureur ou à la partie, dans les six mois, à compter, à l'égard des majeurs, du jour de la signification qui leur aura été faite des arrêts et jugemens en dernier ressort, à personne ou domicile; et pour les mineurs, du jour de la signification qui leur aura été faite à personne ou domicile depuis leur majorité.

6. Le procureur qui aura occupé en la cause, instance ou procès, sur lequel est intervenu l'arrêt ou jugement en dernier ressort, sera tenu d'occuper sur la requête civile, sans qu'il soit besoin de nouveau pouvoir, pourvu que la requête civile ait été obtenue et à lui signifiée dans l'année du jour et date de l'arrêt.

7. Les ecclésiastiques, les hôpitaux et les communautés, tant laïques qu'ecclésiastiques, séculières et régulières, même ceux qui sont absens du royaume pour cause publique, auront un an pour obtenir et faire signifier les requêtes civiles, à compter pareillement du jour des significations qui leur auront été faites au

lieu ordinaire des bénéfices, des bureaux des hôpitaux ou aux syndics ou procureurs des communautés, ou au domicile des absens.

8. Si les arrêts ou jugemens en dernier ressort ont été donnés contre, ou au préjudice des personnes qui seront décédées dans les six mois du jour de la signification à eux faite, leurs héritiers, successeurs ou ayans causes, auront encore le même délai de six mois, à compter du jour de la signification qui leur aura été faite des mêmes arrêts et jugemens en dernier ressort, s'ils sont majeurs; sinon le délai de six mois ne courra que du jour de la signification qui leur sera faite depuis leur majorité.

9. Celui qui aura succédé à un bénéfice durant l'année, à compter du jour de la signification faite de l'arrêt ou jugement en dernier ressort à son prédécesseur dont il n'est résignataire, aura encore une année pour se pourvoir par lettres en forme de requête civile, du jour de la signification qui lui en sera faite.

10. Les majeurs et mineurs n'auront que trois mois au lieu de six, et les ecclésiastiques, hôpitaux, communautés, et les absens du royaume pour cause publique, six mois au lieu d'un an, pour obtenir et faire signifier les requêtes contre les sentences présidiales données au premier chef de l'édit: et au surplus seront toutes les mêmes choses ci-dessus observées pour les sentences présidiales au premier chef de l'édit, que pour les arrêts et jugemens en dernier ressort.

11. Voulons que tous les arrêts, jugemens en dernier ressort, et sentences présidiales données au premier chef de l'édit, soient signifiées aux personnes ou domicile, pour en induire les fins de non-recevoir contre la requête civile dans le temps ci-dessus, encore que les uns aient été contradictoires en l'audience, et les autres signifiés au procureur: sans que cela puisse être tiré à conséquence aux hypothèques, saisies et exécutions, et autres choses, à l'égard desquelles les arrêts, jugemens et sentences contradictoires donnés en l'audience auront leurs effets, quoiqu'ils n'aient été signifiés, et ceux par défaut donnés en l'audience et sur procès par écrit, à compter du jour qu'ils auront été signifiés aux procureurs.

12. Si les lettres en forme de requête civile contre les arrêts ou jugemens en dernier ressort, ou les requêtes contre les sentences présidiales au premier chef, sont fondées sur pièces fausses ou sur pièces nouvellement recouvrées qui étoient retenues ou détournées par le fait de la partie adverse, le temps d'obtenir et

faire signifier les lettres ou requêtes, ne courra que du jour que la fausseté où les pièces auront été découvertes, pourvu qu'il y ait preuve par écrit du jour, et non autrement.

13. Sera attachée aux lettres de requête civile une consultation signée de deux anciens avocats, et de celui qui en aura fait le rapport, laquelle contiendra sommairement les ouvertures de requête civile; et seront les noms des avocats et les ouvertures insérées dans les lettres.

14. Nos chancelier, garde des sceaux, et les maîtres des requêtes ordinaires de notre hôtel, tenans les sceaux de notre grande ou petite chancellerie, et nos autres officiers, ne pourront accorder aucunes lettres en forme de requête civile, que dans le temps et aux conditions ci-dessus, et sans qu'il puisse y avoir clause portant dispense ou restitution de temps pour quelque cause et prétexte que ce soit : et si aucunes avoient été obtenues et signifiées après le temps et délai ci-dessus, ou ne contenoient point les ouvertures et les noms des avocats qui en auront donné l'avis, les déclarons dès à présent nulles, et de nul effet et valeur ; et voulons que nos juges, tant de nos cours ou chambres, qu'autres juridictions, n'y aient aucun égard ; le tout à peine de nullité de ce qui auroit été jugé ou ordonné au contraire.

15. Abrogeons la forme de clorre les lettres en forme de requête civile, et d'y attacher aucune commission; mais seront scellées, expédiées et délivrées ouvertes sans commission aux impétrans ou à leurs procureurs, ou autres ayans charge.

16. Les impétrans des lettres en forme de requête civile contre des arrêts contradictoires, soit qu'ils soient préparatoires ou définitifs, seront tenus en présentant leur requête, afin d'entérinement, consigner la somme de trois cents livres pour l'amende envers nous, et cent cinquante livres d'autre part, pour celle envers la partie. Et si les arrêts sont par défaut, sera seulement consignée la somme de cent cinquante livres pour l'amende envers nous, et soixante-quinze livres pour celle envers la partie : lesquelles sommes seront reçues par le receveur des amendes, qui s'en chargera comme dépositaire, sans droits ni frais, et sans qu'il puisse les employer en recette qu'elles n'aient été définitivement adjugées, pour être, après le jugement des requêtes civiles, rendues et délivrées aussi sans frais à qui il appartiendra.

17. Après que la requête civile aura été signifiée, avec assignation et copie donnée, tant des lettres que de la consultation, la cause sera mise au rôle ou portée à l'audience sur deux actes;

l'un pour communiquer au parquet, et l'autre pour venir plaider, sans autre procédure.

18. Les requêtes civiles ne pourront empêcher l'exécution des arrêts ni des jugemens en dernier ressort, ni les autres requêtes l'exécution des sentences présidiales au premier chef de l'édit, et ne seront données aucunes défenses, ni surséances en aucun cas.

19. Voulons que ceux qui auront été condamnés de quitter la possession et jouissance d'un bénéfice, ou de délaisser quelque héritage ou autre immeuble, rapportent la preuve de l'entière exécution de l'arrêt ou jugement en dernier ressort au principal, avant que d'être reçus à faire aucunes poursuites pour communiquer ou plaider sur les lettres en forme de requête civile, et que jusqu'à ce, ils soient déclarés non-recevables, sans préjudice de faire exécuter durant le cours de la requête civile les arrêts et jugemens en dernier ressort, et les sentences présidiales au premier chef de l'édit par les autres voies, soit pour restitution des fruits, dommages, intérêts et dépens, que pour toutes autres condamnations.

20. Les lettres en forme de requête civile, seront portées et plaidées aux mêmes compagnies où les arrêts et jugemens en dernier ressort auront été donnés.

21. Voulons néanmoins qu'en nos cours de parlement, et autres nos cours, où il y aura une grande chambre, ou chambre de plaidoyé, les requêtes civiles y soient plaidées, encore que les arrêts aient été donnés aux chambres des enquêtes ou aux autres chambres. Mais si les parties sont appointées sur la requête civile, les appointemens seront renvoyés aux chambres où les arrêts auront été donnés, pour y être instruits et jugés.

22. Si la requête civile est entérinée, et les parties remises au même état qu'elles étoient avant l'arrêt ou jugement en dernier ressort, le procès principal sera jugé en la même chambre où aura été rendu l'arrêt ou jugement, contre lequel avoit été obtenue la requête civile.

23. N'entendons comprendre en la disposition du précédent article les requêtes civiles renvoyées aux chambres des enquêtes par arrêt de notre conseil, lesquelles y seront plaidées, sans que les parties en puissent faire aucunes poursuites aux grandes chambres ou chambre du plaidoyé.

24. Ceux qui font profession de la religion prétendue réformée ne pourront faire renvoyer, retenir ni évoquer en nos

chambres de l'édit ou chambres mi-parties, les causes ou instances des requêtes civiles, soit avant ou après les appointemens au conseil contre les arrêts ou jugemens en dernier ressort rendus en d'autres cours ou chambres, et sans distinction si ceux de la religion prétendue réformée y ont été parties principales ou jointes, ou s'ils ont depuis intervenu, ou sont intéressés en leur nom, ou comme héritiers, successeurs, créanciers ou ayans-cause, à peine de nullité des renvois, rétentions et évocations.

25. Les requêtes civiles incidentes contre des arrêts ou jugemens en dernier ressort, interlocutoires, ou dans lesquels les demandeurs en requête civile n'auront point été parties, seront obtenues, signifiées et jugées en nos cours où les arrêts ou jugemens en dernier ressort auront été produits ou communiqués, et à cette fin leur en attribuons par ces présentes autant que besoin seroit, toute cour, juridiction ou connoissance, encore qu'ils aient été donnés en d'autres cours, chambres ou autres juridictions.

26. Si les arrêts ou jugemens en dernier ressort produits ou communiqués, sont définitifs et rendus entre les mêmes parties, ou avec ceux dont ils ont droit ou cause, soit contradictoirement ou par défaut, ou forclusion, les parties se pourvoiront en cas de requête civile par-devant les juges qui les auront donnés, sans que les cours ou juges par-devant lesquels ils seront produits ou communiqués, en puissent prendre aucune juridiction ni connoissance, et passeront outre au jugement de ce qui sera pendant par-devant eux, nonobstant les lettres en forme de requête civile, sans y préjudicier ; si ce n'est que les parties consentent respectivement qu'il soit procédé sur la requête civile où sera produit l'arrêt ou le jugement en dernier ressort, ou qu'il soit sursis au jugement, et qu'il n'y ait d'autres parties intéressées.

27. Toutes requêtes civiles, tant principales qu'incidentes, seront communiquées à nos avocats ou procureurs généraux, et portées à l'audience, sans qu'elles puissent être appointées, sinon en plaidant, ou du consentement commun des parties.

28. Lors de la communication au parquet à nos avocats et procureurs généraux, sera représenté l'avis signé des avocats qui auront été consultés, et les avocats nommés par celui qui communiquera pour le demandeur en requête civile.

29. Si, depuis les lettres obtenues, le demandeur en requête civile découvre d'autres moyens contre l'arrêt ou jugement en

dernier ressort, que ceux employés à la requête civile, il sera tenu de les énoncer dans une requête qui sera signifiée à cette fin au procureur du défendeur, sans obtenir lettres d'ampliation, lesquelles nous abrogeons.

30. Abrogeons aussi l'usage de faire trouver en l'audience les avocats qui auront été consultés; mais voulons que l'avocat du demandeur, avant que de plaider, déclare les noms des avocats, par l'avis desquels la requête civile a été obtenue.

31. Le demandeur en requête civile et son avocat, ne pourra alléguer d'autres ouvertures que celles qui seront mentionnées et expliquées aux lettres, et en la requête tenant lieu d'ampliation, le tout dûment signifié et communiqué au parquet avant le jour de la plaidoirie de la cause.

32. Ne seront les arrêts et jugemens en dernier ressort rétractés sous prétexte du mal jugé au fonds, s'il n'y a ouverture de requête civile.

33. S'il y a ouverture suffisante de requête civile, les parties seront remises en pareil état qu'elles étoient auparavant l'arrêt, encore que ce fût une pure question de droit ou de coutume qui eût été jugée.

34. Ne seront reçues autres ouvertures de requêtes civiles, à l'égard des majeurs, que le dol personnel, si la procédure par nous ordonnée n'a point été suivie; s'il a été prononcé sur choses non demandées ou non contestées : s'il a été plus adjugé qu'il n'a été demandé; ou s'il a été omis de prononcer sur l'un des chefs de demande : s'il y a contrariété d'arrêt ou jugement en dernier ressort entre les mêmes parties, sur les mêmes moyens, et en mêmes cours ou juridictions : sauf en cas de contrariété en différentes cours ou juridictions à se pourvoir en notre grand conseil. Il y aura pareillement ouverture de requête civile, si dans un même arrêt il y a des dispositions contraires; si ès choses qui nous concernent, ou l'église, le public ou la police, il n'y a eu de communication à nos avocats ou procureurs généraux; si on a jugé sur pièces fausses, ou sur des offres ou consentemens qui aient été désavoués, et le désaveu jugé valable; ou s'il y a des pièces décisives nouvellement recouvrées et retenues par le fait de la partie.

35. Les ecclésiastiques, les communautés et les mineurs, seront encore reçus à se pourvoir par requête civile, s'ils n'ont été défendus, ou s'ils ne l'ont été valablement.

36. Voulons qu'aux instances ès procès touchant les droits de

notre couronne ou domaine, où nos procureurs généraux, et nos procureurs sur les lieux seront parties, ils soient mandés en la chambre du conseil, avant que mettre l'instance ou le procès sur le bureau, pour savoir s'ils n'ont point d'autres pièces ou moyens, dont il sera fait mention dans l'arrêt ou jugement en dernier ressort; et à faute d'y avoir satisfait, il y aura ouverture de requête civile à notre égard.

37. Ne seront plaidées que les ouvertures de requête civile, et les réponses du défendeur, sans entrer aux moyens du fond.

38. Celui au rapport duquel sera intervenu l'arrêt ou jugement en dernier ressort, contre lequel la requête civile est obtenue, ne pourra être rapporteur du procès sur le rescindant, ni sur le rescisoire.

39. Si les ouvertures des requêtes civiles ne sont jugées suffisantes, le demandeur sera condamné aux dépens et à l'amende de trois cents livres envers nous, et cent cinquante livres envers la partie, si l'arrêt contre lequel la requête civile aura été prise, est contradictoire, soit qu'il soit préparatoire ou définitif: et en cent cinquante livres envers nous, et soixante-quinze livres envers la partie, s'il est par défaut, sans que les amendes puissent être remises ni modérées.

40. La requête civile qui aura été appointée au conseil, sera jugée comme elle eût pu être à l'audience, sans entrer dans les moyens du fonds.

41. Celui qui aura obtenu requête civile, et en aura été débouté, ne sera plus recevable à se pourvoir par autre requête civile, soit contre le premier arrêt ou jugement en dernier ressort, ou contre celui qui l'auroit débouté; même quand les lettres en forme de requête civile auroient été entérinées sur le rescindant, s'il a succombé au rescisoire.

42. Abrogeons les propositions d'erreur, et défendons aux parties de les obtenir; et aux juges de les permettre à peine de nullité, et de tous dépens, dommages et intérêts.

Voulons que la présente ordonnance soit gardée et observée dans tout notre royaume, terres et pays de notre obéissance, à commencer au lendemain de Saint-Martin, douzième jour de novembre de la présente année: abrogeons toutes ordonnances, coutumes, lois, statuts, réglemens, stiles, et usages différens ou contraires aux dispositions y contenues. Si donnons en mandement, etc.

N° 504. — Edit *portant règlement général sur le domaine de la couronne.*

St-Germain-en-Laye, avril 1667. (Néron, II, 84.) Reg. — C. des C., 20 avril.

LOUIS, etc. Bien que nous ayons pourvu au soulagement de nos sujets par de notables décharges, dans un temps où les dissipations passées, les grands remboursemens que nous avons faits des deniers les plus clairs de notre trésor royal, et les autres charges de notre état sembloient ne nous le pouvoir pas permettre; néanmoins l'amour paternel que nous avons pour eux nous sollicite continuellement de leur accorder de nouvelles grâces. Mais comme l'aliénation des revenus ordinaires de l'état a nécessité les rois nos prédécesseurs de recourir à des impositions extraordinaires dont nos sujets ont été surchargés; aussi quelque désir que nous ayons de les soulager, il seroit difficile que, sans la jouissance de nos revenus et le dégagement du patrimoine de notre couronne, nous puissions leur faire ressentir l'effet de nos bonnes intentions. C'est pour y parvenir que nous avons supprimé tant de constitutions de nouvelles rentes et de droits de toute nature, aliénés pour des sommes immenses, et remboursé le tout du fonds de notre trésor royal, quoique la dissipation en fût notoire, et que l'état n'en eût pas été secouru. Mais au milieu de ces bonnes dispositions, l'ouvrage demeureroit imparfait, si ces aliénations étant supprimées, et le remboursement fait, nous n'entreprenions de l'achever en rentrant dans le patrimoine sacré de notre couronne pour en jouir et trouver par ce moyen de quoi soulager considérablement nos peuples. C'est par ces considérations que nous avons pris résolution de faire le rachat de tous nos domaines, à mesure que l'état de nos affaires et celui de nos finances le pourront permettre. Et bien qu'à cet effet, attendu l'abus visible et notoire qui a été fait depuis trente ou quarante années des reventes et augmentations de finances qui ont été données aux engagistes, sans qu'il en soit entré aucuns deniers dans nos coffres, nous puissions nous remettre de plein droit en possession de nosdits domaines, sauf à faire le remboursement desdites finances avec les intérêts du jour de la dépossession, à mesure que lesdits engagistes rapporteroient les titres de leurs engagemens; néanmoins comme notre intention est de rentrer dans nos domaines, en gardant toutes les formes et solennités, et remboursant aux engagistes et détenteurs d'iceux la finance qu'eux ou leurs auteurs auroient valablement et actuellement payée; aussi nous avons estimé qu'il étoit à propos, pour prévenir et résoudre toutes les difficultés qui pourroient naître pour raison de ce, d'établir, par une déclaration expresse, les différentes qualités de notre domaine, régler les conditions du remboursement et la forme de la réunion, suivant les maximes prescrites par les ordonnances, réglemens, coutumes et usages de notre royaume.

A ces causes, après avoir fait examiner en notre conseil les édits, ordonnances, déclarations, arrêts et réglemens concernant notre domaine, et pris une entière connoissance d'icelui et des droits qui nous appartiennent; de l'avis de notredit conseil, etc..., par le présent édit perpétuel et irrévocable, etc..., voulons et nous plaît : Que tous les domaines aliénés à quelques personnes, pour quelques causes et depuis quelque temps que ce soit (à l'exception toutefois des dons faits aux églises, douaires, apanages et échanges faits sans fraude ni fiction, en conséquence d'édits bien et dûment vérifiés), seront et demeureront à toujours réunis à notre couronne, nonobstant toute prétention de prescription et espace de temps, pendant lequel les domaines et droits en pourroient avoir été séparés, sans qu'ils en puissent être ci-après distraits ni aliénés pour tout ou partie, pour quelque cause que ce puisse être : si ce n'est pour apanage des enfans mâles puînés de France, et à la charge de reversion le cas échéant.

Le domaine de notre couronne est entendu celui qui est expressément consacré, uni et incorporé à notredite couronne, ou qui a été tenu et administré par nos receveurs et officiers par l'espace de dix années, et est entré en ligne de compte : et à cet effet la preuve de la qualité desdits domaines, pourra être faite par des extraits d'édits, d'arrêts, déclarations, réglemens, comptes et registres de la chambre de nos comptes, papiers terriers, fois, hommages, aveux, dénombremens, baux à ferme, partages et autres actes concernant les domaines, qui seront tirés des greffes de nos parlemens, chambres de nos comptes, baillages et sénéchaussées, bureaux des trésoriers de France, du trésor et autres.

Tous détenteurs de nos domaines à quelque titre que ce puisse être, seront tenus d'en rapporter pardevant les commissaires qui seront par nous députés, les contrats et autres pièces justificatives de leur droit; ensemble les quittances de finance qui aura été par eux payée pour raison de leurs engagemens, pour leur être pourvu sur leur remboursement, ainsi qu'il appartiendra :

autrement et à faute de ce faire dans le temps qui leur sera prescrit par lesdits commissaires, sera par eux procédé à la réunion desdits domaines, ainsi qu'il appartiendra.

Les commissaires qui seront par nous députés, en procédant à la réunion de nos domaines, et liquidation de la finance des engagistes d'iceux, n'auront aucun égard aux dons et concessions desdits domaines, pour quelque cause et prétexte qu'ils aient été faits, lesquels nous avons cassés, révoqués et annullés, conformément aux anciennes ordonnances.

Ceux qui auront continué la jouissance de nos domaines au-delà du temps porté par leurs dons et concessions, ou qui n'auront satisfait aux charges et conditions d'icelles, seront pareillement condamnés à la restitution des fruits, à compter du jour que le temps de la concession aura été expiré, suivant l'estimation qui en sera faite, et à satisfaire aux charges et conditions d'icelles.

Les détenteurs des domaines qui ne rapporteront aucuns titres de leurs engagemens, ou n'en rapporteront point de valables, seront tenus de restituer les fruits qu'ils en auront perçus pendant leur jouissance et celle de leurs prédécesseurs; et ne pourra la possession, quelque longue qu'elle soit, suppléer le titre ou couvrir le vice d'icelui, ni empêcher la restitution des fruits de la jouissance entière.

Néanmoins les tiers détenteurs qui auront possédé les domaines de bonne foi, seront déchargés de la restitution des fruits, pourvu qu'ils ne contestent pas après qu'il leur aura été montré que les biens sont domaniaux; et, en cas de contestation, ils restitueront les fruits de leur temps : et quant à leurs auteurs qui n'auront point de titres valables, seront tenus de restituer les fruits des années précédentes, ainsi qu'il est ci-dessus porté.

Les engagistes de nos domaines et droits domaniaux, qui s'en seront rendus adjudicataires à prix d'argent sans fraude, et en vertu d'édits bien et dûment registrés dans les compagnies, n'en pourront être dépossédés que moyennant le remboursement actuel qui leur sera fait de leur véritable finance, frais et loyaux coûts, impenses et méliorations utiles et nécessaires faites par autorité de justice.

A cet effet, les engagistes seront tenus de représenter par-devant nosdits commissaires les procès de ces baux faits par les officiers lors desdits engagemens, de l'état des châteaux, fermes, maisons, manoirs et autres bâtimens, terres et choses en dépendantes, avec le procès-verbal d'estimation des revenus desdits domaines ; ensemble les contrats et titres de leurs engagemens, leurs quittances de finance, pour être sur le tout procédé à la liquidation d'icelle, ainsi qu'il appartiendra.

Ceux qui se trouveront en possession des terres vaines et vagues, landes, marais, étangs, communes et autres domaines baillés et concédés à deniers d'entrée, à cens, rentes et redevances, par inféodation à perpétuité, à temps ou à vie, ou autrement ; comme aussi les détenteurs des boutiques, échoppes et places baillées par baux amphitéotiques, seront tenus de représenter les titres et baux de leurs concessions ; pour être pourvu à leur remboursement, augmentations, impenses et méliorations, ou les y maintenir et conserver, ainsi qu'il sera jugé par notre conseil, au rapport de nosdits commissaires.

En rapportant par les détenteurs les titres de leurs engagemens, seront pareillement tenus ceux qui auront été chargés par iceux d'acquitter des charges locales, fiefs et aumônes, d'en représenter l'état avec les quittances pour être lesdites charges par nous acquittées, si fait n'a été, et être les paiemens qui en seront faits imputés et précomptés sur la finance qui appartiendra auxdits engagistes.

Nous pourrons rentrer dans nos domaines échangés, en rendant les autres biens et droits qui nous auront été donnés en échange, lorsque nous aurons souffert lésion énorme, ou que l'évaluation desdits domaines aura été faite sans les formalités requises, par fraude, fiction, et contre les édits et déclarations concernant les domaines. Et à cet effet, seront tenus lesdits propriétaires par échange, d'en rapporter les titres avec les enquêtes, procédures et procès-verbaux d'évaluation, pour en être fait, si besoin est, une nouvelle des choses échangées de part et d'autre, eu égard au temps que les échanges auront été faits.

Ou les engagistes de nos domaines ne rapporteront aucuns procès-verbaux d'estimation en bonne forme de l'état des lieux, lors de l'engagement ; sera fait enquête dudit état, des plus anciens habitans des lieux, et de gens à ce connoissans ; pour ladite enquête rapportée en notre conseil, être ordonné ce que de raison.

Lesdits engagistes qui auront détérioré les lieux, seront tenus de les réparer.

En procédant à la liquidation de la finance des engagistes, les dons, gratifications, pensions, gages, appointemens, arrérages d'iceux, et toutes autres finances, de quelque qualité qu'elles puissent être, en seront rejettées, et n'entreront en liquidation que les deniers comptans que les engagistes justifieront avoir actuellement payés dans nos coffres, en quelques termes, ou pour quelques causes que les quittances soient conçues.

Sera loisible de faire preuve que la finance portée par icelles n'aura pas été actuellement payée en nos coffres, et qu'il aura été employé dans lesdites quittances des remises, dons, arrérages de pensions, gages, appointemens, récompenses, acquits, patentes et autres mauvaises finances : à laquelle preuve pourront servir les extraits tirés des registres de l'épargne, ordonnances, états de menu de comptant et autres papiers de l'épargne, registres et comptes des chambres de nos comptes, et de tous autres actes.

Ceux qui sous noms interposés auront de nouveau fait publier et mis aux enchères nos mêmes domaines, dont ils auront été engagistes, et s'en seront rendus adjudicataires, soit sous leurs noms, ou sous noms empruntés, seront et demeureront déchus de tous remboursemens portés par les contrats de nouvelles adjudications, quelques quittances qu'ils en rapportent, et n'entrera en liquidation que la finance du premier engagement. Ce qui aura pareillement lieu contre les engagistes, qui rapporteront des contrats de seconde ou plusieurs reventes et adjudications faites en vertu d'un seul et même édit; si ce n'est qu'ils justifient leurs enchères avoir été forcées, et en avoir mis en nos coffres actuellement les deniers.

Les engagistes de nos domaines, dans l'étendue desquels se trouvent des bois de haute fûtaie, en rapportant les titres de leurs engagemens, seront pareillement tenus de représenter les procès-verbaux de visitation desdits bois, faits lors des engagemens d'iceux par les officiers des eaux et forêts : autrement sera informé de l'état auquel étoient lesdits bois de haute fûtaie, et des anciens entendus sur le fait desdites dégradations, pour, l'information rapportée, y être pourvu ainsi qu'il appartiendra.

Les engagistes qui auront abbatu nos bois de haute fûtaie, sans nos lettres-patentes bien et duement registrées, et contre les défenses portées par nos ordonnances, ou avancé les coupes des taillis, ruiné ou dégradé les forêts et bois de notre domaine, en quelque sorte et manière que ce puisse être, seront tenus, outre la restitution de la valeur et profit d'icelle, suivant la juste estimation, de payer les dommages et intérêts.

L'estimation de nos forêts et bois de haute fûtaie qui auront été coupés, ou dégradés, sera faite selon la plus haute valeur, à laquelle ils auroient pu monter s'ils n'avoient point été coupés avant le temps, sans que les reventes qui pourroient avoir été faites des domaines, depuis la coupe et dégradation desdits bois, en puissent empêcher la recherche et la restitution, qui nous sera faite par ceux qui auront fait lesdites coupes et dégradations; le tout suivant le rapport qui en sera fait par les anciens habitans des lieux et au dire de gens à ce connoissans.

Lesdits engagistes, qui auront joui de la coupe des taillis recrus sur les bois de haute fûtaie, qui auront été coupés ou dégradés depuis leur première adjudication, seront tenus de nous rendre et restituer le prix provenu desdites coupes, dont ils rapporteront la justification en bonne forme : sinon la liquidation en sera faite au dire des experts et gens à ce connoissans, sur le plus haut prix que lesdits taillis auront été vendus pendant le temps de leur jouissance, sans que les reventes faites depuis lesdites coupes puissent empêcher la restitution.

Si lesdites aliénations se trouvent faites au préjudice et contre les termes des édits et déclarations bien et dûment registrées, que les contrats soient frauduleux, les quittances défectueuses, ou les adjudications vicieuses, pour quelque cause que ce puisse être, les commissaires par nous députés, en ordonneront incontinent la réunion, sauf à les rembourser suivant qu'ils justifieront après leur dépossession par de bons et valables titres.

Ceux qui donneront avis et fourniront mémoires de nos domaines usurpés ou aliénés dont n'aura été fait aucun état, auront le dixième de ce qui nous en reviendra, dont ils seront actuellement et préférablement payés, suivant la liquidation qui en sera faite par nosdits commissaires.

Et à l'effet de ce que dessus, voulons qu'en rapportant par le garde de notre trésor royal, ou autres qui pourront faire lesdits remboursemens, les quittances de finance, contrats et autres titres de leurs engagemens, et les liquidations qui en seront faites par lesdits sieurs commissaires, avec la quittance desdits engagistes, la dépense en soit passée en leurs comptes, sans obliger lesdits propriétaires et possesseurs desdits domaines de rapporter aucuns avis ni vérification de finance de nos chambres des comptes, dont nous les avons dispensés et dispensons par ces présentes. Si donnons, etc.

N° 565. — ÉDIT *portant règlement général pour les communes et communaux des communautés laïques.*

St-Germain-en-Laye, avril 1667. (Néron, II, 87. — Rec. Cass. — Droit des communes, par M. Latruffe Montmeylian, II, 47.) Reg. P. P., le roi y séant. — C. des A., le 20 avril.

LOUIS, etc. Entre les désordres causés par la licence de la guerre, la dissipation des biens des communautés a paru des plus grands : elle a été d'autant plus générale, que les seigneurs, les officiers et les personnes puissantes, se sont aisément prévalus de la foiblesse des plus nécessiteux, que les intérêts des communautés sont ordinairement les plus mal soutenus, et que rien n'est davantage exposé que ces biens, dont chacun s'estime le maître. En effet, quoique les usages et communes appartiennent au public, à un titre qui n'est ni moins favorable, ni moins privilégié que celui des autres communautés, qui se maintiennent dans leurs biens par l'incapacité de les aliéner, sinon en des cas singuliers et extraordinaires, et toujours à faculté de regrès : néanmoins l'on a partagé ces communes ; chacun s'en est accommodé selon sa bienséance, et pour en dépouiller les communautés, l'on s'est servi de dettes simulées, et abusé pour cet effet des formes plus régulières de la justice. Aussi ces communes qui avoient été concédées par formes d'usages seulement, pour demeurer inséparablement attachées aux habitations des lieux, pour donner moyen aux habitans de nourrir des bestiaux et de fertiliser leurs terres par les engrais et plusieurs autres usages, en ayant été aliénés, les habitans étant privés des moyens de faire subsister leurs familles, ont été forcés d'abandonner leurs maisons ; et par cet abandonnement les bestiaux ont péri, les terres sont demeurées incultes, les manufactures et le commerce en ont souffert, et le public en a reçu des préjudices très-considérables. Et comme l'amour paternel que nous avons pour tous nos sujets nous fait porter nos soins partout ; que la considération que nous faisons des uns n'empêche pas que nous ne fassions réflexion sur les autres ; que nous n'avons rien davantage à cœur que de garantir les plus foibles de l'oppression des plus puissans, et de faire trouver aux plus nécessiteux du soulagement dans leurs misères ; nous avons estimé que nous ne pouvions employer de moyen plus convenable à cet effet que celui de faire rentrer les communautés dans leurs usages et communes aliénés, et leur donner moyen d'acquitter leurs dettes légitimes. Et d'autant qu'il seroit impossible de rétablir la culture des terres et de les améliorer par les engrais, en laissant les bestiaux sujets aux saisies de tous les créanciers particuliers sans distinction; qu'en les exemptant pour un temps des exécutions, les débiteurs deviendront plus accommodés, les terres produiront davantage, et chacun en recevra de notables commodités.

A ces causes, etc., voulons et nous plaît, que dans un mois à compter du jour de la publication des présentes, les habitans des paroisses et communautés, dans toute l'étendue de notre royaume, rentrent sans aucune formalité de justice, dans les fonds, prés, pâturages, bois, terres, usages, communes, communaux, droits et autres biens communs par eux vendus, ou baillés à baux, à cens ou amphitéotiques, depuis l'année 1620, pour quelque cause et occasion que ce puisse être, même à titre d'échange, en rendant toutefois, en cas d'échange, les héritages échangés; et à l'égard des autres aliénations, en payant et remboursant aux acquéreurs dans dix ans, en dix paiemens égaux, d'année en année, le prix principal desdites aliénations faites pour causes légitimes, et qui aura tourné au bien et utilité desdites communautés, suivant la liquidation qui en sera faite par les commissaires qui seront à ce par nous députés; et cependant l'intérêt à raison du denier vingt-quatre, qui diminuera à proportion des paiemens qui seront faits; sans que les créanciers des communautés, même ceux qui se trouveront créanciers pour raison du remboursement du prix, pour lequel les communes auront été aliénées, puissent faire saisir lesdites communes, ni en faire faire bail judiciaire, ni s'en faire adjuger les fruits ou la jouissance, à quelque titre ou sous quelque prétexte que ce soit, en justice ou par convention faite avec les habitans, à peine de perte de leur dû, et de deux mille livres d'amende. Voulons qu'à cet effet, les sommes nécessaires pour lesdits remboursemens soient imposées et levées sur tous et chacuns les habitans desdites communautés et paroisses; le tout nonobstant tous contrats, transactions, arrêts, jugemens, lettres-patentes vérifiées, et autres choses à ce contraires: auquel remboursement, voulons que tous les habitans des paroisses contribuent, même les exempts et privilégiés; lesquels à cet effet seront taxés d'office, par les commissaires par nous départis dans les provinces, à proportion des biens qu'ils se trouveront posséder dans lesdites paroisses.

Défendons à toutes personnes de quelque qualité et condition qu'elles soient, et à leurs fermiers, d'envoyer leurs bestiaux paccuger dans lesdites communes, ni prendre aucune part dans lesdits usages, qu'ils n'aient payé les sommes, auxquelles ils seront compris pour lesdits remboursemens, à peine de confiscation des bestiaux, et de deux mille livres d'amende. Et seront tenus tous seigneurs prétendans droit de tiers dans les usages, communes et communaux des communautés, ou qui en auront fait faire le triage à leur profit, depuis l'année 1630, d'en abandonner et délaisser la libre et entière possession au profit desdites communautés; nonobstant tous contrats, transactions, arrêts, jugemens et autres choses à ce contraires. Et au regard des seigneurs, qui se trouveront en possession desdits usages, auparavant lesdites trente années, sous prétexte dudit tiers, ils seront tenus de représenter le titre de leur possession, par-devant les commissaires à ce députés, pour en connoissance de cause y être pourvu : et en cas que lesdits seigneurs soient et demeurent maintenus dans ledit tiers, ne pourront eux ni leurs fermiers, user comme les autres habitans des pâturages, bois, communes et autres usages, à peine de réunion de la portion qui leur a été assignée pour leur triage.

Et au moyen de ce que dessus, faisons très-expresses inhibitions et défenses à toutes personnes, de quelque qualité et condition qu'elles soient, de troubler ni inquiéter les habitans desdites communautés, dans la pleine et entière possession de leurs biens communs, et auxdits habitans de plus aliéner leurs usages et communes, sous quelque cause et prétexte que ce puisse être; nonobstant toutes permissions qu'ils pourroient obtenir à cet effet, à peine contre les consuls, échevins, procureurs, syndics et autres personnes chargées des affaires desdites communautés, qui auront passé les contrats, ou assisté aux délibérations qui auront été tenues à cet effet, de trois mille livres d'amende, au paiement de laquelle ils seront solidairement contraints, au profit des hôpitaux généraux des lieux, de nullité des contrats et de perte du prix contre les acquéreurs, qui sera délivré pareillement auxdits hôpitaux.

Et pour traiter d'autant plus favorablement les communautés, nous les avons confirmées et confirmons par ces présentes, dans la possession et jouissance des usages et communes qui leur ont été concédées par les rois nos prédécesseurs et par nous ; même leur remettons le droit de tiers qui nous pourroit appartenir, dans lesdits usages et communes : et en conséquence défendons à nos officiers et à tous autres, de demander, poursuivre, ni faire faire aucun triage à notre profit, pour raison de ce ; sans préjudice des aliénations qui pourroient avoir été faites dudit tiers à nous appartenant, en exécution de l'édit de l'année 1619, qui en ordonne l'aliénation, ni du droit de tiers et danger aussi à nous appartenant, dans les bois et forêts. Et désirant pourvoir à la conservation des bestiaux, nous avons fait, comme nous faisons très-expresses inhibitions et défenses, à tous huissiers et sergens, de procéder pendant le temps de quatre années, par voie de saisie, ni de vendre aucuns bestiaux, soit pour dettes de communautés ou particulières, à peine d'interdiction de leurs charges, et de trois mille livres d'amende applicable moitié à nous, et l'autre moitié à la partie, et de tous ses dépens, dommages et intérêts ; sans préjudice néanmoins du privilége des créanciers, qui auront donné les bestiaux à cheptel, qui les auront vendus, ou qui en auront payé le prix, même des propriétaires des fermes et terres, pour leurs loyers et fermages, sur les bestiaux qui seront sur leurs terres, appartenans à leurs fermiers, auxquels il sera loisible de faire procéder par voie de saisie sur les bestiaux, nonobstant lesdites défenses. Si donnons, etc.

N° 506. — EDIT *portant établissement au parlement de Paris d'une audience pour les causes au-dessous de mille livres ou de cinquante livres de rente.*

St-Germain-en-Laye, 18 avril 1667. (Archiv.)

N° 507. — EDIT *qui confirme le règlement en 21 art. dressé pour la place de change de Lyon.*

Compiègne, 7 juillet 1667. (Ord. 12, 5 V, 129. — Rec. Cass.)

N° 508. — TRAITÉ *de paix de Breda* (1).

31 juillet 1667. (Moreau de St-Méry, I, 167.)

N° 509. — EDIT *par lequel il est accordé mille livres de pension à ceux qui auront dix enfans, et deux mille à ceux qui en auront douze* (2).

Amiens, juillet 1667. (Archiv.)

---

(1) Dont le roi de Suède fut le modérateur. Il y eut trois actes ou instrumens séparés ; le premier entre la France et l'Angleterre, où l'on convint que tout ce qui s'étoit pris de part et d'autre seroit rendu ; le second entre l'Angleterre et le Danemarck ; le troisième entre l'Angleterre et la Hollande. (Hen. Abr. Chr.)

(2) « Le roi voulut par là, dit Voltaire, encourager la noblesse qui défend l

N° 510. — ORDONNANCE *du roi pour la publication de la paix avec l'Angleterre.*

26 août 1667. (Moreau de St-Méry, I, 170.)

N° 511. — ARRÊT *du parlement de Paris portant règlement pour les procédures civiles et criminelles, tant en ladite cour que dans les justices royales et subalternes de son ressort.*

3 septembre 1667. (Rec. des Ord. citées dans celles d'avril 1667, août 1669, août 1670, mars 1673. Paris, 1757.)

N° 512. — ÉDIT *pour l'établissement de la manufacture des Gobelins.*

Paris, novembre 1667. (Ord. 12, 3 V. 1. — Rec. Cass.) Reg. P. P., 21 décembre.

N° 513. — DÉCLARATION *qui défend de porter des étoffes et passemens d'or et d'argent, et des dentelles de fil venant de l'étranger.*

Paris, 21 novembre 1667. (Ord. 11, 3 T. 495. — Rec. Cass.) Reg. P. P., 21 novembre.

N° 514. — LETTRES-PATENTES *par lesquelles La Feuillade est fait duc et pair en épousant l'héritière du duché de Rouannais* (1).

1667. (Hen. Abr. chr.)

N° 515. — LETTRES *d'érection de la seigneurie de Vaujour en duché-pairie sous le titre de La Vallière* (2).

1667. (Hen. Abr. chr.)

---

patrie et les agriculteurs qui la nourrissent. Déjà par son édit de 1666, il avoit accordé deux mille francs de pension, qui en font près de quatre aujourd'hui, à tout gentilhomme qui auroit eu douze enfans, et mille à qui en auroit eu dix. La moitié de cette gratification étoit assurée à tous les habitans des villes exemptes de tailles, et parmi les taillables, tout père de famille qui avoit ou qui avoit eu dix enfans, étoit à l'abri de toute imposition. » *Siècle de Louis XIV.*

(1) Rouannais avoit été érigé en duché-pairie dès 1579 en faveur d'Arthur de Gouffier; mais les lettres ne furent pas enregistrées, non plus que celles qu'obtinrent depuis Claude et Louis de Gouffier. (Hen. Abr. chr.)

(2) La princesse de Conti fit don de ce duché avec le consentement du roi en 1688, au marquis de La Vallière, qui obtint de nouvelles lettres d'érection en duché-pairie en 1723, enregistrées la même année. (Hen. Abr. chr.)

N° 516. — Edit *portant création du grade de brigadier pour la cavalerie* (1).

1667. (Hen. Abr. chr.)

N° 517. — Arrêt *du conseil portant que les bourgeois de Paris qui ont pris la qualité de chevalier et d'écuyer seront tenus d'en faire leurs déclarations.*

Paris, 12 janvier 1668 (2). (Rec. Cass.)

N° 518. — Ordonnance *portant défenses aux capitaines de quitter leurs vaisseaux, quand ils sont en rade, pour aller coucher à terre.*

30 janvier 1668. (Code nav., p. 98.)

N° 519. — Edit *portant création en titre d'office des vingt-neuf procureurs de la chambre des comptes.*

Saint-Germain-en-Laye, février 1668. (Rec. Cass.)

N° 520. — Ordonnance *portant que les compagnies d'infanterie destinées à tenir garnison dans les villes ne seront entretenues que sur le pied de cinquante hommes, non compris les officiers.*

Saint-Germain-en-Laye, 20 mars 1668. (Réglem. et ordonn. sur la guerre.)

N° 521. — Réglement *sur le rang des intendans de marine et des chefs d'escadre dans les conseils et cérémonies publiques.*

21 mars 1668. (Cod. nav., p. 110.)

N° 522. — Ordonnance *concernant la fourniture des étapes.*

Saint-Germain-en-Laye, 27 mars 1668. (Réglem. et ordonn. sur la guerre.)

N° 523. — Ordonnance *portant que les brigadiers d'infanterie auront le même pouvoir sur les troupes d'infanterie que les brigadiers de cavalerie ont sur celles de cavalerie.*

Saint-Germain-en-Laye, 30 mars 1668. (Réglem. et ordonn. sur la guerre.)

N° 524. — Edit *portant réglement sur les saisies, exécutions,*

---

(1) Et l'année suivante pour l'infanterie et pour les dragons. (Hen. Abr. chr.)
(2) Le roi fit ôter cette année des registres du parlement tout ce qui s'y était passé depuis 1647, jusqu'en 1652. (Hen., Abr. chr.)

et autres poursuites faites pour la perception des tailles, de l'impôt sur le sel, et autres.

Saint-Germain-en-Laye, mars 1668. (Rec. Cass. — Néron, II, 88.) Reg. C. des A. 16 avril.

N° 525. — DÉCLARATION (1) *portant que les détenteurs des iles, attérissemens, droit de pêche, péage, passage, bacs, bateaux, ponts et moulins, et autres droits sur les rivières navigables, qui justifieront d'une possession de cent années, y seront confirmés à perpétuité en payant une redevance du vingtième du revenu.*

Saint-Germain-en-Laye, mars 1668. (Archiv. — Rec. Cass.)

N° 526. — TRAITÉ *de paix entre la France et l'Espagne* (2).

Aix-la-Chapelle, 2 mai 1668. (Rec. Cass.) Publié à Paris le 29 mai.

N° 527. — DÉCLARATION *portant règlement des priviléges des maîtres de postes.*

Saint-Germain-en-Laye, 14 mai 1668. (Lequien, p. 265.) Reg. C. des A., 14 juin.

N° 528. — ORDONNANCE *portant peine de mort contre les soldats des troupes réformées qui en se retirant chez eux commettront des désordres.*

Saint-Germain-en-Laye, 25 mai 1668. (Réglem. et ordonn. sur la guerre.)

N° 529. — LETTRES-PATENTES *portant érection de la pairie de Duras.*

Saint-Germain-en-Laye, 25 mai 1668. (Blanchard.)

N° 530. — ORDONNANCE *portant renouvellement de celles contre les déserteurs.*

Saint-Germain-en-Laye, 1er juin 1668. (Réglem. et ordonn. sur la guerre.)

N° 531. — ORDONNANCE *portant défenses aux officiers, cavaliers et soldats des troupes de rien exiger de leurs hôtes.*

Saint-Germain-en-Laye, 1er juin 1668. (Réglem. et ordonn. sur la guerre.)

---

(1) Visée dans un arrêt du conseil du 12 mars 1668. (Archiv.)
(2) Ratifié par lettres-patentes du 26 mars. Les conquêtes que le roi avait faites dans les Pays-Bas lui restèrent. On rendit la Franche-Comté contre l'avis de Turenne. (Hen. Abr. chr.)

N° 532. — **Lettres-patentes** en *forme d'édit qui maintient la noblesse de Provence dans la possession des domaines aliénés avant l'union de ce comté à la couronne.*

Saint-Germain-en-Laye, juin 1668. (Rec. Av. Cass.) R. g. parl. d'Aix, 28 juin.

N° 533. — **Arrêt** *du conseil qui maintient les nobles au droit de compenser les biens roturiers par eux acquis depuis le 15 décembre 1556 avec les biens nobles par eux aliénés depuis ledit temps* (1).

Saint-Germain-en-Laye, 15 juin 1668. (Julien, Comment. sur les statuts de Provence, II, 90.)

Le roi ayant reçu les très humbles remontrances de la noblesse de Provence assemblée par sa permission au mois de février dernier, sur les causes d'opposition formées en la cour des comptes, aides et finances dudit pays, à l'enregistrement de la déclaration du mois de février 1666, pour raison de la compensation des biens-nobles aliénés avec les roturiers acquis par les gens nobles, et voulant empêcher que les gens des trois états de ladite province ne renouvellent les contestations qui ont été terminées par l'arrêt du 15 décembre 1556, et autres rendus en conséquence, faire cesser les abus qui pourroient procéder du mauvais usage de la faculté accordée aux nobles pour compenser lesdits biens et régler la forme desdites compensations et contributions aux tailles, afin de prévenir la cause d'une infinité de procès qui naîtroient pour raison de ce, entre les nobles et les communautés de ladite province, par une mauvaise interprétation des dits arrêts et règlemens.

Art. 1. S. M. étant en son conseil a ordonné et ordonne que l'arrêt rendu en son conseil le 15 décembre 1556, les lettres-patentes expédiées en conséquence le 12 juin 1557, ensemble les arrêts du 21 janvier 1625, 20 août 1637 et 6 juin 1645, et tous autres arrêts rendus, pour raison de ce, tant au conseil qu'aux parlemens de Paris et d'Aix, et cour des comptes, aides et finances de Provence seront exécutés selon leur forme et teneur: ce faisant, a maintenu et maintient les nobles dudit pays au droit de compenser les biens roturiers par eux acquis depuis l'année 1556 avec les biens nobles par eux aliénés depuis ledit temps jusqu'à présent, comme ils auroient pu faire auparavant la dé-

---

(1) V. Note sur les banalités, ci-dessus p. 71, n° 472.

claration du mois de février 1666 que S. M. a révoqué et révoque.

2. Ordonne néanmoins que ceux qui prétendront compenser à l'avenir les biens nobles qui seront ci-après aliénés, avec les biens roturiers qu'ils acquerront, seront tenus d'obtenir des lettres-patentes, et icelles faire enregistrer où besoin sera, avec les habitans des lieux où lesdits biens seront situés, à peine de nullité.

3. Et pour obvier aux abus qui pourroient être faits en exécution desdits arrêts et réglemens, au sujet du payement et contribution des tailles, fait, S. M., défenses aux habitans des villes et villages de ladite province, de vendre, à prix d'argent, aux seigneurs des lieux, aucuns dixains, douzains ou autres taxes et levées universelles sur les fruits de leurs terroirs; révoque comme nulles telles ventes qui pourroient avoir été faites, en restituant, par lesdits habitans, en deniers comptans, le même prix pour lequel elles ont été imposées, sans restitution des fruits pour le passé; déclare telles ventes dès à présent rachetables, comme simples rentes constituées, à prix d'argent, sans toutefois en ce comprendre les taxes universelles qui ont été subrogées aux anciens droits seigneuriaux de quêtes, corvées, cas impériaux, albergues, bouvages, fournage et autres semblables qui demeureront en leur entier, comme faisant partie du fief.

4. Veut, S. M., que les fiefs et domaines baillés par les communautés aux seigneurs des lieux, en paiement des dettes légitimes, demeurent auxdits seigneurs francs et immunes de tailles, au cas qu'ils justifient qu'ils ayent été ci-devant démembrés, ou fait partie de leur seigneurie, et qu'ils y soient retournés par collocation ou assignation en département de dettes, en exécution des arrêts du conseil.

5. Et à l'égard de tous les biens et domaines desdites communautés possédées par les seigneurs qui n'auront procédé de leurs fiefs, et ny seront retournés par lesdites voies, permet, S. M., auxdites communautés de rembourser lesdits seigneurs et tous autres détenteurs du prix pour lequel ils ont été aliénés, si mieux lesdits possesseurs n'aiment payer les tailles desdits biens sur le pied des autres biens roturiers de pareille nature et valeur.

6. Le sol et fonds-noble aliéné entrera seul en compensation, et non les maisons et bâtimens qui pourroient y avoir été faits, si non ès lieux où les maisons taillables sont mises au cadastre. Auquel cas le seigneur pourra compenser d'autres maisons, ca-

seaux et bâtimens, ou autres biens qu'il pourroit avoir acquis roturiers et sujets à la taille, de même valeur et qualité.

7. Déclare, S. M., que les biens et domaines nobles qui peuvent être perpétuellement compensables, sont ceux qui auront demeuré cinq ans sur le cadastre, ou qui auront pu porter la taille pendant ledit temps; et ne seront, lesdits biens et domaines, compensés que sur la valeur du jour de la compensation, encore qu'après ils fussent détériorés et devenus de moindre valeur par la négligence du possesseur, ou autre accident; et si tels biens sont délaissés avant les cinq ans, le seigneur ne pourra compenser que les arrérages des tailles desdits biens roturiers pour le même temps que l'acquéreur du bien noble l'aura payé desdits biens par lui acquis.

8. Le seigneur qui aura donné à nouveau bail des parts et portions de son domaine noble, compensera le bien roturier qu'il aura acquis dans ledit temps de cinq années après son acquisition, et s'il acquéroit des biens roturiers avant que de donner à nouveau bail son bien noble, il sera pareillement compensé dans le même temps de cinq ans après le nouveau bail du bien noble.

9. Et en cas de refus ou délai de la part des seigneurs de faire telles applications ou compensations après les cinq ans des nouveaux baux par eux faits, ils seront contraints au paiement de la taille pour tout le temps que ladite compensation n'aura été faite après ledit temps de cinq ans : sinon au cas que par un acte public fait en plein conseil de la communauté, les seigneurs eussent offert ladite compensation, et que les habitans fussent en demeure de faire évaluer et mettre au cadastre les fonds dont est question : auquel cas la compensation sera censée être faite du jour de ladite offre bien et duement attachée.

10. Ne sera dérogé aux arrêts du conseil et du parlement de Paris et autres donnés en conséquence, qui ont déclaré les biens réunis aux fiefs par commis et confiscation, délaissement et déguerpissement, francs et immunes de toutes tailles, pourvu qu'auxdits déguerpissemens qui auront été faits depuis l'année 1637, les formalités prescrites par l'arrêt du conseil du 20 août audit an, ayent été observées, et sans préjudice des autres faits auparavant, suivant l'usage observé audit pays; et seront tous les procès mus et à mouvoir, pendans et indécis au conseil et ailleurs, pour raison des choses susdites, jugés et terminés suivant la disposition du présent arrêt, nonobstant tous autres arrêts qui pourroient être intervenus au contraire audit conseil.

cours de parlement, comptes, aides et finances, auxquels S. M. a dérogé et déroge : ordonné à sa cour de parlement d'Aix et autres ses officiers qu'il appartiendra, de faire exécuter et observer le présent arrêt, sans souffrir qu'il y soit contrevenu en aucune façon et manière que ce soit.

N° 534. — RÈGLEMENT *pour les alimens des prisonniers.*

Saint-Germain-en-Laye, 22 juin 1668. (Néron, II, 755.)

N° 535. — ORDONNANCE *portant que les soldats qui s'éloigneront de plus d'une demi-lieue de leur garnison sans congé, seront punis comme déserteurs.*

Saint-Germain-en-Laye, 25 juin 1668. (Réglem. et ordonn. sur la guerre.)

N° 536. — ÉDIT *pour l'enregistrement et l'exécution de l'indult du pape du 16 avril 1667, accordé aux chancelier de France et officiers du parlement de Paris, et portant attribution au grand conseil de la juridiction et connoissance des procès y relatifs.*

Saint-Germain-en-Laye, juillet 1668. (Mém. clergé. — Pinson, Indult, II, 505.)

N° 537. — LETTRES-PATENTES *pour l'établissement de moulins à fer et acier.*

Saint-Germain-en-Laye, 11 août 1668. (Ord. 13, 3 X, 176.)

N° 538. — DÉCLARATION *en explication de celle du mois de mars 1653 pour la succession de ceux qui auront été tués en duel.*

Saint-Germain-en-Laye, août 1668. (Néron, II, 89. — Rec. Cass.) Reg. P. P., 22 janvier 1669.

LOUIS, etc. Par notre édit du mois de septembre de l'année 1651 et déclaration sur icelui de l'année 1653 sur le fait des duels, registrés où besoin a été, nous avons permis aux parens de celui qui aura été tué en duel de se rendre partie dans trois mois pour tout délai après le délit commis, contre celui qui aura tué; et au cas qu'ils le poursuivent si vivement qu'il soit atteint et convaincu et puni dudit crime, nous leur avons fait don et remise de la confiscation du bien de leur parent; mais d'autant que le mot général de parens, inséré dans notredite déclaration, a donné lieu à plusieurs procès et différends entre les héritiers et autres parens des prévenus dudit crime, lesquels, à cause qu'ils se seroient rendus parties avant les autres plus proches, voudroient prétendre les exclure de ladite confiscation, nous avons estimé nécessaire et important pour le bien et le repos des familles de nos sujets, de faire cesser toutes les contestations, procès et différends mus et à mouvoir pour raison de ce, expliquer et déclarer clairement notre intention, qui n'a été que d'avantager les légitimes héritiers par ce mot de parens.

A ces causes, etc. Voulons et nous plaît que, tant pour le passé qu'à l'avenir, entre les parens qui seront dans les trois premiers mois parties au procès, les plus proches parens et habiles à succéder, suivant les coutumes, seront préférés et jouiront seuls du don et remise que nous leur faisons de ladite confiscation, quoique les poursuites faites par les parens plus éloignés eussent précédé et continué jusqu'à la condamnation, à la charge toutefois de rembourser lesdits parens plus éloignés de tous les frais nécessaires par eux faits ésdites poursuites, et ce nonobstant tous jugemens à ce contraires, et sans que pour entrer en jouissance du bien de leurs parens pour le passé, il leur soit besoin d'autres lettres que les présentes, pourvu que lesdits plus proches et habiles à succéder, soient intervenus dans lesdits trois mois, autrement la confiscation appartiendra aux parens qui auront fait les poursuites, et pour l'avenir nous entendons que lesdits héritiers ne pourront entrer en ladite jouissance, que le jugement de condamnation contre l'homicide n'ait été rendu, jusques auquel temps le revenu nous demeurera confisqué et appliqué au plus proche hôpital du lieu.

N° 539. — ARRÊT *du conseil portant que le commerce des îles ne sera fait que par la compagnie des Indes occidentales, ou par les bâtimens françois, avec la permission de cette compagnie.*

Saint-Germain-en-Laye, 10 septembre 1668. (Moreau de Saint-Méry, I, 174.)

N° 540. — ORDONNANCE *portant défenses aux officiers des troupes d'admettre dans leurs compagnies des passevolans ou des cavaliers et soldats d'autre compagnie que des leurs.*

Saint-Germain-en-Laye, 20 septembre 1668. (Règlem. et ordonn. sur la guerre.)

N° 541. — ORDONNANCE *pour l'enrôlement des matelots par classes.*

22 septembre 1668. (Cod. nav., p. 121.)

N° 542. — Déclaration *portant réglement général des gabelles.*

Chambord, septembre 1668. (Rec. Av. Cass.)

N° 543. — Édit *pour l'établissement des fourneaux pour la fabrique de l'acier.*

Chambord, octobre 1668. (Ord. 13, 5 X, 194.)

N° 544. — Ordonnance *pour la réduction des compagnies d'infanterie françoise au nombre de 80 hommes.*

Paris, 25 novembre 1668. (Réglem. et ordonn. sur la guerre.)

N° 545. — Édit *portant création d'un conseil souverain* (1) *à Tournai,*

1668. (Hen., Abr. chr.)

N° 546. — Ordonnance *qui oblige les officiers des troupes à faire des décomptes à leurs cavaliers et soldats.*

Paris, 7 janvier 1669. (Réglem. et ordonn. sur la guerre.)

N° 547. — Ordonnance *pour régler le rang entre les capitaines et lieutenans d'infanterie réformés et les capitaines et lieutenans d'infanterie en pied.*

Paris, 10 janvier 1669. (Réglem. et ordonn. sur la guerre.)

N° 548. — Édit *qui supprime les chambres de l'édit* (2) *dans les parlemens de Paris et de Rouen.*

Paris, janvier 1669. (Rec. Cass.) Reg. P. P., 4 février.

N° 549. — Déclaration *touchant les religionnaires* (3).

Paris, 1ᵉʳ février 1669. (Ord. 13, 5 X, 149. — Néron, II, 961.) Reg. P. P., 28 mai.

Louis, etc. Par nos lettres patentes en forme de déclaration, du 2 avril 1666 contenant cinquante-neuf articles, nous aurions

---

(1) Érigé en parlement en 1686. Cette ville ayant été rendue en 1713, le parlement fut transféré à Douay. (Hen., Abr. chr.)

(2) Elles furent supprimées dans tous les parlemens du royaume. Elles avoient été établies par l'édit de Nantes en faveur des protestans. Les chambres distribuées dans les parlemens du royaume, étoient mi-parties, mais dans le parlement de Paris, où la chambre de l'édit devoit être de six conseillers réformés, et de dix catholiques, on n'y laissa qu'un seul réformé, et les cinq autres furent distribués dans les enquêtes, sans pouvoir monter à la grand' chambre; la chambre n'en avoit pas moins conservé le nom de chambre de l'*édit*, quoiqu'il n'y eût qu'un seul réformé, pour faire souvenir qu'elle avoit été créée en leur faveur. (Hen., Abr. chr.)

(3) Les articles que nous ne donnons pas sont répétés textuellement de l'ordonnance du 2 avril 1666.

réglé plusieurs choses à observer par tous nos sujets de la religion prétenduë réformée; sur quoi nous ayant depuis peu fait faire les remontrances qu'ils ont estimé à propos, nous les avons fait examiner en notre conseil, pour, avec bonne connoissance, y apporter les considérations convenables, afin d'obliger d'autant plus lesdits de la religion prétenduë réformée, de concourir au bien de cet état, et conserver entr'eux et nos sujets catholiques, une bonne amitié, union et concorde. Sçavoir faisons que pour ces causes et autres à ce nous mouvans; de l'avis de notre conseil, et de notre certaine science, pleine puissance et autorité royale: nous avons révoqué et révoquons nosdites lettres de déclaration dudit jour 2 avril 1666 ensemble les arrêts sur lesquels elle a été faite, en ce qu'ils ne se trouveront conformes à la présente : et à cette fin, nous avons dit, déclaré et ordonné, disons, déclarons et ordonnons par ces présentes signées de notre main, ce qui ensuit, qui servira de loy à l'avenir.

1. Que les ministres de ladite religion prétenduë réformée ne pourront faire les prêches ailleurs que dans les lieux destinés pour cet usage, et non dans les lieux et places publiques, sous quelque prétexte que ce soit; sauf à eux, en cas d'hostilité, de contagion, d'incendie, débordement d'eaux, de ruines, ou d'autres causes légitimes, à se pourvoir par devant le gouverneur ou lieutenant général de la province, pour obtenir de lui la permission d'en user autrement.

2. Que l'exercice de ladite religion prétenduë réformée pourra être fait seulement dans les lieux de nos domaines, engagés avant l'édit de Nantes, à ceux de ladite religion, et qui se trouveront encore aujourd'huy possédés par eux, ou par ceux de ladite religion, auxquels lesdits domaines sont échus en ligne directe ou collatérale : mais ne pourront lesdits de la religion prétenduë réformée établir aucun prêche ès lieux de nos domaines, qui leur ont été adjugés depuis ledit édit de Nantes, ou qui le pourront être ci-après, quoique la haute justice soit comprise dans les adjudications.

4. Suivant le quatrième article des particuliers de l'édit de Nantes, ne pourront les ministres consoler les prisonniers dans les conciergeries, qu'à voix basses et sans scandale, soit dans une chambre particulière ou commune, assistés seulement d'une ou de deux personnes.

11. Pourront lesdits de la religion prétendue réformée appeler leurs diacres dans les consistoires, y faire venir aussi ceux qu'ils

voudront corriger : assembler les chefs de familles pour les élections de leurs ministres. Et à l'égard des impositions, les feront conformément à ce qui est porté par l'article 43 des particuliers de l'édit de Nantes.

12. Que les anciens des consistoires ne pourront être institués héritiers ni légataires universels en ladite qualité : et quant aux donations ou legs particuliers il en sera usé comme il est porté par l'article 42 des particuliers de l'édit de Nantes.

16. Défendons aux ministres anciens et autres, de la religion prétendue réformée, d'assembler aucun colloque, que durant le synode convoqué par notre permission, et en présence du commissaire député, ni de faire aucune assemblée dans l'intervalle desdits synodes, ni recevoir dans le même intervalle des proposans, donner des commissions, ou délibérer d'aucunes affaires, par lettres circulaires, ou en quelque manière et pour quelque cause que ce puisse être, à peine d'être punis conformément à nosdits édits et ordonnances. Mais si dans l'intervalle de la tenue des synodes, un ministre de quelque lieu d'exercice de ladite religion prétendue réformée de l'étendue d'un synode vient à mourir, ou s'il arrive que quelque vicieux ou scandaleux ne puissent être rangés à leurs devoirs par les consistoires; en ces deux cas seulement pourront lesdits de la religion prétendue réformée assembler et tenir le colloque en présence d'un commissaire de notre part, pour pourvoir de ministre à la place du défunt, ou pour punir lesdits vicieux ou scandaleux, ainsi qu'ils l'auront mérité.

18. Défendons pareillement aux consistoires et synodes, de censurer ni autrement punir les pères, mères et tuteurs qui envoient leurs enfans ou pupilles aux collèges et écoles des catholiques, ou les font instruire par des précepteurs catholiques, si ce n'est qu'ils aient des preuves évidentes que l'on veuille contraindre ou induire les enfans à changer de religion, auquel cas ils pourront avertir les pères, mères et tuteurs, pour s'en plaindre aux magistrats.

22. Pour les enterremens des morts desdits de la R. P. R. à la campagne, entendons que les convois partent ; savoir depuis le mois d'avril jusqu'à la fin de septembre, à six heures précises du matin et à six heures du soir ; et depuis le mois d'octobre jusqu'à la fin de mars, à huit heures du matin et à quatre heures du soir ; marchent incessamment, et jusqu'au nombre porté par les arrêts :

enjoignant à tous nos officiers de tenir la main, qu'il ne soit fait auxdits de la R. P. R. aucun trouble, insulte, ni scandale.

23. Que les cimetières occupés par lesdits de la R. P. R., et qui tiennent aux églises, seront rendus aux catholiques; nonobstant tous actes et transactions contraires, en leur en donnant d'autres par lesdits catholiques à leur commodité, selon qu'il sera réglé par les sieurs commissaires exécuteurs de l'édit de Nantes: et pour les autres cimetières par eux occupés, et qui ne sont pas tenants aux églises des lieux où il n'y en a qu'un, qui est commun avec les catholiques; lesdits de la R. P. R. seront obligés de les quitter, en leur en donnant d'autres à leur commodité par lesdits catholiques, suivant qu'il sera aussi réglé par lesdits sieurs commissaires exécuteurs de l'édit de Nantes. Et dans les lieux où il n'y aura point de cimetières pour ceux de ladite R. P. R., ils pourront porter leurs morts aux cimetières qu'ils auront dans une paroisse voisine, en partant au temps, et au nombre de personnes prescrit par l'article précédent.

24. Quant à ce qui regarde les procès pour cas prévôtaux, l'art. 67 de l'édit de Nantes sera exécuté selon sa forme et teneur, et suivant l'usage pratiqué jusqu'à présent.

27. Que suivant la déclaration de 1631, et l'art. 27 de l'édit de Nantes, dans les villes et lieux de nos provinces de Languedoc et de Guyenne, où les consulats et conseils politiques sont mi-partis, le premier consul sera choisi du nombre des habitans catholiques plus qualifiés et taillables: et ne pourront lesdits de la R. P. R. être admis au premier consulat, ni entrer dans les états de Languedoc. Mais à l'égard des assiettes des diocèses de ladite province, pourront lesdits de la R. P. R. y entrer ainsi qu'ils faisoient avant l'année 1663. Et pour le reste de notre royaume, il en sera usé comme par le passé.

28. Qu'en toutes les assemblées des villes et communautés, les consuls et conseillers politiques catholiques seront du moins en nombre égal à ceux de la R. P. R., dans lesquels conseils, le curé ou vicaire pourra entrer, comme l'un des conseillers politiques et premier opinant, au défaut d'autres habitans catholiques plus qualifiés; et sans préjudice du droit des prieurs des lieux, qui peut appartenir aux ecclésiastiques pourvus des bénéfices situés esdits lieux. Sauf aux communautés qui prétendront que l'exécution leur en est impossible, à cause du manquement des catholiques, de se pourvoir pardevant le gouverneur ou lieutenant général de la province.

29. Que les charges de greffiers des maisons consulaires, ou secrétaires des communautés, ne pourront être tenues que par des catholiques, attendu que les communautés sont réputées catholiques; et à l'égard des horlogers, portiers et autres charges uniques et municipales, lesdits de la R. P. R. y pourront être admis et élus comme les autres.

30. Que dans les assemblées des maîtres jurés des métiers, les catholiques seront du moins en pareil nombre que de ceux de la R. P. R., lesquels, suivant les arrêts de notre conseil d'état des 28 de juin, 18 septembre et 10 de novembre 1665, ne pourront être exclus d'être admis et reçus aux arts et métiers, dans les formes ordinaires des apprentissages et chefs-d'œuvre, dans les lieux où il y aura maîtrise jurée, à quoi ils seront admis ainsi qu'auparavant, sans être tenus à faire chose contraire à leurdite R. P. R., ni que ceux qui sont déjà reçus dans les formes ordinaires, sans lettres de priviléges, puissent être empêchés sous prétexte de leurdite R. P. R. dans notre royaume et terres de notre obéissance; nonobstant tous statuts et arrêts donnés depuis le 1er janvier 1660, à la réserve de ce qui a été ordonné pour le Languedoc, par arrêt de notre conseil d'état, du 24 avril 1667, qui réduit au tiers le nombre desdits de la R. P. R. pour lesdits arts et métiers : ce que nous voulons être observé en ladite province.

31. Que lorsque les processions, auxquelles le saint sacrement sera porté, passeront devant les temples de ceux de la R. P. R., ils cesseront de chanter leurs psaumes jusqu'à ce que lesdites processions aient passé, dont ils seront avertis auparavant.

33. Que lesdits de la R. P. R. rencontrant le saint sacrement dans les rues pour être porté aux malades ou autrement, seront tenus de se retirer au son de la cloche qui le précède, sinon se mettront en état de respect en ôtant par les hommes leurs chapeaux; avec défenses de paroître aux portes, boutiques et fenêtres de leurs maisons, lorsque le saint sacrement passera, s'ils ne se mettent en pareil état, et à toutes personnes de les empêcher de se retirer.

36. Ne pourront lesdits de la R. P. R., conformément à l'art. 2 des particuliers de l'édit de Nantes, être contraints de contribuer aux réparations et constructions des églises, chapelles et presbytères, ni à l'achat des ornemens sacerdotaux, luminaires, fontes de cloches, pain béni, droits de confrérie, louages de maisons pour la demeure des prêtres et religieux, et autres choses semblables : sinon qu'ils y fussent obligés par fondations, donations,

ou autres dispositions faites par eux et leurs auteurs et prédécesseurs ; et néanmoins seront contraints de contribuer et payer les droits qui se paient ordinairement par les maîtres et les compagnons des métiers, pour être lesdites sommes employées à l'assistance des pauvres desdits métiers, et autres nécessités et affaires de la vacation.

38. Que les ministres convertis seront conservés en l'exemption du paiement des tailles et logement de gens de guerre, comme ils étoient avant leur conversion ; et les ministres servans actuellement maintenus dans les exemptions qui leur ont été accordées.

39. Que les enfans dont les pères sont catholiques et les mères de la R. P. R., et ceux dont les pères sont morts et mourront ci-après relaps, seront baptisés et élevés en l'église catholique quoique les mères soient de la R. P. R. : comme aussi les enfans dont les pères sont décédés et décéderont à l'avenir en ladite R. C., seront élevés en ladite religion, auquel effet ils seront mis entre les mains de leurs mères, tuteurs ou autres parens catholiques à leur réquisition ; avec défenses très expresses de mener lesdits enfans aux temples, ni aux écoles desdits de la R. P. R., ni de les élever en icelle, encore que leurs mères soient de ladite R. P. R. Comme aussi faisons défenses, conformément à l'arrêt de notre conseil d'état, du 24 avril 1665, à toute personnes d'enlever les enfans de ladite R. P. R., ni les induire, ou leur faire faire aucune déclaration de changement de religion avant l'âge de quatorze accomplis pour les mâles, et de douze ans accomplis pour les femelles : et en attendant qu'ils aient atteint ledit âge, ordonnons que lesdits enfans nés d'un père de ladite R. P. R. demeureront ès-mains de leurs parens de ladite R. P. R., et ceux qui les détiendront, contraints de les rendre par les voies ordinaires et accoutumées.

N° 550. — DÉCLARATION *pour la continuation du droit annuel pendant trois années.*

Paris, 28 février 1669. (Rec. Cass.)

N° 551. — ARRÊT *du conseil portant que tous les véritables gentilshommes seront tenus de représenter leurs titres de no-*

blesse et leurs armes pour être compris dans les listes qui seront envoyées à la bibliothèque royale.

Paris, 15 mars 1669. (Rec. Cass.)

N° 552. — ORDONNANCE *portant défenses à tous capitaines de vaisseaux de quitter leurs bords pour aller coucher à terre.*

16 mars 1669. (Cod. nav., p. 99.)

N° 553. — RÈGLEMENT *sur l'entretennement des officiers de marine.*

27 mars 1669. (Cod. nav., p. 159.)

N° 554. — ARRÊT *du conseil de commerce concernant les consuls françois en pays étrangers.*

Paris, 29 mars 1669. (Rec. Cass.)

N° 555. — EDIT *sur l'âge et la capacité des officiers de judicature, le prix des offices, l'obtention des provisions et la confirmation de leurs priviléges, honneurs et immunités.*

Paris, mars 1669. (Archiv.)

N° 556. — EDIT *sur la franchise du port de Marseille.*

Paris, mars 1669. (Archiv.)

EXTRAIT.

LOUIS, etc. Comme le commerce est le moyen le plus propre pour concilier les différentes nations, et entretenir les esprits les plus opposés dans une bonne et mutuelle correspondance; qu'il apporte et répand l'abondance par les voies les plus innocentes, rend les sujets heureux et les états plus florissans, aussi n'avons-nous rien omis de ce qui a dépendu de notre autorité et de nos soins, pour obliger nos sujets de s'y appliquer, et le porter jusqu'aux nations les plus éloignées pour en recueillir le fruit et en retirer les avantages qu'il amène avec soi, et y établir partout, en même temps, aussi bien en paix comme en guerre, la réputation du nom françois. C'est encore pour l'exécution du même dessein que nous avons donné beaucoup d'application à la construction de quantité de vaisseaux et de bâtimens propres pour le commerce; que nous avons fait visiter et rétablir les ports, excité nos sujets de se perfectionner à la navigation, convié les étrangers les plus expérimentés d'y concourir, par les grâces que nous leur avons faites; et que même nous avons formé diverses compagnies puissantes pour soutenir la dépense des entreprises nécessaires à cet effet; et comme les rois nos prédécesseurs ont bien connu les avantages qui peuvent arriver à leurs états par la voie du commerce, et que l'un des principaux moyens pour l'attirer est de rendre quelqu'un des premiers ports de notre royaume libre et exempt de tous droits d'entrée et autres impositions; la ville de Marseille leur ayant semblé la plus propre pour y établir cette franchise, ils lui auroient accordé un affranchissement général de tous droits; mais comme, par succession de temps, les meilleurs établissemens et plus profitables au public dégénèrent et s'affoiblissent; aussi nous avons trouvé ladite ville autant surchargée de droits d'entrée et de sortie qu'aucune autre de notre royaume, bien que les nôtres n'y fussent pas établis. Et l'application que nous avons donnée au commerce depuis que nous prenons nous-même le soin de nos affaires, nous ayant clairement fait connoître les avantages que notre royaume recevoit de la franchise de ladite ville, lorsqu'elle étoit observée; combien les étrangers ont profité de cette surcharge de droits établis de temps en temps, en attirant chez eux le commerce qui s'y faisoit, nous avons bien voulu, pour ajouter encore cette marque à tant d'autres que nous avons données à nos peuples, non seulement en les soulageant sur toutes sortes d'impositions, mais encore en donnant nos soins, et employant même de notables sommes de deniers de notre trésor royal, pour le rétablissement des anciennes manufactures, l'établissement de nouvelles, et pour l'augmentation du commerce par mer et par terre, nous priver d'un revenu considérable, que nous apportent lesdits droits, et même pourvoir au remboursement de ceux qui étoient aliénés ou donnés depuis long-temps pour causes très favorables, pour rétablir entièrement la franchise du port, et convier par de si extraordinaires avantages, tant nos sujets que les étrangers, d'y continuer et d'en augmenter le commerce et le porter dans son plus grand éclat. Nous aurions à cet effet, après de grandes et mûres délibérations de notre conseil sur cette affaire, et fait examiner les mémoires qui nous ont été présentés par les députés du commerce, résolu l'affranchissement général de tous vaisseaux et marchandises, en entrant et sortant de ladite ville de Marseille, aux clauses, charges et conditions portées par ces présentes. A ces causes, etc., déclarons le port et havre de notre ville de Marseille franc et libre, à tous marchands et négocians, et pour toutes sortes de marchandises, de quelque

N° 560. — **Arrêt** du conseil portant rétablissement de l'exercice de la faculté de théologie en l'université de Bordeaux.

Saint-Germain-en-Laye, 15 mai 1669. (Rec. Cass.)

N° 561. — **Arrêt** du conseil qui adjuge aux curés trois cents livres de pension franche et quitte de toute charge.

Paris, 17 mai 669. (Rec. Cass.)

N° 562. — **Arrêt** du conseil portant que les passeports pour les vaisseaux allant aux îles de l'Amérique seront donnés par le roi.

Saint-Germain-en-Laye, 12 juin 1669. (Moreau de St-Méry, I, 178.)

N° 563. — **Edit** pour l'établissement d'une compagnie pour le commerce du nord.

Saint-Germain-en-Laye, juin 1669. (Ord. 13, 3 X. 178.)

N° 564. — **Arrêt** du parlement de Paris qui défend aux maîtres brodeurs de la religion réformée de faire des apprentis.

16 juillet 1669. (Nouv. Rec. de Lefèvre. — Hist. de l'édit de Nantes.)

N° 565. — **Déclaration** sur les consignations (en 20 art.)

Saint-Germain-en-Laye, 16 juillet 1669. — (Ord. 13, 3 X. 362. — Rec. Cass. — Archiv.)

N° 566. — **Edit** portant règlement sur la juridiction des foires de Lyon.

Saint-Germain-en-Laye, juillet 1669. (Archiv.— Rec. Cass.) Reg. P. P., 13 août.

Louis, etc. Les louables intentions que nos chers et bien amés les prévôt des marchands et échevins de notre bonne ville de Lyon, juges-gardiens et conservateurs des priviléges des foires d'icelle ont eues de procurer à leurs concitoyens et à tous ceux qui négocient sous le privilége de leurs foires, Français et étrangers, la distribution gratuite d'une justice prompte et sommaire, les ayant ci-devant portés à acquérir de leurs deniers les offices qui composoient la juridiction de ladite conservation; nous, pour ne pas laisser sans succès un dessein si avantageux au public, avons, par notre édit du mois de mai 1655, uni et incorporé ladite juridiction, au corps consulaire de ladite ville, pour être à l'avenir exercée par lesdits prévôt des marchands et échevins à perpétuité. Mais l'exécution de notre édit a été troublée par les diverses et fréquentes contestations survenues entre nos officiers de la sénéchaussée et siége présidial de ladite ville, et lesdits prévôt des marchands et échevins, lesquelles ont donné lieu à des conflits dont la continuation rendroit à la fin ledit édit inutile, et nos bonnes intentions sans effet, s'il n'y étoit pourvu par notre autorité royale du remède convenable pour en arrêter le cours et affermir en même temps cette justice sommaire et gratuite, en retranchant les abus qui se sont glissés dans les commencemens et les suites de son établissement, et maintenant lesdits prévôt des marchands et échevins dans la pleine et paisible jouissance de ladite juridiction, non seulement telle qu'elle leur a été accordée et confirmée par les rois nos prédécesseurs, mais encore avec une augmentation de pouvoir par le moyen duquel les degrés de juridiction soient diminués, et le cours des procédures abrégé. Ce qui devant être fait par un règlement stable, permanent et inviolable, nous avons estimé digne de nous de prendre connoissance de ces différends et contestations mus sur ce sujet entre nosdits officiers de la sénéchaussée et siége présidial, d'une part, et lesdits juges-conservateurs d'autre. Et ayant été pleinement informés par la discussion exacte que nous avons fait faire en notre présence de tous les titres qui nous ont été respectivement représentés par les parties, que la juridiction de la conservation desdits priviléges est une des plus anciennes et plus considérables justices de notre royaume sur le fait des foires et du commerce; qu'elle a servi d'exemple pour la création des juridictions consulaires de notre bonne ville de Paris et des autres de notredit royaume, que les rois nos prédécesseurs ont prudemment établi et augmenté de temps en temps en faveur dudit commerce, le pouvoir desdites juridictions par plusieurs édits; et que rien n'étoit plus avantageux à nos sujets que d'abréger la longueur des procès naissans journellement, et qui se perpétuent par la multiplicité des degrés de juridiction, nous avons réformé les abus du passé et pourvu aux inconvéniens de l'avenir par l'arrêt donné en notre conseil royal le 23ᵉ jour de décembre 1688, contradictoirement entre nosdits officiers de la sénéchaussée et siége présidial, et lesdits prévôt des marchands et échevins, duquel arrêt voulant la pleine et entière exécution; — à ces causes, etc.

Art. 1. Lesdits prévôt des marchands et échevins de notre bonne ville de Lyon, juges-conservateurs desdites foires, connoîtront privativement auxdits officiers de la sénéchaussée et siége présidial de ladite ville et à tous autres juges, de tous procès mus et à mouvoir pour le fait du négoce et commerce de marchandises, circonstances et dépendances, soit en temps de foires ou hors de foires, en matière civile et criminelle, de toutes négociations faites pour raison desdites foires et marchandises ; circonstances et dépendances, de toutes sociétés, commissions, trocs, changes, rechanges, virement de parties, courtages, promesses, obligations, lettres de change et toutes autres affaires entre marchands et négocians en gros et en détail, manufacturiers des choses servant au négoce, et autres, de quelque qualité et condition qu'ils soient, pourvu que l'une des parties soit marchand ou négociant, et que ce soit pour fait de négoce, marchandise ou manufacture.

2. Déclarons tous ceux qui vendent des marchandises et qui en achètent pour les revendre, ou qui portent bilan et tiennent livres de marchand ou qui stipulent des paiemens en temps de foires, justiciables desdits juges-conservateurs pour raison desdits faits de marchandises et de foires ou paiemens.

3. Connoîtront aussi lesdits juges-conservateurs privativement auxdits officiers de la sénéchaussée et siége présidial et tous autres juges, des voitures des marchandises et denrées dont les marchands font commerce seulement.

4. Connoîtront pareillement de toutes lettres de répit, banqueroutes, faillites et déconfitures de marchands, négocians et manufacturiers des choses servant au négoce, de quelque nature qu'elles soient ; et en cas de fraude procéderont extraordinairement et criminellement contre les faillis, auxquels et à leurs complices ils feront et parferont le procès suivant la rigueur des ordonnances, à l'exclusion de tous autres juges : se transporteront aux maisons et domiciles desdits faillis, procéderont à l'apposition des scellés, confection des inventaires, ventes judiciaires de leurs meubles et effets, même de leurs immeubles par saisies, criées ventes, et adjudications par décret, et à la distribution des deniers en provenans en la manière accoutumée, entre les opposans et autres prétendans droit sur lesdits biens et effets, sans qu'aucunes desdites parties se puissent pourvoir pour raison de ce par-devant lesdits officiers de la sénéchaussée et siége présidial ni ailleurs que par-devant lesdits juges-conservateurs, sous prétexte de la demande de paiement du louage des maisons, gages des domestiques, lettres de répit, privilége, droit de *committimus*, incompétence, récusation, ou autrement, en quelque manière que ce soit, à peine de trois mille livres d'amende et de tous dé-

pens, dommages et intérêts; à la charge néanmoins que les criées seront certifiées par les officiers de ladite sénéchaussée en la manière accoutumée.

5. Faisons très expresses inhibitions et défenses auxdits officiers de ladite sénéchaussée et siége présidial, et à tous autres juges, de prendre aucune connoissance ni s'entremettre en l'apposition desdits scellés, confection desdits inventaires, décrets, ventes et adjudications desdits effets meubles ou immeubles des faillis, directement ou indirectement, sous prétexte de la certification desdites criées, prévention, requêtes à eux présentées par des créanciers non privilégiés ou autrement, à peine de répondre des dommages et intérêts des parties en leurs noms.

6. Et en conséquence de ce, conformément à l'arrêt de notredit conseil du 22° jour de juin 1669. Faisons défenses à notre cour de parlement de Paris et à toutes nos autres cours, d'ordonner aucuns renvois auxdits officiers de la sénéchaussée et siége présidial, ni ailleurs qu'auxdits juges-conservateurs, des matières susdites et autres sujettes à ladite conservation, et auxdits officiers du présidial de les mettre à exécution, à peine de nullité et dommages et intérêts des parties.

7. De toutes lesquelles matières lesdits prévôt des marchands et échevins, juges-conservateurs connoîtront et jugeront à l'avenir souverainement et en dernier ressort jusqu'à la somme de cinq cents livres, auquel effet, nous, de notre même puissance et autorité royale, leur en attribuons toute cour, juridiction, et connoissance, pour être leurs sentences et jugemens de la qualité susdite exécutés, comme arrêts de cour souveraine. Faisons défenses aux parties de se pourvoir contre lesdites sentences et jugemens, par appel ou autrement, et à nos cours de parlement, officiers de nos siéges présidiaux et à tous autres juges d'en connoître, à peine de nullité et cassation de procédures, dépens, dommages et intérêts.

8. Et à l'égard des sommes excédant celle de cinq cents livres, seront leurs sentences et jugemens exécutés par provision au principal, nonobstant oppositions ou appellations, et sans préjudice d'icelles.

9. Les sentences et jugemens desdits prévôt des marchands et échevins, juges-conservateurs, définitifs ou provisionnels, seront exécutés dans toute l'étendue de notre royaume sans *visa* ni *pareatis*, de même que si lesdits sentences et jugemens étoient scellés de notre grand sceau. Défendons à nos cours de parle-

ment, siéges présidiaux et à tous autres juges d'y apporter aucun empêchement, sur les peines susdites.

10. Faisons pareillement défenses auxdits officiers de la sénéchaussée et siége présidial, de prononcer par contraintes par corps et exécution provisionnelle de leurs ordonnances et jugemens, conformément aux rigueurs de la conservation, à peine de nullité, cassation de leurs jugemens, et de répondre en leurs propres et privés noms des dommages et intérêts des parties, réservant la faculté de prononcer ainsi aux seuls juges-conservateurs.

11. Les marchands et négocians, sous les priviléges desdites foires, notoirement solvables, seront reçus pour caution comme ils ont été ci-devant et auparavant notre ordonnance du mois d'avril 1667, en exécution des sentences et jugemens desdits juges-conservateurs, sans qu'ils soient tenus de donner déclaration et dénombrement de leurs biens meubles et immeubles.

12. Nous avons éteint et supprimé, et de notre même puissance et autorité, éteignons et supprimons par notre présent édit les offices de notre procureur et des procureurs postulans en la juridiction de la conservation des foires de Lyon, sans qu'à l'avenir ils puissent être rétablis pour quelque cause et occasion, et sous quelque prétexte que ce soit, et la fonction de notredit procureur unie et incorporée, de même que les autres offices de ladite juridiction de la conservation, au corps consulaire de ladite ville, à la charge néanmoins de rembourser par lesdits prévôt des marchands et échevins dans six semaines pour tous délais, à compter du jour de la publication de notre présent édit, le prix d'icelui et la finance actuelle desdits procureurs postulans, frais et loyaux coûts à ceux qui en sont pourvus, et ce suivant la liquidation qui en sera faite par les commissaires qui seront à ce par nous députés; jusques auquel remboursement actuel lesdits officiers ne pourront être dépossédés.

13. Quoi faisant, lesdits prévôt des marchands et échevins nommeront et établiront de trois ans en trois ans un officier de probité et suffisance connue, pour faire la fonction de notredit procureur en ladite conservation, gratuitement et sans frais, à peine de concussion, lequel officier ou gradué, ainsi par eux choisi, nommé et établi, fera ladite fonction, en vertu de notre présent édit et de ladite nomination, sans qu'eux ni lui soient tenus de prendre aucunes lettres de provision ou confirmation, dont nous les avons, en tant que besoin,

dispensé et dispensons, voulant que notre présent édit lui serve et auxdits prévôt des marchands, échevins, juges-conservateurs et à leurs successeurs esdites charges, de toutes lettres et autres actes qui pourroient être sur ce nécessaires; et après lesdits trois ans expirés, sera procédé à nouvelle nomination, sans que, pour quelque cause et occasion que ce soit, ledit officier ou gradué, puisse être continué; ni que lesdits prévôt des marchands et échevins puissent à l'avenir user de la faculté qui leur avoit été accordée par notredit édit du mois de mai 1655, de nommer deux avocats en ladite juridiction. Pourront néanmoins, en cas de maladie, absence, ou légitime empêchement dudit officier ou gradué, en nommer et commettre un autre pour faire les mêmes fonctions dudit procureur de S. M.

14. Voulons que le titre 16 de la forme de procéder pardevant les juge et consuls des marchands de notre ordonnance du mois d'avril 1667, soit suivi et observé ponctuellement en ladite juridiction de la conservation; et conformément à icelui, faisons défenses de se servir en ladite juridiction du ministère d'aucun avocat et procureur: mais seront tenues les parties de comparoître en personne, à la première assignation, pour être ouïes par leur bouche; et en cas de maladie, absence ou autre légitime empêchement, pourront envoyer un mémoire contenant les moyens de leurs demandes, ou défenses signées de leurs mains, ou par un de leurs parens, voisins ou amis, ayant de ce charge ou procuration spéciale, dont il fera apparoir; à l'exception néanmoins des matières criminelles, d'appositions de scellés, confections d'inventaires, saisies et criées, ventes et adjudications, tant de meubles qu'immeubles, oppositions à icelles, ordre et préférence en la distribution des deniers qui en proviendront, esquelles affaires seulement, et non autres, nous permettons de se servir du ministère des avocats et procureurs.

15. Et interprétant notre édit du mois de mai 1655, avons ordonné et ordonnons que lorsqu'aucun dudit corps consulaire ne sera gradué et qu'il s'agira d'une des matières susdites, esquelles on peut se servir du ministère des avocats et procureurs, lesdits prévôt des marchands et échevins seront tenus de nommer un officier de ladite sénéchaussée et siège présidial pour instruire, juger lesdites affaires, et y prononcer suivant la forme et manière prescrite par notredit édit, sans qu'ils puissent être tenus d'en nommer pour toutes les autres, qui ne sont point de la qualité susdite, et sans qu'il puisse prétendre la préséance sur

le prévôt des marchands, lequel tiendra toujours le premier rang et séance, encore qu'il ne soit gradué.

16. Faisons en outre défenses auxdits officiers de ladite sénéchaussée et siége présidial, d'élargir aucuns prisonniers qui ayent été constitués de l'ordonnance desdits prévôt des marchands et échevins, juges-conservateurs, à peine d'en répondre en leurs propres et privés noms.

17. Et au greffier de ladite conservation de prendre pour tous droits des jugemens, expéditions, procédures et autres actes qui se feront en ladite juridiction, plus grande somme que celle de deux sols six deniers pour chacun rôle de grosse, à peine de concussion; et en cas de contravention, ordonne S. M., que la connoissance en appartiendra auxdits juges-conservateurs en première instance, et par appel au parlement de Paris. Si donnons, etc.

Nº 567. — ÉDIT *portant que les gentilshommes pourront faire le commerce de mer sans déroger* (1).

Saint-Germain-en-Laye, août 1669. (Ord. 13, 3 X. 257. — Rec. Cass. — Archiv.) Reg. P. P. — C. des C. — C. des A., 15 août.

PRÉAMBULE.

LOUIS, etc. Comme le commerce, et particulièrement celui qui se fait sur mer, est la source féconde qui apporte l'abondance dans les états, et la répand sur les sujets à proportion de leur industrie et de leur travail; qu'il n'y a point de moyen pour acquérir du bien qui soit plus innocent et plus légitime : aussi a-t-il toujours été en grande considération parmi les nations les mieux policées, et universellement bien reçu comme des plus honnêtes

---

(1) S'il est vrai que le commerce soit le plus sûr moyen d'augmenter le nombre des citoyens dans un royaume; s'il est vrai que le commerce remplace les mines d'or et d'argent que la nature nous a refusées; s'il est vrai que la guerre se fasse aujourd'hui plutôt par l'opposition de richesse de nation à nation qu'en opposant homme à homme; s'il est vrai enfin que l'on ne puisse trop honorer une profession qui a continuellement l'univers pour champ de ses opérations, et qui suppose dans ceux qui l'exercent ces ressources subites de génie dont une nation sent tout-à-coup augmenter son crédit aux dépens de ses voisins; combien doit-on s'étonner que l'on ait été si long-temps à donner une pareille loi, et encore plus, que cette même loi n'ait pu vaincre jusqu'à présent le préjugé de la vanité? (Hen. Abr. chr.) Ce préjugé est aujourd'hui vaincu.

occupations de la vie civile. Mais, quoique les lois et les ordonnances de notre royaume n'aient proprement défendu aux gentilshommes que le trafic en détail, avec l'exercice des arts mécaniques et l'exploitation des fermes d'autrui, que la peine des contraventions aux réglemens qui ont été faits pour raison de ce, n'ait été que de la privation des priviléges de noblesse, sans une entière extinction de la qualité; que nous nous soyons portés bien volontiers, ainsi que les rois, nos prédécesseurs, à relever nos sujets de ces dérogeances; que par la coutume de Bretagne et par les priviléges de la ville de Lyon, la noblesse et le négoce ayent été rendus compatibles; et que par nos édits des mois de mai et août 1664, qui établissent les compagnies du commerce des Indes orientales et occidentales, il soit ordonné que toutes personnes, de quelque qualité qu'elles soient, y pourront entrer et participer sans déroger à la noblesse, ni préjudicier aux priviléges d'icelle : néanmoins, comme il importe au bien de nos sujets et à notre propre satisfaction d'effacer entièrement les restes d'une opinion qui s'est universellement répandue que le commerce maritime est incompatible avec la noblesse et qu'il en détruit les priviléges, nous avons estimé à propos de faire entendre notre intention sur ce sujet, et de déclarer le commerce de mer ne pas déroger à noblesse par une loi qui fût rendue publique, et généralement reçue dans toute l'étendue de notre royaume. A ces causes, etc.

N° 568. — DÉCLARATION *pour l'établissement définitif de la chambre de la tournelle civile au parlement de Paris, avec réglement sur sa compétence.*

Saint-Germain-en-Laye, 11 août 1669. (Ord. 13, 3 X. 246. — Rec. Cass.)

N° 569. — DÉCLARATION *faisant défenses d'ordonner des contestations plus amples par-devant les rapporteurs, et les appointemens à mettre.*

Saint-Germain-en-Laye, 12 août 1669. (Ord. 13, 3 X. 243. — Archiv.) Reg. P. P. — C. des C. — C. des A., 13 août.

N° 570. — ORDONNANCE *portant défenses aux capitaines de vaisseaux de guerre d'embarquer des marchandises sur leurs bords.*

18 août 1669. (Code nav., p. 99.)

N° 571. — EDIT *portant réglement général pour les eaux et forêts* (1).

Saint-Germain-en-Laye, août 1669.

LOUIS, etc. Quoique le désordre qui s'étoit glissé dans les eaux et forêts de notre royaume fût si universel et si invétéré, que le remède en paroissoit presque impossible; néanmoins le ciel a tellement favorisé l'application de huit années que nous avons données au rétablissement de cette noble et précieuse partie de notre domaine, que nous la voyons aujourd'hui en état de refleurir plus que jamais, et de produire avec abondance au public tous les avantages qu'il en peut espérer, soit pour les commodités de la vie privée, soit pour les nécessités de la guerre, ou enfin pour l'ornement de la paix, et l'accroissement du commerce par les voyages de long cours dans toutes les parties du monde. Mais comme il ne suffit pas d'avoir rétabli l'ordre et la discipline, si par de bons et sages réglemens on ne l'assure pour en faire passer le fruit à la postérité; nous avons estimé qu'il étoit de notre justice, pour consommer un ouvrage si utile et si nécessaire, de nous faire rapporter toutes les ordonnances, tant anciennes que nouvelles, qui concernent la matière, afin que les ayant conférées avec les avis qui nous ont été envoyés des provinces par les commissaires départis pour la réformation des eaux et forêts, nous puissions sur le tout former un corps de lois claires, précises et certaines, qui dissipent toute l'obscurité des précédentes, et ne laissent plus de prétexte ou d'excuse à ceux qui pourront tomber en faute. A ces causes, après avoir ouï le rapport des personnes intelligentes et versées dans la matière, etc., nous plait ce qui en suit :

---

(1) Cette ordonnance, méditée et préparée pendant huit années par Colbert et par les hommes les plus habiles que l'on ait pu réunir dans toutes les parties du royaume (1), a été, dans un grand nombre de ses parties, en vigueur jusqu'à la promulgation du nouveau Code forestier. Elle a donné lieu à plusieurs commentaires dont les principaux sont :

Conférence des nouvelles ordonnances de Louis XIV pour la réformation de la justice (de 1667, 1669, 1670 et 1673), par Philippe Bornier; plusieurs éditions dont la dernière, 2 vol. in-4°, de 1760.

Nouveau commentaire sur les ordonnances d'août 1669 et mars 1673; par Jousse, Paris, 1761, 1 vol. in-12.

Commentaire sur l'ordonnance des eaux et forêts du mois d'août 1669. Paris, 1772, 1 vol. in-12.

Rapport de M. *...* à la chambre des pairs sur le Code forestier.

TITRE Ier. *De la juridiction des eaux et forêts.*

Article 1er. Les juges établis pour le fait de nos eaux et forêts connoîtront, tant au civil qu'au criminel, de tous différends qui appartiennent à la matière des eaux et forêts, entre quelques personnes, et pour quelque cause qu'ils aient été intentés.

2. Déclarons faire partie de la matière qui leur est attribuée, toutes questions qui seront mues pour raison de nos forêts, bois, buissons et garennes, assiettes, ventes, coupes, délivrances et récollemens, mesures, façons, défrichement ou repeuplement de nos bois, et de ceux tenus en grurie, grairie, ségrairie, tiers et danger, apanage, engagement, usufruit, et par indivis, usages, communes, landes, marais, pâtis, pâturages, panage, paisson, glandée, assiète, motion et changement de bornes et limites dans nos bois.

3. Seront aussi de leur compétence toutes actions concernant les entreprises ou prétentions sur les rivières navigables et flottables, tant pour raison de la navigation et flotage que des droits de pêche, passage, pontonnage et autres, soit en espèce ou en deniers; conduite, rupture, et loyers des flettes, bacs et bateaux, épaves sur l'eau, constructions et démolitions d'écluses, gords, pêcheries et moulins assis sur les rivières, visitation de poissons, tant ès bateaux que boutiques et réservoirs, et de filets, engins et instrumens servant à la pêche, et généralement de tout ce qui peut préjudicier à la navigation, charoi et flottage des bois de nos forêts : le tout néanmoins sans préjudice de la juridiction des prévôts des marchands ès villes où ils sont en possession de connoître de tout ou de partie de ces matières, et de celle des officiers des turcies et levées, et autres qui pourroient avoir titres et possession pour en connoître.

4. Voulons pareillement qu'ils connoissent de tous différends sur le fait des îles, îlots, javeaux, attérissemens, accroissemens, alluvions, viviers, palus, bâtardeaux, chantiers, auzelées et curement de nos rivières, boires et fosses qui sont sur leurs rives.

5. Connoîtront en outre, de toutes actions qui procèdent des contrats, marchés, promesses, baux et associations, tant entre marchands qu'autres, pour fait de marchandise de bois de chauffage ou merrein, cendres et charbons, pourvu toutefois que les contrats, marchés, promesses, baux et associations aient été faits avant que les marchandises fussent transportées hors les bois, rivières et étangs, et non autrement.

6. S'il y a différend sur la taxe, ou sur le paiement des journées et salaires de manouvriers, bûcherons et autres artisans travaillans dans nos bois et forêts; pêcheurs, aides à bateaux, ou passagers de bacs établis sur nos rivières, voulons qu'ils soient poursuivis et jugés aux siéges des eaux et forêts.

7. Les mêmes siéges connoîtront de toutes causes, instances et procès mus sur le fait de la chasse et de la pêche, prises de bêtes dans les forêts, et larcins de poissons sur l'eau; même informeront des querelles, excès, assassinats et meurtres commis à l'occasion de ces choses, et en instruiront et jugeront les procès, soit entre gentilshommes, officiers, marchands, bourgeois, ouvriers, bateliers, garenniers, pêcheurs ou autres, de quelque qualité que ce soit, sans distinction quelconque, leur en attribuant en tant que besoin seroit, toute cour, juridiction et connoissance, et l'interdisant expressément à tous autres juges, à peine de nullité, et d'amende arbitraire contre les parties qui les auront requis de procéder, sans préjudice toutefois à la juridiction des capitaines des chasses, que nous maintenons en leurs droits, ainsi qu'il sera dit au chapitre de la chasse.

8. A l'égard des autres crimes qui ne concernent les cas et matières ci-dessus, comme vols, meurtres, rapts, brigandages et excès sur les personnes qui passent, ils n'en pourront connoître, quoique commis dans les forêts ou sur les eaux; sinon qu'ils eussent surpris les coupables en flagrant délit; auquel cas ils en informeront, et décréteront seulement, et renvoyeront incessamment le prisonnier avec les charges en toute sûreté aux juges, à qui la connoissance en appartient par les ordonnances.

9. La compétence des juges ne se réglera point en fait d'eaux et forêts par le domicile du défendeur, ni par aucun privilége de causes commises, ou autre quelqu'il puisse être; mais par le lieu, s'il s'agit de délits, abus et malversations, ou par la situation de la forêt et des eaux, s'il est question d'usages et de propriété, ou de l'exécution des contrats pour marchandises qui en proviennent.

10. N'entendons que dans les différends de partie à partie nos officiers des eaux et forêts connoissent de la propriété des eaux et bois appartenans au communautés ou particuliers, sinon lorsqu'elle sera nécessairement connexe à un fait de réformation et visitation, ou incidente et proposée pour défense contre la poursuite; mais lorsqu'il s'agira du pétitoire, ou possessoire, ventes, échanges, partages, licitations, retrait lignager ou féodal, et

d'autres actions qui seront directement et principalement intentées pour raison de la propriété, hors le fait de réformation et visitation, la connoissance en appartiendra aux baillifs, sénéchaux et autres juges ordinaires.

11. Nos officiers exerceront sur les eaux et forêts des prélats et autres ecclésiastiques, princes, chapitres, colléges, communautés régulières, séculières ou laïques, et de tous particuliers de quelque qualité qu'ils soient, la même juridiction qu'ils exercent sur les nôtres, en ce qui concerne le fait des usages, délits, abus et malversations, pourvu qu'ils en aient été requis par l'une ou l'autre des parties, et qu'ils aient prévenu les officiers des seigneurs.

12. Dans les justices où les seigneurs auront un juge particulier pour le fait des eaux et forêts, nos officiers ne jouiront de la prévention que lorsqu'ils auront été requis; mais s'il n'y a qu'un juge ordinaire, ils auront la prévention et la concurrence, encore même qu'ils n'aient point été requis.

13. Si néanmoins les abus et délits avaient été commis par les bénéficiers sur les eaux et forêts dépendantes de leur bénéfice, ou par les particuliers sur celles qui leur appartiennent; en ce cas nos officiers pourront en connoître sans qu'ils soient requis, et nonobstant qu'ils n'aient point prévenu, soit qu'il y eût un juge particulier pour le fait des eaux et forêts, ou qu'il n'y eût que la justice ordinaire.

14. Faisons très expresses inhibitions et défenses à tous prévôts, châtelains, viguiers, baillifs, sénéchaux, présidiaux, et autres juges ordinaires, consuls, gens tenant nos requêtes de l'hôtel et du palais, et à notre grand conseil, même à nos cours de parlement en première instance, de prendre connoissance des cas ci-dessus, ni d'aucun fait d'eaux, rivières, buissons, garennes, forêts, circonstances et dépendances; et à toutes communautés, particuliers, marchands ou autres, de quelque état et condition qu'ils soient, de poursuivre, répondre et procéder pour raison de ces choses, pardevant eux; à peine de nullité de ce qui sera fait, et d'amende arbitraire contre les parties.

15. Défendons aussi très expressément à nos cours de parlement et chambres des comptes de vérifier aucunes lettres-patentes sur le fait de nos eaux et forêts, et des bois tenus en grurie, grairie, tiers et danger, apanage, engagement, usufruit et par indivis, ou de ceux des prélats, ecclésiastiques, communautés et gens de main morte, qu'ils n'en aient auparavant ordonné

la communication au grand-maître du département, et vu ses avis, si ce n'étoit que les lettres eussent été expédiées sur leurs procès-verbaux, et avis attachés sous le contre-scel.

16. Nul ne sera reçu à l'avenir dans aucun office de judicature des eaux et forêts, qu'il n'ait subi l'interrogatoire, et répondu avec suffisance et capacité aux questions qui lui seront proposées sur le contenu en la présente ordonnance par les principaux officiers des siéges où la réception sera poursuivie. Et à l'égard des greffiers, huissiers, sergens et autres officiers inférieurs, ils seront seulement interrogés sur les articles qui concernent leurs fonctions : le tout à peine de nullité de la réception.

TITRE II. *Des Officiers des maîtrises.*

Art. 1. Les maîtres particuliers, lieutenans, nos procureurs, gardes-marteaux, et greffiers des maîtrises, auront au moins l'âge de vingt-cinq ans accomplis : seront pourvus par nous, et reçus en la table de marbre du département, information préalablement faite par le grand maître, son lieutenant, ou autre officier du siége par lui commis, de leurs vie et mœurs, religion catholique, apostolique et romaine, et capacité au fait des eaux et forêts, à l'exception des greffiers, qui seront reçus à la maîtrise.

2. Tiendront audience un jour de chacun semaine en l'auditoire des eaux et forêts, et s'assembleront le même jour de relevée, et autres, quand besoin sera, en la chambre du conseil, pour juger les procès par écrit, et faire toutes autres expéditions ordinaires.

3. Voulons qu'en la chambre du conseil il y ait un coffre fermant à trois clefs, pour y déposer le marteau destiné à la marque des pieds corniers, parois, arbres de lizière, baliveaux, et autres de réserve ; l'une desquelles sera pour le maître ou le lieutenant en son absence, une autre pour notre procureur, et la troisième pour le garde-marteau, sans que le marteau en puisse être tiré que de leur consentement commun, et à la charge de l'y remettre chacun jour, après que l'expédition pour laquelle il en aura été tiré, se trouvera faite.

4. Voulons aussi que dedans ou proche la même chambre soient posées des armoires, pour y mettre tous les registres et papiers du greffe, desquels le grand maître, maître particulier, notre procureur et autres officiers pourront prendre communication quand bon leur semblera ; sans que pour quelque cause, et sous quelque prétexte que ce soit ils les puissent déplacer,

à peine de trois mille livres d'amende, et d'interdiction de leurs charges.

5. Ne pourront à l'avenir les maîtres particuliers, lieutenans, procureurs du roi, garde-marteaux, arpenteurs, et greffiers, être parens ou alliés jusqu'au degré de cousin germain inclusivement, ni tenir deux charges dans les forêts, non plus qu'aucun office de judicature ou de finance, excepté toutefois le lieutenant, auquel permettons de tenir conjointement autre office royal, soit de judicature ou de finance.

6. Ne pourront aussi donner aucune permission, soit verbalement ou par écrit, de couper ou arracher aucuns bois, ni de mettre pâturer des bestiaux en nos forêts, à peine de trois cents livres d'amende.

7. Faisons très expresses défenses à tous officiers des forêts de prendre aucuns bois en paiement de leurs vacations et salaires: et aux marchands de leur en donner sous quelque prétexte que ce soit, à peine d'interdiction, et de mille livres d'amende contre les officiers, et de trois cents livres contre les marchands.

8. Défendons à tous officiers des maîtrises d'exercer en titre ou par commission aucun office, et de recevoir aucune pension, ou tenir aucune ferme des seigneurs, communautés ou particuliers, directement ou indirectement, sous quelque titre ou prétexte que ce soit; mais opteront dans six mois; sinon, ce temps passé, déclarons leurs charges vacantes et impétrables : et si aucuns s'en trouvent pourvus, ils seront tenus de les résigner, et en faire pourvoir d'autres en leur place, six mois après la publication des présentes, autrement, et ce temps passé, les déclarons vacantes et impétrables.

9. Les officiers des maîtrises reçus par commission, jouiront pendant le temps qu'elle subsistera des mêmes honneurs, priviléges et exemptions qui sont attribués aux officiers pourvus en titre.

10. Les procès instruits en vertu de commissions, ne tomberont en-distribution, mais seront rapportés par les commissaires qui les auront instruits.

11. Tout officier interdit par autorité de justice des fonctions de sa charge, n'en pourra faire aucun exercice pendant l'appel ou opposition, à peine de nullité et de faux.

12. Défendons à tous ecclésiastiques et officiers de nos parlemens, grand conseil, chambres des comptes, cours des aides, et autres nos cours, de tenir ou exercer, soit en titre ou par com-

mission, aucune charge dans la juridiction de nos eaux et forêts, à peine de nullité des provisions, et de trois mille livres d'amende.

13. Les maîtres particuliers, lieutenans, procureurs du roi, garde-marteaux, greffiers, arpenteurs et sergens à garde, seront exempts de logemens de gens de guerre, ustenciles, fournitures, contributions, subsistance, tutelle et curatelle, collecte de nos deniers, et autres charges publiques; et auront leurs causes commises, tant civiles que criminelles au présidial du ressort; même ès villes taillables seront taxés d'office par les commissaires départis, s'ils n'ont point privilège d'ailleurs; le tout aussi long-temps qu'ils exerceront leurs charges ou commissions.

TITRE III. *Des Grands-Maîtres.*

Art. 1. Connoîtront en première instance, à la charge de l'appel, de toutes actions qui seront intentées pardevant eux, en procédant aux visites, ventes et réformations des eaux et forêts, entre telles personnes, et en quelque cas et matière que ce soit.

2. Leur appartiendra par privilège et prérogative spéciale sur tous autres officiers des eaux et forêts, l'exécution de toutes nos lettres-patentes, ordres et mandemens sur le fait des eaux et forêts, soit pour vente de nos bois, ou de ceux des ecclésiastiques et communautés, et pour quelque autre cause que ce puisse être.

3. Auront voix délibérative dans les chambres du conseil, et aux audiences des juges en dernier ressort, et leur séance à main gauche après le doyen de la chambre.

4. Pourront, en procédant à leurs visites, faire toutes sortes de réformations, et juger de tous délits, abus et malversations qu'ils trouveront avoir été commis dans leur département, soit par les officiers, ou par les particuliers, et faire le procès aux coupables.

5. Procéderont contre les officiers qu'ils trouveront en faute, par informations, décrets, saisies et arrêts de leurs personnes, et de leurs gages; instruiront, ou subdélégueront pour l'instruction, et feront leur procès, nonobstant oppositions ou appellations quelconques, jusqu'à sentence définitive inclusivement, si bon leur semble, sauf l'exécution, s'il en est appelé; sinon le porteront ou l'envoieront en état au greffe de la table de marbre: même feront conduire l'accusé, s'il est prisonnier, aux prisons pour y être jugé par eux, ou leurs lieutenans, suivant la rigueur des ordonnances; et cependant les interdiront de toutes fonctions, même de l'entrée des forêts, et commettront en leur

place personnes capables, jusqu'à ce qu'autrement par nous en ait été ordonné.

6. A l'égard des bucherons, chartiers, pâtres, garde-bêtes, et autres ouvriers employés en l'exploitation et voitures des bois, les grands-maîtres auront plein pouvoir de leur faire et parfaire le procès en dernier ressort, pour raison des abus et malversations commises au fait et à l'occasion des eaux et forêts, lesquels ils jugeront au présidial du lieu du délit, au nombre de sept juges au moins; sans qu'à l'égard de toutes autres personnes ils puissent les juger en matière criminelle, autrement qu'à la charge de l'appel: pourront néanmoins seuls et sans appel destituer les sergens commis et préposés à la garde des forêts, garennes, chemins, prés, bois, eaux, rivières et ruisseaux, tant de nos domaines, que de ceux tenus en grurie, grairie, tiers et danger.

7. Pourvoiront par provision aux places de ceux qu'ils auront destitués, tant ès eaux, bois et garennes de nos domaines, grurie, grairie, tiers et danger, qu'en ceux des communautés séculières, et obligeront les ecclésiastiques d'y commettre chacun à son égard; sinon en cas de refus ou négligence, y pourvoiront d'office, et donneront pour le paiement des gages toutes contraintes et ordonnances nécessaires.

8. Lorsqu'ils porteront leurs procès aux sièges présidiaux pour les juger, ils auront la première séance avec voix délibérative, et opineront les derniers, soit qu'ils soient gradués ou non, même indiqueront les jours et heures de l'assemblée: mais le président, lieutenant général, ou autre officier qui présidera, proposera et demandera les avis, recueillera les voix, et en tout dirigera l'action ainsi qu'il est accoutumé dans les procès où le grand-maître n'est point présent.

9. Les grands-maîtres feront par chacun an une visite générale en toutes les maîtrises et gruries de leur département, de garde en garde, et de triage en triage; s'informeront de la conduite des officiers, arpenteurs, gardes, usagers, riverains, marchands ventiers et préposés au soin des eaux et chemins, rivières, canaux, fossés publics, watregands; verront les registres de nos procureurs, garde-marteaux, arpenteurs et sergens à garde, même ceux des greffiers, et les procès-verbaux, rapports, informations, et autres actes concernant les visites, délits, abus, entreprises, usurpations, malversations et contraventions, tant au fait des eaux et forêts, que des chasses et pêches, pour connoître si les gardes auront fait leur rapport, le procureur du roi ses di-

ligences, et les officiers rendu la justice, afin d'y pourvoir à leur défaut : et à cet effet seront tenus les sergens, garde-marteaux et maîtres particuliers de représenter sur le lieu du délit leurs registres, pour justifier des diligences ; à faute de quoi seront condamnés en leurs noms, comme si eux-mêmes avaient commis le délit.

10. Le grand-maître faisant la visite des ventes à adjuger, désignera aux officiers et à l'arpenteur les lieux et cantons des triages, pour y faire les assiettes de l'année suivante, dont il dressera son procès-verbal, et en laissera une expédition ou greffe pour les officiers de la maîtrise, qui seront tenus de s'y conformer ponctuellement, à peine de trois mille livres d'amende solidairement contre les contrevenans.

11. Sera tenu d'envoyer chacune année, avant le mois de juin, aux officiers des maîtrises son ordonnance et mandement pour faire les assiettes des ventes, contenant la désignation des triages et cantons exprimés en son procès-verbal ci-dessus ; comme aussi d'envoyer avant le mois de septembre d'autres mandemens pour désigner le jour des ventes et adjudications.

12. Fera marquer de son marteau les pieds corniers des ventes et arbres de réserve, en toutes occasions où il conviendra le faire.

13. Fera les ventes et adjudications de nos bois, tant futaie que taillis, avant le premier janvier de chacune année, pour le nombre, quantité et qualité portée par les réglemens arrêtés en notre conseil, avec charge expresse à l'adjudicataire de payer le prix de son adjudication ès mains du receveur particulier ou général des bois, s'il y en a d'établi, sinon au receveur général du domaine, dans les temps qui seront réglés par les grands-maîtres ; sans néanmoins que le dernier terme puisse être reculé plus tard que le jour de saint Jean de l'année d'après l'usance : en outre de payer ès mains du receveur un sol pour livre du prix de l'adjudication comptant, pour être la somme à laquelle il reviendra, employée au paiement des journées, taxations et droits des officiers, suivant la taxe qui leur en sera faite par le grand-maître, sur leurs simples quittances ; et si le sol pour livre ne suffit, le surplus sera pris sur le fonds des ventes.

14. Ne pourront augmenter ou diminuer les ventes de leur autorité privée, et les charger d'aucun usage, chauffage, droits ou servitudes, ni même accorder ou faire délivrance de bois en espèce, ou ordonner le paiement de deniers en conséquence

d'aucuns dons, à peine de privation de leurs charges et de dix mille livres d'amende.

15. Feront les récolemens par réformation le plus souvent qu'il se pourra, pour connoître si les officiers des maîtrises ont remis, dissimulé, ou trop légèrement condamné les marchands pour abus et malversations par eux commises; auquel cas ils pourront les condamner aux peines que les marchands auroient légitimement encourues.

16. Si les grands-maîtres en faisant leurs visites et réformation dans nos bois et forêts, reconnoissent des places vaines et vagues, et des bois abroutis et rabougris, ils pourront les faire semer et repeupler pour les mettre en valeur; même faire faire des fossés pour la conservation du jeune recru où besoin sera, le tout à nos frais et dépens, par adjudication au rabais et moins disant : et à l'égard des recepages, ils en dresseront leurs procès-verbaux, qu'ils envoieront au conseil pour y être pourvu.

17. Envoieront chacune année en notre conseil és mains du contrôleur général de nos finances, trois états des ventes par eux faites : le premier contiendra la quantité de bois vendus en chacune maîtrise, forêts, triages et garde, le prix de la vente, et les charges tant en deniers qu'en bois : le deuxième contiendra les sommes qu'ils auront taxées aux officiers des maîtrises particulières pour leurs droits, taxations, journées et chauffages, à prendre sur le sol pour livre des ventes : et le troisième, les sommes qu'ils auront taxées pour faire semer ou replanter les places vides, et receper les bois abroutis et rabougris, pour les remettre en valeur, pour façon de fossés, et autres dépenses et frais extraordinaires faits pour l'aménagement de nos forêts, dont le fonds sera pris sur les amendes et deniers qui se reçoivent par le sergent collecteur.

18. Leur défendons de permettre ni souffrir aucuns fours, fourneaux, façon de cendres, défrichemens, arrachis et enlèvement de plants, glands et faine de nos forêts, contre la disposition de ces présentes; à peine d'amende arbitraire, et de tous nos dommages et intérêts.

19. Feront dans les bois où nous avons droit de gruerie, grairie, tiers et danger, et dans ceux tenus en apanage, par engagement, usufruit, et par indivis, les mêmes visites que dans nos forêts; et y procéderont aux ventes et récolemens avec les mêmes formalités que dans nos autres bois et forêts; sans souf-

frir qu'il soit fait aucun avantage, ou donné aucune préférence aux tresfonciers et possesseurs.

20. Tiendront bon et fidèle registre des procès-verbaux des ventes et adjudications qui seront par eux faites, des visites, provisions, commissions, institutions et destitutions d'officiers, instructions et jugemens de procès, ordonnances et actes qu'ils feront en leur charge pendant le cours de chacune visite et réformation ; dont ils mettront le double à leur retour au greffe de la table de marbre, pour y avoir recours.

21. Pourront, quand bon leur semblera, faire leurs visites dans les bois et forêts dépendans des ecclésiastiques, communautés et gens de main-morte, pour connoître s'il a été commis des délits et dégâts dans les futaies, et dans les coupes des taillis ; si les réserves ont été faites, et l'usance à l'âge, conformément à nos ordonnances et réglemens, pour y être par eux pourvu selon l'exigence des cas.

22. Régleront les partages des eaux, bois, prés et pâtis communs, tant pour le triage prétendu par les seigneurs, que pour l'usage et la division entre eux et les habitans : et quand besoin sera, feront les ventes, adjudications ou délivrance des bois à couper, en interposant notre autorité par leur ministère, pour empêcher et réprimer la vexation.

23. Visiteront nos rivières navigables et flottables, ensemble les routes, pêcheries et moulins étant sur nos eaux, pour connoître s'il y a des entreprises ou usurpations qui puissent empêcher la navigation et le flottage ; et y être par eux pourvu incessamment, en faisant rendre le cours des rivières libre et sans aucun empêchement.

24. Se feront fournir des états par les collecteurs des amendes de chacune maîtrise, des deniers des amendes, confiscations, arbres de délit, restitutions, dommages et intérêts adjugés dans nos bois et forêts, et ceux tenus en grurie, grairie, tiers et danger, concession, engagement, usufruit et par indivis, dont ils feront l'examen sur les rôles qui seront représentés, signés du greffier, et des diligences qui auront été faites pour le recouvrement des sommes y contenues : et sera par eux pourvu à ce qui sera nécessaire en conséquence, et pour le bien de nos affaires.

25. Les grands-maîtres taxeront sur les deniers de cette nature les vacations et journées extraordinaires des officiers des maîtrises, et autres personnes qu'ils emploieront tant aux réformations que pour notre service dans nos eaux et forêts, selon

leur travail : et si par les états qui seront par eux dressés pour le paiement des taxations et droits des officiers, à prendre sur le sol pour livre des ventes ordinaires de nos bois, il se trouve manque de fonds, pourront ordonner le paiement de ce qui manquera, sur le fonds des ventes, ainsi qu'ils trouveront à propos ; sans qu'aucun autre officier puisse s'ingérer d'ordonner le paiement d'aucune somme sur nos deniers des amendes ou autres ; à peine de restitution du quadruple, et d'interdiction.

26. Tous les jugemens, ordonnances et actes qui seront rendus par les grands-maîtres pendant leurs visites, seront mis aux greffes de leurs maîtrises ; et tous ceux qu'ils feront au lieu de l'établissement de la table de marbre, au greffe du siége, pour être délivrés par les greffiers, ainsi que les autres expéditions des siéges, sans qu'aucune autre personne s'y puisse entremettre, à peine de faux : et à l'égard des ordonnances qu'ils donneront de délivrance de chauffage ou autrement, et tous actes et jugemens qui seront par eux rendus en réformation, ils seront délivrés par le greffier qui sera par nous commis en chacun département, gratuitement et sans aucun frais ni droit, à peine de concussion, sauf à leur être par nous pourvu.

27. Les grands-maîtres ne pourront prendre aucuns droits, épices, journées, salaires et vacations, sous quelque prétexte que ce soit, de tout ce qui sera par eux fait pour raison de nos eaux, rivières, forêts, bois, buissons, bois tenus en grurie, grairie, tiers et danger, apanage, engagement, usufruit, et par indivis, même pour ceux des prélats, ecclésiastiques, communautés et gens de main-morte ; à peine d'exaction et restitution du quadruple : et leur sera par nous pourvu ainsi qu'il appartiendra.

28. Enjoignons aux prévôts généraux, provinciaux, lieutenans de robe courte, vice-baillis, leurs lieutenans, exempts et archers, et tous autres officiers de justice, de prêter main forte à l'exécution des décrets, ordonnances et jugemens des grands-maîtres et officiers des maîtrises ; sauf à leur être fait taxe par les grands-maîtres pour leurs frais et salaires extraordinaires, à prendre sur les deniers des amendes, confiscations et restitutions, quand il s'agira de nos affaires ; ou sur les parties, quand il y en aura.

TITRE IV. *Des Maîtres particuliers.*

Art. 1. Les maîtres particuliers ou leurs lieutenans, connoîtront en première instance, à la charge de l'appel, soit de partie à partie, ou à la requête de notre procureur, tant au civil qu'au criminel, de toute la matière des eaux et forêts, et ses circonstances et dépendances, suivant les restrictions et limitations contenues ès articles de la présente ordonnance.

2. Lorsqu'ils ne seront pas gradués, le lieutenant au siége fera l'instruction et le rapport en toutes affaires civiles et criminelles, et les maîtres auront voix délibérative, et la prononciation : mais où ils se trouveront gradués, le lieutenant n'aura simplement que le rapport et son suffrage; l'instruction, le jugement et la prononciation suivant la pluralité des voix, demeurant au maître, tant en l'audience qu'en la chambre du conseil.

3. Tiendront leur audience au moins une fois chaque semaine, au lieu accoutumé; et les causes remises de l'audience précédente, seront appelées les premières, s'il y en a, ou elles seront jugées sommairement; autant qu'il se pourra ensemble toutes autres affaires, particulièrement les procès-verbaux des garde-marteaux, gruyers et sergens; et les amendes taxées sans remise, dont le rôle sera par eux signé, pour être mis de trois mois en trois mois entre les mains du sergent collecteur, qui sera tenu le lendemain du premier jour d'audience de chacun mois, de rapporter ses diligences, et d'en rendre compte au maître particulier, à la poursuite de notre procureur, pour être incessamment pourvu ainsi qu'il appartiendra, à peine d'en demeurer responsables en leurs privés noms.

4. Ne pourront juger, soit en l'audience ou en la chambre du conseil, ni donner aucun élargissement de prisonniers et mainlevées des bestiaux saisis, que sur les conclusions de notre procureur, et de l'avis du lieutenant en la maîtrise, et du garde-marteau, s'ils sont présens à la séance.

5. Coteront et parapheront les registres de nos procureurs, garde-marteaux, gruyers, greffiers, sergens et gardes de nos forêts, bois et buissons, et des bois en grurie, grairie, tiers et danger, possédés en apanage, engagement, et par usufruit, à ce qu'il n'y puisse rien être ajouté ni diminué.

6. Feront de six mois en six mois une visite générale dans toutes nos forêts, bois et buissons, bois sujets à grurie, grairie, ségrairie, tiers et danger, et dans ceux tenus par indivis, apanage, engagement et usufruit, ensemble des rivières navigables et flottables de leurs maîtrises, assistés des garde-marteaux et sergens, sans en exclure les lieutenans et nos procureurs ès

maîtrises, qui pourront y être présens, si bon leur semble; à peine de cinq cents livres d'amende contre les maîtres, et de suspension de leurs charges pour six mois; sauf en cas de récidive à les mulcter plus sévèrement, ainsi que les grands-maîtres le jugeront à propos; lesquels régleront les temps de la visite, pour être faite par les lieutenans, faute par les maîtres d'y satisfaire.

7. Le procès-verbal de visite sera signé du maître particulier et de tous les officiers présens, et contiendra les ventes ordinaires et extraordinaires qui auront été faites, de futaie ou de taillis durant le cours de l'année; l'état, âge et qualité du bois de chacune garde et triage; le nombre et essence des arbres chablis; l'état des fossés, chemins royaux, bornes et séparations, pour y apporter incessamment les remèdes que les maîtres particuliers jugeront convenables; sans que les visites générales puissent les dispenser d'en faire fréquemment de particulières, dont ils dresseront les procès-verbaux, qu'ils représenteront aux grands-maîtres, pour les instruire de la conduite des riverains, gardes et sergens des forêts, marchands ventiers, leurs commis, bucherons, ouvriers et voituriers, et de toute autre chose concernant la police et conservation de nos bois et forêts.

8. Seront tenus de juger les amendes des délits contenus dans les procès-verbaux de leurs visites, quinze jours après les avoir faits; à peine d'en demeurer responsables en leurs propres et privés noms.

9. Ordonnons aux maîtres particuliers d'arrêter et signer en présence de nos procureurs, quinzaine après chacun quartier échu, les rôles des amendes, restitutions et confiscations qui auront été jugées au siége de la maîtrise, après avoir été par eux vérifiées sur les procès-verbaux et jugemens rendus au siége, et iceux faire délivrer au sergent collecteur, à la diligence de nos procureurs; à peine de demeurer responsables des sommes contenues dans leurs rôles.

10. Les maîtres particuliers feront les récolemens des ventes usées dans nos forêts, bois et buissons, six semaines après le temps de coupe et vidange expiré; et les adjudications des bois taillis qui sont en grurie, grairie, tiers et danger, par indivis, apanage, engagement et usufruit, chablis, arbres de délits, menus marchés, panages et glandées, ainsi et aux termes qu'il est par nous ordonné: et seront tenus avant le premier décembre de chacune année, de dresser un état des surmesures et outrepasses

qu'ils auront trouvées lors du récolement des ventes de nos bois, et des bois taillis en grurie, grairie, tiers et danger, des chablis et arbres du délit qu'ils auront vendus pendant le cours de l'année, et des adjudications qui auront été par eux faites des panages et glandées; lequel état contiendra les sommes par le détail de chacune nature, les noms des adjudicataires et cautions, qui sera signé du lieutenant, notre procureur, du garde-marteau et greffier de la maîtrise, duquel ils délivreront autant au receveur général des bois, s'il y en a d'établi, ou du domaine, pour en faire le recouvrement; et en enverront autant au grand-maître avant le quinzième décembre, afin de le comprendre dans l'état général qu'il est tenu de faire du produit de nos forêts, pour être par lui envoyé à notre conseil ès mains du contrôleur général de nos finances; le tout à peine contre les maîtres d'interdiction de leurs charges, et d'amende arbitraire.

11. Pourront en outre visiter (assistés comme dessus), toutes les fois qu'ils le jugeront nécessaire, ou qu'il leur sera ordonné par le grand maître, les bois et forêts appartenant dans l'étendue de leurs maîtrises, aux prélats et autres ecclésiastiques, commandeurs, communautés tant régulières que séculières, maladeries, hôpitaux et gens de main morte, et en dresser leurs procès-verbaux en la même manière, et sur les mêmes peines que nous leur avons ci-dessus prescrites pour les nôtres.

12. Seront tenus d'envoyer au grand-maître autant des procès-verbaux des visites générales signés d'eux et des autres officiers de la maîtrise, un mois après qu'elles auront été faites; à peine de 300 liv. d'amende contre le maître, privation de ses gages, que le receveur des bois ou du domaine ne pourra payer, ni employer en son compte, qu'en rapportant la certification des grands-maîtres que les procès-verbaux leur auront été remis.

TITRE V. *Du Lieutenant.*

ART. 1er. Le lieutenant sera gradué, et fera en l'absence du maître les mêmes fonctions, tant dans nos bois et forêts, bois en grurie, grairie, tiers et danger, et en ceux des apanagistes, engagistes et usufruitiers, pour les visites, assiettes, ventes, adjudications et récolemens, qu'en l'audience et en la chambre du conseil, pour juger les affaires, et partout ailleurs; auxquels cas, pour les actes qu'il fera pour nous, il aura les deux tiers des droits, taxations et émolumens que prendroit le maître s'il étoit présent : et pour les particuliers, il en sera payé suivant les réglemens et à proportion du travail.

2. Si le maître n'est pas gradué, le lieutenant aura préférablement toute l'instruction des affaires qui concerneront les eaux et forêts, et qui seront entre particuliers de partie à partie, ou à la requête de notre procureur.

3. Sera tenu de résider dans la ville où sera le siège de la maîtrise, sans en pouvoir désemparer, particulièrement aux jours et heures d'audience, qu'après avoir averti le maître ou le garde-marteau, afin qu'ils suppléent en son absence pour l'administration de la justice, en sorte que le siège soit toujours rempli; à peine de privation de ses gages.

4. Si un mois après le temps qui sera prescrit aux maîtres particuliers pour leurs visites générales, ils ne les ont faites, le lieutenant sera tenu de faire une visite générale des eaux et forêts de la maîtrise, assisté des officiers, ainsi qu'il est dit au chapitre du maître particulier, et sous les mêmes peines qui ont été indictes contre lui.

TITRE VI. *Du Procureur du Roi.*

Art. 1er. Notre procureur sera gradué, et fera l'exercice de sa charge, tant au siège de la maîtrise que de la gruerie.

2. Sera tenu d'avoir trois registres séparés et différens, dont le premier contiendra l'état de toutes les oppositions qu'il aura formées, et de celles qui lui auront été signifiées ou au greffe de la maîtrise, pour quelque cause que ce soit, et des appellations qui auront été interjetées des jugemens, sentences et ordonnances rendues audit siège, les noms des parties, les jours qu'elles auront été signifiées, et par lui envoyées au procureur général, et qu'il en aura été donné avis au grand-maître. Le second sera chargé de toutes les conclusions préparatoires et définitives qu'il aura données; et le troisième, de toutes les affaires concernant les bois tenus en gruerie, grairie, tiers et danger, et par indivis, et des apanagistes, engagistes et usufruitiers, et de ceux des ecclésiastiques et communautés qui se trouveront dans le détroit de la maîtrise.

3. Aucun exploit ou procès-verbal ne sera rapporté, ni aucune main-levée, renvoi ou absolution donnée, que sur ses conclusions verbales ou par écrit, selon la diversité ou disposition des matières; à peine contre le maître et autres officiers contrevenans

de 500 liv. d'amende et d'interdiction, même de privation en récidive.

4. Sera tenu de donner, sans aucun délai ni retardement, ses conclusions préparatoires et définitives sur les procès-verbaux de visites des officiers, rapports des garde-marteaux, sergens à garde, et généralement sur tous les actes qui lui seront présentés, concernant les abus, malversations, désordres, et entreprises faites sur nos eaux et forêts, bois tenus en grurie, grairie, tiers et danger, et par indivis, et dans ceux possédés à titre d'apanage, engagement et usufruit, et pour tout ce qui regarde notre service, et de poursuivre les jugemens et condamnations sur ses conclusions; à peine d'en demeurer responsable en son privé nom.

5. Sera tenu de dresser chaque mois un état des appellations qui auront été interjetées, et lui auront été signifiées, ou au greffe du siège où les jugemens et condamnations auront été rendues pour raison de nos eaux et forêts, bois et buissons, et bois tenus en grurie, grairie, tiers et danger, et par indivis, ou possédés à titre d'apanage, engagement et usufruit, qu'il enverra trois jours après à notre procureur au siège de la table de marbre, avec les pièces et des mémoires instructifs pour la conservation de nos droits et intérêts : et s'il ne lui est signifié dans le temps de trois mois du jour des appellations signifiées des jugemens ou sentences de décharge desdites condamnations, il en fera poursuivre l'exécution à sa requête, à peine d'en répondre en son propre et privé nom.

6. Tiendra la main à ce que les papiers du greffe soient exactement déposés dans les armoires qui seront destinées à cet effet, et que le garde-marteau, les arpenteurs et sergens à garde aient des registres reliés pour enregistrer tous les procès-verbaux qui seront par eux faits, lesquels registres seront cottés, paraphés et arrêtés de lui, qu'il fera représenter quand besoin sera.

7. Sera tenu de faire toutes les instances et poursuites nécessaires pour parvenir aux assiettes, martelages, ventes, adjudications et récolemens de nos bois, et à la recherche et punition des délits, abus et malversations, sur les avis qui lui seront donnés, dans la huitaine après que les rapports auront été mis au greffe; à peine de privation de ses gages pour la première fois, et de perte de sa charge avec amende arbitraire en récidive.

8. Les assiettes, adjudications, récolemens et tous autres actes ne pourront être différés, s'il n'est jugé à propos par le grand-maître, sous prétexte de remontrances et réquisitions qui auront

été faites par notre procureur, sauf à réparer aux frais et dépens de l'officier contrevenant, si la réquisition se trouve bien fondée, au siége où il envoyera l'acte de sa remontrance ou opposition, dont il sera tenu de donner avis à notre procureur général dans les quinze jours de l'expédition délivrée; à peine de répondre du préjudice que nous aurons souffert par sa négligence en son propre et privé nom.

9. S'il se passoit en l'audience, assiette ou récolement des ventes et ailleurs, aucuns abus, et quelque chose à notre préjudice, ou qu'il fût fait par le grand-maître, maître particulier, et officiers de la maîtrise et gruerie, des procédures et expéditions contraires à nos ordonnances et réglemens, et à leur devoir, il sera tenu d'en faire à l'instant remontrance et en demander acte, qui ne pourra être refusé par le juge qui sera présent, sous aucun prétexte, à peine d'interdiction de sa charge, dont lui sera délivré expédition par le greffier, sans remise, à peine de 500 liv. d'amende.

10. Les rôles des amendes, confiscations, restitutions et autres condamnations, seront faits, signés et attestés par les officiers de trois en trois mois, à sa poursuite et diligence, et mis quinzaine après chacun quartier échu, ès-mains du sergent collecteur des amendes, pour en faire le recouvrement à sa requête, dont il retirera autant sous le seing du greffier, et au pied il fera mettre « reçu par le sergent collecteur, et lui fera rendre raison le lendemain du premier jour d'audience de chacun mois pardevant le maître particulier ou lieutenant en la maîtrise, des diligences qu'il aura faites pour parvenir audit recouvrement : et s'il se trouve du défaut, négligence ou autre manquement aux poursuites du sergent collecteur, il prendra contre lui telles conclusions qu'il verra bon être, pour sur le tout être pourvu ce qu'il appartiendra.

11. Lui seront communiqués tous décrets qui se feront en justice, dénombremens, aveux, accensivemens, afféagemens, contrats de ventes, déclarations, titres nouveaux, reconnoissances et aliénations des immeubles et héritages de toute nature, situés dans l'enceinte, et joignant nos bois et forêts, pour en donner avis aux grands maîtres, et suivant leurs ordres et instructions les blâmer, si besoin est, et empêcher que rien ne soit vendu, aliéné ou afféagé, qui dépende de nos domaines, ou qui puisse préjudicier à nos droits, ou établir servitude sur nos bois et forêts: à peine de nullité de tous les actes et contrats qui seront faits

sans cette formalité, lesquels ne feront aucune foi contre nous pour l'établissement d'aucuns droits prétendus par les particuliers, ni pour la propriété des héritages y contenus, qui pourront être par nous contestés : et si notre procureur donne de son mouvement quelque consentement, il en demeurera responsable envers nous, et de tous nos dépens, dommages et intérêts.

12. Il aura l'une des clefs du coffre dans lequel sera mis le marteau servant à la marque des arbres, pieds corniers, baliveaux et autres, sans souffrir qu'il en soit marqué qu'en sa présence; et aura soin de le faire remettre à sa place à la fin de chacune expédition.

TITRE VII. *Du Garde-Marteau.*

ART. 1er. Assistera aux audiences et en la chambre du conseil, au jugement des affaires, où il aura voix délibérative avec le maître et le lieutenant; et en leur absence administrera la justice à l'exclusion de tous avocats et praticiens, si par nous, par le grand-maître, ou son lieutenant à la table de marbre il n'en est autrement ordonné, et s'il n'est question de juger sur ses rapports.

2. Fera tous martelages dans nos forêts, bois et buissons en l'étendue de la maîtrise, même dans les lieux où il y aura des gruyers, à quoi il vaquera en personne, sans liberté de commettre ou les confier à autre, sinon pour cause d'empêchement légitime : auquel cas il sera tenu d'en avertir le maître et le procureur du roi pour y être pourvu en son lieu.

3. Il aura un marteau particulier pour marquer les chablis et arbres de délit, qu'il ne confiera jamais à aucune personne, pour les inconvéniens qui en pourroient arriver, dont il demeurera responsable; et dressera des procès-verbaux sur son registre, qui contiendront tous les arbres qu'il aura marqués, leur grosseur, qualité et essence, lesquels il fera signer par les sergens à garde et les mettra au greffe de la maîtrise trois jours après, sur les mêmes peines.

4. Tiendra registre des martelages de pieds corniers, baliveaux et autres arbres qu'il marquera, dont il sera dressé des procès-verbaux, contenant leur nombre, qualité, grosseur et essence, par le maître ou son lieutenant, qui seront par eux signés et par notre procureur, garde-marteau, sergent de la garde, et du greffier, et d'autres procès-verbaux de la reconnoissance qui sera faite des arbres marqués, lors du récolement des ventes.

5. Outre l'assistance qu'il sera tenu de rendre aux visites des grands-maîtres, des maîtres particuliers, et autres officiers, il fera une visite par chacun mois en toutes les gardes de nos forêts, bois et buissons, bois en grurie, grairie, tiers et danger, possédés par indivis et à titre d'apanage, engagement et usufruit de la maîtrise, pour voir et connoître si les gardes ont rapporté fidèlement tous les délits qui y seront faits ; à l'effet de quoi ils seront tenus de l'assister lors des visites : et en fera encore une autre de quinzaine en quinzaine, des ventes ouvertes, et en leurs réponses ; ensemble des routes et chemins servant à la voiture du bois, pour connoître de l'exploitation et des abus, délits et contraventions, dont il dressera ses procès-verbaux sur son registre, qu'il fera signer par les sergens à garde, et par les facteurs ou gardes-ventes, pour être par lui, trois jours après, mis au greffe, dont il demeurera déchargé : et après avoir été communiqués à notre procureur, seront rapportés et jugés au premier jour d'audience ; à peine, pour la première fois, de radiation de ses gages ; et en récidive, de privation de sa charge.

TITRE VIII. *Du Greffier.*

Art. 1 Le greffier aura huit registres, cottés et paraphés par le maître ou son lieutenant, et par notre procureur.

2. Le premier sera pour l'insinuation des édits, déclarations, arrêts, réglemens et ordonnances, provisions, commissions, réceptions, institutions et destitutions d'officiers et gardes de la maîtrise.

3. Le second des procès-verbaux et actes d'assiettes, martelages, publications, enchères, adjudications, et récolemens des ventes ordinaires et extraordinaires de futaie, taillis et autres natures de bois, même des bois chablis et de délit, panages et glandées, tant de nos bois et forêts, que des bois tenus en grurie, grairie, tiers et danger, indivis, apanage, usufruit, et par engagement ; dans lequel sera aussi employé l'état qui sera dressé chacune année par les maîtres particuliers de tout ce qui nous doit revenir dans chacune maîtrise : lesquels procès-verbaux et actes seront signés par le maître, notre procureur, garde-marteau, receveur particulier de nos bois, s'il y en a d'établi, ou du domaine, et par les autres officiers qui les auront faits.

4. Le troisième, des procès-verbaux de visite des maîtres particuliers, de leurs lieutenans, garde-marteaux et gruyers, des

rapports des gardes et sergens, qui seront par eux signés sur le registre, à mesure qu'ils auront été faits ou présentés, sans retardement, ou changement de dates, et des confiscations, amendes, restitutions, dommages et intérêts adjugés en conséquence.

5. Le quatrième, des causes d'audience, auquel seront transcrits les jugemens rendus sur plaidoyers et procès par écrit, afin d'y avoir recours, et obvier au divertissement des minutes.

6. Le cinquième contiendra les contrats des ventes volontaires ou judiciaires, dénombremens, aveux, arrentemens, afféagemens, et déclarations des immeubles et héritages assis au dedans de l'enceinte de nos forêts, ensemble les contredits et empêchemens, ou consentemens qui y seront donnés par notre procureur.

7. Le sixième, de tous les actes et procédures qui regarderont la navigation et le flottage sur les rivières, la pêche et la chasse.

8. Et le septième, de ce qui pourra être fait pour les bois des ecclésiastiques, communautés, gens de main-morte, et particuliers, au cas dont il est parlé au premier chapitre de la juridiction. Et le huitième sera pour le dépôt de tout ce qui sera apporté ou consigné au greffe.

9. Les greffiers des maîtrises feront de trois mois en trois mois, au plus tard quinzaine après chacun quartier, les rôles des amendes adjugées dans les siéges de leur établissement, dans lesquels ils pourront employer cinq sols sur chacun article de condamnation pour le droit de sentence, et deux sols pour le droit de chacun défaut qui sera donné, et sept sous six deniers pour le salaire du sergent, sur le rapport duquel il y aura eu condamnations: desquels droits ils seront payés par le sergent collecteur à proportion de la recette actuelle; sans que les greffiers puissent prétendre aucuns salaires sous prétexte de la grosse des rôles, ni autrement: et en délivreront deux expéditions en bonne forme à nos procureurs, dont l'une leur demeurera, et l'autre sera fournie huit jours après au sergent collecteur pour en faire le recouvrement.

10. Ne pourront prendre plus grand salaire pour les expéditions qu'ils délivreront, que de trois sols par chacun rôle de papier, et quinze sols pour rôle de parchemin, qui sera rempli du nombre de lignes, mots et syllabes porté par l'ordonnance: et pour les autres droits des instructions, ils seront ci-après réglés sur les avis des grands-maîtres, après avoir entendu les officiers des

maîtrises, sans qu'ils puissent prendre aucuns salaires pour celles qui seront délivrées à nos procureurs ou à nos autres officiers pour nos affaires, ni mettre en parchemin aucunes expéditions, sinon les sentences définitives rendues sur vu de pièces.

11. Si par fraude ou autrement, le greffier omet d'employer aucuns articles des procès-verbaux de visites et rapports dans ses registres, et des condamnations dans les rôles, il sera tenu de payer le quadruple à notre profit pour la première fois, et destitué de sa charge en récidive.

12. Le greffier sortant d'exercice sera tenu de remettre en l'armoire qui sera pour ce mise en la chambre de la maîtrise, les registres et toutes autres pièces du greffe, dont il sera dressé un inventaire par le maître ou le lieutenant, et notre procureur, qui sera signé du greffier, et certifié que par dol ou autrement il ne retient aucune pièce : et le tout sera mis ès mains du greffier ou commis qui succédera, lequel s'en chargera au pied du même inventaire, sans que les héritiers puissent les retenir ni aucunes pièces, sous quelque prétexte que ce soit, et ainsi successivement; mais il leur sera payé moitié des émolumens des expéditions qui seront délivrées par le greffier en exercice, qui retiendra l'autre moitié pour ses salaires, et de ses clercs et commis.

13. Les veuves, enfans ou héritiers des greffiers et commis décédés, demeureront responsables des registres et pièces du greffe, jusqu'à ce qu'ils les aient remises en la forme ci-dessus : et en cas de rétention, seront contraints par toutes voies, même par corps, à les remettre incessamment, à la diligence de nos procureurs; à peine d'en demeurer responsables en leurs noms.

TITRE IX. *Des Gruyers.*

Art. 1. Les gruyers auront un lieu fixe pour y tenir leur siège à jour et heures certains, en chacune semaine, et feront résidence dans le détroit de la grurie, le plus près des bois que faire se pourra; à peine de perte de leurs gages et d'interdiction.

2. Auront un marteau particulier, duquel ils marqueront les arbres de délit et les chablis.

3. Ne pourront juger que les délits dont l'amende sera fixée par nos ordonnances à la somme de douze livres et au-dessous; mais si elle était arbitraire, ou excédante cette somme, ils seront tenus de renvoyer la cause et les parties pardevant le maître particulier de leur grurie; à peine de cinq cents livres d'amende pour la première fois, et d'interdiction pour la récidive.

4. Visiteront de quinzaine en quinzaine les eaux et forêts de leurs gruries en la même sorte et manière que les officiers des maîtrises doivent procéder à leurs visites, feront les mêmes observations et rapports des délits, dégâts, abroutissemens, malversations, abatis de baliveaux, pieds corniers, arbres de lizière et autres réserves, bornes, fossés, et généralement de tout ce qui aura été fait contre l'ordre établi par le présent règlement.

5. Les sergens à garde des bois de leurs gruries leur porteront les rapports de tous les délits, les affirmeront et feront registrer au greffe, vingt-quatre heures après la reconnoissance du fait, et les gruyers renvoyeront à la maîtrise ceux qui pourront donner lieu aux condamnations excédantes douze livres.

6. Auront un registre cotté et paraphé par le maître particulier, lieutenant et notre procureur, dans lequel ils transcriront les procès-verbaux de leurs visites, observations, marques et reconnoissances, les rapports des sergens à garde, et tous les autres actes de leur charge, qu'ils feront signer par les sergens; et trois jours après chacun acte ils jugeront les articles de leur compétence, et envoyeront une expédition sous leur seing des autres, au greffe de la maîtrise, feront procès-verbaux indéfiniment de toutes matières, informeront, décreteront et arrêteront en flagrant délit, tant pour nos eaux et forêts, bois et buissons de leur détroit, que pour les bois tenus en grurie, grairie, tiers et danger, indivis, apanage, usufruit et par engagement, et des communautés.

7. Répondront des délits, abroutissemens et désordres qui arriveront ès bois et forêts de leur grurie; et seront tenus des amendes et restitutions que les délinquans et usurpateurs auront encourues, faute d'avoir pourvu par condamnation jusqu'à douze livres, ou par le défaut d'en avoir envoyé les procès-verbaux et avis au greffe de la maîtrise huit jours après le délit commis ou l'usurpation faite.

8. Délivreront de trois mois en trois mois les rôles des amendes qu'ils auront jugées, signés d'eux et du greffier, à notre procureur de la maîtrise, pour être par lui fournis au collecteur des amendes pour en faire le recouvrement, dans lesquels il sera employé sur chacun article de condamnation, trois sols pour le greffier, et trois sols pour le sergent à garde, dont ils seront payés ainsi qu'il est dit pour la maîtrise.

9. Leur défendons expressément de disposer des amendes de leurs gruries sous aucun prétexte, à peine d'interdiction, sauf à

leur être fait taxe par le grand-maître pour leurs diligences et vacations extraordinaires, à prendre sur les deniers provenans de celles contenues en leurs rôles, ainsi qu'il appartiendra.

TITRE X. — *Des Huissiers audienciers, Gardes généraux, Sergens et Gardes des forêts et des bois tenus en grurie, grairie, ségrairie, tiers et danger, et par indivis.*

Art. 1. Avons rétabli et rétablissons deux huissiers audienciers en chacune de nos maîtrises, qui rendront alternativement de huitaine en huitaine le service en l'audience, et seront substitués aux occasions dans nos forêts à la place des sergens à garde interdits, malades ou décédés, pour y faire leurs mêmes fonctions par les ordres du grand-maître, ou en son absence, des officiers de la maîtrise : et jouiront des mêmes privilèges et exemptions accordées aux sergens à garde, et des mêmes gages, à proportion néanmoins du temps qu'ils auront servi ès forêts en la place de ceux auxquels ils auront été substitués.

2. Ne seront reçus aucuns sergens à garde que sur information de vie et mœurs par témoins qui seront administrés par notre procureur en la maîtrise, et qu'ils ne sachent lire et écrire, même qu'ils n'en aient fait expérience en présence des officiers des siéges.

3. Supprimons les sergens traversiers, maîtres, gardes, surgardes, routiers et sergens dangereux de toutes nos eaux, forêts et bois, et des bois tenus en grurie, grairie, tiers et danger, indivis, apanage, engagement et usufruit, sauf à pourvoir à leur indemnité ainsi que de raison : et en leurs lieux voulons qu'il soit par nous établi des gardes généraux à cheval de nos rivières, forêts, bois et buissons ci-dessus, lesquels porteront des casaques brodées de nos armes pour les faire reconnoître : et leur sera par nous fait fonds de gages raisonnables, suivant les états qui en seront arrêtés en notre conseil sur les avis des grands-maîtres.

4. Les gardes généraux à cheval de nos eaux et forêts marcheront incessamment dans les forêts et bois, et le long des rivières, suivant les ordres et instructions qui leur seront donnés par les grands-maîtres, chacun dans son département, afin de tenir les gardes ordinaires dans leur devoir : prêteront main-forte aux gardes particuliers ; feront toutes sortes de captures et rapports aux maîtrises dans l'étendue desquelles les délits auront été commis, en la manière que font les autres gardes ; seront à la suite

des grands-maîtres en tel nombre, et quand ils jugeront à propos ; exécuteront leurs mandemens, jugemens et ordonnances, ceux des maîtrises particulières, et généralement feront tous actes et exploits pour raison de nos eaux, rivières, forêts, bois et buissons, et autres ci-dessus.

5. Et au lieu des sergens dangereux, il sera par nous établi des sergens à garde de nos rivières et des bois qui leur étoient commis, lesquels feront les mêmes fonctions que ceux de nos autres bois et forêts.

6. Les sergens seront tous assidus chacun en leur garde, et ne pourront s'en absenter que pour cause de maladie ou autre excuse légitime, après avoir eu la permission du maître et de notre procureur, afin qu'ils y commettent ou substituent le plus prochain garde ou autre personne en leur place.

7. Auront chacun un registre cotté par nombres, et paraphé du maître particulier et de notre procureur, contenant les procès verbaux de leurs visites, rapports, exploits et tous autres actes de leurs charges; ensemble l'extrait de la vente ordinaire et extraordinaire, et l'état, tour, qualité et valeur des arbres chablis ou encroués, et généralement de tout ce qui se fait pour ou contre notre service dans l'étendue de leurs gardes.

8. Le nombre des sergens sera divisé en deux parties, qui comparaîtront alternativement à l'audience de la maîtrise ou de la gruerie, même aux assises, suivant l'ordre des officiers, pour les informer de l'état de leurs gardes, y présenter, affirmer et faire enregistrer les rapports qu'ils pourront lors avoir en leurs mains, sur lesquels voulons que les officiers puissent condamner à peine pécuniaire, quoiqu'il n'y ait aucune preuve ni information, pourvu que les parties accusées ne proposent point de cause suffisante de récusation.

9. Les sergens répondront des délits, dégâts, abus et abroutissemens qui se trouveront en leurs gardes, et seront condamnés en l'amende, restitution, et aux intérêts, comme le seroient les délinquans, faute d'en avoir fait leur rapport, et icelui mis au greffe de la maîtrise ou gruerie, deux jours au plus tard après le délit commis, et faute de nommer dans leur rapport les délinquans, et d'exprimer les lieux où les bois et arbres de délit auront été trouvés, le nombre et la qualité des bêtes surprises en faisant le dommage, et déclarer ceux à qui elles appartiendront.

10. Feront de trois mois en trois mois un rapport du nombre des bornes étant autour, et faisant les limites de nos bois et fo-

rêts, de leur état, de celui des fossés et haies étant en leur garde, contenant les défauts qu'ils y auront remarqués, lesquels ils mettront au greffe de la maîtrise pour y être pourvu ; et faute de donner sur ce les avis et éclaircissemens nécessaires, en demeureront responsables, et seront punis d'amende, ou de destitution, ou de l'un et de l'autre ensemble, selon qu'il sera jugé plus convenable par les officiers, eu égard à la qualité du fait.

11. Seront tenus de demeurer à demi-lieue de leur garde, et ne sera aucun admis de nouveau, ou continué, qu'après avoir donné bonne et suffisante caution, jusqu'à la somme de trois cents livres, qui sera reçue avec notre procureur, pour sureté des amendes, restitutions et dommages dont il pourroit être responsable ou condamné.

12. Ne pourront faire commerce de bois, tenir atelier ou amas en leurs maisons, prendre ventes, ou s'associer avec les marchands, tenir cabaret ou hôtellerie, ni boire avec les délinquans qui leur seront connus, à peine de cent livres d'amende pour la première fois, et de plus grande avec destitution en récidive.

13. Leur permettons de porter des pistolets, tant pour la conservation de nos bois, que pour la sûreté de leurs personnes, des passans et voituriers. Défendons à toutes personnes de leur méfaire, ou de les troubler en la fonction de leurs charges, à peine d'être punis suivant la rigueur de nos ordonnances.

14. S'il se trouvoit qu'ils eussent abusé de leurs armes, chassé ou tiré aucun gibier de quelque espèce que ce soit dans nos forêts, ou à la campagne, ils seront punis par amende, destitution de leurs charges, ou bannissement des forêts ; même de punition corporelle s'il y échet.

15. Les sergens généraux et à garde de nos bois, forêts, rivières, plaines et plaisirs, ne pourront faire aucuns exploits que pour les eaux et forêts, et chasses, à peine de faux : révoquant à cet effet toutes lettres et ampliations que nous pourrions leur avoir accordées.

TITRE XI. — *Des Arpenteurs.*

Art. 1. Sera par nous choisi et commis un arpenteur, homme d'expérience et de probité reconnue, en chacun département, pour être à la suite du grand-maître, pendant qu'il fera ses visites, adjudications et réformations, et par ses ordres faire tous les arpentages, mesures et récollemens ordinaires ou de réformation, et deux autres en chacun bailliage ou maîtrise.

2. Ils ne seront reçus que sur information de vie et mœurs, et donneront caution jusqu'à mille livres, qui sera reçue par le grand-maître, pour assurance des abus et malversations qu'ils pourraient commettre en leur exercice, avant que de s'immiscer.

3. Feront de toutes les assiettes des ventes un plan figuré, sur lequel ils désigneront les pieds corniers avec leurs témoins, les arbres de lisière ou de paroi, leur nombre, qualité, et toutes les marques qui y auront été faites; la distance de pieds corniers en pieds corniers; l'emprunt tant de la droite ligne que de l'angle, et des circonstances nécessaires pour servir à la reconnoissance ou conservation de tous les arbres réservés lors du récollement.

4. Feront tous leurs arpentages et mesures qui échéront en leur détroit, tant pour nos bois, fonds et domaines, que pour ceux tenus en grurie, grairie, tiers et danger, apanage, engagement, usufruit, et par indivis, même pour ceux des ecclésiastiques, communautés, et gens de main-morte, ensemble pour tout ce qui sera ordonné par autorité de justice pour quelque cause que ce soit, préférablement à tous autres arpenteurs, à peine de nullité; laissant aux particuliers la liberté de s'en servir en tous actes, mesures et délivrances volontaires, ou d'autres mesureurs, à leur choix, ainsi que bon leur semblera.

5. Sera tenu l'arpenteur du grand-maître de le suivre lorsqu'il lui sera ordonné, et de faire par ses ordres toutes assiettes de ventes, arpentages, mesurages, récollemens, plans, figures, assiettes et reconnoissances de bornes, lisières ou fossés, et généralement tous actes de sa profession, et d'en tenir bon et fidèle registre, dont il mettra le double avec autant de plans et figures ès mains du grand-maître, et au greffe de la maîtrise, huit jours après la consommation de l'ouvrage, et en retirera décharge; à peine d'interdiction pour la première fois, et de privation en récidive.

6. Si les arpenteurs d'une maîtrise étaient absens ou malades, les officiers en donneront avis aux officiers de la maîtrise voisine, qui seront tenus d'envoyer leurs arpenteurs ordinaires, ou l'un d'eux, selon qu'ils en seront requis; ce que nous leur enjoignons de faire sous les mêmes peines: et faisons défenses aux officiers de se servir d'autres arpenteurs que ceux par nous pourvus ou commis, à peine de nullité, et de demeurer responsables.

7. Seront tenus de visiter une fois chacune année tous les fossés, bornes, arbres des lisières, séparant et fermant nos forêts et bois, dans lesquels nous avons intérêt, pour connaître s'il y

a quelque chose de rempli, changé, coupé, arraché, ou transporté : et s'il est besoin, seront les assiettes, remises et remplacemens des bornes qui auront été arrachées et transportées, ou qui manqueront, suivant les ordres des grands maîtres et jugemens des officiers, et marqueront tous les alignemens des fossés à faire et à relever, dont ils feront procès-verbal sur le registre, signé du sergent de la garde, et en mettront autant trois jours après la visite au greffe de la maîtrise, à peine d'interdiction pour la première fois, et de punition en récidive.

8. Si aucun des arpenteurs avoit par connivence, faveur ou corruption, célé un transport ou arrachement de bornes, souffert ou fait lui-même un changement de pieds corniers, il sera dès la première fois privé de sa commission, condamné à l'amende de cinq cents livres, et banni pour toujours de nos forêts, sans que les officiers puissent modérer ou différer la condamnation, à peine de perte de leurs offices.

TITRE XII. — *Des Assises.*

Art. 1. Les maîtres particuliers ou leurs lieutenans tiendront leurs assises ou hauts-jours deux fois l'année aux jours et lieux publics accoutumés, où seront tenus d'assister tous les officiers des maîtrises, gruries et grairies, à peine de mille livres d'amende contre les défaillans, s'il n'y a excuse légitime.

2. Le chapitre des assises contenu dans le règlement général sera lu et publié à l'entrée et ouverture des assises.

3. Les assises ne pourront être prolongées au-delà de deux jours, pendant lesquels les forêts demeureront fermées ; et si quelqu'un y entroit, il sera mulcté d'amende ; et s'il y commettoit délit, il en sera puni comme voleur.

4. Notre procureur formera ses plaintes contre ceux qui auront commis fautes, sur lesquelles sera fait droit le plus promptement que faire se pourra, parties ouïes ou duement appelées.

5. Il fera aussi ses remontrances sur les abus qui seront venus à sa connoissance, auxquels sera pourvu selon l'exigence des cas.

6. Sera fait registre par le greffier de tout ce qui aura été requis et ordonné pour la police des forêts : et seront tenus les maîtres et officiers se conformer à ces présentes ; et s'il y avoit quelque chose qu'il fût besoin d'expliquer ou innover, ils en donneront incessamment avis au grand-maître et à notre procureur de la table de marbre, pour sur leur avis y être par nous pourvu.

7. Toutes les condamnations et jugemens qui interviendront pendant le temps des assises et hauts-jours, seront rédigés par le greffier sur son registre, qui sera signé par le maître, le lieutenant et notre procureur avant que de se séparer.

8. Tous les rapports envoyés ou portés aux assises seront jugés par le maître en l'audience, de l'avis des lieutenans et garde-marteaux; et s'il s'y présente quelque cause qui mérite d'être instruite, elle sera renvoyée au premier jour d'audience au siége ordinaire de la maîtrise, pour en être l'instruction faite par le maître ou son lieutenant.

9. Les marchands et facteurs pourront faire leurs plaintes contre ceux qui les auront troublés en l'exploitation de leurs ventes, et fait quelques exactions ou violences, sur lesquelles sera fait droit ainsi qu'il appartiendra.

10. Les officiers, ouvriers et marchands facteurs, et tous autres obligés de comparoir aux assises, ne pourront être condamnés qu'avec connoissance de cause, à proportion des délits, et pour des motifs et raisons qui seront insérés dans les jugemens, sans que les officiers les puissent taxer à certaines sommes pour être déchargés, sur peine de nullité et d'amende arbitraire.

11. Défendons aux officiers qui tiendront les assises de se taxer, prendre, ni recevoir aucune chose en argent, présens, ou équivalent, sous prétexte d'épices, et signatures des jugemens qu'ils y rendront, vacations, ni autrement, en quelque sorte que ce soit, sur peine de concussion.

12. Huit jours avant l'ouverture des assises, seront tenus les pêcheurs de l'étendue de chacune maîtrise, assignés par exploits séparés pour chacun, à leurs personnes ou domiciles, par le sergent garde-pêche, d'y comparoître pour élire des maîtres de communauté.

TITRE XIII. — *Des Tables de marbre et Juges en dernier ressort.*

ART. 1. Les tables de marbre de nos palais, de Paris, Rouen et autres, jugeront tous les procès civils et criminels concernant le fonds et propriété de nos eaux et forêts, îles et rivières, bois tenus en grurie, grairie, ségrairie, tiers et danger, apanage, usufruit, engagement et par indivis, et tous ceux qui leur seront portés ou envoyés par les grands maîtres des eaux et forêts de leur département; à la charge néanmoins de l'appel aux parlemens où ils ressortissent ès cas sujets à l'appel.

2. Connoîtront aussi de toutes les appellations de sentences et jugemens rendus par les officiers des maîtrises et autres juges inférieurs de leur ressort, comme aussi des jugemens émanés des justices seigneuriales concernant la matière des eaux et forêts; et leur défendons très expressément de surseoir l'exécution des jugemens rendus pour délits, malversations, confiscations et destitutions dont il sera appelé, à peine d'interdiction et d'amende arbitraire.

3. Les appellations des grands maîtres, leurs lieutenans et autres officiers des tables de marbre, seront relevées et jugées en nos cours de parlement en la manière ordinaire, ès cas qui ne seront point de la compétence des juges établis pour juger en dernier ressort.

4. Si néanmoins il y avoit appel d'un jugement rendu en l'une de nos maîtrises, touchant le fonds de nos bois et forêts, et de ceux tenus en grurie, grairie, ségrairie, tiers et danger, indivis, apanage, engagement et usufruit, voulons qu'il puisse être relevé directement, et jugé en notre cour de parlement où il ressortit, sans passer par le degré intermédiat de notre table de marbre.

5. Toutes appellations de jugemens rendus sur le fait d'usage, abus, délits et malversations commises dans nos eaux et forêts, ou en celles de nos sujets, seront jugées au siége de la table de marbre par les juges établis pour y juger en dernier ressort, soit qu'il y échoie mort civile ou naturelle, ou toute autre peine.

6. Les grands maîtres pourront assister à toutes audiences, jugemens, réglemens et délibérations qui se feront aux siéges de la table de marbre, y présideront en l'absence des juges en dernier ressort, et auront voix délibérative; et tous les actes, sentences et jugemens qui y seront rendus, seront intitulés du nom et qualité de grands maîtres, soit qu'ils soient présens ou absens.

7. Laissons en la liberté de nos procureurs ès maîtrises de poursuivre sur les lieux pardevant nos officiers des eaux et forêts, ou de faire assigner pardevant les grands maîtres, ou au siége de la table de marbre, les communautés ou particuliers qu'ils prétendront avoir entrepris ou usurpé sur nos eaux, rivières, bois et forêts, et autres dans lesquelles nous prétendons droit; à la charge néanmoins que les officiers des tables de marbre renvoyeront toutes instructions à ceux de la maîtrise ou de la plus prochaine, sans qu'ils puissent la retenir, ni commettre aucun d'entre eux pour instruire et faire descente sur les lieux.

8. Ne pourront les lieutenans et officiers des tables de marbre entreprendre aucune réformation, s'ils n'ont été par nous commis ou par le grand-maître ; si toutefois le cas requéroit célérité, et que les grands maîtres fussent éloignés de plus de dix lieues du siège où le désordre seroit commis, ils pourront faire l'instruction après avoir pris leur attache, et donner les jugemens interlocutoires, sans qu'ils puissent passer outre au jugement définitif qu'en présence des grands maîtres.

9. Ne pourront aussi décréter sur simples procès-verbaux ou informations faites par huissiers ou sergens, ni donner ou adresser leurs commissions qu'aux officiers des maîtrises ou autres juges royaux ès lieux où il n'y a pas de siége des eaux et forêts, à peine de nullité, et de répondre des dommages et intérêts des parties.

10. Ne pourront aussi lorsqu'il y aura lieu de décréter ou assigner sur le rapport des charges, procès-verbaux ou informations des officiers commis, obliger les parties de comparoître aux siéges des tables de marbre pour être ouïes, et procéder aux recollemens et confrontations : mais seront tenus de renvoyer l'instruction au même officier qui aura informé, ou autre de la plus prochaine maîtrise, s'il y avoit cause de suspicion ou de récusation, pour faire le procès jusqu'à jugement définitif exclusivement, à peine de nullité et des dépens, dommages et intérêts des parties.

11. Les maîtres particuliers, lieutenans, nos procureurs et garde-marteaux, seront reçus aux siéges des tables de marbre, information préalablement faite de leurs vie et mœurs sur les lieux par le grand-maître ou autres officiers des eaux et forêts par lui commis : et paieront pour tous frais, épices et vacations, douze livres aux juges, huit livres à notre procureur, pareille somme au greffier, et six livres aux huissiers, pour chacun officier, et ce pour tous actes et expéditions : faisant très-expresses défenses aux officiers des tables de marbre de prendre plus grande somme, ni recevoir aucun présent sous tel prétexte que ce soit, à peine de concussion.

TITRE XIV. — Des Appellations.

Art. 1. Les appellations des gruries ne pourront être relevées directement à la table de marbre ; mais elles passeront nécessairement par le degré des maîtrises, où elles seront tenues de les juger définitivement sur-le-champ.

2. Elles seront relevées et poursuivies dans la quinzaine de la condamnation, sinon la sentence s'exécutera par provision, et le mois écoulé sans appel ou sans poursuite, elle passera en force de chose jugée en dernier ressort.

3. L'appel des maîtres particuliers sera relevé immédiatement aux siéges de nos tables de marbre, dans le mois de la sentence prononcée ou signifiée à la partie, et mis en état de juger dans les trois mois de la prononciation ou signification, sinon la condamnation exécutée en dernier ressort, soit qu'il y ait appel ou non : auquel effet enjoignons aux juges de nos tables de marbre qui en seront chargés, d'en faire le rapport dans un mois, pour tout délai, après qu'ils leur auront été distribués, à peine d'en répondre en leurs propres et privés noms.

4. Si toutefois la sentence contenoit quelque peine afflictive ou infamante, la faculté d'en appeler ne se prescrira que par l'espace de vingt années ; mais après les trois mois ci-dessus préfinis, elle s'exécutera pour les amendes pécuniaires et condamnations civiles, sans qu'à cet égard elle puisse être réformée.

5. Ne pourront les appellations des grands-maîtres ou leurs lieutenans de la table de marbre, être relevées ailleurs qu'en nos cours de parlement : et voulons que le temps de les relever et de les juger soit pareil, tant au civil qu'au criminel, à celui qui a été prescrit pour les appellations des maîtres particuliers ; sinon que leurs jugemens soient exécutés en la forme et manière établie par les articles précédens.

6. Tous jugemens interlocutoires rendus par les grands-maîtres ou maîtres particuliers, seront exécutés sans préjudice de l'appel, tant en matière civile que criminelle, nonobstant qu'il fût qualifié de juge incompétent, pourvu toutefois que le cas soit réparable en définitive.

7. Les jugemens et sentences définitives des grands-maîtres, qui n'excéderont point la somme de deux cents livres en principal, ou vingt livres de rente, et celles des maîtres particuliers cent livres, ou dix livres de rente, seront exécutées par provision, sans préjudice de l'appel.

8. Les appellations des gruyers et autres officiers des seigneurs particuliers sur le fait des eaux et forêts, seront relevées directement aux siéges des tables de marbre, et jugées dans le temps contenu au troisième article, et jusqu'à ce il sera sursis à l'exécution de leurs jugemens définitifs.

9. Toutes appellations de sentences rendues en l'audience

et sur des procès-verbaux de visite et rapports, seront plaidées en l'audience de nos siéges des tables de marbre; mais si elles sont intervenues sur des appointemens en droit, les parties concluront sur leurs appellations comme en procès par écrit.

10. Permettons aux parties de relever leurs appellations par lettres ou par requête à leur choix.

TITRE XV. — De l'Assiette, Ballivage, Martellage et Vente de bois.

Art. 1. Il ne sera fait aucune vente dans nos forêts, bois et buissons, soit de futaie ou de taillis, que suivant le réglement qui en sera arrêté en notre conseil, ou sur lettres-patentes bien et dûment registrées en nos cours de parlement et chambre des comptes, à peine de restitution du quadruple de la valeur des bois vendus contre les adjudicataires; et contre les ordonnateurs, de perte de leurs charges.

2. Les adjudications des ventes de nos bois, tant en futaie que taillis, ne pourront être faites à l'avenir que par les grands-maîtres, faisant défenses aux officiers des maîtrises de reconnoître autres personnes, à peine d'en répondre en leur nom.

3. Toutes adjudications de nos bois, soit futaie ou taillis, seront faites dans les auditoires où se tient la justice ordinaire des eaux et forêts, et ne le pourront être ailleurs, à peine de nullité, et de dix mille livres d'amende contre le grand-maître, ou autre qui aura contrevenu.

4. Les grands-maîtres feront chaque année, avant les adjudications de nos bois, leurs visites des ventes assises pour être adjugées, dans lesquelles ils seront accompagnés de l'arpenteur à ce destiné, auquel ils désigneront les bois à asseoir pour l'année suivante, lui marqueront en quelle forme la mesure en sera faite pour notre plus grand profit et avantage, dont ils dresseront leurs procès-verbaux qu'ils feront signer par le maître ou le lieutenant, notre procureur, le garde-marteau, et les sergens à garde; une expédition desquels sera délivrée à l'arpenteur pour lui servir de règle, à laquelle il sera tenu de se conformer, à peine d'interdiction, et une autre sera mise au greffe de la maîtrise : et quinze jours après son retour dans la principale ville de son département, il mettra un état général de toutes les assiettes au greffe de la table de marbre pour y avoir recours.

5. Chacune année le grand-maître expédiera ses mandemens et ordonnances pour les assiettes des ventes ordinaires de nos

bois et forêts, conformément aux réglemens arrêtés en notre conseil, où il emploiera le nombre d'arpens et l'essence du bois à vendre, dans lequel il désignera par le détail les gardes et triages, autant qu'il lui sera possible, suivant les observations qu'il aura faites dans le procès-verbal de sa visite, qu'il envoiera aux officiers de la maîtrise avant le premier juin de chacune année, qui seront tenus incontinent après de s'assembler et prendre jour entre eux pour faire les assiettes, qui seront faites en leur présence par l'arpenteur.

6. L'arpenteur fera en présence du sergent de la garde, les tranchées et laies nécessaires pour le mesurage, marquera de son marteau le plus près de terre que faire se pourra dans les angles, tel nombre de pieds corniers, arbres de lisières et parois qu'il estimera convenable, avec désignations du côté sur lequel il aura fait des faces pour imprimer son marteau, le nôtre et celui du grand-maître : fera mention s'il a emprunté quelques arbres pour servir de pieds corniers, de leur âge, qualité, nature et grosseur, et de leur distance des uns aux autres par perches et pieds ; comme aussi observera les noms des ventes où il les aura prises, s'il y a des places vides avec leurs contenances, et sera tenu de se servir au moins de l'un des pieds corniers de l'ancienne vente, dressera les plans et figures de la pièce qu'il aura assise ; et de tout fera son procès-verbal qui sera signé des sergens et gardes, et en mettra une expédition au greffe de la maîtrise, trois jours après l'avoir fait, qui sera paraphé du maître et de notre procureur, avec mention du jour qu'elle aura été apportée, et une autre expédition en sera par lui incessamment envoyée au grand-maître.

7. Défendons aux arpenteurs et sergens à garde de faire les routes plus larges de trois pieds pour passer les portes-perches et les marchands qui iront visiter les ventes, à peine de cent livres d'amende, et de la restitution du double de la valeur du bois abattu.

8. Les bois abattus dans les laies et tranchées ne pourront être enlevés, mais demeureront au profit de l'adjudicataire, et lui appartiendront, sans que les arpenteurs ni les sergens y puissent prétendre aucune part ; leur faisant défenses de les enlever, à peine de cent livres d'amende, et d'interdiction ; et aux riverains sous quelque prétexte que ce soit, à peine de punition exemplaire.

9. Les arbres de lisière et de paroi seront marqués de notre

marteau et de celui de l'arpenteur sur une face, à la différence des pieds corniers qui le seront sur chaque face qui regardera la vente.

10. Ne pourront les arpenteurs mesurer plus grande, ni moindre quantité dans chacun triage, que celle qui leur aura été prescrite par le grand-maître pour l'assiette, sous prétexte de rendre la figure plus régulière, ou pour quelque autre considération que ce puisse être, en sorte que le plus ou le moins ne puisse excéder un arpent sur vingt, et ainsi à proportion, à peine d'interdiction et d'amende arbitraire, qui sera réglée par le grand-maître; et s'il tomboit jusqu'à trois fois dans cette erreur, il sera interdit et déclaré incapable de faire la fonction d'arpenteur.

11. Le procès-verbal de l'arpenteur étant au greffe, il en sera délivré autant au garde-marteau pour le martellage, qui se fera en la présence des officiers de la maîtrise, et sera à cet effet notre marteau délivré au garde-marteau par ceux qui en auront la clef, qui se transportera avec les officiers aux triages où les ventes auront été assises, et par leur avis, il sera choix de dix arbres en chacun arpent de futaie ou haut recrû, des plus vifs, et de la plus belle venue de chêne, s'il se peut, brin de bois et de grosseur compétente, qu'il marquera pour balliveaux de notre marteau, avec les pieds corniers tournans et arbres de lisière, et incontinent après le martellage, sera le marteau remis et enfermé dans sa boîte.

12. Lorsque les adjudications des coupes de nos bois taillis seront faites, tous les balliveaux anciens et modernes qui s'y trouveront, seront réservés avec ceux de l'âge; et s'il se trouvoit que les balliveaux pour leur quantité et grosseur empêchassent par l'ombrage ou autrement le taillis de pousser et de croître, les grands-maîtres en dresseront leurs procès-verbaux, qu'ils enverront avec leurs avis en notre conseil ès-mains du contrôleur général de nos finances, pour y être par nous pourvu, ainsi qu'il appartiendra.

13. Ne sera donné aucun bois par forme de remplage sous prétexte de places vides et de chemins qui se seront rencontrés dans les ventes; mais l'adjudication en sera faite en l'état qu'elles se trouveront, à peine de restitution du quadruple contre les marchands qui auront obtenu le remplage, et de trois mille livres d'amende, avec privation de charge contre les officiers qui l'auront donné.

14. Les ventes ne pourront être changées en tout ou en partie,

sous quelque prétexte que ce soit, après l'adjudication, sur peine de punition exemplaire contre les officiers, et pertes de leurs charges, et de restitution du quadruple du prix des ventes changées, et d'amende contre les marchands, sans que cette peine puisse être modérée sous quelque prétexte que ce soit.

15. Révoquons les droits de cire et de greffe; mais les ventes de nos bois seront faites à l'avenir, à la charge de payer seulement le sol pour livre par les adjudicataires, du prix principal de leur adjudication, ès mains du receveur particulier ou général des bois, s'il y en a, ou du domaine; pour, sur la somme à laquelle il reviendra, être les officiers des maîtrises et gruries payés de leurs droits, journées et taxations, suivant les états qui en seront arrêtés par les grands-maîtres, sur lesquels et les quittances des officiers, les sommes y contenues seront passées et allouées en la dépense des comptes des receveurs.

16. Si le fonds du sol pour livre n'est pas suffisant, le grand-maître pourra prendre le supplément sur le fonds des ventes, sans que les officiers puissent recevoir aucune chose que par les mains des receveurs, à peine de restitution du quadruple, et d'interdiction de leurs charges.

17. Les jours pour les adjudications des ventes ayant été indiqués par les grands-maîtres aux officiers des maîtrises, ils en feront faire les publications, et notre procureur sera tenu d'envoyer incessamment des billets proclamatoires aux lieux ordinaires, contenant le nombre d'arpens, la situation, la qualité, les réserves, le jour, le lieu, l'heure, et pardevant qui les ventes se feront.

18. Le jour suivant de chacune publication, les huissiers et sergens qui auront vaqué à faire les publications et affiches, seront tenus d'en rapporter à notre procureur les procès-verbaux signés d'eux et de leurs recors, avec les certificats des curés ou vicaires des paroisses, pour être représentés et affirmés véritables avant l'adjudication des ventes, pardevant le grand-maître ou le commissaire qui sera préposé pour les faire; et seront tenus les curés ou vicaires de délivrer gratuitement leurs certifications, à peine de cent livres d'amende, payable par saisie de leur temporel.

19. Il y aura au moins huitaine franche entre la dernière publication et l'adjudication.

20. Seront toutes personnes reçues à mettre leurs enchères; si toutefois un enchérisseur étoit notoirement insolvable, les re-

ceveurs de nos bois ou du domaine pourront lui demander les noms de ses cautions; et s'il n'en a point, à l'audience le receveur en donnera avis au grand-maître pour y pourvoir ainsi qu'il avisera bon être.

21. Ne pourront à l'avenir aucuns ecclésiastiques, gentilshommes, gouverneurs des villes et places, capitaines des châteaux et maisons royales, leurs lieutenans et officiers, magistrats de police et de finance, faisant fonctions de juges ou de nos procureurs dans nos justices, se rendre adjudicataires, directement ou par association des ventes qui se feront de nos bois, pour le tout ou partie, ni en prendre des rétrocessions, ou se rendre pleiges et cautions des adjudicataires, sous leur nom ou sous celui d'aucunes personnes interposées, à peine de confiscation des ventes, ou du prix pour lequel elles auront été faites, et d'être déchus de leurs privilèges, déclarés roturiers et imposés à la taille, et de privation de charges contre nos officiers qui auront fait et consenti l'adjudication, ou souffert l'exploitation, même de plus grandes peines s'il y échet.

22. Défendons pareillement aux officiers de nos forêts et chasses, tant ceux des maîtrises où se feront les ventes, que tous autres de quelque département qu'ils soient sans distinction, et à leurs enfans, gendres, frères, beaux-frères, oncles, neveux et cousins germains, de prendre part aux adjudications, soit comme parties principales, associés, pleiges ou cautions, à peine contre les officiers adjudicataires de confiscation des ventes et privation de leurs charges, d'amende arbitraire, et d'être bannis du ressort de la maîtrise où ils feront leur résidence, et contre leurs parens et alliés de pareille peine de confiscation et d'amende arbitraire.

23. Les marchands adjudicataires, ni autres particuliers, de quelque qualité que ce soit, ne pourront faire aucunes associations secrètes, ni empêcher par voies indirectes les enchères sur nos bois : et où ils se trouveroient convaincus de monopole ou complot concerté entr'eux par parole ou par écrit, de ne point enchérir les uns sur les autres : voulons qu'outre la confiscation des ventes, ils soient condamnés en une amende arbitraire, qui ne pourra être au-dessous de mille livres, et bannis des forêts.

24. L'adjudicataire ne pourra avoir plus de trois associés, lesquels il sera tenu de nommer au greffe de la maîtrise dans la huitaine de l'adjudication, ensemble y mettre une expédition du traité de leur association, et d'y faire lui et ses associés leur soumission de satisfaire à toutes les charges de l'adjudication, à

peine de mille livres d'amende contre lui, et de déchéance de la société contre les associés.

25. Il sera libre aux marchands de renoncer à leurs enchères au greffe de la maîtrise dans le lendemain midi du jour de l'adjudication, en le faisant signifier dans cet intervalle au précédent enchérisseur au domicile par lui élu, et au receveur, auquel ils paieront comptant leurs folles enchères.

26. Au cas qu'il y ait révocation d'enchères, les précédens enchérisseurs seront graduellement et successivement subrogés aux lieux et places de ceux qui auront révoqué leurs enchères, et toutes personnes qui enchériront seront tenues d'élire domicile au lieu où les adjudications seront faites, tant pour la validité des actes qui doivent suivre l'adjudication, que pour l'exécution de leurs enchères, révocations et adjudications, tiercemens et demi-tiercemens, et de tous autres actes qu'il sera nécessaire de faire. Et à faute d'en élire, les assignations leur seront faites au greffe de la maîtrise, qui seront réputées valables.

27. Si le marchand adjudicataire se désistoit de son enchère, et renonçoit à la vente, il sera arrêté jusqu'à ce qu'il ait payé ou donné bonne caution de sa folle enchère, et la vente retournera au précédent enchérisseur, et successivement de l'un à l'autre, ainsi qu'il a été ci-devant prescrit.

28. Les adjudications seront signées sur-le-champ par le marchand, grand-maître, ou celui qui aura fait l'adjudication, ensemble par le maître particulier, notre procureur, et les autres officiers de la maîtrise, sur le registre du greffier, immédiatement au bas de l'acte, et sans qu'il soit laissé aucun blanc entre la fin du texte de l'adjudication et les signatures. Et seront chacun des feuillets, sur lesquels seront employées les réceptions d'enchères et adjudications, paraphés par le grand-maître.

29. Les marchands adjudicataires seront tenus dans la huitaine du jour de l'adjudication, avant commencer l'usance des ventes, de donner bonne et suffisante caution, et certificateur, qui seront reçus par le receveur, et à son refus par le maître et notre procureur, lesquels s'obligeront solidairement de payer ès mains du receveur de nos bois, s'il y en a, ou du domaine, le prix principal en deux paiemens égaux, qui seront faits dans le temps portés par le cahier des charges, et outre de satisfaire aux autres charges, clauses et conditions y mentionnées.

30. Le receveur sera tenu, la huitaine passée, de faire signi-

fier incessamment, et dans le jour, à celui qui étoit le pénultième enchérisseur, qu'il est substitué au lieu et place de l'adjucataire qui aura manqué de donner caution; et que dès ce moment l'adjudication est à sa charge.

31. Toutes personnes non prohibées pourront enchérir, tiercer et doubler les ventes pour tous les triages en général, ou chacun en particulier, ainsi qu'ils auront été adjugés, dans le lendemain midi du jour de l'adjudication, après lequel temps il n'y aura plus de lieu au tiercement et doublement, sous quelque prétexte, et pour quelque considération que ce puisse être.

32. Les tiercemens et doublemens seront faits au greffe, dans le temps ci-dessus préfini, et signifiés le même jour aux marchands adjudicataires et receveurs, en parlant à leurs personnes ou domiciles, s'il en a été élu, sinon au greffe de la maîtrise, par exploit qui contiendra ponctuellement l'heure en laquelle il aura été donné, et le nom de ceux à qui les sergens auront parlé, à peine de nullité de l'exploit.

33. Le tiercement est une enchère qui augmente du tiers le prix de la vente, et fait le quart sur le total; et le demi-tiercement, une autre enchère sur le tiercement, qui est la moitié du tiers; en sorte que si le prix de l'adjudication est de quinze cents livres, le tiercement sera de cinq cents livres, et le demi-tiercement de deux cent cinquante livres.

34. Enjoignons aux greffiers de marquer le jour et l'heure précise dans les actes qu'ils dresseront et délivreront sur les adjudications, tiercemens et doublemens, à peine de trois cents livres d'amende, et de tous dépens, dommages et intérêts pour la première fois; et pour la seconde, de pareille peine, et de privation de leurs charges.

35. Le demi-tiercement ne sera reçu que sur le tiercement; mais on pourra d'une seule enchère faire le tiercement et demi-tiercement, ce qui s'appelle doublement, lequel étant signifié en la forme ci-dessus prescrite à l'adjudicataire, il sera reçu à y mettre une simple enchère; et sur cette enchère l'adjudicataire et le tierceur et doubleur seront reçus à enchérir l'un sur l'autre, entr'eux seulement, et la vente demeurera au dernier enchérisseur, sans plus revenir; ce qui sera fait pardevant le grand-maître, ou le commissaire qui aura fait l'adjudication, s'ils sont sur les lieux, sinon pardevant les officiers de la maîtrise.

36. Après que les marchands auront fourni leurs cautions et certificateurs, le receveur leur donnera ses certificats pour les

représenter, et faire enregistrer au greffe sans frais, dont une expédition sera mise ès-mains des garde-marteaux, auxquels et aux officiers nous défendons de souffrir qu'aucunes coupes soient commencées, qu'ils n'aient vu et fait registrer le certificat du receveur; à peine d'en répondre en leurs propres et privés noms.

37. L'adjudicataire des bois de futaie dans nos forêts, dans lesquelles ils s'emploient en ouvrages, sera tenu d'avoir un marteau dont il mettra l'empreinte au greffe, pour marquer le bois qu'il vendra en pied, sans qu'il puisse en débiter de cette qualité, qu'ils n'aient cette marque, et d'avoir lui, ses facteurs ou gardes-ventes un registre, dans lequel seront écrits les noms, surnoms, et domiciles de ceux auxquels ils vendront du bois, la quantité et le prix; à peine de cent livres d'amende, et de confiscation; sans que plusieurs associés puissent avoir plus d'un marteau, ni marquer d'autres bois que ceux de leurs ventes, à peine d'être punis comme faussaires.

38. Si néanmoins un marchand avoit plusieurs ventes, et que pour la distance des lieux il fût obligé d'y tenir différens registres, en ce cas il pourra avoir autant de marteaux que de registres, et de même marque; pourvu qu'il en ait fait faire procès-verbal et empreinte, comme il est dit ci-dessus.

39. Les facteurs et gardes-ventes établis par les marchands pour l'usance et débit de leurs ventes, prêteront le serment entre les mains du grand-maître, du maître particulier, ou du lieutenant, sans aucuns frais ni droits; feront leur rapport des délits qui seront commis à la réponse de leurs ventes, qu'ils feront signer par deux témoins, ou attester, en cas qu'ils ne puissent signer, pardevant l'un des juges de la maîtrise, à peine de nullité; et si le délit est fait de nuit, à feu ou à scie, le procès-verbal du facteur fera foi, après l'avoir attesté véritable par serment: lesquels procès-verbaux ils mettront au greffe, et en retireront le certificat du greffier, pour le plus tard trois jours après que les délits auront été commis; et en ce faisant les marchands en demeureront déchargés, et les délinquans condamnés en l'amende au pied le tour, ainsi que des autres délits, par les officiers de la maîtrise, à la diligence de notre procureur, dans huitaine du jour du rapport; à peine d'en répondre en leurs noms.

40. Les bois, tant de futaie que taillis, seront coupés et abattus dans le quinzième d'avril, et le temps des vidanges ré-

glé par le grand-maître, suivant la possibilité des forêts, à peine d'amende arbitraire et de confiscation des marchandises contre les adjudicataires, sans que les officiers puissent accorder aucune prorogation pour coupes et vidanges, sous pareille peine d'amende arbitraire et de privation de leurs charges.

41. Si toutefois les marchands étoient obligés par de justes considérations de demander quelque prorogation du délai, pour couper et vider les ventes, ils se pourvoiront en notre conseil, pour, au rapport du contrôleur général de nos finances, leur être par nous pourvu de ce qu'il appartiendra, sur les avis des grands maîtres.

42. Les futaies seront coupées le plus bas que faire se pourra, et les taillis abattus à la cognée à fleur de terre, sans les écuisser ni éclater, en sorte que les brins des cépées n'excèdent la superficie de la terre, s'il est possible, et que tous les anciens nœuds recouverts, et causés par les précédentes coupes ne paroissent aucunement.

43. Les arbres seront abattus en sorte qu'ils tombent dans les ventes, sans endommager les arbres retenus, à peine de nos dommages et intérêts contre le marchand; et s'il arrivoit que les arbres abattus demeurassent encroués, les marchands ne pourront faire abattre l'arbre sur lequel celui qui sera tombé se trouvera encroué, sans la permission du grand-maître ou des officiers, après avoir pourvu à notre indemnité.

44. Les bois de cépées ne seront abattus et coupés à la serpe ou à la scie, mais seulement à la cognée, à peine, contre les marchands qui les exploiteront, de cent livres d'amende et de confiscations de leurs marchandises et outils des ouvriers.

45. Enjoignons aux adjudicataires de faire couper, receper et ravaler le plus près de terre que faire se pourra, toutes les souches et estocs de bois pillés et rabougris étant dans les ventes, et aux officiers d'y avoir l'œil et tenir la main, à peine de suspension de leurs charges.

46. Si pendant l'usance des ventes aucuns des arbres réservés et marqués étoient arrachés ou abattus par les vents et orages, ou par autre accident, les marchands ou leurs facteurs les laisseront sur la place, et en donneront incessamment avis au sergent à garde, qui sera tenu d'en avertir le garde-marteau, pour se transporter ensemble sur les lieux, afin d'en dresser leurs procès-verbaux, qu'ils présenteront aussitôt aux officiers de la maîtrise, pour en marquer d'autres, le tout sans frais.

47. Les temps des coupes des bois et vidanges désignés par les adjudications étant expirés, s'il se trouve des bois dans les ventes sur pied et abattus, ils seront confisqués à notre profit, et le gissant incessamment transporté hors de la forêt.

48. Ne pourront les marchands adjudicataires retenir dans leurs ventes d'autres bois que ceux qui en proviendront, à peine d'être punis comme s'ils avoient volé les bois ainsi retirés contre notre prohibition.

49. Nul marchand ou autre personne ne pourra faire travailler nuitamment, ni les jours de fête dans les ventes en coupe, ni y prendre et enlever du bois, sur peine de cent livres d'amende.

50. Avant que de faire exploiter les ventes, les marchands pourront faire procéder au souchetage pardevant le maître particulier, en présence du garde-marteau et du sergent à garde, par deux experts, dont l'un sera nommé par notre procureur de la maîtrise, et l'autre de leur part, dont il sera dressé procès-verbal, sans frais ni droits, à peine de concussion, à la réserve des journées des soucheteurs, qui seront taxées par le maître, et payées par le sergent collecteur des amendes; dans lequel procès-verbal seront employées le nombre de souches qui auront été trouvées, leur qualité et grosseur; et demeurera au greffe de la maîtrise, pour y avoir recours, et s'en servir lors du recollement.

51. Les marchands demeureront responsables de tous les délits qui se feront à l'ouïe de la coignée aux environs de leurs ventes, estimés pour les bois de cinquante ans et au-dessus, à cinquante perches, et à vingt-cinq perches, pour ceux depuis cinquante ans et au-dessous, si les marchands ou facteurs n'en font leur rapport.

52. Le transport, passage, voiture ou flottage des bois, tant par terre que par eau, ne pourra être empêché ou arrêté sous quelque prétexte de droits de travers, péages, pontonnages ou autres, par quelque particulier que ce soit, à peine de répondre de tous les dépens, dommages et intérêts des marchands: sauf à ceux qui prétendent avoir titre pour lever aucuns droits, de se pourvoir pardevant le grand-maître, qui y pourvoira ainsi qu'il appartiendra.

TITRE XVI. *Des Recollemens.*

Art. 1. Les recollemens de toutes les ventes se feront au plus tard six semaines après le temps des vidanges expiré, par les maîtres particuliers, en présence de notre procureur, du garde-marteau, du greffier, sergent de la garde, arpenteur et soucheteur, qui auront fait l'arpentage et souchetage, et du lieutenant, si bon lui semble, sans qu'il puisse prendre aucuns droits qu'en l'absence du maître : Et à cet effet, seront les marchands adjudicataires mandés huit jours auparavant, pour convenir du jour, et d'autres arpenteurs et soucheteurs pour faire nouvel arpentage et souchetage des ventes.

2. Lorsque les arpenteurs et soucheteurs, tant les premiers que ceux qui auront été nommés à l'effet du recollement, seront arrivés sur les lieux, les procès-verbaux d'assiette, arpentage, ballivage et souchetage qui auront été faits pour l'adjudication des ventes, seront représentés, et reconnoîtront les arbres réservés par les procès-verbaux et par les adjudications ; et pour cet effet les officiers visiteront exactement les ventes de bout en bout en toutes leurs parties, les pieds corniers, parois, lizières et ballivaux, afin de connoître si elles auront été bien coupées, usées, vidées et nettoyées ; dont ils dresseront leurs procès-verbaux, contenant le détail des entreprises, malversations, défauts et manquemens qu'ils auront reconnus, et ce qui manquera des arbres retenus et réservés par les procès-verbaux de martelage et ballivage.

3. Notre procureur en la maîtrise nommera de sa part un arpenteur et soucheteur, et le marchand aussi un arpenteur et soucheteur de la sienne ; mais si le marchand faisoit difficulté, ou étoit refusant d'en convenir, il sera passé outre par l'arpenteur et soucheteur nommés par notre procureur, et le rapport réputé contradictoire.

4. Le souchetage sera fait aux environs et dans la réponse des ventes, en présence des marchands, s'ils y veulent assister, et de notre procureur, du garde-marteau, et sergent à garde, qui dresseront leurs procès-verbaux, contenant le détail des souches qu'ils auront trouvées, et des délits qui seront commis pendant l'exploitation, arbre par arbre, avec mention de leur qualité, nature, essence et grosseur ; leur défendant d'en omettre, à peine contre les soucheteurs du quadruple de la valeur des délits qu'ils n'auront pas rapportés dans leurs procès-verbaux, lesquels ils seront tenus de mettre au greffe, vingt-quatre heures après les avoir faits.

5. Les procès-verbaux du second souchetage seront répétés et confrontés sur ceux du premier, et la différence qui se trouvera

des uns aux autres remarquée par le menu et en détail; auquel effet seront représentés tous les procès-verbaux de décharge qui auront été faits pour les marchands et leurs facteurs, et observé les défauts et malversations qui se trouveront avoir été commises pendant l'usance et exploitation de leurs ventes, dont ils n'auront été valablement déchargés.

6. Le procès-verbal de réarpentage contiendra précisément la quantité d'arpens et de perches que les arpenteurs auront trouvée en la vente réarpentée; et s'il se trouve quelque entreprise ou outrepasse au-delà des pieds corniers, ils la mesureront, en feront la description exacte et la distingueront dans la figure qui sera par eux dressée.

7. Après que notre procureur en la maîtrise aura pris communication des procès-verbaux faits par les officiers, arpenteurs et soucheteurs, il donnera ses conclusions par écrit sur ce qui en résultera, et les fera signifier aux marchands, qui seront tenus d'y répondre aussi par écrit dans trois jours, et le tout mis au greffe et jugé à la première audience par le maître particulier, avec le lieutenant et le garde-marteau; sans que pour le congé de cour les officiers puissent prendre aucunes épices, ni autres droits que ceux qui leur seront taxés par le grand-maître, à prendre sur le sol pour livre, à peine de concussion.

8. Si, par les procès-verbaux de réarpentage, il se trouve de la surmesure entre les pieds corniers, le marchand sera condamné de la payer à proportion du prix principal et des charges de sa vente; et s'il s'en trouve moins, ce qui défaudra lui sera rabattu à proportion sur le prix de son adjudication, ou remboursé en argent sur les ventes de l'année suivante; sans qu'il soit permis de donner récompense en bois, ni de faire compensation en espèce de surmesure avec le manque de mesure.

9. S'il se rencontre quelque outrepasse ou entreprise au-delà des pieds corniers, le marchand sera condamné de payer le quadruple, à raison du prix principal de son adjudication, au cas que les bois où elle est faite soient de même essence que celui de la vente; et s'ils étoient de meilleure nature, qualité, et plus âgés, il sera tenu d'en payer l'amende et restitution au pied le tour.

10. L'adjudicataire qui ne représentera point les baliveaux, arbres de lizière, parois, tournans et pieds corniers laissés à sa garde, sera tenu de les payer, ainsi qu'il est dit au chapitre des amendes.

11. Tous marchands adjudicataires seront tenus à la fin de l'exploitation de leurs ventes, de rapporter les marteaux dont ils se sont servis, pour être rompus.

12. Si par le jugement qui interviendra, le congé de cour étoit accordé aux marchands, notre procureur en fera incessamment délivrer autant au garde-marteau, afin qu'il fasse remettre la vente en la garde du sergent; et au cas qu'il n'y ait qu'une amende ou peine pécuniaire, il sera tenu d'en faire délivrer des expéditions à ceux qui sont chargés du recouvrement de nos deniers; et si le jugement portoit quelque condamnation contre les marchands ou autres, il sera tenu d'en poursuivre l'exécution, sur peine d'en répondre en son nom.

TITRE XVII. *Des Ventes des Chablis et menus marchés.*

ART. 1. S'il se trouve quelques arbres qui aient été abattus, arrachés ou rompus par l'impétuosité des vents, ou par quelques autres accidens, le sergent à garde dressera procès-verbal sur son registre, de leurs qualité, nature et grosseur, et du lieu où il les aura trouvés, et observera si en tombant ils en ont rompu ou touché d'autres par leur chûte, duquel il sera tenu de mettre une expédition sous son seing au greffe de la maîtrise, trois jours après, dont il retirera décharge du greffier, à peine de cinquante livres d'amende.

2. Le garde-marteau et le sergent à garde veilleront à la conservation des bois chablis, et empêcheront qu'ils ne soient pris, enlevés ou ébranchés par les usagers et autres, sous prétexte de coutume et usage, quel qu'il puisse être, et en cas qu'il s'en rencontre de coupés par troncs ou ébranchés, ils en feront leur rapport de même que s'ils avoient été abattus sur pied, et les officiers les condamneront au pied le tour; à peine d'amende arbitraire, et d'en répondre en leurs noms.

3. Aussitôt que les officiers auront été avertis, ils se transporteront sur les lieux, accompagnés du garde-marteau et du sergent avec son procès-verbal, pour voir les arbres chablis, et reconnoître si le rapport du sergent est fidèle; lesquels seront marqués de notre marteau, à peine d'amende arbitraire, et d'en répondre en leurs propres et privés noms.

4. Les arbres chablis ne pourront être réservés ni façonnés sous prétexte de les aménager ou débiter en autre temps pour notre profit; mais seront vendus incessamment, en l'état qu'ils

se trouveront, et l'adjudication faite en l'auditoire de la justice des eaux et forêts par le grand-maître ou par les officiers de la maîtrise, à l'extinction des feux, après deux publications faites à l'audience ou marché du lieu, et aux prônes des messes par les curés de la paroisse du siége de la maîtrise et des villes et villages des environs de la forêt; et pour cet effet billets proclamatoires seront envoyés, et affiches mises, ainsi qu'il a été prescrit pour les ventes ordinaires; et le temps de vidanges ne sera que d'un mois pour le plus, à peine de nullité et de confiscation des bois vendus.

5. Défendons au garde-marteau de marquer, et aux officiers de vendre aucuns arbres en étant, sous prétexte qu'ils auroient été fourchés ou ébranlés par la chute de chablis; mais voulons qu'ils soient conservés, à peine d'amende arbitraire.

6. Incontinent après la vente des chablis et l'adjudication des menus marchés, il en sera dressé un état, pour être délivré dans la huitaine par le greffier au receveur des bois, s'il y en a, ou du domaine, qui en doit faire la recette.

7. Les vacations des officiers et du greffier, tant pour la reconnoissance et martellage que pour l'adjudication des chablis et arbres de délit, seront taxées par les grands maîtres lorsqu'ils seront sur les lieux, selon le travail, et à proportion du temps, à prendre sur les amendes et deniers dont le sergent collecteur fait le recouvrement: auquel effet ils leur représenteront leurs procès-verbaux, ordonnances et autres actes; et seront les deniers du prix des bois chablis payés au receveur, et par lui au receveur général, et compris dans son état de recouvrement, ainsi que le prix principal de nos bois.

TITRE XVIII. *Des Ventes et Adjudications des Panages, Glandées et Paissons.*

Art. 1er. Lorsqu'il y aura suffisamment de glands et de feines pour faire ventes de glandée, sans incommoder les forêts, le maître particulier ou le lieutenant, et notre procureur visiteront la glandée en la présence du garde-marteau et du sergent à garde, dresseront procès-verbal du nombre des porcs qui pourront être mis en panage dans les forêts de la maîtrise, avec un état du nombre qui y sera mis par les usagers et officiers; et leur sera fait taxe de leurs salaires par le grand-maître étant sur les lieux, dont ils seront payés sur les deniers provenant des amendes et autres deniers, dont le sergent collecteur fait le recouvrement sur leurs simples quittances, lesquelles rapportant avec les ordonnances, les sommes seront allouées partout où il appartiendra.

2. L'adjudication se fera à l'audience avant le quinzième septembre, à l'extinction des feux, au plus haut et dernier enchérisseur, après publications, ainsi qu'il est dit pour les chablis; avec charge expresse de payer le prix ès-mains du receveur aux termes y contenus, de bailler caution, et de souffrir par l'adjudicataire la quantité de porcs qui aura été réglée, tant pour les usagers qu'officiers.

3. La glandée ne sera ouverte que depuis le 1er octobre jusqu'au 1er février; et ne pourront les usagers, officiers et adjudicataires y mettre leurs porcs en plus grand nombre que celui compris dans l'adjudication, et après les avoir fait marquer au feu, et déposé au greffe l'original de la marque, sur peine de 100 liv. d'amende, et de confiscation de ce qui se trouvera excéder le nombre, ou marqué de fausse marque.

4. Défendons à toutes personnes autres que ceux employés dans l'état qui sera arrêté en notre conseil, d'envoyer ou mettre leurs porcs en glandée dans nos forêts, s'ils n'en ont le pouvoir du marchand adjudicataire, à peine de 100 liv. d'amende, et de confiscation, moitié à notre profit, et l'autre moitié au profit du marchand : et demeureront les propriétaires responsables de ceux qu'ils commettront pour la garde de leurs porcs.

TITRE XIX. *Des Droits de Pâturage et Panage.*

Art. 1er. Permettons aux communautés, habitans, et particuliers usagers dénommés en l'état arrêté en notre conseil, d'exercer leurs droits de panage et pâturage pour leurs porcs et bêtes aumailles, dans toutes nos forêts, bois et buissons, aux lieux qui auront été déclarés défensables par les grands maîtres faisant leurs visites, ou sur les avis des officiers des maîtrises, et dans toutes les landes et bruyères dépendantes de nos domaines.

2. Les habitans usagers donneront déclaration du nombre et de la quantité des bestiaux qu'ils possèdent, ou tiennent à louage, dont sera fait rôle contenant le nom de ceux à qui ils appartiendront, lequel sera porté au siège de la maîtrise pour être transcrit en un registre qui sera tenu au greffe, et paraphé du maître et de notre procureur.

3. Les officiers assigneront à chacune paroisse, hameau, vil-

lage ou communauté usagère une contrée particulière, la plus commode qu'il se pourra, en laquelle, ès lieux défensables seulement, les bestiaux puissent être menés et gardés séparément, sans mélange de troupeaux d'autres lieux, le tout à peine de confiscation des bestiaux, et d'amende arbitraire contre les pâtres, et de privation de leurs charges contre les officiers et gardes qui permettront ou souffriront le contraire; et seront toutes les délivrances faites sans frais, ni droits, à peine de concussion.

4. La déclaration des contrées, et de la liberté d'y envoyer en pâturage, sera publiée aux prônes des messes des paroisses usagères, l'un des dimanches du mois de février de chacune année, à la diligence de notre procureur; et sera le certificat du curé ou du sergent mis au greffe de la maîtrise à sa diligence, et registré sur le registre ci-dessus, sans frais; avec défenses aux usagers et tous autres d'y envoyer paître leurs bestiaux ès autres lieux, à peine de confiscation et de privation de leurs usages.

5. Les coutumes, franchises, usages, pâturages et panages seront réduits aux fiefs et maisons usagères seulement, suivant les états qui en ont été faits par les commissaires qui ont travaillé aux réformations, ou qui seront ci-après dressés par les grands maîtres aux maîtrises où il n'y a pas été pourvu. Le nombre des bestiaux sera pareillement réglé par les grands maîtres, eu égard à l'état et possibilité des forêts.

6. Tous les bestiaux appartenant aux usagers d'une même paroisse ou hameau, ayant droit d'usage, seront marqués d'une même marque, dont l'empreinte sera mise au greffe, avant que de les pouvoir envoyer au pâturage, et chacun jour assemblés en un lieu qui sera destiné pour chacun bourg, village ou hameau, en un seul troupeau, et conduit par un seul chemin, qui sera désigné par les officiers de la maîtrise, le plus commode et le mieux défendu; sans qu'il soit permis de changer et prendre une autre route allant et retournant; à peine de confiscation des bestiaux, amende arbitraire contre les propriétaires des bestiaux, et de punition exemplaire contre les pâtres et gardes.

7. Les particuliers seront tenus de mettre au col de leurs bestiaux des clochettes, dont le son puisse avertir des lieux où ils pourront s'échapper, et faire dégât, afin que les pâtres y courent, et que les gardes se saisissent des bêtes écartées et trouvées en dommage hors les cantons désignés et publiés défensables.

8. Ne sera loisible à aucun habitant de mener ses bestiaux à garde séparée, ni les envoyer en la forêt par sa femme, ses enfants

ou domestiques, à peine de 10 liv. d'amende pour la première fois, confiscation pour la seconde, et pour la troisième, de privation de tout usage; ce qui sera pareillement observé à l'égard des seigneurs ecclésiastiques, gentilshommes, et autres personnes indistinctement, qui jouiront du droit comme habitans, nonobstant les droits du troupeau à part, et toutes coutumes ou possessions contraires.

9. Les pâtres et gardes seront choisis et nommés annuellement, à la diligence des procureurs d'office ou syndics de chacune paroisse, ou principaux habitans des hameaux et villages, par les habitans assemblés, en présence du juge des lieux, qui en délivrera acte sans frais, ou du notaire ou tabellion, et demeurera la communauté responsable de ceux qui seront choisis.

10. Ne pourront les particuliers usagers prêter leurs noms et maisons aux marchands et habitans des villes et paroisses voisines, pour y retirer leurs bestiaux; et s'il s'y en trouvoit qui fussent ainsi retirés, ou donnés frauduleusement par déclaration, ils seront confisqués, et l'usager condamné pour la première fois en l'amende de 50 liv., et en cas de récidive, privé de tout usage.

11. Défendons à tous particuliers d'envoyer leurs bestiaux en pâturage, sous prétexte de baux et congés des officiers, receveurs, ou fermiers du domaine, même des engagistes ou usufruitiers, à peine de confiscation des bestiaux trouvés en pâturage et de 100 liv. d'amende.

12. S'il y avoit de jeunes rejets en futaie ou taillis le long des routes ou chemins où les bestiaux passeront pour aller ès lieux destinés au pâturage, en sorte que le brout ne se pût sûrement empêcher, les officiers tiendront la main à ce qu'il soit fait des fossés suffisamment larges et profonds pour leur conservation, ou les anciens relevés et entretenus aux frais et dépens des communautés usagères, par contribution, à proportion du nombre des bêtes qu'ils envoyeront en pâturage.

13. Défendons pareillement aux habitans des paroisses usagères, et à toutes personnes ayant droit de panage dans nos forêts et bois, ou en ceux des ecclésiastiques, communautés et particuliers d'y mener ou envoyer bêtes à laine, chèvres, brebis et moutons, ni même ès landes et bruyères, places vaines et vagues aux rives des bois et forêts, à peine de confiscation des bestiaux, et de 3 liv. d'amende pour chacune des bêtes. Et seront les bergers et gardes de telles bêtes condamnés en l'amende de 1 liv. pour

la première fois, fustigés et bannis du ressort de la maîtrise en cas de récidive, et demeureront les maîtres propriétaires des bestiaux, et pères de familles, responsables civilement des condamnations rendues contre les bergers.

14. Les habitans des maisons usagères jouiront du droit de pâturage et panage pour les bestiaux de leur nourriture seulement, et non pour ceux dont ils feront trafic et commerce, à peine d'amende et confiscation.

15. Le maître particulier ne pourra mettre plus de huit porcs à la glandée; et le lieutenant, notre procureur et garde-marteau, chacun six; le greffier quatre; et le sergent à garde, trois; à peine de confiscation; le tout au cas qu'ils soient actuellement résidens et non autrement.

TITRE XX. *Des Chauffages et autres usages de bois, tant à bâtir que réparer.*

ART. 1ᵉʳ. Révoquons et supprimons tous et chacuns les droits de chauffages dont nos forêts sont à présent chargées, de quelque nature et condition qu'ils soient.

2. Voulons néanmoins que ceux qui ne possèdent pour cause d'échanges, indemnités, et qui justifieront d'une possession avant l'année 1560, ou autrement, à titre onéreux, soient dédommagés, suivant l'évaluation qui en sera faite en notre conseil; et jusqu'à l'actuel remboursement, seront payés annuellement sur le prix des ventes, de la valeur de leurs chauffages.

3. Voulons aussi que les chauffages attribués aux officiers de nos eaux et forêts par édits ou déclarations, en conséquence de finance par eux payée, soient évalués en notre conseil, pour en être remboursés, ou payés annuellement de la valeur sur le prix des ventes, suivant l'état qui en sera par nous arrêté.

4. Les communautés et particuliers qui jouissoient du droit de chauffage, à cause de redevances et prestations en deniers ou espèces, services personnels de garde, corvées, ou autres charges, en demeureront libres et déchargés en conséquence de la présente révocation.

5. Et à l'égard des chauffages donnés et accordés par nous, nos prédécesseurs, fondateurs et bienfaiteurs, pour causes de fondations et dotations faites aux églises, chapitres, abbayes, monastères, hôpitaux, maladeries, et autres communautés ecclésiastiques, séculières et régulières, voulons qu'ils leur soient conservés

en espèce, suivant les états qui en ont été ou seront ci-après arrêtés en notre conseil, eu égard à la possibilité de nos forêts: et où elles se trouveroient dégradées et ruinées, en sorte qu'elles ne les puissent porter sans un notable préjudice & diminution de nos revenus, la valeur en sera liquidée en notre conseil sur l'avis des grands maîtres, et employée dans nos états, pour être payée en argent par chacun an sur le prix des ventes, sans diminution ni retranchement.

6. Les religieux, hôpitaux et communautés qui ont chauffage par aumône de nous, ou de nos prédécesseurs, n'en auront à l'avenir aucune délivrance en espèce; mais seulement en deniers, dont le fonds sera fait dans nos états, au chapitre des fiefs et aumônes.

7. Sera fait un état général en notre conseil de tous les chauffages en espèce ou en argent, contenant le nom des usagers, le nombre et qualité des bois, et sur quelles forêts ils doivent être fournis, dont seront envoyées des expéditions à la chambre des comptes et aux grands maîtres, qui feront mettre des extraits aux greffes des maîtrises particulières, de ceux dont les forêts de leurs dépendances seront chargées, pour être délivrés conformément à nos états et ordonnances; sans qu'ils puissent être augmentés, sur peine contre les ordonnateurs de privation de leurs charges, et de restitution du quadruple contre ceux qui les auront reçus.

8. Si aucuns des officiers de nos eaux et forêts étoient convaincus d'avoir reçu ou exigé des marchands, de leurs facteurs et commis, aucuns bois, sous prétexte de chauffage, ou tel autre qu'il soit, au préjudice de nos défenses; ordonnons au grand-maître de les punir selon la rigueur de nos ordonnances.

9. Les officiers ne seront payés des sommes qui leur seront reglées par nos états, au lieu de leur chauffage, s'ils ne servent et font résidence actuelle; pourquoi seront obligés d'apporter aux receveurs les certificats et attestations des grands-maîtres.

10. Révoquons en outre, éteignons et supprimons tous bois d'usages à bâtir et réparer, pour quelque cause et sous quelque prétexte que la concession en ait été faite, nonobstant toutes confirmations, lettres, titres et possessions; sauf s'il se trouvoit qu'ils eussent été acquis ou concédés à titre de fondation ou dotation, ou par une possession justifiée avant l'année 1560, ou autrement, à titre onéreux, de pourvoir à l'indemnité ou décharge des intéressés, ainsi que de raison.

11. Ne sera fait à l'avenir aucun don ni attribution de chauffage, pour quelque cause que ce soit; et si par importunité ou autrement, aucunes lettres ou brevets en avoient été accordées et expédiées, défendons à nos cours de parlement, chambre des comptes, grands-maîtres et officiers d'y avoir égard.

TITRE XXI. *Des Bois à bâtir pour les maisons royales et bâtimens de mer.*

ART. 1. Ne sera faite aucune vente extraordinaire par arpent, ni par pieds d'arbres pour constructions et réparations de nos maisons royales ou bâtimens de mer; mais pourra le grand-maître charger l'adjudicataire des ventes ordinaires de nos forêts, de fournir le bois nécessaire pour ces ouvrages, en lui payant le prix suivant l'estimation qui en sera faite par l'avis de gens à ce connoissans, sur le devis des entrepreneurs ou architectes, et conformément à l'état arrêté par le surintendant de nos bâtimens, ou par le contrôleur général de nos finances expédié en bonne et due forme; lequel état sera inséré dans le cahier des charges, et mis au greffe de la maîtrise.

2. Si toutefois on avoit besoin d'aucunes pièces de telle grosseur et longueur qu'elles ne se pussent trouver dans les ventes ordinaires; en ce cas, le grand-maître, sur les états qui en seront arrêtés en notre conseil, et lettres-patentes dûment vérifiées, en pourra marquer et faire abattre dans nos forêts, ès lieux moins dommageables; et s'il n'y en trouvoit pas, les fera choisir et prendre dans les bois de nos sujets, tant ecclésiastiques qu'autres, sans distinction et qualité; à la charge de payer la juste valeur qui sera estimée par experts, dont notre procureur en la maîtrise et les parties conviendront, par-devant le grand-maître, lequel au défaut ou refus, en nommera d'office.

3. Défendons au grand-maître de procéder au martelage des bois ainsi nécessaires, hors les ventes ordinaires, qu'en vertu de lettres-patentes expédiées en conformité des états et avis du surintendant de nos bâtimens, ou contrôleur général de nos finances; en exécution desquelles, et après l'enregistrement au parlement, et chambre des comptes du ressort de la maîtrise, il se transportera sur les lieux, fera procès-verbal du nombre, situation, âge, tour et qualité des arbres choisis; les marquera tant de notre marteau que du sien, en présence des officiers et de l'entrepreneur des ouvrages ou autre préposé pour la délivrance; signera le procès-verbal avec tous les assistans, et le fe-

ra transcrire à l'instant sur le registre de la maîtrise, dont le greffier délivrera gratuitement une expédition à ceux qui auront charge d'exploiter les bois.

4. Les arbres qui pourroient se trouver abattus et rompus par la chute ou vidange de pièces retenues, seront pareillement marqués de notre marteau et de celui du grand-maître, lequel, après avoir fait son procès-verbal de leur âge, tour et qualité, même de leur valeur au rapport d'experts, en la même forme ci-dessus prescrite, les délivrera à l'entrepreneur, pour en faire état à notre profit, et les enlever incessamment, sans souffrir qu'il soit commis aucuns abus ni délit par les ouvriers qu'il emploiera, dont il demeurera responsable.

5. Les branchages, coupeaux et remanens des arbres ainsi retenus pour nos bâtimens, et de ceux qui se trouveront abattus et rompus par leur chute et passage, seront vendus au siège de la maîtrise, avec les formalités prescrites pour la vente des chablis, et le prix payé au receveur des bois du domaine, sans que les bucherons puissent les emporter ni en disposer, sous prétexte de fouée ou autrement, à peine d'amende arbitraire et restitution du double de la valeur, dont l'entrepreneur sera pareillement responsable.

6. Ceux qui feront couper et ouvrer les arbres ci-dessus exprimés, fourniront autant de la délivrance au garde-marteau de la maîtrise, et au sergent en la garde duquel ils auront été marqués, pour faire mention chacun sur son registre, de leur nombre, hauteur, grosseur et qualité, du temps qu'ils auront été enlevés, et des noms de ceux qui les auront fait transporter.

7. S'il se marquoit plus de bois qu'il n'en sera besoin, l'entrepreneur ou celui qui aura la conduite de l'ouvrage, après avoir pris le nécessaire, fera et signera sur le registre du greffe de la maîtrise sa déclaration de ce qui en pourra rester, afin que la marque soit effacée dans trois jours au plus tard de l'excédant qui seroit encore sur le pied; et s'il étoit abattu, il sera vendu à notre profit, et le prix payé à notre receveur, pour en compter.

TITRE XXII. *Des Eaux, Forêts, Bois et Garennes tenus à titre de douaire, concession, engagement, et usufruit.*

ART. 1. Défendons à toutes personnes, sans exception ni distinction de qualité, de s'immiscer en la jouissance des eaux, bois et forêts de notre domaine, tenus à titre de douaire, concession, engagement, usufruit ou autrement, en telle manière sous tel titre ou prétexte que ce soit, si les grands-maîtres, chacun en son département, n'ont auparavant visité les lieux, et fait procès-verbal de l'état où ils se trouvent, contenant en détail l'âge, nature et qualité des bois, l'état, l'essence et le nombre des baliveaux sur taillis distinctement par gardes ou triages, la consistance et valeur des coupes ordinaires par estimation et rapport des six dernières adjudications.

2. Voulons que le procès-verbal contienne aussi l'état des garennes, rivières, étangs, forges, fourneaux, écluses, pertuis, bondes, vannages, décharges et chaussées, avec description des réparations qu'il y conviendroit faire, à dire d'experts, dont les douairiers, donataires, usufruitiers et engagistes, conviendront avec notre procureur ès eaux et forêts, par-devant le grand-maître, qui fera signer le tout par les officiers de la maîtrise et les parties intéressées, ou leur agent et procureur spécialement fondé; pour être mis et enregistré dans la quinzaine en son greffe et en celui de la maîtrise, au ressort de laquelle les eaux et bois se trouveront assis.

3. Ne pourront les engagistes jouir, à leur égard, de l'effet de leurs contrats et adjudications, que les eaux, bois et garennes en dépendantes, ne soient préalablement évaluées en la chambre des comptes, en la présence du grand-maître, ou sur les avis et procès-verbaux par lui sur ce faits, à peine de dix mille livres d'amende, et de réunion des eaux et bois engagés à notre domaine.

4. Aussitôt que le terme de la jouissance expirera, nouvelles visites, estimations et reconnoissances seront faites par le grand-maître, avec mêmes formalités, les engagistes, usufruitiers ou leurs héritiers présens ou dûment appelés, de l'état et consistance de toutes les choses contenues au premier procès-verbal, pour, en cas qu'il se trouve des dégradations, dépérissement ou changemens préjudiciables, obliger ceux qui ont possédé, leurs successeurs et ayans-cause, de remettre incessamment tout en état, et nous en indemniser au pied du tour, conformément aux ordonnances, en ce qui concerne les bois; et pour le surplus à dire d'experts, qui seront convenus ou nommés d'office.

5. Les douairiers, donataires, usufruitiers et engagistes, ne pourront disposer d'aucune futaie, arbres anciens, modernes, ou baliveaux sur taillis, même de l'âge du bois, réservés ès dernières ventes, ni des chablis, arbres de délit, amendes, restitu-

tions, confiscations en provenans; mais le tout demeurera entièrement à notre profit, et sera payé au receveur de nos domaines ou de nos bois, ès lieux où nous en avons établi, pour nous en compter, ainsi que des autres deniers de leurs charges, nonobstant toutes lettres vérifiées, clauses, dons, arrêts, contrats, adjudications, usages et possessions contraires.

6. Ne pourront aussi, ni leurs fermiers, procureurs, agens et receveurs, prendre ou faire couper aucuns arbres anciens, modernes ou baliveaux sur taillis, par arpent ou par pied, pour entretien et réparations des maisons, moulins et bâtimens dépendans du même domaine, ou sous aucun autre prétexte, qu'en vertu de lettres bien et dûment registrées ès cours de parlement et chambre des comptes du ressort, sur les avis et procès-verbaux du grand-maître, à peine de privation, de l'amende et restitution au pied du tour, contre les possesseurs, et de condamnation solidaire aux mêmes amendes et restitutions, tant contre les fermiers, agens et receveurs, que contre les marchands et entrepreneurs qui les auroient exploités, et d'interdiction contre les officiers qui en feroient la délivrance, outre les mêmes amendes, restitutions, dommages et intérêts, sans modération et sans recours.

7. Feront observer en l'usance des eaux et bois dont ils jouissent dans nos domaines, les mêmes conditions et réserves qui se doivent observer en l'usance des eaux et bois que nous possédons; et seront les ventes et adjudications faites par nos officiers ès eaux et forêts, avec les formalités prescrites par la présente ordonnance, sans qu'aucun fermier ou marchand puissent s'immiscer qu'en vertu des assiettes, martelages et délivrance ainsi faites par nos officiers, à peine de trois mille livres d'amende contre chacun contrevenant, et de confiscation des ventes.

8. Nos grands-maîtres et officiers des maîtrises particulières auront la même connoissance et juridiction sur les eaux et forêts des ecclésiastiques, commandeurs de Saint Jean de Jérusalem, administrateurs, communautés et gens de main-morte, assises dans l'étendue de nos domaines engagés, concédés ou tenus à quelque titre que ce soit, qu'ils ont et doivent avoir ès domaines dont nous jouissons, sans que les engagistes, usufruitiers et possesseurs, où leurs officiers puissent s'en entremettre sous aucun prétexte, non plus qu'ès bois tenus en gruerie, grairie, tiers et danger, s'ils ne font partie de leurs dons ou contrats.

TITRE XXIII. *Des Bois en grurie, grairie, tiers et danger.*

Art. 1. En tous les bois sujets aux droits de grurie, grairie, tiers et danger, la justice et tous les profits qui en procèdent, nous appartiennent, ensemble la chasse, paisson et glandée, privativement à tous autres, si ce n'étoit qu'à l'égard de la paisson et glandée, il y eût titre au contraire.

2. Les parts et portions que nous prenons lors de la coupe et usance des bois sujets aux droits de grurie et grairie, seront levées et perçues à notre profit en espèce ou argent, suivant l'ancien usage de chacune maîtrise où ils sont situés, sans qu'il soit rien changé ni innové à ce regard, et ne pourront être les bois de cette qualité vendus que par le ministère de nos officiers, et avec les mêmes formalités que nos autres bois et forêts.

3. Le tiers et danger sera levé et payé selon la coutume ancienne, qui est de distraire à notre profit sur le total de la vente, soit en espèce ou en deniers à notre choix, le tiers et le dixième; en sorte que si l'adjudication est de trente arpens pour une somme de trois cents livres, nous en ayons dix arpens pour le tiers de trente, et trois pour le dixième de la même quantité, qui feront treize arpens sur trente; ou si nous le prenons en argent, cent livres pour le tiers de trois cents livres, et trente livres pour le dixième de la même somme de trois cents livres.

4. S'il se trouve quelques bois dans notre province de Normandie, pour lesquels les particuliers aient titre et possession de ne payer qu'une partie de ce droit, à savoir le tiers simplement, ou seulement le danger, qui est le dixième, voulons qu'il n'y soit rien innové à cet égard.

5. Les possesseurs des bois sujets à tiers et danger, pourront prendre par leurs mains pour leur usage, du bois des neuf espèces contenues en l'article neuvième de la Charte normande du roi Louis dixième, de l'année 1315, qui sont saulx, morsaulx, épines, puisnes, seurs, aulnes, genets, genèvres et ronces, et le bois mort en cime et racine, ou gisant.

6. Déclarons le droit de tiers et danger dans les bois de notre province de Normandie, imprescriptible et inaliénable, comme faisant partie de l'ancien domaine de notre couronne.

7. Tous bois situés en Normandie, hors ceux plantés à la main, et les morts-bois exceptés par la Charte normande, seront sujets à ce droit, si les possesseurs ne sont fondés en titres authentiques et usages contraires.

8. Les droits de propriété par indivis avec autres seigneurs, et ceux de grurie, grairie, tiers et danger, ne pourront être donnés, vendus ni aliénés en tout ou partie, ni même donnés à ferme, pour telle cause et prétexte que ce soit, renouvelant, en tant que besoin seroit, la prohibition contenue à cet effet au dixième article de l'ordonnance de Moulins; sans même qu'à l'avenir tels droits puissent être engagés ou affermés, mais leur produit ordinaire sera donné en recouvrement au receveur des bois ou du domaine, dont ils compteront ainsi que des deniers provenans des ventes de nos forêts.

9. Les grands-maîtres et officiers des maîtrises particulières connoîtront de tous délits, abus et malversations qui seront commises dans les bois de cette qualité non partagés, tant pour la police, vente et conservation, que pour la justice et pour la chasse.

10. Les ventes ordinaires seront faites par le grand-maître ou par les officiers de la maîtrise, avec les mêmes formes qui se doivent observer pour l'assiette, martelage, balivage, publications, adjudication, doublement, tiercement et recollement de nos bois; et les extraordinaires par le grand-maître seulement, en vertu de nos lettres-patentes dûment registrées, à peine de restitution, de privation de tous droits contre les possesseurs, amende arbitraire et confiscation des ventes contre nos marchands.

11. Il sera procédé à la vente des chablis rompus ou arrachés en la manière ordonnée pour nos bois, à la charge de nous payer sur le prix la même part qui nous appartient dans nos ventes ordinaires.

12. Toutes les amendes et confiscations qui seront adjugées pour ces bois, nous appartiendront entièrement, sans que les possesseurs y puissent rien prétendre; mais ils auront la même part aux restitutions, dommages et intérêts qu'ils ont droit et coutume d'avoir aux ventes.

13. Les réserves de baliveaux dans les taillis, et les mêmes peines et condamnations prescrites pour nos bois, seront faites et exécutées pour ceux tenus en grurie, grairie, tiers et danger: enjoignons aux officiers d'y tenir exactement la main, et voulons que leurs droits soient pour ce payés sur le prix total des ventes, suivant la taxe qui en sera faite par le grand-maître.

14. Sera fait un registre paraphé du maître et de notre procureur, de toutes les ventes, adjudications et recollemens, sur le-

quel tous les officiers présens signeront, avec les possesseurs et leurs procureurs; et les marchands ou leurs facteurs, s'ils savent signer.

15. Il y aura dans chacune maîtrise un ou plusieurs sergens, selon le nombre et la distance des bois tenus par indivis et en grurie, grairie, tiers et danger, pour y faire la garde et le rapport des délits, abus et malversations, ainsi que ceux préposés dans nos forêts.

16. Ne pourront les possesseurs prendre aucun arbre vif sans la marque et délivrance du grand-maître, lequel à l'instant en fera couper et vendre à notre profit, pour la valeur et à proportion de nos droits.

17. Lorsqu'il se fera des ventes ordinaires, les possesseurs prendront leur chauffage sur leur part de la vente, mais s'il n'y avoit pas de vente ouverte, aucun chauffage ne pourra être pris qu'en bois mort ou mort-bois des neuf espèces.

18. Les grands-maîtres visiteront chacune année tous les bois de cette qualité; se feront représenter les registres tenus et jugemens donnés sur les délits et malversations, avec l'état des ventes et récollemens; et y feront la réformation lorsqu'elle sera par eux jugée nécessaire.

19. Les maîtres particuliers ou leurs lieutenans seront obligés d'y faire visite avec nos procureurs, du moins une fois l'année, les gardes-marteaux de six mois en six mois; et les sergens sans discontinuation, dont ils feront procès-verbal, chacun à leur égard, et le mettront incessamment au greffe de la maîtrise; le tout à peine de privation de leurs charges, et de répondre en leurs noms des délits, abus et malversations.

20. Ordonnons que dans six mois, du jour de la publication des présentes, il sera fait arpentage, figure et description de toutes les forêts, bois et buissons où nous avons droit, tant par indivis que grurie, grairie, tiers et danger, par l'arpenteur de la maîtrise, à la diligence de nos procureurs, chacun en son ressort, et en la présence des parties intéressées, du garde-marteau ou gruyer, et du sergent à garde, dont le procès-verbal et figure seront enregistrés au greffe.

21. Les maîtres, ou lieutenans en leur absence, feront aussi dans le même temps avec nos procureurs procès-verbal du nombre, situation et contenance des bois de cette qualité, avec expression de l'essence et âge des bois dont ils sont plantés, et des droits que nous y avons: signeront et mettront le tout au greffe

de la maîtrise; et en envoyeront autant au grand-maître qui, sur ce, fera l'état général de son département, dont il donnera une expédition au conseil, ès mains du contrôleur général de nos finances, et une autre au greffe de la table de marbre.

22. Tous les frais des arpenteurs, figures, descriptions et procès-verbaux seront taxés par le grand-maître distinctement pour chacun bois, et payés sur le prix total de la première vente qui s'y fera; au moyen de quoi la charge en sera portée par nous et les possesseurs avec juste proportion des différens intérêts.

23. S'il se trouve par les procès-verbaux aucune usurpation ou défrichement entrepris sans notre expresse permission, les auteurs seront condamnés à rétablir les choses en leur premier état, et ès amendes, restitutions, dommages et intérêts, suivant la rigueur de nos ordonnances.

TITRE XXIV. *Des Bois appartenans aux ecclésiastiques et gens de main-morte.*

ART. 1. Tous les prélats, abbés, prieurs, officiers et communautés ecclésiastiques, tant séculières que régulières, économes, administrateurs, recteurs et principaux des collèges, hôpitaux et maladeries, commandeurs et procureurs de l'ordre de Saint-Jean de Jérusalem, seront tenus de faire arpenter, figurer et borner leurs bois dans six mois, à compter du jour de la publication des présentes, et d'en mettre quinze jours après aux greffes des maîtrises les procès-verbaux, avec les plans et figures, sur lesquels seront marquées les bornes selon leur juste assiette et distance; sinon, les six mois passés, il sera pourvu à la diligence de nos procureurs en chacune maîtrise aux frais des défaillans, qui seront contraints au paiement par saisie de leur temporel, suivant la taxe que nous voulons en être faite par les grands-maîtres.

2. Voulons que, conformément à l'ordonnance de l'année 1573 confirmée par celle de 1597, la quatrième partie au moins des bois dépendans des évêchés, abbayes, bénéfices, commanderies et communautés ecclésiastiques, soit toujours en nature de futaie; et s'il ne se trouvoit aucune futaie en toute l'étendue de leurs bois, ou que celle qui y est à présent fût au-dessous de la quatrième partie de la totalité, ce qui manquera sera pris dans leurs taillis jusqu'à la concurrence de la quatrième partie, pour être réservé et croître en futaie, dont le choix et triage sera fait

par les grands-maîtres aux endroits les plus propres, et où le fonds pourra mieux en porter, qui sera séparé du reste des taillis par bornes et limites, et réputé de pareille nature et qualité, sans qu'il soit permis d'en user ou couper aucuns arbres, que par les formes prescrites pour la futaie.

3. Après les réserves distraites et séparées, le surplus de nos bois taillis sera réglé en coupes ordinaires de dix ans au moins, avec charge expresse de laisser seize baliveaux de l'âge du bois en chacun arpent, outre tous les anciens et modernes, qui seront pareillement réputés futaies, et comme tels réservés dans toutes les coupes ordinaires, sans qu'en aucun cas on y puisse toucher qu'en vertu de nos lettres-patentes bien et duement vérifiées, ainsi qu'il sera dit ci-après.

4. Les ecclésiastiques, communautés, commanderies, économes, recteurs et administrateurs ne pourront couper aucuns arbres de futaie ou baliveau sur taillis, ni toucher au quart mis en réserve, ou rien entreprendre au-delà des coupes ordinaires et réglées, sinon en vertu des lettres-patentes bien et duement registrées, à peine d'amende arbitraire envers nous, et de restitution du quadruple de la valeur des bois coupés ou vendus; lequel, s'il excède cinq cents livres, sera employé en fonds pour le bénéfice, collège, commanderie, maladerie, ou autre communauté, et le revenu appliqué à l'hôpital des lieux pendant la vie ou la possession des bénéficiers, commandeurs, recteurs ou administrateurs contrevenans; et si la restitution étoit moindre de cinq cents livres, elle appartiendra entièrement à l'hôpital.

5. Nos lettres ne seront octroyées pour ventes de futaies ou baliveaux réservés, qu'en cas d'incendies, ruines, démolitions, pertes et accidens extraordinaires, arrivés par forfait, guerre ou cas fortuit, et non par le fait ou fautes des bénéficiers et administrateurs, qui pour y parvenir feront leurs remontrances au grand-maître, lequel informera des causes et de la nécessité, visitera les lieux en présence de notre procureur en la maîtrise, fera priser par experts les réparations nécessaires, et enverra au conseil ès mains du contrôleur général de nos finances son procès-verbal, qui contiendra au vrai la valeur, l'état et qualité des bois qu'on demandera permission de couper; ensemble le nombre et la qualité de ce qui en restera au bénéfice ou à la communauté, et son avis, lequel sera joint avec le procès-verbal aux lettres sous le contre-scel.

6. L'exécution de nos lettres pour coupes extraordinaires ès

bois des ecclésiastiques et communautés, ne pourra être faite que par le grand-maître qui procédera aux assiettes, martellages, adjudications et récollemens, avec les mêmes formalités observées pour nos bois, taxera les frais et droits de nos officiers et autres par lui employés, selon leur travail, dont ils seront payés sur le prix de l'adjudication.

7. Enjoignons aux ecclésiastiques et communautés de charger expressément leurs fermiers, économes, receveurs, marchands et adjudicataires de faire en leurs bois les mêmes réserves prescrites pour l'usance des nôtres; et voulons qu'elles soient observées par les receveurs, fermiers, marchands, au nombre et en la forme ordonnée, quoiqu'ils n'y fussent pas obligés par leurs baux, marchés et adjudications, à peine d'amende arbitraire à notre profit, confiscation du prix des ventes et des bois abattus, avec restitution, dommages et intérêts, au profit du bénéfice ou communauté dont sera fait fonds, et le revenu affecté à l'hôpital plus prochain des lieux pendant la vie du bénéficier.

8. L'adjudicataire des bois ainsi vendus consignera le prix ès mains d'un notable bourgeois commis par le grand-maître, sous la nomination des ecclésiastiques, commandeurs, économes, receveurs et administrateurs, pour être payé à l'entrepreneur, lequel ne sera déchargé des réparations qu'après avoir fait recevoir ses ouvrages par l'avis de gens à ce connoissans.

9. Sera tenu l'adjudicataire d'observer en l'exploitation tout ce qui est prescrit pour celle de nos bois par la présente ordonnance, et de faire procéder au récollement aussitôt que le terme de vidange sera expiré, à peine d'amende arbitraire, et de demeurer chargé des délits qui se commettront dans la vente, et dans les réponses, sans recours ni modération.

10. Tous les contrats, lettres, procès-verbaux, et autres actes concernans les visites, estimations, devis, permissions, assiettes, martelages, adjudications, récollemens et réceptions d'ouvrages, seront mis et enregistrés tant au greffe du grand-maître qu'en celui de la maîtrise, pour y avoir recours quand besoin sera.

11. Les mêmes amendes, peines et condamnations ordonnées par ces présentes pour nos eaux et forêts, auront lieu pour les eaux et forêts des ecclésiastiques, communautés et gens de main-morte, même pour la chasse et la pêche, à l'effet de quoi pourront les parties se pourvoir par-devant nos grands-maîtres et officiers des maîtrises, sans qu'aucune personne, de telle

qualité qu'elle soit, soit fondée ni reçue à en décliner la juridiction.

12. Pourront nos officiers visiter quand bon leur semblera, sans aucuns frais ni droits, les eaux, bois et forêts des ecclésiastiques, commandeurs, hôpitaux et communautés; et s'ils y trouvent des malversations, abus ou contraventions à l'ordonnance, ils en feront leurs procès-verbaux, sur lesquels sera pourvu par le grand-maître en connoissance de cause.

TITRE XXV. *Des Bois, Prés, Marais, Landes, Pâtis, Pêcheries et autres biens appartenans aux communautés et habitans des Paroisses.*

ART. 1. Tous les bois dépendans des paroisses et communautés d'habitans seront arpentés, figurés et bornés dans six mois, à la diligence des syndics; et les procès-verbaux et figures incessamment portés aux greffes des maîtrises: à quoi nous enjoignons à nos procureurs de tenir exactement la main.

2. Le quart de ces bois communs sera réservé pour croître en futaie dans les meilleurs fonds et lieux plus commodes, par triages et désignation au grand-maître, ou des officiers de la maîtrise par son ordre.

3. Ce qui restera, la réserve étant faite, sera réglé en coupes ordinaires de taillis, au moins de dix ans, avec marque et retenue de seize baliveaux de l'âge du bois en chacun arpent, des plus beaux brins de chênes, hêtres, ou autres de la meilleure essence, outre et par-dessus les anciens, modernes et fruitiers.

4. Si néanmoins les bois étoient de la concession gratuite des seigneurs, sans charge d'aucuns cens, redevance, prestation ou servitude, le tiers en pourra être distrait et séparé à leur profit en cas qu'ils le demandent et que les deux autres suffisent pour l'usage de la paroisse, sinon le partage n'aura lieu; mais les seigneurs et les habitans jouiront en commun comme auparavant. Ce qui sera pareillement observé pour les prés, marais, îles, pâtis, landes, bruyères et grasses pâtures, où les seigneurs n'auront autre droit que l'usage, et d'envoyer leurs bestiaux en pâture comme premiers habitans, sans part ni triages, s'ils ne sont de leur concession, sans prestation, redevance ou servitude.

5. La concession ne pourra être réputée gratuite de la part des seigneurs, si les habitans justifient du contraire par l'acquisition qu'ils en ont faite, et s'ils ne sont tenus d'aucune charge; mais s'ils en faisoient ou payoient quelque reconnoissance en argent, corvées ou autrement, la concession passera pour

onéreuse, quoique les habitans n'en montrent pas le titre, et empêchera toutes distractions au profit des seigneurs qui jouiront seulement de leurs usages et chauffages, ainsi qu'il est accoutumé.

6. Les seigneurs qui auront leurs triages ne pourront rien prétendre à la part des habitans, et n'y auront aucun droit d'usage, chauffage ou pâturage, pour eux ni leurs fermiers, domestiques, chevaux et bestiaux; mais elle demeurera à la communauté, franche et déchargée de tout autre usage et servitude.

7. Si dans les pâtures, marais, prés et pâtis échus aux triages des habitans, ou tenus en commun sans partage, il se trouvoit quelques endroits inutiles et superflus, dont la communauté pût profiter, sans incommoder le pâturage, ils pourront être donnés à ferme après un résultat d'assemblée faite dans les formes, pour une, deux ou trois années, par adjudication des officiers des lieux, sans frais, et le prix employé aux réparations des paroisses, dont les habitans sont tenus, ou autres urgentes affaires de la communauté.

8. Défendons aux seigneurs, maires, échevins, syndics, marguilliers et habitans des paroisses, sans distinction, de faire aucune coupe au triage du quart réservé pour la futaie; et aux officiers de le permettre ou souffrir; à peine de deux mille livres d'amende contre chacun particulier contrevenant, et en outre contre les officiers de privation de leurs charges; sauf, en cas d'incendie ou ruine notable des églises, ports, ponts, murs, et autres lieux publics, à se pourvoir pour obtenir nos lettres, ainsi qu'il est ordonné pour les ecclésiastiques.

9. L'assiette des coupes ordinaires sera faite sans frais par les juges des lieux, en présence du procureur d'office, du syndic et de deux députés de la paroisse, et les pieds corniers, arbres de lizière et baliveaux marqués du marteau de la seigneurie, qui sera conservé dans un coffre à trois clefs, une pour le juge, l'autre pour le procureur fiscal, et la troisième pour le syndic de la communauté.

10. Le juge pourra commettre pour l'assiette l'arpenteur ordinaire ou tel autre qu'il jugera plus commode; mais le récolement se fera par l'arpenteur-juré de la maîtrise, dont les salaires seront modérément taxés suivant son travail; le tout à peine de nullité, cinq cents livres d'amende, et d'interdiction contre le juge qui contreviendroit.

11. Les coupes seront faites à tire et aire, à fleur de terre, par

gens entendus, choisis aux frais de la communauté, et capables de répondre de la mauvaise exploitation; pour être ensuite distribuées suivant la coutume : et en cas de plainte ou contestation sur le partage ou distribution, le grand-maître y pourvoira en faisant ses visites.

12. Si pour le plus grand avantage de la communauté, il étoit jugé à propos par le grand maître qu'il se fît vente des coupes ordinaires, il en renverra l'adjudication au juge du lieu, qui sera tenu d'y procéder avec les formalités prescrites pour la vente de nos bois, s'il n'y avoit siége de maîtrise ou gruerie dans la même paroisse, auquel cas nos officiers feront la vente sans frais, et sans que les deniers puissent être employés qu'aux réparations extraordinaires ou affaires urgentes de la communauté, à peine de répétition du quadruple, et de cinq cents livres d'amende contre les maire, échevins, syndic ou principaux habitans qui les auront divertis.

13. Les bois abrouti seront récépés aux frais de la communauté, et tenus en défends, comme tous les autres taillis, jusqu'à ce que le rejet soit au moins de six ans; sur les peines réglées à cet égard pour nos forêts.

14. Enjoignons aux habitans de préposer annuellement un ou plusieurs gardes pour la conservation de leurs bois communs; faute de quoi le juge des lieux y pourvoira et taxera d'office les salaires qui seront payés par la communauté.

15. Les gardes feront le serment et leurs rapports par-devant les officiers des maîtrises ou grueries, si leur résidence n'étoit éloignée que de quatre lieues. Mais au cas que le siége soit dans une plus grande distance, le serment et les rapports se feront par-devant le juge ordinaire des lieux, qui sera tenu de se conformer pour l'instruction et jugement des abus et délits aux formes et peines prescrites pour les abus et délits commis dans nos bois.

16. Pourront nos officiers faire visites quand bon leur semblera, dans les bois des paroisses, pour connoître de la bonne ou mauvaise exploitation; et s'ils y trouvoient des délits, abus, négligences ou malversations du fait des particuliers ou des officiers, gardes et syndics, les réprimeront par amendes et peines, suivant la rigueur de nos ordonnances; auquel cas ils auront leurs droits et vacations sur les amendes et restitutions adjugées suivant la taxe qui en sera faite par le grand-maître.

17. La part des habitans en la pêcherie sera donnée par a-

judication en l'audience, ou place ordinaire à tenir les plaids, par le juge des lieux, en présence du procureur d'office et du syndic de la paroisse, au plus offrant et dernier enchérisseur, sans frais ni droits, après publications aux prônes des messes paroissiales des deux dimanches précédens, et aux deux marchés publics; pour être le prix de l'adjudication employé aux réparations de l'église, et autres dont les habitans peuvent être tenus, ou aux nécessités plus pressantes de la communauté.

18. Défendons à tous particuliers habitans autres que les adjudicataires qui ne pourront être que deux en chacune paroisse, de pêcher en aucune sorte, même à la ligne, à la main ou au panier, ès eaux, rivières, étangs, fossés, marais et pêcheries communes, nonobstant toutes coutumes et possessions contraires; à peine de trente livres d'amende, et un mois de prison pour la première fois, et de cent livres d'amende, avec bannissement de la paroisse en récidive.

19. Tous partages entre les seigneurs et les communautés seront faits par les grands-maîtres en connoissance de cause, sur les titres représentés, par avis et rapports d'experts, et se payeront les frais par les seigneurs et par les habitans, à proportion du droit qu'ils auront en la chose partagée.

20. Les grands-maîtres et officiers de la maîtrise instruiront et jugeront sommairement les différends qui pourroient survenir en exécution du partage des bois, prés, pâtis, eaux communes, entre les seigneurs, officiers, syndics, députés ou particuliers habitans, sans que les juges ordinaires des lieux en puissent connoître.

21. Toutes amendes et confiscations qui s'adjugeront pour les eaux, prés, pâtis et bois communs contre les particuliers, appartiendront au seigneur haut justicier; et les restitutions, dommages et intérêts à la communauté, excepté les cas de réformations, dans lesquels toutes amendes et confiscations nous appartiendront, et les dommages et intérêts à la paroisse.

22. Voulons que les restitutions, dommages et intérêts adjugés aux communautés pour entreprises faites, abus ou délits commis en leurs bois, eaux et usages, soient mis ès mains du syndic, ou d'un notable habitant qui sera nommé à cet effet à la pluralité des suffrages, pour être le tout employé, comme dessus, aux réparations et nécessités publiques; à peine de cinq cents livres d'amende et de restitution du quadruple contre ceux qui en auroient autrement ordonné ou disposé.

TITRE XXVI. *Des bois appartenans aux particuliers.*

Art. 1. Enjoignons à tous nos sujets sans exception ni différence, de régler la coupe de leurs bois taillis au moins à dix années, avec réserve de seize baliveaux en chacun arpent, et seront tenus d'en réserver aussi dix ès ventes ordinaires de futaie, pour en disposer néanmoins à leur profit, après l'âge de quarante ans pour les taillis, et de six-vingts ans pour la futaie: et qu'au surplus ils observent en l'exploitation ce qui est prescrit pour l'usance de nos bois, aux peines portées par les ordonnances.

2. Permettons aux grands-maîtres et autres officiers des eaux et forêts, la visite et inspection dans les bois des particuliers, pour y faire observer la présente ordonnance, et réprimer les contraventions, sans qu'ils y exercent autre juridiction, et prennent connoissance des ventes, garde, police et délits ordinaires, s'ils n'en sont requis par les propriétaires.

3. Ne pourront ceux qui possèdent bois de haute futaie assis à dix lieues de la mer, et deux des rivières navigables, les vendre ou faire exploiter qu'ils n'en aient six mois auparavant averti le grand-maître, et le controlleur général des finances, à peine de trois mille livres d'amende, et de confiscation des bois coupés ou vendus.

4. Les possesseurs des bois joignans nos forêts à titre de propriété ou d'usufruit, seront tenus de déclarer au greffe de la maîtrise le nombre et la qualité qu'ils en voudront vendre chacune année, à peine d'amende arbitraire et de confiscation.

5. Sera libre à tous nos sujets de faire punir les délinquans en leurs bois, garennes, étangs et rivières, même pour la chasse et pour la pêche, des mêmes peines et réparations ordonnées par ces présentes pour nos eaux et forêts, chasses et pêcheries : et à cet effet se pourvoir, si bon leur semble, pardevant le grand-maître et les officiers de la maîtrise, auxquels, en tant que besoin seroit, nous en attribuons toute connoissance et juridiction.

TITRE XXVII. *De la Police et conservation des forêts, eaux et rivières.*

Art. 1. Réitérons la prohibition faite par l'ordonnance de Moulins, de faire aucunes aliénations à l'avenir, de quelque partie que ce soit de nos forêts, bois et buissons, à peine contre les officiers de privation de leurs charges, et de dix mille livres amende contre les acquéreurs, outre la réunion à notre domaine, et confiscation à notre profit de tout ce qui pourroit avoir été semé, planté ou bâti sur les places de cette qualité.

2. Tous les arbres de réserve et baliveaux sur taillis, seront à l'avenir réputés faire partie du fonds de nos bois et forêts, sans que les douairiers, donataires, engagistes, usufruitiers et leurs receveurs ou fermiers y puissent rien prétendre, ni aux amendes qui en proviendront.

3. Les grands-maîtres faisant leurs visites seront tenus de faire mention dans leurs procès-verbaux de toutes les places vides non aliénées ni données à titre de cens ou d'afféage, qu'ils auront trouvées dans l'enclos et aux reins de nos forêts, pour être pourvu, sur leurs avis, à la semence et repeuplement, ou à ce qui sera convenable à l'état de nos affaires.

4. Tous les riverains possédans bois joignans nos forêts et buissons, seront tenus de les séparer des nôtres par des fossés ayant quatre pieds de largeur, et cinq pieds de profondeur, qu'ils entretiendront en cet état, à peine de réunion.

5. Nos officiers des maîtrises faisant leurs visites, feront mention dans leurs procès-verbaux de l'état des bornes et fossés entre nous et les riverains, et réparer les entreprises et changemens qu'ils reconnoîtront y avoir été faits depuis leur dernière visite; même feront mention dans leur procès-verbal de visite suivante, du rétablissement des choses dans leur premier état, et des jugemens qu'ils auront rendus contre les coupables, à peine d'en demeurer responsables solidairement en leurs privés noms.

6. Défendons à toutes personnes de planter bois à cent perches de nos forêts, sans notre permission expresse, à peine de cinq cents livres d'amende et de confiscation de leurs bois, qui seront arrachés ou coupés.

7. Nos procureurs ès maîtrises auront communication par les mains des poursuivans criées de tous procès-verbaux de criées, affiches et publications qui se feront à l'avenir des maisons, terres, bois et autres héritages en fief ou roture, assis dans l'enclos, aux rives et à cent perches de nos forêts, bois et buissons; qui pour cet effet seront mises au greffe des maîtrises, du moins quinzaine avant l'adjudication des décrets, lesquels feront mention expresse de leur consentement ou opposition, à peine de nullité; et le juge qui les aura adjugés sans cette formalité, ou avant le jugement de l'opposition, en cas qu'il y en ait eu de formée, condamné en mille livres d'amende pour la première fois, en deux

mille livres pour la seconde, et privation de sa charge en récidive.

8. Seront aussi communiqués à nos procureurs ès maîtrises tous aveux et dénombremens, contrats d'acquisition, et déclaration d'héritages tenus en censives dans l'enclos, et à cent perches de nos forêts, bois et buissons, sans qu'ils puissent être reçus, vérifiés, enregistrés ou ensaisinés par nos officiers en la chambre des comptes, bureau de finances, ni par les seigneurs dominans et censiers, leurs fermiers, receveurs ou officiers, qu'après cette communication ou consentement de nos procureurs, ou le jugement de l'opposition, s'il y en a eu, dont sera fait mention par les actes de réception, enregistrement et ensaisinement; sur les peines ci-dessus contre les officiers, de réunion des droits féodaux et censives contre les seigneurs, et de confiscation des biens donnés par aveux et déclarations contre les particuliers qui les auront faits sans cette formalité.

9. Dans les communications qui seront faites à nos procureurs des maîtrises, tous les héritages joints aux forêts ainsi saisis, ou acquis et donnés par aveu et dénombrement, seront exprimés avec leur consistance, quantité d'arpens, nature et qualité, et si besoin est, réarpentés par l'arpenteur juré de la maîtrise, dont le procès-verbal sera affirmé pardevant le maître particulier, et registré au greffe sans frais, en cas que l'expression faite par l'acte de communication soit fidèle, mais aux frais des parties qui se trouveront en fraude pour l'arpentage seulement, dont il sera payé suivant la taxe qui en sera faite par le maître particulier.

10. Enjoignons à nos procureurs de donner dans quinzaine, du jour que les pièces auront été mises au greffe, leurs conclusions par écrit, et en cas d'opposition, de les faire signifier dans le même temps aux poursuivans criées, acquéreurs, tenanciers et autres y ayant droit, pour y répondre dans la huitaine, et être incessamment procédé à l'instruction et jugement de l'opposition par le grand-maître ou par les officiers de la maîtrise, sans aucuns frais ni droits, à peine de répondre du tout en leurs noms.

11. Faisons très expresses défenses d'arracher aucuns plans de chênes, charmes, ou autres bois dans nos forêts, sans notre permission et attache du grand-maître, à peine de punition exemplaire et de cinq cents livres d'amende.

12. Défendons à toutes personnes d'enlever dans l'étendue

aux reins de nos forêts, sables, terres, marnes ou argiles, ni de faire de la chaux à cent perches de distance, sans notre permission expresse, et aux officiers de le souffrir, sur peine de cinq cents livres d'amende et de confiscation des chevaux et harnois.

13. Ne sera fait aucune délivrance de taillis ou menu bois, vert ou sec, de quelque qualité et valeur qu'ils puissent être, aux poudriers et salpêtriers, auxquels, et aux commissaires des poudres et salpêtres, faisons très expresses inhibitions et défenses d'en prendre sous aucun prétexte, à peine de cinq cents livres d'amende pour la première fois, du double et de punition exemplaire en récidive, nonobstant édits, déclarations, arrêts, permissions et concessions contraires.

14. Nulle mesure n'aura lieu et ne sera employée dans nos bois et forêts et en ceux tenus par indivis, gruerie, grairie, ségrairie, tiers et danger, apanage, engagement, usufruit, et même des ecclésiastiques, communautés et particuliers nos sujets, sans aucun excepter, que la mesure de douze livres pour pouce, douze pouces pour pied, vingt-deux pieds pour perche et cent perches pour arpent, à peine de mille livres d'amende, nonobstant et sans avoir égard à tous usages et possessions contraires, auxquels avons dérogé, dérogeons, et voulons qu'au greffe de chacune maîtrise il soit mis un étalon de la mesure ci-dessus prescrite.

15. Dans toutes nos forêts et bois et ceux des ecclésiastiques, particuliers et autres dénommés en l'article ci-dessus, il ne sera fait aucune livraison de bois à brûler, soit en cas de vente ou délivrance de chauffages, et autre mesure qu'à la corde, qui aura huit pieds de long, quatre de haut, les bûches de trois pieds et demi de longueur, compris la taille, le bois de cotterets de deux pieds de longueur, et le cotteret de dix-sept à dix-huit pouces de grosseur, abrogeant les rotées, mesures, moules, journées, sommes, charges, voies et mesures contraires.

16. Seront laissées et conservées au greffe de chacune maîtrise, des cartes, figures et descriptions approuvées par le grand-maître de nos bois, buissons et forêts, et de ceux tenus par indivis, gruerie, grairie, tiers et danger, apanage, engagement et usufruit qui sont dans l'étendue de leur ressort, et autant dans les greffes des tables de marbre, le tout à la diligence des maîtres particuliers et nos procureurs, à peine de radiation de leurs gages.

17. Toutes maisons bâties sur perches dans l'enceinte, aux

reins et à demi-lieue des forêts, par des vagabonds et inutiles, seront incessamment démolies; et leur sera fait défenses d'en bâtir à l'avenir dans la distance de deux lieues de nos bois et forêts, sur peine de punition corporelle.

18. Défendons à toutes personnes de faire construire à l'avenir aucuns châteaux, fermes et maisons dans l'enclos, aux rives et à demi-lieue de nos forêts, sans espérance d'aucune remise ni modération des peines d'amende, et de confiscation du fonds et des bâtimens.

19. Défendons aux marchands, ventiers, usagers et à toutes autres personnes de faire cendres dans nos forêts ni dans celles des ecclésiastiques ou communautés, aux usufruitiers et à nos officiers de le souffrir, à peine d'amende arbitraire et de confiscation des bois vendus, ouvrages et outils, et privation de charges contre les officiers, s'il n'y a lettres-patentes vérifiées sur l'avis des grands maîtres.

20. Les marchés qui se feront en vertu de lettres-patentes seront enregistrés au greffe des maîtrises, et ne pourront les cendres être faites qu'aux places et endroits désignés aux marchands par les grands maîtres ou officiers.

21. Faisons défenses à toutes autres personnes de tenir ateliers de cendres, ni en faire ailleurs que dans les ventes, ou en faire transporter que les tonneaux ne soient marqués du marteau du marchand, sur peine d'amende arbitraire et de confiscation.

22. Défendons à toutes personnes de charmer ou brûler les arbres, ni d'en enlever l'écorce sous peine de punition corporelle; et seront les fosses à charbon placées aux endroits les plus vides et les plus éloignés des arbres et du recrû, et les marchands tenus de les repeupler et restituer, s'il est jugé à propos par le grand-maître, avant qu'ils puissent obtenir leur congé de cour, à peine d'amende arbitraire.

23. Les cercliers, vanniers, tourneurs, sabottiers et autres de pareille condition, ne pourront tenir ateliers dans la distance de demi-lieue de nos forêts, à peine de confiscation de leurs marchandises et de cent livres d'amende.

24. Enjoignons aux officiers des maîtrises d'empêcher le débit du bois de délit ès villes fermées qui sont à la distance de deux lieues de nos forêts, et à cet effet leur permettons de faire perquisition dans les maisons des bois de merrein et à bâtir, qu'ils auront eu avis y avoir été portés, pour y être par eux pourvu.

ainsi qu'il appartiendra : Et pourront les gardes de nos forêts en présence d'un officier de la maîtrise, ou au défaut, en la présence du juge ordinaire, de notre procureur ou du procureur d'office, faire les mêmes visites, dont ils dresseront leurs procès-verbaux qu'ils apporteront au greffe des maîtrises; et seront les coupables punis par les grands maîtres ou officiers de la maîtrise, suivant la rigueur de nos ordonnances.

25. Ordonnons que les monastères, gouverneurs des places, commandans les troupes, seigneurs et gentilshommes, feront ouvertures des portes des villes et châteaux aux grands maîtres, maîtres particuliers, lieutenans et nos procureurs, pour faire toutes les recherches, perquisitions et procédures qu'ils trouveront à propos pour notre service; et mettront ès mains de nos officiers tous accusés de délit commis ès forêts, même les cavaliers et soldats passans ou tenans garnison, à la première réquisition qui leur en sera faite, sans qu'ils les puissent retenir ou garder, nonobstant tous priviléges, et sous aucun prétexte de justice militaire, police ou autrement, à peine de désobéissance et de répondre en leurs propres et privés noms, des amendes, restitutions et intérêts.

26. Défendons à tous marchands adjudicataires de nos bois, ou ceux des particuliers joignant nos forêts, et même aux propriétaires qui les feront user, d'en donner aux bucherons et autres ouvriers pour leurs salaires, à peine de répondre de tous les délits qui se commettront dans nos forêts pendant les usances et jusques au recollement des ventes; et aux bucherons et autres ouvriers travaillans dans nos forêts, d'emporter sortant des ateliers aucun bois scié, fendu ou d'autre nature, à peine de cinquante livres d'amende pour la première fois, et de punition en récidive.

27. Faisons défenses aux usagers et à tous autres d'abattre la glandée, faîne et autres fruits des arbres, les amasser ni emporter, ni ceux qui seront tombés, sous prétexte d'usages ou autrement, à peine de cent livres d'amende.

28. Et à tous marchands de peler les bois de leurs ventes étant debout et sur pied, sur peine de cinq cents livres d'amende et de confiscation.

29. Ne pourront les marchands ni leurs associés, tenir aucuns ateliers et loges, ni faire ouvrer bois ailleurs que dans les ventes, sur peine de cent livres d'amende et de confiscation.

30. Ceux qui habitent les maisons situées dans nos forêts et

sur leurs rives, ne pourront y faire commerce ni tenir ateliers de bois, ni en faire plus grand amas que ce qui est nécessaire pour leur chauffage, à peine de confiscation, d'amende arbitraire, et de démolitions de leurs maisons.

31. Ne pourront les sergens à garde ni autres officiers de nos forêts, tenir taverne, ni exercer aucun métier où l'on employe du bois, à peine de destitution et de cinquante livres d'amende, outre la confiscation des bois qui se trouveront en leurs maisons.

32. Faisons aussi défenses à toutes personnes de porter et allumer feu, en quelque saison que ce soit, dans nos forêts, landes et bruyères, et celles des communautés et particuliers, à peine de punition corporelle et d'amende arbitraire, outre la réparation des dommages que l'incendie pourroit avoir causés, dont les communautés et autres qui ont choisi les gardes, demeureront civilement responsables.

33. Abrogeons les permissions et droits de feu, loges et toutes délivrances d'arbres, perches, mort-bois, sec et vert en étant; sans qu'il soit permis à aucuns usagers, de telle condition qu'ils soient, d'en prendre ou faire couper, et d'en enlever autre que gisant, nonobstant tous titres, arrêts et priviléges contraires, qui demeurent nuls et révoqués; à peine contre les contrevenans d'amende, restitution, dommages et intérêts, et de privation du droit d'usage.

34. Les usagers et autres personnes trouvées de nuit dans les forêts hors les routes et grands chemins, avec serpes, haches, scies ou cognées, seront emprisonnés et condamnés pour la première fois en six livres d'amende, vingt livres pour la seconde, et pour la troisième bannis de la forêt.

35. Aussitôt qu'une personne aura été déclarée inutile, notre procureur lui fera faire commandement et à sa famille de sortir et s'éloigner à deux lieues de nos forêts, avec défenses à toutes personnes de les retirer dans l'étendue de cette distance : ce qui sera publié au prône; et où après la publication quelques personnes de la paroisse se trouveroient avoir donné retraite, seront condamnées en trois cents livres d'amende, et outre demeureront responsables de toutes les amendes qui seront jugées contre les inutiles.

36. Ordonnons que dans trois mois après la publication des présentes, il sera fait un rôle exact en chaque maîtrise, du nom de tous les vagabonds et inutiles qui auront été employés plusieurs fois sur les rôles précédens, lesquels seront tenus de

se retirer incessamment à deux lieues de nos forêts, à peine d'être mis au carcan trois jours de marchés consécutifs, et d'un mois de prison.

37. Si les garde-marteaux ou sergens à garde les employent dans leurs procès-verbaux, après qu'ils auront été déclarés inutiles et vagabonds, en conséquence d'aucuns de leurs rapports précédens, ils seront eux-mêmes condamnés et contraints au paiement des sommes et amendes dont ils se trouveront chargés.

38. Sera envoyé un état contenant le nom et la description de tous les inutiles et vagabonds d'une maîtrise, aux greffes des autres maîtrises voisines : et s'il se trouve que pour n'être pas reconnus ils ayent changé de nom, voulons qu'ils soient condamnés aux galères s'ils y peuvent servir ; si non en telles autres peines corporelles et exemplaires qui seront arbitrées par nos officiers des forêts.

39. Enjoignons à nos procureurs des maîtrises de faire incessamment arrêter les inutiles et vagabonds de la qualité ci-dessus, et de les faire enlever des prisons des lieux dans la huitaine du jour qu'ils auront été arrêtés, pour être à leur requête et diligence conduits dans les prisons des villes où la chaîne a accoutumé de passer les plus proches du lieu de la maîtrise, pour y être attachés ; laquelle conduite sera faite par les vice-baillifs, lieutenans criminels de robe-courte ou prévôts des maréchaux, à la première sommation qui leur en sera faite à la requête de nos procureurs des maîtrises : ce que nous leur enjoignons, et à leurs lieutenans, exempts et archers, à peine de perte de leurs charges ; et seront les frais et salaires payés sur les deniers des amendes et confiscations, suivant la taxe qui en sera faite par le grand-maître.

40. Ne seront tirées terres, sables et autres matériaux à six toises près des rivières navigables, à peine de cent livres d'amende.

41. Déclarons la propriété de tous les fleuves et rivières portant bateaux de leurs fonds, sans artifices et ouvrages de mains dans notre royaume et terres de notre obéissance, faire partie du domaine de notre couronne, nonobstant tous titres et possessions contraires, sauf les droits de pêche, moulins, bacs et autres usages que les particuliers peuvent y avoir par titres et possessions valables ausquels ils seront maintenus.

42. Nul, soit propriétaire ou engagiste, ne pourra faire moulins, bâtardeaux, écluses, gords, pertuis, murs, plans d'arbres,

amas de pierres, de terre et de fascines, ni autres édifices ou empêchemens nuisibles au cours de l'eau dans les fleuves et rivières navigables et flottables, ni même y jeter aucunes ordures, immondices, ou les amasser sur les quais et rivages, à peine d'amende arbitraire. Enjoignons à toutes personnes de les ôter dans trois mois du jour de la publication des présentes : et si aucuns se trouvent subsister après ce temps, voulons qu'ils soient incessamment ôtés et levés à la diligence de nos procureurs des maîtrises, aux frais et dépens de ceux qui les auront faits ou causés, sur peine de cinq cents livres d'amende, tant contre les particuliers que contre le juge et notre procureur qui auront négligé de le faire, et de répondre en leurs privés noms des dommages et intérêts.

43. Ceux qui ont fait bâtir des moulins, écluses, vannes, gords, et autres édifices dans l'étendue des fleuves et rivières navigables et flottables, sans en avoir obtenu la permission de nous ou de nos prédécesseurs, seront tenus de les démolir, sinon le seront à leurs frais et dépens.

44. Défendons à toutes personnes de détourner l'eau des rivières navigables et flottables, ou d'en affoiblir et altérer le cours par tranchées, fossés et canaux, à peine contre les contrevenans d'être punis comme usurpateurs, et les choses réparées à leurs dépens.

45. Réglons et fixons le chommage de chacun moulin qui se trouvera établi sur les rivières navigables et flottables, avec droits, titres et concessions, à quarante sous pour le temps de vingt-quatre heures, qui seront payés aux propriétaires des moulins ou leurs fermiers et meuniers, par ceux qui causeront le chommage par leur navigation et flottage, faisant très expresses défenses à toutes personnes d'en exiger davantage, ni de retarder en aucune manière la navigation et le flottage, à peine de mille livres d'amende, outre les dommages et intérêts, frais et dépens, qui seront réglés par nos officiers des maîtrises, sans qu'il puisse y être apporté aucune modération.

46. S'il arrive différend pour les droits de chommage des moulins et salaires des maîtres des ponts et gardes des pertuis, portes et écluses des rivières navigables et flottables, ils seront réglés par les grands-maîtres ou les officiers de la maîtrise en son absence, les marchands trafiquans et les propriétaires et meuniers préalablement ouïs, si besoin est; et ce qui sera par eux ordonné, exécuté par provision, nonobstant et sans préjudice de l'appel.

TITRE XXVIII. — Des Routes et Chemins royaux ès forêts, et marche-pieds des rivières.

ART. 1er. En toutes les forêts de passage où il y a et doit avoir grand chemin royal servant aux coches, carosses, messagers et rouliers de ville à autre, les grandes routes auront au moins soixante et douze pieds de largeur; et où elles se trouveront en avoir davantage, elles seront conservées en leur entier.

2. S'il étoit jugé nécessaire de faire nouvelles routes pour la facilité du commerce et la sûreté publique en aucunes de nos forêts, les grands maîtres feront leurs procès-verbaux d'alignement, et du nombre, essence et valeur des bois qu'il faudroit couper à cet effet, qu'ils envoieront avec leurs avis à notre conseil ès mains du contrôleur général de nos finances, pour y être par nous pourvu.

3. Ordonnons que dans six mois du jour de la publication des présentes, tous bois, épines et broussailles qui se trouveront dans l'espace de soixante pieds ès grands chemins servans au passage des coches et carosses publics, tant de nos forêts, que de celles des ecclésiastiques, communautés, seigneurs et particuliers, seront essartées et coupées, en sorte que le chemin soit libre et plus sûr; le tout à nos frais ès forêts de notre domaine, et aux frais des ecclésiastiques, communautés et particuliers dans les bois de leur dépendance.

6. Voulons que les six mois passés, ceux qui se trouveront en demeure, soient mulctés d'amende arbitraire, et contraints par saisie de leurs biens au paiement tant du prix des ouvrages nécessaires pour l'essartement, dont l'adjudication sera faite au moins disant, au siège de la maîtrise, que des frais et dépens faits après les six mois, qui seront taxés par les grands-maîtres.

5. Les arbres et bois qu'il conviendra couper dans nos forêts, pour mettre les routes en largeur suffisante, seront vendus ainsi que le grand-maître avisera pour notre plus grand profit, et ceux des ecclésiastiques et communautés leur demeureront en compensation de la dépense qu'ils auront à faire pour l'essartement.

6. Ordonnons que dans les angles ou coins des places croisées, triviaires et biviaires qui se rencontrent ès grandes routes et chemins royaux des forêts, nos officiers des maîtrises feront incessamment planter des croix, poteaux ou pyramides à nos frais, ès bois qui nous appartiennent, et pour les autres aux frais des villes plus voisines et intéressées, avec inscriptions et marques

apparentes du lieu où chacun conduit, sans qu'il soit permis à aucunes personnes de rompre, emporter, lacérer ou biffer telles croix, poteaux, inscriptions et marques, à peine de trois cents livres d'amende, et de punition exemplaire.

7. Les propriétaires des héritages aboutissans aux rivières navigables, laisseront le long des bords vingt-quatre pieds au moins de place en largeur pour chemin royal et trait des chevaux, sans qu'ils puissent planter arbres, ni tenir clôture ou haie plus près que trente pieds du côté que les bateaux se tirent, et dix pieds de l'autre bord, à peine de cinq cents livres d'amende, confiscation des arbres, et d'être les contrevenans contrains à réparer et remettre les chemins en état à leurs frais.

TITRE XXIX. — *Des Droits de Péage, Travers et autres.*

Art. 1. Supprimons tous les droits qui ont été établis depuis cent années sans titre sur les rivières, et défendons de les lever sous tel prétexte que ce soit, à peine d'exaction et de répétition du quadruple au profit des marchands et passans contre les seigneurs ou leurs fermiers; voulant que toutes barrières, digues, chaînes, et autres empêchemens aux chemins, levées, ponts, passages, rivières, écluses et pertuis pour la perception de ces droits, soient ôtés et rompus.

2. A l'égard des péages et droits établis avant les cent années par titres légitimes, dont la possession n'aura point été interrompue, ordonnons que les ecclésiastiques, seigneurs et propriétaires, de quelque qualité qu'ils soient, justifieront de leur droit et de leur possession pardevant le grand-maître, pour, sur ses procès-verbaux être par nous pourvu en notre conseil, au rapport du contrôleur général de nos finances, ainsi qu'il appartiendra.

3. Défendons aux propriétaires, fermiers, receveurs et péagers de saisir et arrêter les chevaux, équipages, bateaux et nacelles, faute de paiement des droits qui seront compris dans la pancarte qui sera faite et approuvée. Pourront seulement saisir les meubles, marchandises et denrées jusques à la concurrence de ce qui sera légitimement dû par estimation raisonnable, et y établir commissaire pour être procédé à la vente s'il y échet.

4. En cas de contravention il sera dressé à l'instant procès-verbal, et procédé sommairement à la décision par le premier officier des eaux et forêts du lieu; et s'il n'y en a pas, par le juge

ordinaire, sans épices et sans frais; sauf à se pourvoir au siège de la maîtrise, en cas de vexation, où nous voulons qu'elle soit promptement et sévèrement réparée, avec condamnation d'amende, et des dommages et intérêts du retard et séjour des passans contre les fermiers et péagers qui se trouveront mal fondés.

5. N'entendons qu'aucuns de ces droits soient réservés, même avec titre et possession, où il n'y a point de chaussées, bacs, écluses et ponts à entretenir, et à la charge des seigneurs et propriétaires.

6. Toutes ordonnances et jugemens des grands-maîtres et officiers des eaux et forêts, au sujet desdits droits de péages sur les précédens empêchemens ès ports, ponts, pertuis et écluses, seront exécutés par provision, nonobstant et sans préjudice de l'appel.

7. Ordonnons que des droits légitimement établis par titre et possession avant cent années, il soit fait une pancarte, laquelle sera mise et attachée sur des poteaux aux entrées des ponts, passages et pertuis où les droits sont prétendus, sans les pouvoir autrement lever ni excéder, sous aucun prétexte, nonobstant tout usage contraire, à peine de punition exemplaire contre les contrevenans, même de restitution du quadruple envers les marchands, outre l'amende arbitraire envers nous.

TITRE XXX. — *Des Chasses.*

Art. 1. Les ordonnances des rois nos prédécesseurs sur le fait des chasses, et spécialement celles des mois de juin 1601 et juillet 1607, seront observées en toutes leurs dispositions, auxquelles nous n'avons point dérogé, et qui ne contiendront rien de contraire à ces présentes.

2. Défendons à nos juges et à tous autres, de condamner au dernier supplice pour le fait de la chasse, de quelque qualité que soit la contravention, s'il n'y a d'autre crime mêlé qui puisse mériter cette peine, nonobstant l'art. 14 de l'ordonnance de 1601, auquel nous dérogeons expressément à cet égard.

3. Interdisons à toutes personnes sans distinction de qualité, de temps ni de lieux, l'usage des armes à feu brisées par la crosse ou par le canon, et des cannes ou bâtons creusés, même d'en porter sous quelque prétexte que ce puisse être, et à tous ouvriers d'en fabriquer et façonner, à peine contre les particuliers

de cent livres d'amende, outre la confiscation pour la première fois, et de punition corporelle pour la seconde; et contre les ouvriers de punition corporelle pour la première fois.

4. Faisons aussi défenses à toutes personnes de chasser à feu, et d'entrer ou demeurer de nuit dans nos forêts, bois et buissons en dépendans, ni même dans les bois des particuliers, avec armes à feu, à peine de cent livres d'amende, et de punition corporelle s'il y échet.

5. Pourront néanmoins nos sujets de la qualité requise par les édits et ordonnances, passans par les grands chemins des forêts et bois, porter des pistolets et autres armes non prohibées, pour la défense et conservation de leurs personnes.

6. Pourront pareillement les gardes des plaines, et les sergens à garde de nos bois, lorsqu'ils feront leurs charges, étant couverts et revêtus des casaques de nos livrées, et non autrement, y porter pistolets tant de nuit que de jour pour la défense de leurs personnes.

7. Ne pourront les gardes-plaines de nos capitaineries, tant à pied qu'à cheval, porter aucune arquebuse à rouet, ou fusil dans nos forêts et plaines, s'ils ne sont à la suite de leurs capitaines ou lieutenans, à peine de cinquante livres d'amende, et de destitution de leurs charges.

8. Défendons à toutes personnes de prendre en nos forêts, garennes, buissons et plaines aucuns aires d'oiseaux, de quelque espèce que ce soit; et en tout autre lieu, les œufs de cailles, perdrix et faisans, à peine de cent livres pour la première fois, du double pour la seconde, et du fouet et bannissement à six lieues de la forêt pendant cinq ans pour la troisième.

9. Les sergens à garde où se trouveront des aires d'oiseaux, seront chargés de leur conservation par acte particulier, et en demeureront responsables.

10. Voulons que ceux qui sont convaincus d'avoir ouvert et ruiné les halots ou raboulières qui sont dans nos garennes, ou en celles de nos sujets, soient punis comme voleurs.

11. Les officiers de nos chasses seront tenus dans six mois après la publication des présentes de faire fouiller et renverser tous les terriers de lapins qui se trouveront dans nos forêts, à peine de cinq cents livres d'amende, et de suspension de leurs charges pour un an; et au cas qu'ils y manquassent dans ce temps, enjoignons aux maîtres particuliers, leurs lieutenans, nos procureurs et autres officiers de nos maîtrises de le faire incessam-

ment; et de prendre les lapins avec furets et poches, sous les mêmes peines.

12. Tous tendeurs de lacs, tirasses, tonnelles, traîneaux, bricoles de corde et fil d'archal, pièces et pans de rets, colliers, halliers de fil ou de soie, seront condamnés au fouet pour la première fois, et en trente livres d'amende; et pour la seconde fustigés, flétris et bannis pour cinq ans hors l'étendue de la maîtrise, soit qu'ils aient commis délits dans nos forêts, garennes et terres de notre domaine, ou en celles des ecclésiastiques, communautés et particuliers de notre royaume sans exception.

13. Faisons très expresses inhibitions et défenses à tous seigneurs, gentilshommes, haut-justiciers, et autres personnes de quelque qualité et condition qu'ils soient, de tirer ou chasser à bruit dans nos forêts, buissons, garennes et plaines, s'ils n'en ont titre ou permission; à peine contre les seigneurs de désobéissance, et de quinze cents livres d'amende, et contre les roturiers des amendes et autres condamnations indictes par l'édit de 1601, à la réserve de la peine de mort ci-dessus abolie à cet égard.

14. Permettons néanmoins à tous seigneurs, gentilshommes et nobles de chasser noblement à force de chiens et oiseaux dans leurs forêts, buissons, garennes et plaines, pourvu qu'ils soient éloignés d'une lieue de nos plaisirs, même aux chevreuils et bêtes noires dans la distance de trois lieues.

15. Leur permettons aussi de tirer de l'arquebuse sur toute sorte d'oiseaux de passage et de gibier hors le cerf et la biche, à une lieue de nos plaisirs, tant sur leurs terres que sur nos étangs, marais et rivières.

16. Interdisons la chasse aux chiens couchans en tous lieux, et l'usage de tirer en volant à trois lieues près de nos plaisirs, à peine de 200 liv. d'amende pour la première fois, du double pour la seconde, et du triple pour la troisième, outre le bannissement à perpétuité hors l'étendue de la maîtrise.

17. La liberté de tirer en volant à trois lieues de distance de nos plaisirs, ne sera que pour les seigneurs, gentilshommes, nobles ou seigneurs des paroisses.

18. Défendons à tous gentilshommes, et autres ayant droit de chasse, de chasser à pied ou à cheval avec chiens ou oiseaux sur terre ensemencée, depuis que le bled sera en tuyau; et dans les vignes, depuis le premier jour de mai jusqu'après la dépouille, à peine de privation de leur droit de chasse, 500 liv. d'amende,

et de tous dépens, dommages et intérêts envers les propriétaires ou usufruitiers.

19. Nul ne pourra établir garenne à l'avenir, s'il n'en a le droit par ses aveux et dénombremens, possession ou autres titres suffisans, à peine de 500 liv. d'amende, et en outre d'être la garenne détruite et ruinée à ses dépens.

20. Défendons à toutes personnes, de quelque qualité et condition qu'elles soient, de chasser à l'arquebuse, ou avec chiens, dans l'étendue des capitaineries de nos maisons royales de Saint-Germain-en-Laye, Fontainebleau, Chambort, Vincennes, Livry, Compiègne, bois de Boulogne et Varennes du Louvre; même aux seigneurs hauts-justiciers, et tous autres, quoique fondés en titres ou permissions générales ou particulières, déclarations, édits et arrêts, que nous révoquons à cet égard; sauf à nous d'accorder de nouvelles permissions, ou renouveler les anciennes en faveur de qui bon nous semblera.

21. Nos sujets qui ont parcs, jardins, vergers, et autres héritages, clos de murs dans l'étendue des capitaineries de nos maisons royales, ne pourront faire en leurs murailles aucuns trous, coulisses, ni autre passage qui puisse y donner l'entrée au gibier, à peine de 10 liv. d'amende; et s'il y en avoit aucuns de faits présentement, leur enjoignons de les boucher incessamment sur la même peine.

22. N'entendons toutefois comprendre dans la prohibition ci-dessus les trous ou arches qui servent au cours des ruisseaux, ni les chante-pleurs, ventouses et autres ouvertures nécessaires à l'écoulement des eaux, lesquelles subsisteront en leur entier.

23. Défendons à tous nos sujets, ayant des îles, prés et bourgognes sans clôture dans l'étendue des capitaineries de Saint-Germain-en-Laye, Fontainebleau, Vincennes, Livry, Compiègne, Chambort et Varennes du Louvre, de les faire faucher avant le jour de saint Jean Baptiste, à peine de confiscation et d'amende arbitraire.

24. Faisons défenses à toutes personnes de faire à l'avenir aucuns parcs et clôtures d'héritages en maçonnerie dans l'étendue des plaines de nos maisons royales sans notre permission expresse.

25. N'entendons néanmoins obliger nos sujets à demander permission d'enclore les héritages qu'ils ont derrière leurs maisons, situées dans les bourgs, villages et hameaux hors des plaines,

lesquels ils pourront faire fermer de murs, si bon leur semble, sans que nos capitaines les en puissent empêcher.

26. Déclarons tous seigneurs, hauts justiciers, soit qu'ils aient censives ou non, en droit de pouvoir chasser dans l'étendue de leur haute justice, quoique le fief de la paroisse appartint à un autre; sans néanmoins qu'ils puissent y envoyer chasser aucuns de leurs domestiques ou autres personnes de leur part, ni empêcher le propriétaire du fief de la paroisse de chasser aussi dans l'étendue de son fief.

27. Si la haute justice étoit démembrée et divisée entre plusieurs enfans ou particuliers, celui seul à qui appartiendra la principale portion, aura droit de chasser dans l'étendue de sa justice, à l'exclusion des autres co-justiciers qui n'auront part au fief; et si les portions étoient égales, celle qui procéderoit du partage de l'aîné, auroit cette prérogative à cet égard seulement, et sans tirer à conséquence pour leurs autres droits.

28. Faisons défenses aux marchands, artisans, bourgeois et habitans des villes, bourgs, paroisses, villages et hameaux, paysans et roturiers, de quelque état et qualité qu'ils soient, non possédant fiefs, seigneurie et haute justice, de chasser en quelque lieu, sorte et manière, et sur quelque gibier de poil ou de plume que ce puisse être, à peine de 100 liv. d'amende pour la première fois, du double pour la seconde, et pour la troisième, d'être attachés trois heures au carcan du lieu de leur résidence à jour de marché, et bannis durant trois années du ressort de la maîtrise, sans que, pour quelque cause que ce soit, les juges puissent remettre ou modérer la peine, à peine d'interdiction.

29. Les capitaines des chasses, leurs lieutenans et nos procureurs ès capitaineries, seront reçus au siège de la table de marbre; et les greffiers, huissiers et gardes, tant à pied qu'à cheval, pardevant les capitaines ou leurs lieutenans; après information de vie, mœurs, religion catholique, apostolique et romaine, fidélité et affection à notre service; et pour chacune réception sera payé au greffier pour la grosse de l'information et enregistrement des provisions 6 liv. seulement: exceptons néanmoins les officiers des capitaineries de nos maisons royales ci-dessus nommées.

30. Ordonnons que dans trois mois du jour de la publication des présentes, tous capitaines, lieutenans et autres officiers de chasse, qui prétendent juridiction, hors et excepté ceux de nos maisons royales ci-dessous exprimées, représenteront pardevant le grand-maître de chacun département, leurs titres d'érection

ou établissement, et leurs provisions et actes de réception, pour être sur son avis par nous pourvu en notre conseil, au rapport du contrôleur général de nos finances, à la conservation ou réduction, ainsi qu'il appartiendra; et faute de les représenter dans ce temps, défenses d'exercer, à peine de faux.

31. Voulons que nos officiers des eaux et forêts, et les capitaines des chasses connoissent concurremment et par prévention entre eux, en ce qui regarde la capture des délinquans, saisie des armes, bâtons, chiens, filets et engins défendus, contravention à la présente ordonnance, et information première seulement : mais quant à l'instruction et jugement, ils appartiendront au lieutenant de robe-longue, à la poursuite et diligence de nos procureurs, sans néanmoins qu'ils puissent exclure les capitaines et lieutenans des chasses d'assister à l'une et à l'autre, si bon leur semble, et d'y avoir leur séance et voix délibérative; savoir, le capitaine avant le maître, et le lieutenant du capitaine avant celui de la maîtrise, ès cas ci-dessus seulement.

32. Exceptons toutefois les capitaines des chasses de nos maisons royales de Saint-Germain-en-Laye, Fontainebleau, Chambort, Bois de Boulogne, Varenne du Louvre et Livry, que nous maintenons, et en tant que besoin seroit, confirmons dans leurs titres et possessions d'instruire et juger à la diligence de nos procureurs en ces capitaineries tous procès civils et criminels pour fait de chasse, en appelant avec eux les lieutenans de robe-longue, et autres juges et avocats pour conseil.

33. Exceptons aussi les capitaines des chasses de nos maisons royales de Vincennes et Compiègne, et ceux dont les états ont été par nous envoyés à la cour des aides depuis la révocation, auxquels nous attribuons pareille juridiction qu'à ceux de Saint-Germain-en-Laye, Fontainebleau, Chambort et Varenne du Louvre.

34. Si quelques particuliers riverains de nos forêts, ou autres, de quelque qualité qu'ils soient, troubloient les officiers de nos chasses dans leur fonction, ou leur faisoient quelque violence pour se maintenir dans le droit de chasse qu'ils y pourroient avoir usurpé: voulons qu'ils soient condamnés pour la première fois à la somme de 3,000 liv. d'amende, et en cas de récidive, privés de tous droits de chasse sur leurs terres riveraines, sauf néanmoins une peine plus sévère, si la violence étoit qualifiée.

35. Quant aux prêtres, moines ou religieux qui tomberoient dans cette faute, et n'auroient pas de quoi satisfaire à l'amende

il leur sera défendu pour la première fois de demeurer plus près des forêts, bois, plaines et buissons, que de quatre lieues, et en cas de récidive, en seront éloignés de dix lieues par saisie de leur temporel, et par toutes autres voies raisonnables, conformément à la déclaration de François Ier, du mois de mars de l'année 1515.

36. Les jugemens rendus par les capitaines des chasses de nos maisons royales, qui contiendront peine afflictive, seront signés sur la minute, qui demeurera au greffe de la capitainerie, du lieutenant de robe-longue, et des autres qui auront été appelés pour conseil, et mention faite dans les expéditions qui en seront délivrées de leurs noms et qualités, à peine de nullité.

37. Les condamnations qui n'excéderont point la somme de 60 liv. pour restitutions et réparations, sans autre peine, ni amende, seront exécutées par provision, et sans préjudice de l'appel.

38. S'il y a appel d'un jugement rendu pour le fait de chasse, et que la condamnation ne soit que d'une amende pécuniaire, pour laquelle l'appelant se trouvât emprisonné, il ne pourra être élargi pendant l'appel qu'en consignant l'amende.

39. Les sergens à garde de nos forêts, et gardes plaines de nos plaisirs, ne pourront faire aucuns exploits que pour le fait de nos eaux et forêts et chasses, à peine de faux; révoquant pour cet effet toutes lettres d'ampliation que nous leur pourrions avoir accordées.

40. La collecte des amendes adjugées ès capitaineries des chasses de nos maisons royales ci-dessus nommées, sera faite par les sergens collecteurs des amendes des lieux, lesquels fourniront chacune année un état de leur recette et dépense au grand-maître, dans lequel pourra être employé jusqu'à la somme de 300 liv. par nos capitaines ou leurs lieutenans, pour les frais extraordinaires de procès et de justice de leurs capitaineries, et pourront taxer aux gardes-chasses leurs salaires pour leurs rapports sur les deniers des amendes, dont le revenant-bon sera mis entre les mains du receveur de nos bois ou de notre domaine pour le payer, et en compter comme des autres deniers de son maniement. Défendons à tous greffiers, sergens, gardes-chasses et autres officiers de s'immiscer en la collecte des amendes des chasses; pourquoi à cet égard sera observé ce qui est ordonné pour les amendes de nos forêts.

41. Supprimons toutes charges de prévôt, commissaires et contrôleurs généraux et particuliers des chasses, ensemble tous les

officiers qui pourroient avoir été par eux commis, sous quelque titre que ce soit; faisant défenses aux uns et aux autres d'en continuer l'exercice, à peine de faux, de 1,000 liv. d'amende, et de tous dépens, dommages et intérêts des parties.

TITRE XXXI. — *De la Pêche.*

Art 1er. Défendons à toutes personnes autres que maîtres pêcheurs reçus ès sièges des maîtrises par les maîtres particuliers ou leurs lieutenans, de pêcher sur les fleuves et rivières navigables, à peine de 50 liv. d'amende, et de confiscation du poisson, filets et autres instrumens de pêche pour la première fois, et pour la seconde, de 100 liv. d'amende, outre pareille confiscation, même de punition plus sévère, s'il y échet.

2. Nul ne pourra être reçu maître pêcheur qu'il n'ait au moins l'âge de vingt ans.

3. Les maîtres pêcheurs de chaque ville ou port, où ils seront au nombre de huit et au-dessus, éliront tous les ans aux assises qui se tiendront par les maîtres particuliers, ou leurs lieutenans, un maître de communauté, qui aura l'œil sur eux, et avertira les officiers des maîtrises des abus qu'ils commettront : et aux lieux où il y en aura moins que huit, ils convoqueront ceux des deux ou trois plus prochains ports ou villes, pour tous ensemble en nommer un d'entre eux qui fera la même charge ; le tout sans frais et sans exaction de deniers, présens ou festins, à peine de punition exemplaire et d'amende arbitraire.

4. Défendons à tous pêcheurs de pêcher aux jours de dimanche et de fête, sous peine de 40 liv. d'amende ; et pour cet effet, leur enjoignons expressément d'apporter tous les samedis et veilles de fêtes, incontinent après le soleil couché, au logis du maître de communauté tous leurs engins et harnois, lesquels ne leur seront rendus que le lendemain du dimanche ou fête après le soleil levé, à peine de 50 liv. d'amende, et interdiction de la pêche pour un an.

5. Leur défendons pareillement de pêcher en quelques jours et saisons que ce puisse être, à autres heures que depuis le lever du soleil jusqu'à son coucher, sinon aux arches des ponts, aux moulins et aux gords où se rendent des dideaux, auxquels lieux ils pourront pêcher, tant de nuit que de jour, pourvu que ce ne soit à jour de dimanche ou fête, ou autres défendus.

6. Les pêcheurs ne pourront pêcher durant le temps de fraie ;

avoir, aux rivières où la truite abonde sur tous les autres poissons, depuis le 1ᵉʳ février jusqu'à la mi-mars; et aux autres, depuis le 1ᵉʳ avril jusqu'au 1ᵉʳ juin; à peine pour la première fois de 20 liv. d'amende et d'un mois de prison; et du double de l'amende et de deux mois de prison pour la seconde; et du carcan, fouet et bannissement du ressort de la maîtrise pendant cinq années pour la troisième.

7. Exceptons toutefois de la prohibition contenue en l'article, la pêche aux saumons, aloses et lamproies, qui sera continuée en la manière accoutumée.

8. Ne pourront aussi mettre bires ou nasses d'osier à bout des dideaux pendant le tems de fraye, à peine de vingt livres d'amende et de confiscation du harnois pour la première fois et d'être privés de la pêche pendant un an pour la seconde.

9. Leur permettons néanmoins d'y mettre des chausses ou sacs du moule de dix-huit lignes en carré, et non autrement, sur les mêmes peines: mais après le temps de fraye passé, ils y pourront mettre des bires ou nasses d'osier à jour, dont les verges seront éloignées les unes des autres de douze lignes au moins.

10. Faisons très expresses défenses aux maîtres pêcheurs de se servir d'aucuns engins et harnois prohibés par les anciennes ordonnances sur le fait de la pêche, et en outre de ceux appelés giles, tramail, furet, épervier, chaslon et sabre, dont elles ne font point de mention, et de tous autres qui pourroient être inventés au dépeuplement des rivières, comme aussi d'aller au barandage, et mettre des bacs en rivières; à peine de cent livres d'amende pour la première fois, et de punition corporelle pour la seconde.

11. Leur défendons en outre de bouiller avec bouilles et rabots, tant sous les chevrins, racines, saules, osiers, terriers et arches qu'en autres lieux, ou de mettre lignes avec échets et amorces vives; ensemble de porter chaînes et clairons en leurs batelets, et d'aller à la fare, ou de pêcher dans les noues avec filets et d'y bouiller pour prendre le poisson et le fray qui a pu y être porté par le débordement des rivières, sous quelque prétexte, en quelque temps et manière que ce soit, à peine de cinquante livres d'amende contre les contrevenans et d'être bannis des rivières pour trois ans, et de trois cents livres contre les maîtres particuliers ou leurs lieutenans qui en auront donné la permission.

12. Les pêcheurs rejetteront en rivière les truites, carpes,

barbeaux, brèmes et mouniers qu'ils auront pris, ayant moins de six pouces entre l'œil et la queue; et les tanches, perches et gardons qui en auront moins de cinq, à peine de cent livres d'amende et confiscation contre les pêcheurs et marchands qui en auront vendu ou acheté.

13. Voulons qu'il y ait en chacune maîtrise un coin dans lequel l'écusson de nos armes sera gravé, et autour le nom de la maîtrise, duquel on se servira pour sceller en plomb les harnois ou engins des pêcheurs, qui ne pourront s'en servir que le sceau n'y soit apposé; à peine de confiscation et de vingt livres d'amende; et sera fait registre des harnois qui auront été marqués, ensemble du jour, et du nom du pêcheur qui les aura fait marquer, sans que pour ce nos officiers puissent prendre aucun salaire.

14. Défendons à toutes personnes de jeter dans les rivières aucune chaux, noix vomique, coque de Levant, momie et autres drogues ou appâts, à peine de punition corporelle.

15. Faisons inhibitions à tous mariniers, contre-maîtres, gouverneurs et autres compagnons de rivière, conduisant leurs nefs, bateaux, besognes, margois, flettes ou nacelles, d'avoir aucun engins à pêcher, soit de ceux permis ou défendus tant par les anciennes ordonnances que par les présentes, à peine de cent livres d'amende et de confiscation des engins.

16. Ordonnons que toutes les épaves qui seront pêchées sur les fleuves et rivières navigables soient garrées sur terre, et que les pêcheurs en donnent avis aux sergens et gardes-pêche, qui seront tenus d'en dresser procès-verbal, et de les donner en garde à des personnes solvables qui s'en chargeront, dont notre procureur prendra communication au greffe, aussitôt qu'il y aura été porté par le sergent ou garde-pêche, et en fera faire lecture à la première audience; surquoi le maître ou son lieutenant ordonnera que si dans un mois les épaves ne sont demandées et réclamées, elles seront vendues à notre profit, au plus offrant et dernier enchérisseur, et les deniers en provenans mis ès mains de nos receveurs, sauf à les délivrer à celui qui les réclamera un mois après la vente, s'il est ainsi ordonné en connoissance de cause.

17. Défendons de prendre et enlever les épaves sans la permission des officiers de nos maîtrises, après la reconnoissance qui en aura été faite et qu'ils aient été adjugés à celui qui les réclame.

18. Faisons défenses à toutes personnes d'aller sur les mares,

étangs et fossés, lorsqu'ils seront glacés, pour en rompre la glace et faire deux trous, ni d'y porter flambeaux, brandons et autres feux, à peine d'être punis comme de vol.

19. Les ecclésiastiques, seigneurs, gentilshommes et communautés qui ont droit de pêche dans les rivières, seront tenus d'observer et faire observer le présent réglement par leurs domestiques et pêcheurs, auxquels ils auront affermé le droit, à peine de privation de leur droit.

20. Leur enjoignons de donner pareillement par déclaration à nos procureurs ès maîtrises, les noms, surnoms et demeures des pêcheurs auxquels ils auront fait bail de leur pêche, laquelle déclaration sera registrée au greffe de la maîtrise où les pêcheurs seront tenus de prêter le serment, et d'élire annuellement pardevant les maîtres particuliers ou leurs lieutenans, tenant leurs assises, des maîtres de communauté, ainsi que les pêcheurs de nos eaux, pour être par eux gardé et observé pareil ordre que par les pêcheurs de nos maîtrises.

21. Pour le rempoissonnement de nos étangs, le carpeau aura six pouces au moins, la tanche cinq et la perche quatre, et à l'égard du brocheton, il sera de tel échantillon que l'adjudicataire voudra; mais il ne se jettera aux étangs, mares et fossés qu'un an après leur empoissonnement; ce qui sera observé pour les étangs, mares et fossés des ecclésiastiques et communautés, de même que pour les nôtres; enjoignons aux officiers des maîtrises d'y tenir la main, sans pouvoir prétendre aucuns frais ni droits, à peine de concussion.

22. Tous les maîtres pêcheurs de nos rivières, et ceux des particuliers qui ont droit de pêche sur les fleuves et rivières navigables, répondront pour les délits qu'ils y commettront, pardevant les officiers des maîtrises, et non pardevant les juges des seigneurs, auxquels en interdisons la connoissance, et seront condamnés suivant la rigueur de nos ordonnances.

23. Seront commis en chacune maîtrise des sergens pour la conservation des eaux et pêches, en nombre suffisant, avec gages et suivant le réglement qui en sera fait en notre conseil, par l'avis des grands-maîtres, pour être journellement sur les fleuves et rivières, veiller sur les pêcheurs à ce qu'ils ne contreviennent aux ordonnances, et en cas de contravention, saisiront les engins, et les envoieront avec leurs procès-verbaux au greffe de la maîtrise, même assigneront au premier jour les délinquans pour y répondre.

24. Permettons aux maîtres, lieutenans et nos procureurs de visiter les rivières, bannetons, boutiques et étuis des pêcheurs; et s'ils y trouvent du poisson qui ne soit pas de la longueur et échantillon ci-dessus prescrite, ils feront procès-verbal de la qualité et quantité qu'il en auront trouvé, et assigneront les pêcheurs pour répondre du délit, le tout sans frais.

25. Si les officiers des maîtrises trouvent des engins et harnois défendus, ils les feront brûler à l'issue de leur audience, au devant de la porte de leur auditoire, et condamneront les pêcheurs sur qui ils auront été saisis, aux peines ci-devant déclarées, sans les pouvoir modérer, à peine de suspension de leurs charges pour un an.

26. Toutes les amendes jugées pour raison des rivières navigables et flottables et pour toutes nos eaux, seront reçues à notre profit par le sergent collecteur des amendes dans chacune maîtrise ou département, pour lesquelles il en sera usé comme pour celles de nos forêts, et ce qui nous en reviendra sera payé ès mains du receveur, et par lui au receveur général, comme les autres deniers de sa charge.

TITRE XXXII. *Des Peines, Amendes, Restitutions, Dommages et Intérêts, et Confiscations.*

Art. 1. L'amende ordinaire, pour délits commis depuis le lever jusqu'au coucher du soleil, sans feu et sans scie, par personnes privées, n'ayant charges, usages, ateliers ou commerce dans nos forêts, bois et garennes, sera pour la première fois de quatre livres pour chacun pied de tour de chêne, et de tous arbres fruitiers indistinctement, même du châtaignier; cinquante sols pour chacun pied de tour de saulx, hêtre, orme, tillot, sapin, charme et frêne; et trente sols pour pied d'arbre de toute autre espèce vert, en étant sec ou abattu, et sera le tout pris et mesuré demi-pied près de terre.

2. Ceux qui auront échouppé, ébranché et déshonoré les arbres, paieront la même amende au pied le tour que s'ils les avoient abattus par le pied.

3. Pour chacune chartée de merrein, bois quarré de sciage ou de charpenterie, l'amende sera de quatre-vingts livres; pour la charretée de bois de chauffage quinze livres; pour la somme ou charge de cheval ou bourrique quatre livres; et pour le fagot ou fouée vingt sols.

4. Pour étalons, baliveaux, parois, arbres de lisière, et autres arbres de réserve, cinquante livres ; pour pied cornier marqué de notre marteau, abattu, cent livres ; et deux cents livres pour pied cornier arraché ou déplacé : réduisons néanmoins l'amende pour baliveaux de l'âge du taillis au-dessous de vingt ans à dix livres.

5. Si les délits se trouvent avoir été commis depuis le coucher jusqu'au lever du soleil, par scie ou par feu, soit par les officiers des forêts ou des chasses, arpenteurs, layeurs, gardes, usagers, coutumiers, pâtres, paissionniers, marchands ventiers, leurs facteurs, gardes-ventes, bûcherons, charbonniers, charretiers, maîtres de forges, fourneaux, tuiliers, briquetiers et tous autres employés à l'exploitation des forêts et des ateliers des bois en provenans, l'amende sera double.

6. Voulons que toutes les personnes ci-dessus soient privées, en cas de récidive, savoir, les officiers de leurs charges ; les marchands de leurs ventes ; et les usagers de leurs droits et coutumes ; et que tous soient bannis à perpétuité des forêts, sans qu'ils puissent espérer aucunes lettres de pardon, rétablissement, commutation et rappel de ban, que nous défendons à notre amé et féal chancelier de sceller, et à tous juges d'entériner, nonobstant commandemens et jussions contraires, déclarant dès présent nulles et de nul effet et valeur toutes celles qui pourraient en être obtenues.

7. Demeureront les marchands, maîtres des forges, fermiers, usagers, riverains et autres occupant les maisons, fermes et autres héritages, dans l'enclos et à deux lieues de nos forêts, responsables civilement de leurs commis, charretiers, pâtres et domestiques.

8. Et d'autant que les amendes au pied du tour ont été réglées selon la valeur et état des bois de l'année 1518, depuis laquelle ils sont montés à beaucoup plus haut prix ; ordonnons que conformément à l'ordonnance faite par Henri III, en l'année 1588, et aux arrêts et réglemens des mois de septembre 1601, juin 1602, et octobre 1623, les restitutions, dommages et intérêts seront jugés de tous délits, au moins à pareille somme que portera l'amende.

9. Outre l'amende, restitution, dommages et intérêts, il y aura toujours confiscation de chevaux, bourriques et harnois qui se trouveront chargés de bois de délit, et des scies, haches,

serpes, coignées et autres outils, dont les particuliers coupables et complices seront trouvés saisis.

10. Les bestiaux trouvés en délit ou hors des lieux des routes et chemins désignés, seront pareillement confisqués; et où les bêtes ne pourroient être saisies, les propriétaires seront condamnés en l'amende qui sera de vingt livres pour chacun cheval, bœuf ou vache; cent sols pour chacun veau; et trois livres pour mouton ou brebis; le double pour la seconde fois, et pour la troisième le quadruple de l'amende, bannissement des forêts contre les pâtres et autres gardes et conducteurs; desquels en tout cas les maîtres, pères, chefs de famille, propriétaires, fermiers et locataires des maisons y résidans, demeureront civilement responsables.

11. Il sera procédé sans délai à la vente des bestiaux pris en délit, et confisqués, au plus offrant et dernier enchérisseur au jour de marché à leur juste valeur à la diligence de nos procureurs des maîtrises; et s'il arrivoit que par l'autorité des propriétaires il ne se trouvât point d'enchérisseurs, nos procureurs en feront dresser procès-verbal par les maîtres ou leurs lieutenans; et seront les bestiaux par eux envoyés vendre aux marchés des villes où ils trouveront plus à propos, pour notre avantage et utilité.

12. Toutes personnes privées coupans ou amassans de jour des herbages, glands ou faines de telle nature et âge que ce soit, et les emportans des forêts, boqueteaux, garennes et buissons, seront condamnés pour la première fois à l'amende; savoir pour faix à col cent sols, pour charge de cheval ou bourrique vingt livres, et pour harnois quarante livres, le double pour la seconde, et la troisième bannissement des forêts, même du ressort de la maîtrise, et en tous cas confiscation de chevaux, bouriques et harnois qui se trouveront chargés.

13. Toutes personnes qui auront coupé, arraché et emporté arbres, branches ou feuillages de nos forêts, bois et garennes, et des ecclésiastiques, communautés ou particuliers, pour noces, fêtes et confréries, seront punis de l'amende et restitution; dommages et intérêts selon le tour et qualité des bois, ainsi qu'ils le seroient en autre délit.

14. Défendons aux officiers d'arbitrer les amendes et peines ni les prononcer moindres que ce qu'elles sont réglées par la présente ordonnance, ou les modérer ou changer après le jugement, à peine de répétition contre eux, de suspension de leurs charges pour la première fois, et de privation en récidive.

15. Ne sera fait don, remise ou modération pour telle cause que ce soit, des amendes, restitutions, intérêts et confiscations avant qu'elles soient jugées, ni après, pour quelque personne que ce puisse être; défendons d'en expédier lettres ou brevets, et aux parlemens et chambres des Comptes de les registrer et y avoir égard; et aux grands-maîtres et officiers des maîtrises de les exécuter, à peine de privation de leurs charges, et d'en répondre en leurs propres et privés noms.

16. Ne pourront les amendes de nos bois en futaie ou taillis, et des bois en grurie, grairie, tiers et danger, et par indivis, paissons et glandées, garennes, eaux et rivières, être affermées ni engagées sous quelque prétexte que ce soit; et s'il s'en trouvoit de comprises en aucuns engagemens, baux et adjudications, nous les déclarons nulles et de nul effet : voulons qu'elles soient levées à notre profit, avec les restitutions, confiscations et autres condamnations à nous appartenans, par les sergens-collecteurs des maîtrises, et par eux payées aux receveurs, ainsi qu'il est ordonné par ces présentes.

17. Les amendes qui seront adjugées par nos commissaires et officiers en réformation ou autrement, à la diligence de nos procureurs généraux ou leurs substituts pour délits, abus, usurpations, outrepasses, sur-mesures et contraventions ès eaux et forêts des ecclésiastiques, commandeurs, hôpitaux, maladeries et communautés, et en ceux qui en dépendent par droit de grurie, grairie ou autrement, nous appartiendront sans exception ni distinction : et seront les rôles mis et laissés ès mains des sergens collecteurs de chacune maîtrise, pour en faire le recouvrement, et en compter ainsi et aux termes et peines que pour les amendes adjugées pour nos eaux et forêts.

18. Les amendes et peines pour les omissions et délits des officiers, marchands, usagers et coutumiers, maîtres des fours, forges et fourneaux, d'ateliers et maisons, fermiers, adjudicataires, riverains, communautés, pâtres et autres ayant direction, usage, commerce et entrée dans les forêts, seront reçues par le sergent collecteur des amendes de chacune maîtrise; et les condamnations et rôles exécutés en la forme et manière prescrites par les différens chapitres de la présente ordonnance; et les condamnés contraints au paiement par toutes voies, même par emprisonnement de leurs personnes.

19. Les collecteurs des amendes seront tenus d'émarger leurs rôles de ce qu'ils recevront, et en outre d'en donner quittance,

sur peine de restitution du quadruple des sommes dont ils n'auront donné quittance.

20. Demeurera le collecteur responsable des amendes, restitutions, intérêts et confiscations contenues aux rôles, faute par lui dans trois mois après qu'ils lui auront été délivrés, de justifier des exploits de perquisition d'insolvabilité des débiteurs, et de diligences suffisantes et valables.

21. Les diligences ne seront point réputées suffisantes, ni les exploits de carence de biens, bons et valables pour la décharge des collecteurs des amendes, s'ils ne sont signés et certifiés par les curés ou vicaires, ou par le juge des lieux sur la représentation du rôle des tailles et du scel ; sauf à en être fait nouvelle justification par les officiers et notre procureur, en cas de soupçon de fraude, dans lequel la vérification en sera faite aux frais des sergens collecteurs, qui seront en outre condamnés au quadruple.

22. Les collecteurs des amendes ne seront point déchargés de la collecte des amendes et condamnations, nonobstant toutes diligences et perquisitions, qu'après avoir chaque année fourni état au grand-maître de leur recette et diligences, qui seront justifiées sur les rôles par eux représentés, avec les pièces, et après avoir ouï notre procureur, et sur le tout rendu jugement, pour ordonner que les parties seront passées en non valeur : ce que nous enjoignons aux grands-maîtres de faire, et nos procureurs de le requérir, à peine d'en répondre en leurs noms.

23. Lorsqu'il y aura eu appel des condamnations d'amende, les collecteurs préposés dans les maîtrises en feront le recouvrement, après que l'appel aura été jugé, soit que les amendes aient été augmentées ou modérées au siége de la table de marbre ou ailleurs ; défendons à tous autres de s'immiscer en la recette et collecte, à peine de mille livres d'amende.

24. Aura le collecteur des amendes deux sols pour livre, pour ses taxations du recouvrement et recette actuelle qu'il fera.

25. Les amendes ne pourront être prescrites que par dix ans, nonobstant tous usages et coutumes contraires.

26. S'il arrivoit que les officiers fussent convaincus d'avoir commis supposition ou fraude dans leurs rapports et procédures, ils seront condamnés au quadruple, privés de leurs charges, bannis des forêts, et punis corporellement comme fauteurs et prévaricateurs ; et les gardes qui auront fait le rapport, envoyés aux galères perpétuelles, sans aucune modération.

27. Les charges et offices des eaux et forêts demeureront spécialement affectés, et privativement à toutes dettes et hypothèques, aux restitutions, dommages et intérêts, amendes et dépens adjugés pour délits, négligences et malversations des officiers qui les possèdent.

28. Toutes amendes, restitutions, dommages et intérêts, et confiscations, seront adjugées ès eaux et bois des ecclésiastiques, commanderies, maladeries, hôpitaux, communautés, et particuliers, et les condamnés et redevables exécutés en la même manière que pour celles qui auront été prononcées sur le fait de nos eaux et forêts. Si donnons, etc.

N° 572. — Edit *portant règlement pour les chambres des comptes.*

Saint-Germain-en-Laye, août 1669. (Rec. Cass. — Archiv.)

LOUIS, etc. Les soins que nous avons pris de rétablir l'ordre et la pureté dans l'administration de nos finances, nous ont fait connoître que leur déréglement procédoit en partie de l'inexécution de nos ordonnances, qui a donné lieu aux comptables de pratiquer toutes sortes de moyens pour éluder la destination de nos états, qui doivent être la loi de leur conduite, à quoi nous n'avons pas trouvé de meilleur remède que de rétablir ce qui a été relâché par le temps, et de remettre en vigueur nos anciennes ordonnances, en y ajoutant néanmoins ce que le changement des affaires et la nécessité des temps peuvent requérir pour le bien de notre service, la prompte expédition des comptes et le soulagement desdits comptables. A ces causes, etc., voulons et nous plaît ce qui ensuit :

Art. 1. Faisons défenses à toutes sortes de personnes de s'immiscer en la recette et maniement de nos deniers sans nos lettres de provision, commission registrée en nos chambres des comptes, sans avoir fourni les cautions nécessaires, à peine de trois mille livres d'amende.

2. Ordonnons aux trésoriers de France d'envoyer par chacun an au greffe de nos chambres des comptes, l'inventaire des actes de caution fournis pendant l'année par les comptables dans l'étendue de leur généralité.

3. Défendons à nos chambres de recevoir aucun officier comptable en autre office comptable, que tous les comptes de ses exercices ne soient rendus et apurés.

4. Faisons très expresses inhibitions et défenses au garde de notre trésor royal d'expédier aucun récépissé ou billet, à peine de faux, voulons qu'il expédie des quittances et mandemens sujets au contrôle, dont il tiendra registre, qui sera par lui rapporté pour la justification de sa recette au jugement de son compte.

5. Défendons aussi aux receveurs généraux, tant de nos finances qu'autres, d'expédier aucun billet ou récépissé, à la décharge des receveurs particuliers, sous pareille peine de faux.

6. Défendons pareillement aux receveurs particuliers de faire aucuns paiemens à nos receveurs généraux, et à eux et tous autres comptables au garde de notre trésor royal, qu'en vertu de quittances ou mandemens contrôlés, à peine de nullité, ordonnons aux trésoriers de France, en cas de contravention, d'en dresser leurs procès-verbaux, et les envoyer en notre conseil pour y être pourvu.

7. Défendons à tous comptables de délivrer aucuns comptes, lettres ou certifications, de n'avoir point acquitté en tout ou en partie les sommes contenues ès quittances expédiées à leur décharge, sous pareille peine de faux.

8. Ne pourront les comptables convertir les deniers qui doivent être portés à leur recette, en promesses ou obligations de ceux qui en sont redevables, ou d'aucun autre, à peine de concussion, et de la perte du contenu ès promesses et obligations dont sera fait le recouvrement à notre profit.

9. Ne pourront aussi les comptables payer plus grandes sommes que celles qu'ils auront actuellement reçues, à peine de radiation.

10. Toutes quittances et mandemens expédiés par le garde de notre trésor royal et par les receveurs généraux de nos domaines et finances, seront contrôlés un mois après leur date. Voulons que ceux qui ne seront pas contrôlés, ou ne l'auront été dans le temps d'un mois, soient rayés et rejetés des états des comptes qui seront rendus, tant en notre conseil, bureau des finances, que chambre de nos comptes, auxquels nous défendons d'en passer sans avoir sur ce nos lettres.

11. Enjoignons aux receveurs et contrôleurs généraux de nos domaines et finances, aux receveurs particuliers de résider actuellement dans les lieux de leur exercice pendant le cours d'icelui, à peine de suspension et privation de leurs gages, qui ne seront passés dans les états et comptes qu'en rapportant certifi-

cation de leur résidence, délivrée par le bureau des finances ou dispensé par arrêt de notre conseil.

12. Les contrôleurs de nos domaines et finances ne pourront être parens, alliés, jusqu'au troisième degré, commis ni domestiques desdits receveurs, dont il sera expressément informé avant la réception; voulons que ceux de la qualité susdite soient tenus dans trois mois de se défaire de leurs charges, et cependant qu'il y soit commis par le contrôleur général de nos finances.

13. Les receveurs généraux de nos domaines et finances et leurs contrôleurs seront tenus, à peine de suspension, de faire parapher leur registre sur chacun feuillet, au bureau de la généralité.

14. Les contrôleurs de nos domaines et recettes générales seront tenus, dans le mois de février, chacune année, d'envoyer autant du registre de leur contrôle de l'année précédente, par eux signé, au contrôleur général de nos finances, et d'en retirer sa certification; défendons aux receveurs généraux de payer la seconde moitié de ce qui sera employé dans leurs états pour les gages des contrôleurs, qu'en remettant par eux ladite certification, laquelle sera rapportée au jugement des comptes, à peine de mille livres d'amende contre chacun et de radiation de leurs gages.

15. Faisons défenses aux comptables de présenter leurs comptes, que les états n'en aient été arrêtés en notre conseil ou au bureau des finances, pour les natures de deniers dont l'état y doit être vérifié à peine de trois mille livres d'amende, et à nos chambres des comptes de les renvoyer et juger, à peine de nullité.

16. Aucunes parties ne seront employées dans les comptes que celles qui seront passées dans les états, à peine de nullité de l'emploi et du quadruple contre les comptables.

17. Ordonnons à tous comptables de compter en nos chambres des comptes, un an après chacune année d'exercice expirée, à peine d'interdiction de leurs charges et des amendes portées par nos ordonnances, dont ils ne pourront obtenir aucune décharge ou modération sans avoir sur ce nos lettres.

18. Et néanmoins les receveurs des deniers communs et d'octroi des villes et communautés de notre royaume ne seront tenus compter, sinon ceux dont la recette annuelle est seulement de trois mille livres et au-dessous, de six en six ans; ceux de trois

jusqu'à six, de quatre en quatre ans; de six jusqu'à dix, tous les deux ans, et ceux de dix mille livres et au-dessus par chacun an.

19. Tout officier comptable qui aura les trois offices d'ancien, alternatif et triennal, ne pourra l'exercer une troisième année qu'il n'ait compté de la première, la quatrième qu'il n'ait compté de la seconde, et ainsi successivement.

20. Faisons défenses aux comptables et à leurs procureurs de présenter leurs comptes, s'ils ne sont faits et parfaits, à peine de suspension de leurs charges, et à nos procureurs généraux de les renvoyer et d'en faire faire la distribution.

21. Défendons à nos chambres des comptes d'ordonner ou faire employer en la dépense des comptes aucunes parties au nom desquelles nous soyons redevables ou comptables, sous quelque prétexte et pour quelque cause que ce soit.

22. Tous les débets seront ordonnés à notre trésor royal ou à nos recettes générales conformément à nos états; faisons défenses à nosdites chambres d'ordonner que les débets soient portés de compte en compte, ni de les distribuer à leurs offices, remplages, revenus, nécessités et autres effets, sous quelque prétexte que ce soit, à peine de répétition et de nous en répondre.

23. Enjoignons aux procureurs généraux d'envoyer faire mettre ès mains du contrôleur général de nos finances, à la fin de chacun mois, l'état des débets formés par les états finaux des comptes qui auront été rendus au parquet pendant le mois, pour en être par nous ordonné.

24. Ne pourront nos chambres ordonner aucune compensation de nos deniers, pour quelque cause que ce soit, sans avoir sur ce nos lettres, et qu'au préalable il n'ait été sur ce entièrement satisfait pour les comptables aux charges de tous leurs comptes, à peine de nullité des arrêts qui interviendront et de plus grande s'il y échet.

25. Les reprises employées dans les comptes des tailles ne pourront être passées, déchargées ou rétablies, qu'en rapportant par les comptables des diligences bonnes et valables faites en temps et lieu, l'état des restes par eux certifié véritable, autant duquel sera remis au préalable au greffe des bureaux de la généralité et de l'élection, ensemble les certifications de *non soluto* des collecteurs des paroisses redevables; et en cas de décès des collecteurs, les certifications seront données par les syndics, procureurs, et les habitans rassemblés à l'issue de la messe

paroissiale, au son de la cloche, en la manière accoutumée.

26. Défendons à nos chambres des comptes de mettre à l'avenir aucune charge ni juridiction sur les recettes et dépenses des comptes qui seront ci-après présentés en nosdites chambres, des deniers communs et d'octroi des villes et communautés de notre royaume, faute de lettres de continuation des octrois.

27. Voulons que toutes les indécisions et souffrances, mises et apposées sur les comptes de pareille nature, pour rapporter les lettres de continuation d'octroi, soient levées et déchargées en vertu des présentes.

28. Défendons à nos chambres des comptes de donner ci-après aucun arrêt d'enregistrement sur les lettres de notre volonté, validation de rétablissement et autres, qui seront par nous accordées aux comptables, parties prenantes et autres, même avec clause de don pour la décharge des comptes, voulons qu'en vertu desdites lettres et de l'arrêt qui interviendra sur icelles, au rapport de l'auditeur rapporteur du compte, les indécisions, souffrances, supercessions ou radiations, dont la décharge et le rétablissement seront ordonnés par les lettres, soient levées, déchargées et rétablies sur les comptes, sans qu'il soit besoin d'autres arrêts; faisons défenses auxdites chambres d'y obliger les comptables ci-après, à peine de nullité des arrêts et de restitution des épices.

29. Ne pourront nos chambres donner à l'avenir aucun arrêt de dispense de rapporter les lettres de notre volonté ou de validation, que nosdites chambres au jugement des comptes auront ordonné être rapportées, pour valider les recettes et dépenses y employées, contre l'ordre de nos finances et la destination de nos états.

30. Au cas que les requêtes pour décharge ou rétablissement de parties employées dans les comptes soient refusées, voulons, conformément au réglement de 1598, qu'il soit à l'instant fait mention du refus sur la partie du compte par l'auditeur rapporteur.

31. Défendons à nos chambres d'accorder aux veuves et héritiers des officiers et au porteur des quittances de finances ou provisions d'offices, aucun arrêt pour donner des gages et droits, nous réservant d'y pourvoir.

32. Voulons que les états finaux soient assis sur les comptes, deux mois après qu'ils auront été clos, à peine de radiation des gages du rapporteur.

33. Défendons aux officiers de nos chambres des comptes de faire payer aux comptables les épices de leurs comptes, sinon après que les états finaux auront été assis, les acquits remis aux gardes des livres et des comptes rendus au parquet, et jusques à ce, le payeur des épices ne pourra faire exécuter aucunes contraintes contre les comptables, à peine de restitution et de trois mille livres d'amende, et de plus s'il y échoit.

34. Faisons aussi défenses aux officiers de nosdites chambres de prendre plus d'épices que celles qui sont laissées en fonds dans nos états, ni de faire payer aucun intérêt pour le retardement du paiement des épices à peine de restitution.

35. Enjoignons aux procureurs généraux de nos chambres d'envoyer au procureur général de notre chambre des comptes à Paris, six mois après chacune année finie, les extraits des chapitres des comptes rendus esdites chambres, contenant les parties payées à notre trésor royal, au trésorier de l'ordinaire des guerres et des ponts et chaussées, pour servir à la correction des comptes.

36. Enjoignons à nos procureurs généraux, en fin de chacun semestre, de porter au bureau l'état des comptes qui auront été remis au parquet pendant le cours d'icelui, pour être distribué aux correcteurs, qui seront tenus d'en faire la correction et de rapporter leur avis au bureau dans le temps qui leur sera prescrit, à peine de radiation de leurs gages.

37. Voulons que chacune semaine il y ait une séance de relevée, destinée tant au rapport des avis de correction, qu'au jugement de celles qui se trouveront en état.

38. Les requêtes tendant à correction seront renvoyées aux correcteurs, sans pouvoir être communiquées aux comptables sinon après l'avis de correction rapporté au bureau.

39. Toutes les contestations incidentes aux corrections y seront jointes, en vertu des présentes, pour être jugées conjointement, sans en pouvoir être disjointes pour quelque cause que ce soit.

40. Les intérêts du procès et avances qui nous seront faites, ne pourront excéder le prix porté par nos ordonnances; voulons qu'ils soient payés à cette raison et passés dans tous les états et comptes.

41. Déclarons usuraires les intérêts payés au-dessus de l'ordonnance, à cause des procès et avances qui nous seront faits, voulons que ceux qui les auront reçus soient contraints à la res-

titution, et en outre poursuivis extraordinairement, à la requête de nos procureurs généraux en nos cours des aides.

42. Les correcteurs et auditeurs ne pourront être reçus en d'autres offices de nos chambres des comptes, ni leurs résignataires admis, qu'ils n'aient fait les corrections et assis les états finaux de tous les comptes qui leur auront été distribués.

43. Toutes personnes employées dans le maniement de nos finances depuis le premier janvier 1661, et qui ne prendront part ci-après dans les traités et affaires extraordinaires, ou ne recevront l'intérêt des prêts qu'ils nous feront, qu'à raison de l'ordonnance, seront exempts de toutes recherches de chambre de justice, et ne pourront être compris dans aucun rôle, sous quelque prétexte que ce soit.

44. Voulons que nos officiers comptables, fermiers et autres ayant le maniement de nos finances, soient à l'avenir tenus, et tous officiers, même de nos chambres des comptes, après avoir néanmoins fait faire la correction et apurement de leurs comptes et satisfait aux autres formalités prescrites par nos ordonnances.

45. Défendons à tous commis et clercs du parquet de prendre, exiger ou recevoir des comptables et autres personnes qui auront affaire à nos chambres, aucuns droits, rétributions, salaires, reconnoissances ou gratifications, sous quelque titre, et pour quelque cause que ce soit, à peine de punition exemplaire; enjoignons à nos procureurs généraux d'y tenir la main, à peine de nous en répondre en leur propre et privé nom.

46. Lorsque nos cours et juges auront reçu une inscription en faux contre des pièces étant ès archives de nos chambres des comptes, voulons qu'elles en soient tirées en vertu de nos lettres, signées par un secrétaire de nos commandemens.

47. Les pièces seront remises au greffier de nos cours où s'instruira l'inscription, qui s'en chargera dans le procès-verbal des commissaires qui seront à ce députés par nos chambres.

48. Enjoignons aux procureurs postulans en nosdites chambres d'observer aux comptes des recettes générales et autres le réglement fait pour les recettes des tailles par notre déclaration du mois de décembre 1665; voulons que dans les comptes de toute nature il ne soit fait qu'un seul article pour les gages, augmentations et droits de chacun des officiers, suivant l'emploi fait dans nos états, à peine d'interdiction et de trois mille livres d'amende.

49. Ne pourront les procureurs, pour leurs façons de comptes, salaires et vacations prendre, ni recevoir plus grandes sommes que celles portées par l'état arrêté en notre conseil, le 14 août 1665, sur pareille peine.

50. Permettons aux comptables de révoquer leur procureur, et d'en changer quand bon leur semblera, nonobstant l'usage contraire.

51. Voulons qu'à l'avenir il soit fait mention sur les registres du parquet, du jour du départ des huissiers qui seront envoyés dans les provinces, pour faire commandement aux comptables de compter et exécuter les contraintes du contrôleur des restes, suivant les rôles qui leur seront délivrés sans frais ni droits.

52. Il ne pourra être fait qu'un seul et premier commandement aux comptables et autres redevables, après lequel les huissiers seront tenus, au second voyage, d'exécuter les contraintes par emprisonnement, saisie et vente de meubles, et saisie réelle d'immeubles, à peine de cinq cents livres d'amende et de suspension de leurs charges.

53. Les huissiers remettront à leur retour les procès-verbaux de leurs diligences à nos procureurs généraux, dont ils feront mention sur leurs registres, pour leur être ensuite fait taxe par nos chambres, en plein bureau, selon la distance des lieux, le séjour et la qualité des exploits et contraintes, dont l'exécutoire leur sera délivré sans frais.

54. En cas que les comptables soient domiciliés dans les villes où nos chambres des comptes sont établies, tous exploits de commandement et contrainte seront faits à leur personne ou à domicile, à peine de nullité des exploits, de six cents livres d'amende et de suspension contre les huissiers.

55. Enjoignons aux huissiers de fournir dans six semaines à nos procureurs généraux un état des exécutoires à eux délivrés et dont ils n'ont pas été payés, contenant les taxes qui leur ont été faites avant l'année 1660, contre les comptables, cautions et certificateurs, leurs veuves et héritiers, même contre les particuliers, pour amendes, parties rayées, supercédées ou tenues en souffrance; voulons que ledit état soit remis au contrôleur général de nos finances pour y pourvoir, et cependant faisons défenses auxdits huissiers de faire, pour raison de ce, aucunes poursuites et contraintes, sous les peines ci-dessus.

56. Voulons que nos ordonnances et réglemens, faits pour le fait de nos finances et la discipline de nos chambres des comptes,

en ce qui ne se trouvera contraire à ces présentes, soient gardées et observées selon leur forme et teneur.

Si donnons, etc.

N° 573. — Edit *qui attribue aux maires et échevins des villes la connoissance des procès concernant les manufactures.*

Saint-Germain-en-Laye, août 1669. (Rec. Cass. — Arch.)

LOUIS, etc. Les louables intentions que nos chers et bien amés les prévôt des marchands et échevins de notre bonne ville de Lyon, juges, gardiens et conservateurs des priviléges des foires d'icelle, ont eues de procurer à leurs concitoyens et à tous ceux qui négocient sous le privilége de leurs foires, François et étrangers, la distribution gratuite d'une justice prompte et sommaire les ayant ci-devant portés à acquérir de leurs deniers, les offices qui composoient la juridiction de ladite conservation;

Nous, pour ne pas laisser sans succès un dessein si avantageux au public, avons par notre édit du mois de mai 1655, uni et incorporé ladite juridiction au corps consulaire de ladite ville, pour être à l'avenir exercée par lesdits prévôt des marchands et échevins à perpétuité. Mais l'exécution de notre édit a été troublée, par les diverses et fréquentes contestations survenues entre nos officiers de la sénéchaussée et siége présidial de ladite ville, et lesdits prévôt des marchands et échevins, lesquelles ont donné lieu à des conflits dont la continuation rendroit à la fin ledit édit inutile, et nos bonnes intentions sans effet, s'il n'y étoit pourvu par notre autorité royale, du remède convenable pour en arrêter le cours, et affermir en même temps cette justice sommaire et gratuite, en retranchant les abus qui se sont glissés dans les commencemens et les suites de son établissement; et maintenant lesdits prévôt des marchands et échevins dans la pleine et paisible jouissance de ladite juridiction, non seulement telle qu'elle leur a été accordée, et confirmée par les rois nos prédécesseurs, mais encore avec une augmentation de pouvoir par le moyen duquel les degrés de juridiction soient diminués et le cours des procédures abrégé : ce qui devant être fait par un réglement stable, permanent et inviolable, Nous avons estimé digne de nous de prendre connoissance de ces différends et contestations mues sur ce sujet entre nosdits officiers de la sénéchaussée, et siége présidial d'une part, et lesdits juges conservateurs d'autre. Et ayant été pleinement informés par la discussion exacte que nous avons fait faire, en notre présence, de tous les titres qui nous ont été respectivement représentés par les parties, que la juridiction de la conservation desdits priviléges est une des plus anciennes et plus considérables justices de notre royaume sur le fait des foires et du commerce; qu'elle a servi d'exemple pour la création des juridictions consulaires de notre bonne ville de Paris, et des autres de notredit royaume; que les rois nos prédécesseurs ont prudemment établi et augmenté de temps en temps, en faveur dudit commerce, le pouvoir desdites juridictions par plusieurs édits, et que rien n'étoit plus avantageux à nos sujets, que d'abréger la longueur des procès naissant journellement et qui se perpétuent par la multiplicité des degrés de juridiction, nous avons réformé les abus du passé et pourvu aux inconvéniens de l'avenir, par l'arrêt donné en notre conseil royal le 23° jour de décembre 1668, contradictoirement entre nosdits officiers de la sénéchaussée et présidial et lesdits prévôts des marchands et échevins duquel arrêt voulant la pleine et entière exécution. A ces causes, nous avons par notre présent édit perpétuel et irrévocable dit, déclaré, statué et ordonné, disons, etc. Voulons que, conformément audit arrêt de notre conseil du 23° jour de décembre 1668 dont l'extrait est ci-attaché sous le contrescel de notre chancellerie, les édits, déclarations, arrêts et réglemens donnés pour l'établissement et augmentation de la juridiction desdits juges conservateurs, des foires de Lyon et l'union d'icelle au corps consulaire, soient exécutés selon leur forme et teneur. Ce faisant:

1. Lesdits prévôt des marchands de notre bonne ville de Lyon, juges conservateurs desdites foires connoîtront privativement auxdits officiers de la sénéchaussée et siége présidial de ladite ville et à tous autres juges de tous procès mus et à mouvoir pour le fait du négoce et commerce de marchandises, circonstances et dépendances soit en temps de foires ou hors des foires, en matière civile et criminelle de toutes négociations faites pour raison desdites foires et marchandises, circonstances et dépendances, de toutes sociétés, commissions, trocs, changes, rechanges, virement des parties, courtages, promesses, obligations, lettres de change et toutes autres affaires entre marchands et négociants en gros ou en détail, manufacturiers des choses servant au négoce et autres de quelque qualité et condition qu'ils soient pourvu que l'une des parties soit marchand ou négociant et que ce soit pour fait de négoce, marchandise ou manufacture.

2. Déclarons tous ceux qui vendent des marchandises et qui en achettent pour les revendre, ou qui portent bilan et tiennent livres de marchand, ou qui stipulent des paiemens en tems de foires justiciables desdits juges conservateurs pour raison desdits faits de marchandises et de foires ou paiemens.

3. Connoîtront aussi lesdits juges conservateurs privativement auxdits officiers de la senéchaussée et siége présidial ainsi que tous autres juges, des voitures des marchandises, et denrées dont les marchands font commerce seulement.

4. Connoîtront pareillement de toutes lettres de répi, banqueroutes, faillites et déconfitures des marchands, négocians et manufacturiers des choses servant au négoce, de quelque nature qu'elles soient; et en cas de fraude, procéderont extraordinairement et criminellement contre les faillis auxquels et à leurs complices ils feront et parferont le procès suivant la rigueur des ordonnances, à l'exclusion de tous autres juges : se transporteront aux maisons et domiciles desdits faillis, procéderont à l'apposition des scellés, confection des inventaires, ventes judiciaires de leurs meubles et effets même de leurs immeubles par saisies, criées, ventes et adjudications par décret et à la distribution des deniers en provenant, en la manière accoutumée entre les opposans et autres prétendans droit sur lesdits biens et effets sans qu'aucunes desdites parties se puissent pourvoir pour raison de ce pardevant lesdits officiers de la senéchaussée et siége présidial, ni ailleurs que pardevant lesdits juges conservateurs sous prétexte de la demande de paiement de louage des maisons, gages des domestiques, lettres de répi, privilége, droit de *committimus*, incompétence, récusation, ou autrement en quelque manière que ce soit, à peine de trois mille livres d'amende, et de tous dépens, dommages et intérêts; à la charge néanmoins que les criées seront certifiées par les officiers de ladite senéchaussée en la manière accoutumée.

5. Faisons très expresses inhibitions et défenses auxdits officiers de ladite senéchaussée et siége présidial et à tous autres juges, de prendre aucune connoissance, ni s'entremettre en l'opposition desdits scellés, confection desdits inventaires, décrets, ventes et adjudications desdits effets, meubles ou immeubles des faillis, directement ou indirectement, sous prétexte de la certification desdites criées, préventions, requêtes à eux présentées par des créanciers non privilégiés ou autrement, à peine de rendre des dommages et intérêts des parties en leurs noms.

6. Et en conséquence de ce, conformément à l'arrêt de notredit conseil du 22 juin 1669, faisons défenses à notre cour de parlement de Paris, et à toutes nos autres cours, d'ordonner aucun renvois auxdits officiers de la sénéchaussée et siége présidial, ailleurs qu'auxdits juges conservateurs, des matières susdites et autres sujettes à ladite conservation; et auxdits officiers du présidial de les mettre à exécution, à peine de nullité et dommages et intérêts des parties.

7. De toutes lesquelles matières lesdits prévôt des marchands et échevins, juges conservateurs, connoîtront et jugeront à l'avenir souverainement et en dernier ressort, jusques à la somme de cinq cents livres, auquel effet, nous, de notre même puissance et autorité royale, leur en attribuons toute cour, juridiction et connoissance, pour être leurs sentences et jugemens de la qualité susdite exécutés comme arrêts de cour souveraine. Faisons défenses aux parties de se pourvoir contre lesdites sentences et jugemens par appel ou autrement; et à nos cours de parlement, officiers de nos siéges présidiaux et tous autres juges d'en connoître, à peine de nullité et cassation de procédures, dépens, dommages et intérêts.

8. Et à l'égard des sommes excédant celles de cinq cents livres, seront leurs sentences et jugemens exécutés par provision au principal, nonobstant oppositions ou appellations et sans préjudice d'icelles.

9. Les sentences et jugemens desdits prévôt des marchands et échevins, juges conservateurs deffinitifs ou provisionnels, seront exécutés dans toute l'étendue de notre royaume, sans visa ni *pareatis*, de même que si lesdites sentences et jugemens étoient scellés de notre grand sceau. Défendons à nos cours de parlement, siéges présidiaux et à tous autres juges d'y apporter aucun empêchement, sur les peines susdites.

10. Faisons pareillement défense, auxdits officiers de la sénéchaussée et siége présidial, de prononcer par contraintes par corps et exécution provisionnelle de leurs ordonnances et jugemens, conformément aux rigueurs de la conservation, à peine de nullité, cassation de leurs jugemens et de répondre en leur propre et privé nom des dommages et intérêts des parties, réservant la faculté de prononcer ainsi aux seuls juges conservateurs.

11. Les marchands et négocians sous les priviléges desdites foires notoirement solvables, seront reçus pour cautions, comme ils ont été ci-devant et auparavant notre ordonnance du mois

d'avril 1667, en exécution des sentences et jugemens desdits juges conservateurs, sans qu'ils soient tenus de donner déclaration et dénombrement de leurs biens meubles et immeubles.

12. Nous avons éteint et supprimé et de notre même puissance et autorité, éteignons et supprimons par notre présent édit, les offices de notre procureur, et des procureurs postulans en la juridiction de la conservation des foires de Lyon, sans qu'à l'avenir ils puissent être rétablis, pour quelque cause et occasion, et sous quelque prétexte que ce soit; et la fonction de notredit procureur unie et incorporée, de même que les autres offices de ladite juridiction de la conservation, au corps consulaire de ladite ville, à la charge néanmoins de rembourser par lesdits prévôt des marchands et échevins dans six semaines pour tous délais, à compter du jour de la publication de notre présent édit, le prix d'icelui, et la finance actuelle desdits procureurs postulans, frais et loyaux coûts à ceux qui en sont pourvus, et ce suivant la liquidation qui en sera faite par les commissaires qui seront à ce par nous députés; jusques auquel remboursement actuel lesdits officiers ne pourront être dépossédés.

13. Quoi faisant lesdits prévôt des marchands et échevins, nommeront et établiront de trois ans en trois ans un officier de probité et suffisance connue pour faire la fonction de notredit procureur en ladite conservation, gratuitement et sans frais, à peine de concussion; lequel officier ou gradué ainsi par eux choisi, nommé et établi, fera ladite fonction en vertu de notre présent édit et de ladite nomination, sans qu'eux ni lui soient tenus de prendre aucunes lettres de provision ou confirmation, dont nous les avons en tant que besoin dispensés et dispensons. Voulant que notre présent édit lui serve, et auxdits prévôt des marchands, échevins, juges conservateurs et à leurs successeurs èsdites charges, de toutes lettres et autres actes à ce nécessaires; et après lesdits trois ans expirés, sera procédé à nouvelle nomination, sans que pour quelque cause et occasion que ce soit ledit officier ou gradué puisse être continué, ni que lesdits prévôt des marchands et échevins puissent à l'avenir user de la faculté qui leur avoit été accordée par notredit édit du mois de mai 1655, de nommer deux avocats en ladite juridiction. Pourront néanmoins en cas de maladie, absence ou légitime empêchement dudit officier ou gradué, en nommer et commettre un autre pour faire les mêmes fonctions dudit procureur de sa majesté.

14. Voulons que le titre 16 de la forme de procéder pardevant

les juges et consuls des marchands de notre ordonnance du mois d'avril 1667, soit suivi et observé ponctuellement en ladite juridiction de la conservation; et conformément à icelui, faisons défenses de se servir en ladite juridiction du ministère d'aucun avocat et procureur; mais seront tenues les parties de comparoir en personne à la première assignation pour être ouïes par leur bouche; et en cas de maladies, absence ou autre légitime empêchement, pourront envoyer un mémoire contenant les moyens de leurs demandes ou défenses signées de leur main ou par un de leurs parens, voisins ou amis, ayant de ce charge ou procuration spéciale dont il sera apparoir; à l'exception néanmoins des matières criminelles, d'apposition de scellés, confections d'inventaires, saisies et criées, ventes et adjudications tant de meubles qu'immeubles, oppositions à icelles, ordre et préférence en la distribution des deniers qui en proviendront, lesquelles affaires seulement et non autres, nous permettons de se servir du ministère des avocats et procureurs.

15. Et interprétant notre édit du mois de mai 1655, avons ordonné et ordonnons que lorsqu'aucun dudit corps consulaire ne sera gradué, et qu'il s'agira d'une des matières susdites, esquelles on peut se servir du ministère des avocats et procureurs, lesdits prévôt des marchands et échevins seront tenus de nommer un officier de ladite sénéchaussée et siége présidial pour instruire, juger lesdites affaires et y prononcer suivant la forme et manière prescrite par notredit édit, sans qu'ils puissent être tenus d'en nommer pour toutes les autres qui ne sont pas de la qualité susdite; et sans qu'il puisse prétendre la préséance sur le prévôt des marchands lequel tiendra toujours le premier rang et séance encore qu'il ne soit gradué.

16. Faisons en outre défenses auxdits officiers de ladite sénéchaussée, et siége présidial, d'élargir aucuns prisonniers qui aient été constitués de l'ordonnance desdits prévôt des marchands et échevins, juges conservateurs, à peine d'en répondre en leurs propres et privés noms.

17. Et au greffier de ladite conservation de prendre pour tous droits des jugemens, expéditions, procédures et autres actes qui se feront en ladite juridiction, plus grande somme que celle de deux sols six deniers pour chacun rôle de grosse, à peine de concussion; et en cas de contravention ordonne S. M. que la connoissance en appartiendra auxdits juges conservateurs en première instance et par appel au parlement de Paris. Si donnons, etc.

N° 574. — Edit *qui ordonne que les domaines de la couronne seront donnés à ferme au lieu d'être en régie.*

Saint-Germain-en-Laye, août 1669. (Néron, II, 90.) Reg. PP., Ch. des comptes 13 août.

N° 575. — Edit *portant la fixation du prix des offices de judicature, l'âge et la capacité des officiers.*

Saint-Germain-en-Laye, août 1669. (Ord. 13, 3 X, 225. — Néron, II, 93. — Archiv. — Rec. Cass.) Reg. PP., le roi y séant. C. des Comp., C. des Aides, 13 août.

Louis, etc. L'administration de la justice étant le premier et principal devoir des rois, nous n'avons rien omis pour nous acquitter d'une obligation si indispensable. L'application extraordinaire que nous y avons donnée, nous a fait observer par nous-mêmes les abus qui s'y sont glissés, et fait rechercher les moyens les plus propres pour rendre la vigueur à nos ordonnances, et faire régner la justice dans sa plus grande pureté.

Mais comme on peut faire un mauvais usage des meilleures lois, et que toute leur force dépend de celle des magistrats qui les exécutent; aussi nous avons estimé que la réformation principale de la justice consistoit en celle des juges, et qu'il importoit principalement de n'en commettre la dignité qu'à personnes choisies, qui fussent d'une intégrité et capacité éprouvées, et d'un âge assez mûr pour répondre au public de l'expérience nécessaire pour en bien soutenir l'autorité. C'est par ces considérations que nous avons jugé à propos d'établir par un règlement solennel, qui fût exécuté dans toutes les compagnies de notre royaume, l'âge requis par les anciennes ordonnances, pour être admis aux charges de judicature selon leurs différentes dignités; régler les degrés de parenté qui rendent les offices incompatibles dans un même siège; fixer le prix des charges sur un pied proportionné, et retrancher ces titres et privilèges étrangers, que la licence des temps a fait affecter au mépris des principaux avantages, et des véritables honneurs de l'ancienne magistrature.

A ces causes, etc., nous avons dit que le règlement par nous fait pour raison de l'âge requis pour entrer dans les charges de judicature, porté par notre édit du mois de décembre 1665 soit exécuté aux clauses et conditions ci-après exprimées : ce faisant qu'aucun ne soit ci-après pourvu, admis, ni reçu dans les offices de présidens de nos cours qui jugent en dernier ressort, qu'il n'ait atteint l'âge de quarante années accomplies; en celles de maître des requêtes ordinaire de notre hôtel, qu'il n'ait été pourvu d'office de la qualité requise, n'en ait actuellement et assidûment fait les fonctions pendant dix années entières, et n'ait trente-sept années accomplies; en celles de nos avocats et procureurs-généraux, qu'il n'ait atteint l'âge de trente années; et en celles de conseillers èsdites cours, maîtres, correcteurs et auditeurs des comptes, l'âge de vingt-sept ans. Voulons en outre que les baillis, sénéchaux, lieutenans-généraux et particuliers, civils et criminels, présidens aux siéges présidiaux, ne puissent être admis ni reçus auxdits offices qu'ils n'aient atteint l'âge de trente ans. Et à l'égard des conseillers et de nos avocats et procureurs èsdits siéges, n'entendons qu'ils soient admis ni reçus ès dites charges, qu'ils n'aient atteint l'âge de vingt-sept ans complets et révolus; le tout à peine de nullité des provisions, réception, et de privation des offices : et sans que les parens au premier, second et troisième degré qui sont de père et fils, de frère, oncle et neveu, ensemble les alliés jusqu'au second degré qui sont beau-père, gendre et beau-frère, puissent être reçus à exercer conjointement aucun office, soit dans nos cours ou siéges inférieurs, dont sera fait mention dans les provisions, qui contiendront clause expresse, que les pourvus n'auront aucuns parens ni alliés aux susdits degrés, à peine de nullité des provisions et des réceptions qui pourroient être faites; même de perte des offices, dont les porteurs de résignations, démissions, ou nominations, seront tenus de faire leurs soumissions en personne ou par procuration spéciale. Et sans pareillement que les officiers titulaires reçus et servans actuellement dans nosdites cours et siéges, puissent ci-après contracter alliance au premier degré de beau-père ou gendre. Autrement et en cas de contravention, nous avons déclaré et déclarons l'office du dernier reçu vacant à notre profit. Et à l'égard des parens et alliés, tant conseillers d'honneur que vétérans jusqu'au deuxième degré de parenté et alliance, leurs voix ne seront comptées que pour une, si ce n'est qu'ils se trouvent de différens avis.

Ne pourront nosdites cours donner entrée et séance, ni voix délibérative aux officiers qui se seront démis de leurs charges, après avoir servi vingt ans, ni les faire jouir des priviléges et droits dont jouissent les vétérans, sous quelque titre et qualité que ce puisse être, sans qu'il leur soit apparu de nos lettres à cet effet, à peine de nullité. Et seront les officiers qui ont été reçus vétérans ou honoraires sans nos lettres, tenus de se retirer dans six mois pardevers nous pour leur être pourvu; autrement et à faute d'en rapporter dans ledit temps et icelui passé, seront et demeureront lesdits officiers vétérans, privés de l'entrée des compagnies, et déchus des priviléges attribués auxdites charges.

Et notre intention étant que les offices de nosdites cours aient un prix certain et réglé, et d'empêcher la continuation de l'abus arrivé dans l'exécution de notre édit du mois de décembre 1665, pour raison de la fixation du prix d'iceux; voulons et nous plaît que le prix desdites charges demeure ci-après fixé et modéré suivant et ainsi qu'il est réglé par notre édit du mois de décembre 1665, sans qu'il puisse être augmenté par traité volontaire, vente ou adjudication par décret, directement ou indirectement en quelque sorte et manière que ce puisse être : et à cet effet vacation arrivant desdits offices par résignation, décès, ou autrement, les porteurs des résignations, démissions ou nominations, les mettront ès mains du trésorier de nos revenus casuels, qui sera tenu, quinzaine après, leur nommer une personne par nous choisie pour leur en payer le prix réglé par l'édit du mois de décembre 1665, sans aucune augmentation, pour, en conséquence du paiement qui sera par elle fait, lui être toutes lettres de provisions expédiées en la manière accoutumée. Et où nous ne voudrions nommer auxdits offices, ni en disposer, seront lesdites résignations, démissions, ou nominations rendues et restituées par ledit trésorier de nos revenus casuels à ceux qui les lui auront déposées après ladite quinzaine expirée, pour en disposer par eux au profit de telles personnes capables et en la manière que les parties intéressées aviseront, pour être en conséquence des traités qu'ils auront passés, toutes lettres de provisions expédiées. Et où nous ne voudrions nommer auxdits offices, ni faire rendre lesdites résignations, démissions ou nominations dans ladite quinzaine, sera le prix ci-dessus fixé, payé et remboursé par le trésorier de nos revenus casuels, incessamment en denier, comptans, et en un seul et actuel paiement aux parties intéressées, en cas qu'il ne se trouve aucunes oppositions sur les registres des gardes des rôles, les formes ci-après prescrites préalablement gardées et observées; savoir est qu'après ladite quinzaine expirée et accomplie depuis que lesdites démissions ou nominations auront été déposées entre les mains du trésorier de nos revenus casuels; soit que nous réservions lesdites nominations et démissions pour en disposer; soit que nous y nommions personnes capables pour en payer le prix, le trésorier de nos revenus casuels, ou les particuliers nous feront dénoncer aux gardes des rôles les ordres qui auront été par nous donnés, lesquels ordres ainsi dénoncés, ledit garde des rôles sera tenu de faire afficher à la porte de la chancellerie de France, iceux publier en l'ordinaire de nos très chers et féaux chancelier de France et garde de nos sceaux, le sceau tenant, quoi faisant les créanciers des particuliers, tous autres prétendant droit aux offices mentionnés aux affiches, seront tenus de former leurs oppositions ès mains des gardes des rôles, dans quinzaine après lesdites publications : autrement et à faute de ce faire dans ledit temps, et qu'icelui passé, lesdits offices seront et demeureront déchargés de toutes hypothèques et prétentions de quelque nature et qualité qu'elles puissent être, autre que celles pour lesquelles lesdites oppositions auront été formées, tant avant, que depuis ladite publication jusqu'au jour de ladite quinzaine expirée, sans que lesdits gardes des rôles puissent recevoir aucunes oppositions, que les sommes prétendues par les opposans, tant en principal qu'intérêts, n'y soient exprimées.

Et en cas qu'il se trouve des oppositions, soit au titre, soit pour deniers, sur les registres desdits gardes des rôles, le prix ci-dessus réglé en sera consigné par le trésorier de nos revenus casuels, entre les mains du receveur des consignations de notre cour de parlement, ou de celui qui en fera la fonction, sans autres droits que ceux de deux deniers pour livre, si mieux n'aiment les parties intéressées, convenir d'un dépositaire, pour lui être le prix de l'office déposé et distribué ainsi qu'il appartiendra : et au surplus nous avons maintenu et gardé, maintenons et gardons les officiers de nosdites cours dans leurs anciens priviléges, honneurs, prérogatives et immunités attribués à leursdites charges; sans toutefois qu'eux, ni leurs descendans puissent jouir des priviléges de noblesse et autres droits, franchises, exemptions et immunités à eux accordés par édits et déclarations pendant et depuis l'année 1644, que nous avons révoqués et annullés, révoquons et annullons par ces présentes; ensemble toutes autres concessions de noblesse, priviléges, exemptions et droits, de quelque nature et qualité qu'ils puissent être, accordés en conséquence aux officiers servans dans lesdites compagnies, que nous avons pareillement déclarés nuls et de nul effet. Voulons qu'en conséquence de la révocation desdits priviléges, tous lesdits officiers, de quelque ordre et qualité qu'ils puissent être, soient remis et rétablis en même et semblable état qu'ils étoient auparavant les édits, déclarations, arrêts et réglemens intervenus pour raison de ce, pendant et depuis l'année 1644, sans qu'eux ni leurs descendans puissent directement ou indirectement user ni se prévaloir du bénéfice d'iceux, qui seront censés nuls, de nul effet, et comme non avenus. Si donnons en mandement, etc.

N° 576. — ÉDIT *portant réglement touchant l'hypothèque du roi sur les biens des officiers comptables, et la procédure à suivre dans les cours des aides pour la vente et la distribution du prix des offices.*

Saint-Germain-en-Laye, août 1669. (Rec. Cas. — Archiv. — Néron, II, 95.)
Reg. C. des C., C. des Aid., 13 août.

LOUIS, etc. La connoissance que nous avons de l'état de nos finances par l'application que nous y avons donnée, nous a fait remarquer que les ordonnances des rois nos prédécesseurs ont très sagement pourvu aux moyens de prévenir le divertissement de nos deniers que les officiers comptables, fermiers et autres qui en ont le maniement, employent souvent en acquisition de meubles, de charges, de maisons et de terres; et bien que nous puissions prétendre avoir non seulement un privilége, mais aussi un droit de suite et de propriété sur ces acquisitions, néanmoins comme la discussion ne s'en fait qu'avec beaucoup de longueurs et de frais, il s'en tire fort peu d'avantage pour nos affaires, tant par l'incertitude des préférences qui nous appartiennent, que le relâchement des temps a rendu arbitraires dans les différentes cours qui en connoissent, que par l'intervention des femmes frauduleusement séparées de leurs maris, et par des formalités et des délais inutiles qui consomment une partie du prix, éloignent la restitution qui nous est due, et le paiement des créanciers légitimes : c'est ce qui nous a fait résoudre de renouveler l'ancienne disposition du droit et de l'ordonnance, pour conserver le privilége de nos deniers, et les droits des particuliers sur les meubles, offices et immeubles des comptables, prévenir l'abus des séparations simulées des femmes, et retrancher les procédures inutiles dans la vente judiciaire des offices. A ces causes, déclarons, etc.

Art. 1. Que nous avons la préférence aux créanciers des officiers comptables, fermiers généraux et particuliers, et autres ayant le maniement de nos deniers, qui nous seront redevables, tant sur les deniers comptans que sur ceux qui proviendront de la vente des meubles et effets mobiliaires sur eux saisis, sans concurrence ni contribution, nonobstant toutes saisies précédentes, à l'exception néanmoins des frais funéraires, de justice, et autres priviléges, des droits du marchand qui réclame sa marchandise dans les délais de la coutume et du propriétaire des maisons des villes, sur les meubles qui s'y trouveront pour six mois de loyer.

2. La même préférence nous sera conservée, même auparavant le vendeur sur le prix de l'office comptable, et droits y annexés, du chef et exercice duquel il nous sera dû, soit pour debets de clair, debets de quittances, souffrances, et supercessions converties en radiations, ou pour quelqu'autre cause que ce soit procédant de l'exercice.

3. Nous entendons aussi avoir privilége sur le prix des immeubles acquis depuis le maniement de nos deniers, néanmoins après le vendeur et celui dont les deniers auront été employés dans l'acquisition, et dont il sera fait mention sur la minute et expédition du contrat : ce que nous voulons avoir lieu à l'égard des offices de toute nature, nonobstant toutes coutumes et usages contraires, auxquels nous avons dérogé et dérogeons.

4. Sur les immeubles acquis avant le maniement de nos deniers, nous aurons hypothèque du jour des provisions des offices comptables, des baux de nos fermes, ou des traités et des commissions; et sur les offices non comptables, ou offices comptables, du chef desquels il ne nous sera pas dû après le vendeur et celui qui justifiera d'un emploi comme dessus, nous entrerons en contribution sur le reste du prix avec les autres créanciers, même les opposans au sceau, encore qu'il n'y eût aucune opposition faite en notre nom au sceau des provisions.

5. Voulons tout ce que dessus avoir lieu, nonobstant les oppositions et actions des femmes séparées de leurs maris, à l'égard des meubles trouvés dans la maison d'habitation du mari,

qui n'auront appartenu à la femme avant le mariage, même sur le prix des immeubles acquis par elle depuis la séparation, s'il s'est justifié que les deniers employés en l'acquisition lui appartiennent légitimement.

6. Voulons que les biens immeubles de comptables qui se trouveront redevables envers nous, et leurs offices de toute nature qui seront saisis réellement, soient décrétés, ajugés, et l'ordre et distribution du prix fait en nos cours des aides séantes ès villes où nos chambres des comptes sont établies, et dans le ressort desquelles le comptable aura exercé.

7. Nos cours des aides pourront évoquer de toutes nos autres cours et juges, les saisies et criées faites à la requête des créanciers particuliers des comptables, qui nous seront redevables, après avoir subrogé aux poursuites nos procureurs généraux; nous réservant néanmoins de faire ajuger en notre conseil les offices d'aucuns comptables, ainsi qu'il sera par nous ordonné.

8. Tout créancier saisissant des biens immeubles et offices d'un comptable, sera tenu, dans un mois après la saisie, la faire signifier à notre procureur général en la cour des aides, et retirer son consentement par écrit sur l'original des saisies pour les continuer, au cas que le saisi ne nous soit point redevable, à peine de nullité de l'adjudication.

9. Abrogeons l'usage des criées et adjudications à la barre, pardevant un conseiller de nos cours, des offices de toute nature saisis sur les comptables : voulons que l'adjudication en soit faite l'audience tenant, après trois publications.

10. La saisie réelle des offices sera signifiée aux personnes au domicile de la partie saisie, par exploit au bas de la saisie, qui contiendra l'assignation en nos cours des aides, afin de passer leur procuration pour résigner, sinon voir dire que l'arrêt vaudra procuration pour sur icelui, et faute de paiement des causes de la saisie, être procédé à l'adjudication.

11. Les saisies réelles et assignations seront registrées ès registres du contrôle des exploits du commissaire aux saisies réelles, et des greffes de nos cours des aides.

12. Si la partie saisie n'allègue moyens légitimes pour empêcher la vente, elle sera ordonnée par arrêt qui sera rendu dans les délais de la distance du lieu de l'exercice de l'office, suivant les formalités prescrites par notre ordonnance du mois d'avril 1667, et sera l'arrêt, soit par défaut ou contradictoire, signifié à

la personne ou au domicile du saisi ou de son procureur, s'il en a constitué.

13. L'affiche qui sera prise en vertu de l'arrêt, contiendra le nom et l'élection du domicile du poursuivant, la date de l'arrêt, le jour et le lieu auquel l'adjudication sera faite sans remise, le titre de l'office saisi avec les gages et droits y attribués, le nom et la qualité du saisi, et les causes de la saisie.

14. L'affiche sera signifiée aux personnes et domicile du saisi et des opposans, ou de leur procureur s'ils en ont constitué, et apposée aux panonceaux de nos armes, par l'un de nos huissiers ou sergens : savoir dans les villes où nos cours des aides auront leur séance, ès jours de marché à la principale place publique, et ès jours d'audience, et avant qu'elle soit ouverte, aux portes et principales entrées, chambre d'audience, et aux barres de nos cours, et dans les villes où s'exerce ledit office saisi, aux jours de marché dans la place publique, et à la principale entrée du lieu où se fait l'exercice, à la porte du domicile du saisi et de la justice royale des lieux; et encore pour les offices comptables à l'entrée de nos chambres des comptes, et le dimanche suivant ès portes des églises paroissiales des lieux, cours et juridictions ci-dessus, avant le commencement des messes paroissiales, et le tout ensuite enregistré au contrôle des exploits.

15. Les affiches seront publiées par trois dimanches de quatorzaine en quatorzaine consécutifs, aux prônes des grandes messes paroissiales, par les curés ou leurs vicaires qui y seront contraints par saisie de leur temporel et à leur refus par les huissiers ou sergens, aux portes de l'église, et à l'issue des grandes messes, en présence des paroissiens.

16. Au jour désigné par l'affiche sera procédé à l'adjudication pure et simple de l'office en l'audience de nos cours, sans aucune remise, sinon pour cause légitime et du consentement du poursuivant.

17. Toutes personnes prétendans droits, part ou portion aux offices, gages et droits y attribués, seront tenus de former leurs oppositions aux greffes de nos cours, en fournir les causes et donner copies des pièces justificatives au procureur du poursuivant, dans la veille du jour indiqué pour l'adjudication, autrement l'opposition ne sera reçue, sauf à se pourvoir par opposition afin de conserver sur le prix.

18. Les oppositions sur le prix pourront être reçues pendant le cours des publications, et seulement dans la quinzaine après

l'adjudication; passé lequel temps, encore que le décret ne fût scellé, aucune opposition ne sera reçue, et sera l'ordre instruit par un seul appointement à produire, et contredire de huitaine en huitaine, sans forclusion ni déplacer, et le prix de l'adjudication distribué, ainsi qu'il sera ordonné par nos cours.

19. Sur le prix des offices de receveurs des tailles, le receveur général en exercice au temps de la saisie, sera colloqué par préférence, pour les parties revenantes à la recette générale; si ce n'est que pour les parties des années précédentes on justifie des diligences, bonnes, valables et continues, par emprisonnement, saisie réelle des immeubles ou autres contraintes: auquel cas le prix sera distribué par contribution, et à proportion de ce qui sera dû pour chacune année.

20. La première moitié des parties revenantes à la recette générale, même des années précédentes, moyennant les diligences ci-dessus, sera payée par préférence à la première moitié des charges, après laquelle sera la dernière moitié de la partie de la recette générale, colloquée par préférence à la seconde moitié des charges.

21. Les gages et droits des élus et autres charges des recettes des tailles, ne pourront être colloqués que pour l'année courante et la précédente, s'il n'est justifié de bonnes diligences faites par saisies, exécutions et contraintes.

22. Voulons le contenu des trois articles ci-dessus avoir lieu sur le prix des offices des receveurs généraux des finances, tant pour la partie revenant à notre trésor que pour les charges des recettes générales.

23. Les sommes pour lesquelles nous serons utilement colloqués, seront par le receveur des consignations payées et délivrées, sans frais, ni aucun droit de consignation, au garde de notre trésor royal, ou autre; notre officier comptable, qui en devra faire la recette.

24. Voulons tout ce que dessus être gardé, observé et exécuté, nonobstant tous usages, coutumes, dispositions et ordonnances contraires, auxquelles nous avons dérogé et dérogeons. Si donnons en mandement, etc.

N° 577. — Edit *portant que tous exploits autres que ceux de procédure seront registrés, et qu'en conséquence les huissiers* ne seront plus obligés de se faire assister de recors, suivant l'art. 2, tit. 2 de l'ordonnance d'avril 1667.

Saint-Germain-en-Laye, août 1669. (Ord. 13, 3 X, 250. — Rec. Cass. — Néron II, 97.) Rég. PP., C. des C., C. des A., 13 août.

LOUIS, etc. Encore que le ministère des huissiers, sergens et autres qui ont pouvoir d'exploiter dans notre royaume, soit considérable dans l'administration de la justice, et qu'il importe de n'en commettre les fonctions qu'à des personnes d'une probité et capacité connues : néanmoins la facilité d'y admettre toutes sortes de sujets, même les moins capables, ayant causé de grands abus, nous aurions (pour en prévenir la suite, assurer la foi de leurs actes, et empêcher que les biens de nos sujets ne fussent exposés à des antidates et autres faussetés) enjoint, par les art. 2 et 14 du titre 2 de notre ordonnance du mois d'avril 1667, à tous huissiers et sergens de se faire assister de deux témoins ou recors, qui signeroient avec eux l'original et la copie des exploits; et à ceux desdits huissiers et sergens qui ne sauroient écrire, ni signer, de se défaire de leurs offices dans trois mois : sur quoi les marchands et négocians nous auroient fait leurs remontrances, fondées sur ce que encore que les significations qui leur étoient faites ne fussent le plus souvent que pour protester des lettres de change qu'ils refusoient d'accepter pour n'en avoir la provision, néanmoins ces sommations leur étant faites par nombre d'officiers, cela leur causoit du scandale, préjudicioit à leur réputation et au bien du commerce. Et d'ailleurs l'expérience ayant fait connoître que plusieurs desdits huissiers et sergens se servent de recors les uns aux autres, et se confient réciproquement leur signature pour se dispenser d'être présens, et d'assister celui qui délivre les actes aux parties; en sorte qu'au lieu de rendre les exploits plus authentiques, les précautions portées par notre ordonnance n'ont servi que de prétexte pour augmenter excessivement leurs droits, et les autoriser à faire des exactions extraordinaires : à quoi étant nécessaire de pourvoir.

A ces causes, etc., voulons et nous plaît qu'à commencer au premier jour de janvier prochain, tous exploits (à l'exception seulement de ceux qui concernent la procédure et instruction des procès, soient registrés à la diligence des parties, à la requête desquelles ils seront faits, dans trois jours au plus tard après la date d'iceux, à peine de nullité des exploits, procédures et jugemens qui seront faits en conséquence, et de 100 liv. d'amende contre celui qui s'en servira. Et pour cet effet, seront établis des bureaux dans tous les bailliages, sénéchaussées, prévôtés, vicomtés, vigueries, et autres justices royales de notre royaume; comme aussi en celles des duchés et pairies, et autres justices ressortissans nuement en nos cours: en chacune desquelles juridictions et justices sera établi par nous, ou notre fermier général, un contrôleur, lequel sera tenu, après le serment par lui prêté pardevant les juges où lesdits bureaux seront établis, d'enregistrer incessamment à la première réquisition qui lui sera faite par les parties, ou par ceux qui en auront charge, selon l'ordre des jours, et sans laisser aucun blanc, tous les exploits qui lui seront apportés dans des registres qui seront cottés et paraphés par lesdits juges et par notre fermier général, ou ceux qui seront par lui commis et préposés, et de faire mention sommaire de l'enregistrement sur les originaux desdits exploits, à peine de demeurer par ledit contrôleur responsable des dommages et intérêts des parties. Et afin qu'elles soient bien et duement averties de l'établissement dudit contrôle, seront tenus lesdits huissiers et sergens de les en avertir, et de la peine de nullité d'iceux en cas d'omission dudit contrôle, dont ils feront mention dans les exploits, sous les mêmes peines de demeurer responsables des dépens, dommages et intérêts des parties: et en conséquence nous avons fait et faisons très expresses inhibitions et défenses à toutes nos cours et juges: comme aussi aux juges ecclésiastiques et des seigneurs, d'avoir aucun égard aux exploits qui seront faits depuis ledit jour, 1ᵉʳ janvier prochain, s'ils n'ont été contrôlés, ainsi qu'il est dit ci-dessus, ni de rendre aucuns arrêts, jugemens, ni sentences pour interruption de prescriptions, adjudication d'intérêts ou autrement, en quelque sorte et manière que ce puisse être, si lesdits exploits n'ont été contrôlés dans les trois jours: auquel cas ils seront considérés du jour de leur date. Auxquels contrôleurs nous avons attribué, et par ces présentes attribuons, 5 sols pour le droit de contrôle desdits exploits; leur faisant défenses de prendre ni recevoir plus grands droits, encore qu'ils leur fussent volontairement offerts, à peine de concussion. Et à l'égard des exploits qui seront faits dans les justices des seigneurs non ressortissant nuement en nos parlemens, voulons pareillement qu'ils soient contrôlés dans les trois jours, à peine de nullité, ainsi que dit est, par les greffiers desdites justices, qui seront tenus d'observer à cet égard, et sous les mêmes peines, ce qui a été ci-dessus ordonné pour les contrôleurs ès justices royales, duchés et pairies, et autres ressortissantes nuement en nos parlemens : auxquels greffiers sera payé pareillement 5 sols pour le contrôle de chacun exploit, desquels ils retiendront 2 sols pour leurs salaires et vacations. Et à l'égard des trois autres sols, seront et appartiendront à notredit fermier général, auquel lesdits greffiers seront tenus d'en compter, et pour cet effet, lui représenter le registre dudit contrôle, cotté et paraphé, ainsi que dit est, toutes les fois qu'ils en seront requis. Quoi faisant, nous avons déchargé et déchargeons lesdits huissiers, sergens et autres ayant pouvoir d'exploiter, de se faire assister de deux témoins et records, suivant l'art. 2 du titre 2 de notre ordonnance, à laquelle nous avons dérogé et dérogeons pour ce regard.

Si donnons en mandemens, etc.

N° 578. — ÉDIT *portant qu'aucun appel ne sera reçu si la consignation de l'amende n'a été faite.*

Saint-Germain-en-Laye, août 1669. (Ord. 13, 3 X, 240.— Rec. Cass. — Néron II, 98. — Arch.) Reg. PP., C. des C., C. des A., 13 août.

LOUIS, etc. Comme il n'y a point de procès plus onéreux aux familles que ceux qui se forment sur les appellations des premiers juges, parce qu'ils obligent les parties de quitter leurs maisons et leurs emplois pour les aller poursuivre dans les cours où ils sont dévolus, aussi n'y en a-t-il point sur qui les soins et la prévoyance des rois, nos prédécesseurs, se soient plus étendus, puisque non seulement ils ont créé des siéges entiers dans les provinces avec pouvoir de juger en dernier ressort jusqu'à une certaine concurrence, mais ils ont encore établi de grosses amendes contre les téméraires appelans, afin de les empêcher de s'engager en de frivoles appellations : cependant nous apprenons que, nonobstant toutes ces précautions, il y a peu de matières où il s'exerce plus de vexations ; ce qui ne peut procéder que de l'impunité que les mauvais plaideurs trouvent par la décharge ou modération des amendes, étant certain que si l'ordonnance qui a fixé celle du fol appel à 75 liv., avec injonction aux juges de condamner en autant d'amende qu'il y a de chefs de mauvaises appellations, avoit été exactement observée, on n'en verroit pas un nombre si excessif : mais parce que les juges s'en sont dispensés sous prétexte d'équité, la voie d'appel, qui est toute bonne dans son origine, a décliné dans un abus si manifeste, que le roi Charles IX fut obligé, pour y donner quelque ordre, de défendre expressément à toutes les cours, par l'art. 23 de l'ordonnance de Roussillon, de remettre ou modérer l'amende de 75 liv., à peine d'être répétée sur les contrevenans : et quoique cette disposition ne fût presque qu'un renouvellement des art. 115, 118 et 128 de celle de 1539, néanmoins elle n'a point eu plus d'exécution ; si bien que les choses, au lieu de se rétablir, sont tombées dans une telle confusion, que le feu roi, notre très honoré seigneur et père, pour restreindre le nombre et réprimer la licence des appellations, fut aussi obligé d'enjoindre en particulier à notre parlement de Paris, par sa déclaration du mois de décembre 1639, de ne prononcer en toute cause et procès d'appel que par bien ou mal jugé, avec adjudication de l'amende du fol appel, sous ce tempérament toutefois, qu'où, pour de bonnes et justes considérations, il trouveroit à propos de prononcer l'appellation au néant, l'appelant qui succomberoit fût toujours condamné en une amende de 12 liv. au moins, sans que, sous quelque prétexte que ce soit, ni en quelque manière que la prononciation fût conçue, il en pût être déchargé, laquelle déclaration a été si utile au bien de la justice, qu'encore qu'elle n'ait été faite que pour notre parlement de Paris, néanmoins, comme nous sommes obligé de procurer également le repos et la justice à tous nos sujets, nous avons estimé à propos de la rendre générale dans toutes nos cours, et même dans tous les siéges présidiaux de notre royaume, ès cas où ils jugent les appellations en dernier ressort, afin qu'il n'y ait point de diversité sur une matière où il est si facile et si nécessaire de rendre la règle uniforme, avec cette distinction néanmoins que l'amende présidiale ne sera que de 6 liv. seulement : et d'autant que nous sommes bien informé que l'une des meilleures précautions qui ait été introduite par notre ordonnance du mois d'avril 1667, pour réduire et diminuer le nombre des requêtes civiles, a été d'obliger ceux qui les obtiennent de consigner l'amende, en présentant leur requête pour l'entérinement des lettres, nous avons aussi estimé qu'il étoit juste d'imposer à tous appelans l'obligation de consigner l'amende de 12 liv. en nos cours, et celle de 6 liv. aux siéges présidiaux.

A ces causes, de l'avis de notre conseil, qui a vu les articles 23 de l'ordonnance de Roussillon, les 115 et 128 de celle de 1539, la déclaration du mois de décembre 1639 et l'art 16 du titre 35 de notre ordonnance du mois d'avril 1667, et de notre certaine science, ordonnons que du jour de la publication qui sera faite du présent édit, aucun ne puisse être reçu appellant qu'il n'ait consigné l'amende de douze livres en nos cours, et de six livres aux siéges présidiaux, ès cas auxquels ils jugent présidialement, et en dernier ressort, lesquelles sommes seront reçues par le receveur des amendes, qui s'en chargera comme dépositaire sans droits ni frais, suivant et ainsi qu'il sera ci-après par nous ordonné, pour être après le jugement desdites appellations rendues et délivrées, s'il y échet aussi sans frais; voulons que lesdits appellans soient tenus de donner copie de la quittance du receveur des amendes aux procureurs de leurs parties adverses, avant qu'ils puissent être reçus à faire aucunes procédures sur les appellations, soit verbales ou par écrit, principales ou incidentes, sauf à l'égard de celles qui seront interjettées sur le bureau en plaidant, à donner copie au greffier par celui qui voudra lever l'arrêt de la quittance du receveur des amendes, avant qu'il puisse être délivré, dont le greffier demeurera responsable, sans néanmoins qu'une même partie soit tenue de consigner plus qu'une amende, encore qu'il eût interjeté plusieurs appellations; mais s'ils étoient respectivement appellans l'un et l'autre, seront tenus de consigner chacun une amende, et de le faire signifier au domicile de leurs procureurs, et donner la copie de la quittance du receveur des amendes, avant qu'ils puissent être reçus à faire aucune procédure sur l'appel, et que jusques à ce toute audience leur soit déniée, et en conséquence défendons à tous procureurs de nos cours et des siéges présidiaux, de faire mettre aucune appellation verbale au rôle, et d'en poursuivre l'audience, sur placet, ou de conclure en aucun procès par écrit, qu'ils n'aient donné et fait signifier copie de la quittance du receveur des amendes au procureur de la partie adverse, à peine de nullité des procédures, arrêts, jugemens et sentences, et de payer l'amende en leurs noms sans aucune répétition, ledit receveur comptera par chacune année desdites amendes, comme de toutes les autres de son maniement; et en cas que par l'arrêt qui interviendra la sentence dont appel aura été interjeté soit infirmée, ledit receveur emploiera l'amende qu'il aura reçue dans le chapitre de dépense de son compte, et fera mention de l'arrêt qui aura infirmé ladite sentence. Voulons qu'il tienne bon et fidèle registre des quittances qui auront été par lui délivrées, et qu'il en puisse expédier des duplicata pour recouvrer lesdites amendes, s'il est ainsi ordonné; voulons que ladite déclaration du mois de décembre 1639 soit exécutée dans tous nos parlemens, et autres nos cours, en ce qui concerne l'amende des appellations, ce faisant que conformément à l'ordonnance de 1539, ils soient tenus en toutes appellations verbales ou par écrit, soit principales ou incidentes, de condamner les appellans qui succomberont en l'amende de 75 livres, ou du moins en celle de 12 livres au cas que pour de bonnes considérations ils jugeassent qu'il y eût lieu de la modérer, comme aussi seront tenus les juges présidiaux, ès cas èsquels ils jugent en dernier ressort, de condamner les appellans qui succomberont en leurs appellations en l'amende de six livres, lesquelles amendes de douze livres et six livres ne pourront être remises ni modérées sous quelque prétexte que ce soit. Si donnons en mandement, etc.

N° 579. — ÉDIT *portant création des greffiers des affirmations.*

Saint-Germain-en-Laye, Août 1669. (Néron, II, 100).

LOUIS, etc. Par l'article 14 du titre 31 de notre ordonnance du mois d'avril 1667, nous aurions ordonné que les voyages et séjours ne pourroient être employés, ni taxés qu'en faisant apparoir par celui qui en demanderoit la taxe, d'un acte fait au greffe de la juridiction en laquelle le procès seroit pendant, qui contiendroit son affirmation qu'il a fait exprès le voyage pour le fait du procès, et notre intention ayant été de créer et établir des greffiers particuliers dans toutes nos cours, siéges et justices de notre royaume, pour recevoir lesdits actes d'affirmation, et en faire l'expédition aux parties.

A ces causes, de l'avis de notre conseil, qui a vu ledit article 14 du titre 31 de notredite ordonnance, et de notre certaine science, pleine puissance et autorité royale, nous avons créé, érigé et établi, et par ces présentes signées de notre main, créons, érigeons et établissons dans toutes nos cours et siéges de notre royaume, qui ont pouvoir de taxer des dépens en titre formé, des offices de greffiers, pour recevoir et expédier les actes d'affirmations mentionnés en l'art. 14 du titre 31 de notre ordonnance du mois d'avril 1667, privativement et à l'exclusion de tous autres greffiers; leur attribuons à cet effet pour tous droits : savoir, aux greffiers desdites affirmations, qui seront établis dans nos cours de parlement, et autres nos cours, vingt sols pour chacun desdits actes, et dix sols pour les actes qui seront expédiés par les greffiers qui seront établis dans les siéges présidiaux et autres juridictions, qui ont pouvoir de taxer des dépens, leur faisant très expresses inhibitions et défenses, et à leurs commis de prendre ni recevoir de plus grands droits, encore qu'ils leur fussent volontairement offerts, à peine de concussion. Si donnons, etc.

N° 580. — DÉCLARATION *qui défend d'ordonner les contestations plus amples par devant les rapporteurs, et les appointemens à mettre.*

Saint-Germain-en-Laye, Août 1669.(Néron, II, 100.)

LOUIS, etc. Le désir que nous avons de pourvoir à l'abréviation des procès, et au retranchement d'une infinité de procédures inutiles, qui consomment les parties en frais, nous auroit obligé de faire publier notre ordonnance du mois d'avril 1667, pour régler l'ordre de la procédure civile, et donner un style uniforme et certain à toutes les cours et siéges de notre royaume. Mais quoique nous ayons fait expressément entendre que notre intention étoit qu'elle fût étroitement gardée, néanmoins nous avons été informés qu'il s'y commet de fréquentes contraventions: et particulièrement à l'art. 11 du titre des délais et procédures, par lequel encore que toutes les instructions à la barre et pardevant les conseillers commis aient été abrogés, néanmoins les juges n'ont pas laissé, contre la prohibition expresse dudit article, d'ordonner de plus amples contestations pardevant les rapporteurs, et de faire faire par des procès-verbaux les instructions pardevant eux. Comme aussi, qu'encore que par l'article 9 du même titre il soit porté qu'aucune cause ne pourra être appointée au conseil en droit, ou à mettre si ce n'est en l'audience, à la pluralité des voix, à peine de nullité : néanmoins lesdits appointés à mettre sont reçus indifféremment sur toutes requêtes, sans qu'elles aient été plaidées, et souvent même sans qu'elles aient été signifiées. A quoi étant nécessaire de pourvoir et d'empêcher l'effet de semblables contraventions, qui pourroient avoir de plus mauvaises suites, et remettre en usage les procédures prohibées par notre ordonnance, qu'il importe au bien de la justice, et au soulagement de nos sujets, être étroitement gardée et observée dans toutes les cours et juridictions de notre royaume.

A ces causes, de l'avis de notre conseil, et de notre certaine science, pleine puissance, et autorité royale: nous avons fait, et par ces présentes signées de notre main, faisons très expresses inhibitions et défenses à toutes nos cours et juges, d'ordonner que les parties contesteront pardevant les rapporteurs : et néanmoins où il arriveroit que les demandes ne seroient pas entièrement éclaircies et que la matière requerroit une plus ample instruction, pourront les juges ordonner que les parties contesteront plus amplement, en la forme portée par notre ordonnance du mois d'avril 1667. Avons pareillement fait défenses d'appointer aucunes causes civiles au conseil, en droit, ni à mettre par défaut, ou autrement, si ce n'est sur les plaidoyers des parties, et à la pluralité des voix. Faisons aussi défenses de requérir, instruire, ni ordonner aucun parler sommaire, ni de faire aucunes autres instructions, que celles qui sont prescrites par notre ordonnance, sous les peines portées par icelle. Si donnons, etc.

N° 581. — ORDONNANCE *pour la réformation de la justice, faisant la continuation de celle du mois d'avril 1667.*

Saint-Germain, août 1669. (Ordonn., 15, 5 X., 204. — Rec. Cass. — Arch.) Reg. PP., 13 août.

LOUIS, etc. Notre ordonnance du mois d'avril 1667 a donné un soulagement aussi considérable à nos sujets, par le retranchement qu'elle a fait d'un grand nombre de procédures inutiles, que nous sommes porté, par le succès de ce travail, à continuer nos soins pour achever un ouvrage duquel nos peuples doivent recevoir de si grands avantages. Et comme il n'y point d'instruction qui doive être plus simple que celle des réglemens de juges et des évocations, puisque ces actions ne concernent point le fonds des contestations, et ne sont formées que pour avoir des juges, que les lettres de *committimus* ne sont accordées que pour favoriser l'assiduité du service, que les lettres d'état ne sont que pour les absences nécessaires et indispensables, et les lettres de répit, pour soulager la misère et soutenir les familles des débiteurs innocens, nous avons cru qu'il étoit important d'en épurer la pratique, en les réduisant aux termes d'un usage naturel et légitime.

A ces causes, de l'avis de notre conseil, de notre certaine science, pleine puissance et autorité royale, nous avons dit, déclaré et ordonné, disons, déclarons et ordonnons, et nous plaît ce qui ensuit :

TITRE PREMIER.
Des Évocations.

Art. 1er. Aucune évocation générale ne sera accordée, sinon pour très grandes et importantes occasions jugées par nous en notre conseil.

2. On pourra évoquer du chef des parens, ou alliés en ligne directe ou collatérale, ascendant ou descendant, comme oncles, grands-oncles, neveux et petits-neveux, en quelque degré qu'ils soient; et à l'égard des autres collatéraux, l'évocation sera accordée du chef des parens et alliés, jusqu'au troisième degré inclusivement.

3. Les degrés seront comptés entre collatéraux en ligne transversale, c'est à savoir les frères et sœurs, beaux-frères et belles-sœurs pour le premier degré, les cousins germains pour le second, et les issus de germains pour le troisième.

4. Et où il se trouveroit des parentés et alliances du second ou troisième degré, au quatrième elles seront comptées du quatrième.

5. Les procès mus et à mouvoir de ceux qui seront du corps de notre parlement de Paris, et titulaires qui auront jusqu'au nombre de huit proches parens ou alliés, et des autres parties qui n'étant du corps, en auront dix au degré ci-dessus, seront évoqués et renvoyés au plus prochain parlement si l'évocation est requise. Ce que nous voulons être observé en nos parlemens de Toulouse, Bordeaux et Rouen, lorsqu'aucun du corps aura cinq parens ou alliés au degré ci-dessus, ou lorsque les parties n'étant du corps, en auront six. Comme aussi pour nos parlemens de Dijon, Aix, Grenoble, Bretagne, Pau et Metz, èsquels aucuns du corps auront trois parens ou alliés au degré ci-dessus, ou bien que la partie n'étant du corps, en aura jusqu'au nombre de quatre.

6. Le même sera observé pour les évocations de notre grand conseil, à l'égard de ceux qui étant de la compagnie auront quatre parens ou alliés, ou qui n'étant de la compagnie, y en auront six, ès-degrés ci-dessus; auquel cas le renvoi sera fait en notre parlement de Paris, si ce n'est qu'il fût valablement excepté.

7. Les procès pendans en la cour des aides de Paris, pourront être évoqués lorsque l'une des parties étant du corps aura quatre

parens ou alliés au degré mentionné en l'article ci-dessus, ou que n'étant du corps, elle en aura six.

8. Quant aux autres cours des aides, lorsque l'une des parties sera du corps, et qu'elle aura trois parens ou alliés, ou que n'en étant point, elle en aura quatre au degré ci-dessus, l'évocation sera accordée avec renvoi en une autre plus proche et non suspecte.

9. Les procès pendans en l'un des sémestres des compagnies qui sont sémestres, et ès-chambres de nos cours de parlement et des aides èsquels procès aucuns de nos présidens ou conseillers des sémestres et chambres seront parties; ou si l'une des parties y a son père, enfans, gendres, frères, beaux-frères, oncles, neveux, cousins germains, ou deux parens au troisième degré, ou trois jusqu'au quatrième, inclusivement, seront renvoyés en une autre chambre et sémestre à la simple réquisition de l'une des parties.

10. Les procès pendans ès-chambres mi-parties, soit qu'elles soient unies ou séparées de parlemens, pourront être évoquées et renvoyées en autres chambres mi-parties plus proches, et non exceptées à cause des juges qui se trouveront parens ou alliés d'aucunes des parties; savoir, un au second degré, deux au troisième, ou qui auront dans le corps des mêmes parlemens des parens et alliés au nombre et degré requis pour évoquer.

11. Les procès ne pourront être évoqués si les deux tiers des parens et alliés qui seront articulés ne sont titulaires, pourvus et revêtus de leurs offices, sans que les ducs et pairs, officiers honoraires ou vétérans puissent être comptés que pour un tiers.

12. L'évocation ne pourra être demandée par l'une ou l'autre des parties sur leurs parentés et alliances communes en égal degré.

13. Les parentés et alliances des maîtres de requêtes ordinaires de notre hôtel ne pourront être articulées, ni reçues, pour évoquer que de notre parlement de Paris.

14. En jugeant les évocations on n'aura aucun égard aux parentés et alliances des officiers qui seront décédés ou qui se seront démis de leurs offices, et dont l'intérêt aura cessé, pourvu que la preuve ait été rapportée avant le jugement, et le droit ne sera acquis à l'évoquant que du jour de l'arrêt, sans néanmoins qu'en ce cas il puisse être condamné aux dépens, nonobstant l'art. 1 du titre des dépens.

15. Aucune évocation ne sera accordée sur les parentés et alliances des syndics ou directeurs, administrateurs, corps et

communautés, tuteurs et curateurs, pourvu qu'ils ne soient intéressés dans le procès en leur nom.

16. Les affaires concernant notre domaine ne pourront pareillement être évoquées.

17. On ne pourra aussi pareillement évoquer les décrets, ni les ordres, et néanmoins les oppositions qui y seront faites pourront être évoquées.

18. Les causes et instances des requêtes civiles et exécutions d'arrêts, ne pourront aussi être évoquées par ceux qui auront été parties aux procès sur lesquels ils auront été rendus, si ce n'est que depuis il ait été contracté quelques alliances, ou qu'il soit intervenu quelques autres faits qui puissent donner lieu à l'évocation.

19. Les causes et les procès dont la plaidoirie ou le rapport aura été commencé, ne pourront être évoqués sous prétexte de parentés et alliances. Et en cas de contestation, l'évoqué, pour justifier de l'état des causes et procès, rapportera pour les causes d'audience un certificat du greffier, et pour les procès par écrit un arrêt sur requête, qui sera rendu par la chambre où le procès sera pendant, portant que la plaidoirie ou le rapport aura été commencé.

20. L'évocation ne pourra être demandée par celui qui aura été reçu partie intervenante en cause d'appel seulement, ni de son chef, si ce n'est que ses droits n'eussent pas encore été ouverts, et que lui ou ses auteurs n'eussent pu agir avant le jugement définitif rendu en cause principale.

21. L'évocation pourra être demandée par celui ou du chef de celui qui aura été assigné en garantie, ou pour voir déclarer un arrêt commun, dans les six semaines après qu'une cause aura été mise au rôle, ou que le premier acte pour venir plaider aura été signifié, si la cause en est poursuivie par placet, et dans deux mois, après le règlement ou appointement, de quelque qualité qu'il puisse être, et après les délais ci-dessus, il ne sera plus reçu à évoquer.

22. Les parties qui prétendront évoquer sur parentés et alliances, seront tenues de faire signifier au domicile du procureur de la partie évoquée une cédule évocatoire, contenant la qualité et l'état du procès, les noms et surnoms des parens et alliés, et leurs degrés de parentés et alliances, avec sommation de les reconnoître et consentir à l'évocation et renvoi au parlement, chambre et autre cour plus proche et non suspecte; et en cas d'exception

du plus proche de la part de l'évoquant, il sera tenu d'en cotter les causes et moyens dans sa cédule évocatoire ; l'évoqué sera tenu de faire le semblable par sa réponse à la signification et sommation qui lui sera faite ; le tout à peine de nullité.

23. Sera tenu le défendeur en évocation, quinzaine après la signification de la cédule évocatoire, de reconnoître ou de nier précisément les parentés et alliances qui auront été articulées, et faire les exceptions des parlemens qui lui seront suspects, sans qu'il puisse avant la réponse faire aucune poursuite des procès.

24. Et à faute de fournir par les défendeurs en évocation, dans quinzaine après la signification de la cédule évocatoire faite à personne ou procureur, leur réponse contenant la reconnoissance ou dénégation, la signification leur sera réitérée, et à faute d'y répondre, quinzaine après la seconde signification, les faits seront tenus pour avérés et reconnus, et en conséquence les évocations accordées.

25. L'évoquant fera preuve seulement des parentés et alliances qui auront été déniées ; et ce faisant, les autres demeureront constantes sans qu'il soit besoin d'autre preuve.

26. Lorsque les parties évoquées auront convenu des parentés et alliances, articulées par les cédules évocatoires, et consenti respectivement, l'évocation et le renvoi de leurs différends au plus prochain parlement ou autre juridiction, l'une des parties pourra se retirer par devers nos chanceliers et gardes des sceaux pour les ressorts des parlemens et autres cours de Languedoc, Grenoble, Guienne, Aix, Rennes et Pau, dans deux mois ; et pour les parlemens et autres cours de Paris, Rouen, Dijon et Metz, dans un mois, à compter du jour de la signification du consentement, pour en obtenir lettres d'évocation, avec attribution de juridiction aux cours plus proches, et dont les parties seront demeurées d'accord ; lesquelles seront expédiées, en justifiant et rapportant préalablement la cédule évocatoire et consentement des parties, qui demeureront attachées sous le contre-scel.

27. Et où l'évoquant ne rapporteroit dans l'un ou l'autre des délais les lettres d'évocation et d'attribution de juridiction à la cour dont on sera convenu, sera loisible à l'évoqué de les obtenir aux frais de l'évoquant ; et à cet effet, il sera inséré clause par les mêmes lettres, en forme d'exécutoire de la somme qui sera réglée par les lettres.

28. Après l'évocation consentie, si les parties ne conviennent

pas de juges pour le renvoi de leurs procès, pourra l'une ou l'autre faire donner assignation aux parties en notre conseil, au mois ou à deux mois, selon la distance des lieux, pour en convenir ; et sera l'assignation donnée par exploit libellé, mis au bas de la cédule évocatoire, sans qu'il soit besoin d'arrêts, lettres ni autres permissions à cet effet, nonobstant la disposition de l'art. 13 des ajournemens.

29. Le semblable sera observé lorsque l'évoqué, demeurant d'accord de ses parentés et alliances, soutiendra l'affaire n'être sujette à évocation.

30. Si l'évoqué conteste le nombre et les degrés des parentés et alliances articulées, l'évoquant sera tenu, trois jours après la signification de la cédule évocatoire, de présenter requête au premier maître des requêtes ordinaire de notre hôtel, trouvé sur les lieux, ou en son absence, au bailli ou sénéchal du lieu où le parlement sera établi, aux fins de faire enquête des parentés et alliances, à laquelle requête sera attachée la cédule évocatoire et la signification.

31. L'évoqué pourra faire une contre-enquête, et les parties se faire interroger respectivement sur faits et articles communiqués.

32. Les enquêtes, contre-enquêtes et interrogatoires seront faits dans quinzaine, sans qu'après le délai expiré il puisse être accordé aux parties qu'un seul fait de renouvellement de délai, qui ne pourra être que de quinzaine ; ni que pour procéder aux enquêtes, contre-enquêtes et interrogatoires, il soit besoin d'obtenir lettres, arrêts, ou autres permissions que celle qui sera accordée par le commissaire.

33. Les parties présenteront leur requête au conseil pour faire commettre l'un des maîtres des requêtes ordinaire de notre hôtel, et à son rapport leur être fait droit, entre les mains duquel seront mises les requêtes, les enquêtes, contre-enquêtes, et autres pièces justificatives de leur demande, pour être les évocations jugées sur ce qui aura été mis par devers le rapporteur, sans autre contestation, procès-verbaux, ordonnance de référés, appointemens ou autre formalité, sauf aux parties de donner leurs réponses dans trois jours, pour tout délai, après la communication qui aura été donnée des requêtes et pièces ; et le délai passé, sera procédé au jugement de l'évocation, sans qu'il soit besoin de sommation ni commandement.

34. Les parties ne seront plus reçues à se pourvoir par restitu-

tion contre les arrêts rendus par défaut, ou congé en matière d'évocation et de réglement de juges, mais seront tenues de donner leur requête en cassation, s'il y échet, dans la quinzaine après que l'arrêt aura été signifié, et ne pourra la requête être rapportée, qu'elle n'ait été signifiée trois jours avant le rapport, et copie donnée à l'avocat qui aura signé la requête sur laquelle l'arrêt dont on demandera la cassation sera intervenu, et que le tout n'ait été communiqué à celui des maîtres des requêtes ordinaires de notre hôtel, au rapport duquel l'arrêt aura été rendu, et qu'il n'ait été ouï s'il est à la suite de notre conseil, sans qu'on puisse alléguer, ni recevoir pour moyen de cassation, que l'arrêt ait été rendu par défaut ou congé.

35. L'évoquant qui succombera sera condamné à 300 livres d'amende, moitié envers nous et moitié envers la partie ; et celui qui se désistera de son évocation sans qu'il soit de nouveau survenu aucune des causes portées par l'art. 14, sera condamné en 300 liv. d'amende, applicable moitié à nous, moitié à la partie, et l'un et l'autre en tous les dépens qui seront taxés en cas de désistement par les juges où le procès sera pendant, qui passeront outre à l'instruction et jugement du procès, sans qu'il soit besoin d'aucunes lettres, ni arrêt d'attribution nouvelle.

36. Et quant aux procès criminels, soit qu'il y ait partie civile ou non, les lettres d'évocation ne seront expédiées nonobstant l'acquiescement et consentement des parties, sinon en justifiant et rapportant pareillement le consentement par écrit de nos procureurs-généraux, et où ils auroient formé empêchement à l'évocation, ils seront tenus de fournir les raisons et moyens qui seront insérés dans leur réponse à la signification qui leur sera faite, quoi faisant sera délivré commission à la partie qui le requerra pour les faire assigner en notre conseil, ensemble les autres parties pour procéder sur leurs oppositions.

37. L'évoquant sera tenu de faire pareille signification de la cédule évocatoire à nos procureurs-généraux lorsqu'il s'agira d'affaire criminelle, et les faire assigner pour procéder à l'enquête, à peine de nullité de l'évocation. Enjoignons à nos procureurs-généraux d'y fournir de réponse, dans quinzaine après sommation par trois jours consécutifs, sous telles peines qui seront par nous ordonnées.

38. Les accusés contre lesquels originairement il y aura décret de prise de corps, ne pourront signifier ni s'aider de cédules évocatoires, qu'auparavant ils ne soient actuellement en état ès pri-

sons des juges desquels ils prétendront évoquer dont il sera fait mention dans les cédules évocatoires par clauses expresses, et seront tenus d'en faire apparoir au juge qui fera l'enquête par l'extrait du registre de la geôle en bonne et due forme attesté par le juge ordinaire des lieux, joint aux cédules évocatoires, et jusques à ce toute audience leur sera déniée, et sera passé outre à l'instruction et jugement des procès criminels, sans que les accusés se puissent pourvoir en notre conseil par cassation ou autrement, contre les arrêts qui seront intervenus pour raison de ce, sous-prétexte de procédures attentatoires.

39. Pendant l'instance d'évocation, l'instruction des procès criminels sera continuée jusques à jugement définitif exclusivement, et sans que, pendant ce temps, ils puissent être civilisés.

40. Défendons à tous procureurs de faire signifier aucunes cédules évocatoires pour raison des parentés ou alliances, sans avoir une procuration spéciale à cet effet passée par devant notaires, dont ils seront tenus de donner copie à peine de nullité, soixante livres d'amende, dépens, dommages et intérêts en leurs noms.

41. Si, au préjudice de l'évocation, les procédures sont continuées en matière civile, et le procès jugé définitivement en matière criminelle, il y sera pourvu par notre conseil, et les procédures attentatoires remises ès mains de celui des maîtres des requêtes qui aura été commis pour le rapport du principal, et non d'autre, et ne pourra la requête être rapportée qu'elle n'ait été signifiée à l'avocat de la partie adverse, et copie donnée des pièces justificatives trois jours avant le rapport qui en sera fait.

42. Lorsque l'évocation aura été demandée et acceptée par écrit par toutes les parties, elles ne seront plus recevables à s'en désister; mais seront tenues de procéder au parlement dont elles auront convenu.

43. Lorsqu'aucun des officiers, étant du corps de nos parlemens ou autres nos cours, aura sollicité les juges en personne, consulté et fourni aux frais d'un procès lequel y sera pendant, il sera censé en avoir fait son fait propre, et sera la partie qui l'articulera recevable à en faire preuve par témoins, et à demander l'évocation du procès de son chef, s'il a nombre suffisant de parens ou alliés aux degrés ci-dessus, et sera l'évocation instruite et jugée avec toutes les parties après néanmoins que le fait propre aura été reçu par arrêt rendu sur requête délibérée en notre conseil.

44. On ne pourra évoquer des présidiaux, soit en matière ci-

vile ou criminelle, si ce n'est que la partie y fût officier ou qu'elle y eût son père, son fils ou son frère, auquel cas le procès sera renvoyé au plus prochain siége présidial, à la simple réquisition.

45. Si dans les compagnies semestres ou mi-parties, en conséquence des partages d'opinions ou de récusations, il ne restoit plus nombre suffisant de juges, pour se départir ou pour juger, en ces cas rapportant par l'une des parties certificat des greffiers sur le fait du partage, ou du nombre des juges, seront lettres d'évocation accordées avec renvoi, savoir pour les compagnies semestres en celui des semestres qui n'en aura pas connu, et pour les chambres mi-parties en une autre chambre non suspecte ni exceptée.

46. Les procès évoqués seront jugés par les juges par-devant lesquels le renvoi en a été fait suivant les coutumes des lieux, d'où les procès auront été évoqués, à peine de nullité et cassation des jugemens et arrêts qui auront été rendus, pour raison de quoi les parties se pourront pourvoir en notre conseil.

47. On ne pourra faire signifier aucune cédule évocatoire quinzaine avant la fin des parlemens et des semestres à l'égard des compagnies qui servent par semestres.

TITRE II.

Des Réglemens de juges en matière civile.

ART. 1er. Il y aura réglement de juges, lorsque deux de nos cours, et autres juridictions inférieures indépendantes l'une de l'autre, et non ressortissant en mêmes cours, seront saisies d'un même différend; et rapportant par l'une ou l'autre des parties en notre chancellerie, ou en notre conseil, les exploits qui leur auront été donnés ès deux différentes juridictions, permission leur sera accordée, par lettres ou par arrêt, de faire assigner les parties en notre conseil, pour être réglée de juges.

2. Les lettres seront rapportées au sceau par les maîtres des requêtes ordinaires de notre hôtel, ou grands rapporteurs èsquelles sera fait mention du nom du rapporteur qui les signera en queue après qu'elles auront été accordées.

3. Faisons défenses à nos secrétaires de signer aucunes lettres en réglement de juges et de les présenter au sceau si elles ne contiennent élection de domicile en la personne de l'un des avo-

cats en nos conseils, à peine de nullité des lettres, et de demeurer responsable, par notre secrétaire, des dépens, dommages et intérêts, des parties en son nom.

4. Les lettres en règlement de juges feront mention des assignations, sur lesquelles elles seront fondées, et demeurera le tout attaché sous le contre-scel pour en laisser copie à la partie conjointement avec l'assignation qui lui sera donnée en notre conseil.

5. Les commissions porteront clause de surséance des poursuites en toutes les juridictions saisies du différend des parties, pendant le délai accordé pour donner les assignations, et sera porté, qu'à faute de les faire donner dans le délai, les défenses demeureront levées et ôtées, et courra le temps porté par les lettres du jour et date de l'expédition.

6. Les délais pour donner les assignations seront réglés par les lettres, sans néanmoins qu'ils puissent être que de deux mois au plus.

7. Du jour de l'assignation qui sera donnée en notre conseil, toutes poursuites demeureront sursises en toutes les juridictions, qui seront saisies des différends des parties à peine de nullité, cassation des procédures, soixante-quinze livres d'amende envers la partie, et des dépens, dommages et intérêts.

8. En signifiant les lettres, la partie sera tenue de faire donner l'assignation en notre conseil par le même exploit, et où les lettres seroient signifiées sans assignation, défendons à nos cours et juridictions d'y avoir égard, et pourront les parties continuer leurs poursuites comme elles auroient pu faire auparavant sans qu'il soit besoin de se pourvoir en notre conseil pour faire lever les défenses.

9. Les parties assignées en notre conseil pour être réglées de juges pourront, sans attendre l'échéance des assignations, s'adresser à l'avocat nommé dans les lettres qui sera tenu d'occuper, et seront les règlemens de juges tant en matière civile que criminelle, instruits et jugés en la même forme et manière que les évocations, et ainsi qu'il est porté par les articles 25 et 32 du titre *des Évocations.*

10. La partie qui aura été déboutée du déclinatoire par elle proposé en la juridiction qu'elle prétendra être incompétente et d'une autre cour et ressort, pourra se pourvoir en notre conseil ou au sceau, et rapportant le jugement de rétention, et les pièces justificatives du déclinatoire, lui seront accordées lettres

arrêts pour faire assigner en notre conseil les parties aux fins du renvoi par elle requis, par devant les juges auxquels la connoissance du différend appartiendra.

11. Les lettres ou arrêts obtenus sur les déclinatoires contiendront les mêmes clauses, et les procès en conséquence seront instruits et jugés en notre conseil, en la même forme et manière que les réglemens de juges.

12. Pour régler les contentions de juridiction d'entre nos cours de parlement et des aides de chacun ressort, nos avocats et procureurs-généraux s'assembleront tous les mois à jour certain, et plus souvent s'ils en sont requis, pour conférer et convenir, et sur les résolutions qui seront prises entre eux, et signées de part et d'autre seront tenues les parties de se pourvoir et procéder en celle des cours dont ils seront convenus, et en cas de diversité, ils délivreront leurs avis avec les motifs aux parties, pour leur être fait droit sur le tout sommairement en notre conseil, ce qui sera pareillement observé en matière criminelle.

TITRE III.

Des Réglemens de juges en matière criminelle.

Art. 1er. Le règlement de juges sera formé en matière criminelle, lorsqu'en deux de nos cours indépendantes l'une de l'autre, et non ressortissant en même cour, aura été informé et décrété pour raison d'un même fait contre les mêmes parties.

2. Les lettres ou arrêts de réglemens de juges en matière criminelle, porteront clause que l'instruction sera continuée en la juridiction qui sera commise par les lettres ou arrêts jusques à jugement définitif exclusivement, et que le règlement de juges ait été terminé et jugé ; et seront au surplus les lettres et arrêts expédiés en la même forme et manière, et contiendront les mêmes clauses qu'en matière civile.

3. Ne pourront néanmoins les accusés qui auront été déboutés des déclinatoires par eux proposés, se pourvoir en règlement de juges, si ce n'est qu'un autre juge ait informé et décrété pour le même fait.

4. Aucunes lettres de réglemens de juges ne seront accordées en matière criminelle au nom des accusés contre lesquels originairement il y aura décret de prise de corps, qu'ils ne soient actuellement prisonniers ès prisons des juges, qui auront rendu

les décrets, et n'en aient rapporté l'écrou en bonne forme, attesté par le juge ordinaire du lieu où il sera détenu, signifié aux parties ou à leur procureur qui demeurera attaché sous le contre-scel, et en sera fait mention dans les lettres, à peine de nullité.

5. Les contentions de juridiction d'entre les premiers juges ressortissans en même parlement, ou autres nos cours, seront réglées et jugées par voie d'appel, ès juridictions supérieures.

6. Les conflits d'entre nos cours de parlemens et siéges présidiaux dans le même ressort pour raison des cas portés par l'édit, seront réglés et jugés par notre grand conseil, et sans que, pour raison de ce, il puisse être formé aucun règlement de juges entre nos cours de parlement et grand conseil, ni que nos cours de parlemens puissent, au préjudice des commissions qui auront été décernées par notre grand conseil, prendre connoissance du différend des parties, ni contrevenir aux arrêts rendus par notre grand conseil, pour raison de ce, à peine de nullité et cassation de procédures. Faisons défenses aux parties de faire aucunes poursuites, ni de s'aider des arrêts qui seront intervenus, à peine de cent livres d'amende, applicable moitié à nous, moitié à la partie.

7. Comme aussi la connoissance des règlemens des juges d'entre les lieutenans criminels et les prévôts des maréchaux, appartiendra à notre grand conseil, auquel nous faisons défenses de faire expédier aucunes commissions, ni de donner audience aux accusés, contre lesquels il y aura décret de prise de corps, qu'ils ne soient actuellement en état, soit dans les prisons de juges qui les auront décernés, ou dans celles du grand conseil, et qu'il ne leur en ait apparu par des extraits tirés du registre de la geole, en bonne forme, à peine de nullité.

TITRE IV.

Des Committimus et Gardes gardiennes.

Art. 1. Ceux qui auront droit de *committimus* au grand et petit sceau, pourront, en vertu des lettres qui leur seront expédiées, se pourvoir par devant les juges de leurs priviléges, tant en demandant qu'en défendant, pour causes civiles, personnelles, possessoires et mixtes, entières et non contestées par-devant autres juges.

2. Les lettres de *committimus* ne pourront être expédiées au grand sceau, ni les privilégiés en user, lorsqu'il s'agira de dis-

tion de ressort d'un parlement, que pour la somme de mille livres et au-dessus; et au petit sceau, pour deux cents livres, dont sera fait mention dans les lettres, à peine de nullité.

3. Lorsqu'il ne s'agira que de deux cents livres ou au-dessous, voulons qu'à la réquisition des petits officiers de notre maison compris dans l'état qui en sera arrêté, il soit sursis pendant leur service actuel toutes procédures et jugemens dans les affaires seulement pour lesquelles ils pourroient obtenir nos lettres de committimus.

4. Les mêmes surséances seront accordées aux officiers de pareille qualité des maisons des reines, enfans de France et premier prince de notre sang.

5. Pourront néanmoins les parties se retirer par devant nous pour obtenir main-levée des surséances accordées aux officiers ordinaires, dans le cas que nous jugerons à propos.

6. Aucunes lettres de committimus ne seront signées ni scellées ès chancelleries établies près nos cours de parlement qu'elles ne soient paraphées par les maîtres des requêtes ordinaires de notre hôtel, ou gardes de nos sceaux, et la date remplie de leur main, à peine de nullité.

7. Les committimus ne seront valables après l'année de leur expédition, ni les exploits faits en vertu de lettres surannées; dont sera fait mention dans les committimus, à peine de nullité.

8. Défendons à tous huissiers ou sergens de faire aucuns exploits en vertu de lettres de committimus, s'ils n'en sont porteurs, et seront tenus d'en donner copie avec l'assignation, à peine de nullité de l'exploit, et de cinquante livres d'amende envers nous contre les huissiers ou sergens.

9. Les renvois seront faits en vertu des committimus, par l'exploit d'assignation donné à la partie ou à son procureur, s'il y en a un constitué, sans que les huissiers ou sergens soient tenus d'en faire réquisition aux juges.

10. Du jour de la signification du renvoi, toutes poursuites, procédures et jugemens surseoiront en la juridiction d'où le renvoi sera demandé; et où il y auroit quelques procédures faites au préjudice, la cassation en sera requise judiciairement, s'il n'y a point de procureur constitué de la part du défendeur en renvoi; ou par requête signifiée, s'il y a procureur, et tout ce qui aura été fait au préjudice du renvoi, sera cassé, encore qu'il n'y eût lieu à la rétention de la cause.

11. Aucune évocation ne pourra être faite aux requêtes de

notre hôtel ou du palais, sous prétexte de litispendance; si ce n'est entre mêmes parties, ou pour raison du même fait; et sera la demande à fin d'évocation faite par requête signifiée, pour y être fait droit à l'audience et non autrement; sans toutefois que la demande puisse faire surseoir les procédures ni le jugement de la juridiction, d'où l'évocation sera requise, jusqu'à ce qu'elle ait été accordée et signifiée.

12. Aucunes commissions ne seront délivrées aux requêtes de notre hôtel ou du palais, pour appeler partie, sans lettres de committimus, encore que le demandeur fût notoirement privilégié, à peine de nullité des procédures et jugemens.

13. Voulons qu'à l'avenir il n'y ait que ceux ci-après déclarés qui puissent jouir du droit de committimus du grand-sceau; savoir les princes de notre sang, les princes reconnus en France, ducs et pairs et autres officiers de notre couronne, les chevaliers et officiers de notre ordre du Saint-Esprit, les deux plus anciens chevaliers de l'ordre de Saint-Michel; les conseillers en notre conseil qui servent actuellement, ceux que nous aurons employés dans les ambassades; les maîtres des requêtes ordinaires de notre hôtel, les huissiers de notre conseil; les présidens, conseillers, nos avocats et procureurs généraux, greffier en chef, et premier huissier de notre grand conseil, sans que ci-après ils aient leurs causes commises en première instance en la grande prévôté de France; le grand-prévôt de notre hôtel, ses lieutenans, notre avocat et procureur, et greffier; nos conseillers et secrétaires, et autres officiers de la chancellerie de France; les quinze anciens avocats de notre conseil, suivant l'ordre du tableau; les agens généraux du clergé de France pendant leur agence; les doyen, dignités et chanoines de l'église Notre-Dame de Paris; les quatre plus anciens de l'académie françoise établie à Paris, suivant l'ordre de leur réception, qui sera justifiée par un extrait signé du secrétaire de l'académie; les capitaines, lieutenans, sous-lieutenans, enseignes, commissaires d'ancienne création, sergent major et son aide, prévôt et maréchal des logis du régiment de nos gardes, les officiers, domestiques et commensaux de notre maison et de celles des reines, enfans de France et premier prince de notre sang, dont les états sont portés à la cour des aides, et qui servent ordinairement ou par quartier, aux gages de soixante livres au moins; tous lesquels officiers domestiques seront tenus de faire apparoir par certificats en bonne forme qu'ils y sont couchés et employés; défendons au greffier de notre cour des aides d'en expédier ou délivrer qu'à ceux qui y seront em-

ployés, à peine de faux, et des dommages et intérêts des parties en leurs noms; et sans qu'aucun de ceux qui seront employés dans les états par honneur, puisse jouir du privilège. Voulons néanmoins que nos officiers de la qualité ci-dessus vétérans, après en avoir obtenu nos lettres, et non autrement, jouissent de pareil privilège.

14. Jouiront du droit de committimus du petit sceau les officiers de nos cours de parlement, savoir: les présidens, conseillers, nos avocats et procureurs généraux, greffiers en chef, civil et criminel, et des présentations, secrétaires et premier huissier, les commis et clercs du greffe; comme aussi notre avocat, et procureur, et greffier en chef des requêtes de notre hôtel, et le greffier en chef des requêtes du palais; les officiers de nos chambres des comptes, savoir: les présidens, maîtres, correcteurs et auditeurs, nos avocats et procureurs généraux, greffier en chef, et premier huissier: les officiers de notre cour des monnoies, savoir: les présidens, conseillers, nos avocats, procureurs généraux, greffier en chef et premier huissier: les six anciens trésoriers généraux de France établis à Paris, et les quatre anciens des autres généralités, entre lesquels pourront être compris notre premier avocat, et procureur, suivant l'ordre de leur reception: les conseillers et secrétaires des chancelleries établies près nos parlemens, chambres mi-parties, chambres des comptes et cours des aides: le prévôt de Paris, ses lieutenans généraux, civil de police, criminel et particulier, et notre procureur au Châtelet: le bailli, lieutenant, et notre procureur au baillage de notre palais à Paris: le président, le doyen, et notre procureur en l'élection de Paris: les officiers vétérans de la qualité ci-dessus, après en avoir obtenu nos lettres, et non autrement, jouiront du même privilège: les doyen, chantre et plus ancien des chanoines de l'église de Saint-Germain-l'Auxerrois à Paris, et le chapitre pour les affaires communes: le collège de Navarre pour les affaires communes de la maison: et les directeurs de l'hôpital général de Paris.

15. Les prévôt des marchands et échevins de notre bonne ville de Paris, pendant leurs charges, les conseillers de ville, notre procureur, receveur, et greffier, le colonel des trois cents archers de la ville, jouiront pareillement du droit de committimus.

16. Ne pourront les maris user du droit de committimus appartenant à leurs femmes servant dans les maisons royales et employées dans les états envoyés à la cour des aides; mais les femmes séparées jouiront du même droit de committimus que

leurs maris; comme aussi les veuves de ceux qui seront décédés en jouissance du privilége, tant qu'elles demeureront en viduité.

17. Les douze anciens avocats de notre cour de parlement de Paris, et six des autres parlemens, du nombre de ceux qui sont appelés au jour des sermens, dont le rôle sera attesté par les premiers présidens, nos avocats et procureurs généraux, jouiront du même privilége de committimus au petit sceau; et sera le rôle porté par chacune année en nos chancelleries établies près les parlemens.

18. Les églises, chapitres, abbayes, prieurés, corps et communautés, qui prétendent droit de committimus, seront tenus d'en rapporter les titres à notre chancelier, pour, au rapport de conseillers de notre conseil qui seront par lui commis, y être par nous pourvu, et l'extrait envoyé ès chancelleries de nos parlemens; et jusqu'à ce qu'ils y ayent satisfait, ne leur seront accordé aucunes lettres.

19. Les maîtres des requêtes, les officiers de notre hôtel et leurs veuves, ne pourront plaider en vertu de leur committimus, qu'aux requêtes de notre palais à Paris : comme aussi les présidens, conseillers, et autres officiers des requêtes du palais de notre parlement de Paris, et leurs veuves, ne pourront plaider, en vertu de leurs priviléges, qu'aux requêtes de notre hôtel, dont il sera fait mention dans les lettres; et sans que la clause de pouvoir plaider à leur choix dans l'une des deux juridictions y puisse être insérée, à peine de nullité, et de tout ce qui aura été fait en conséquence.

20. Les présidens et conseillers des requêtes du palais de tous nos autres parlemens, auront pour juge de leur privilége le principal siége ordinaire de leur ressort.

21. Ne pourront les priviligiés user du droit de committimus ès causes et procès où ils seront parties principales ou intervenantes, en vertu de transports à eux faits, si ce n'est pour dettes véritables, et par actes passés pardevant notaires, et signifiés trois ans avant l'action intentée; desquels transports les priviligiés seront tenus de donner copie avec l'assignation, même en affirmer la vérité en jugement en cas de déclinatoire, et s'ils en sont requis, à peine de cinq cents livres d'amende contre ceux qui auront abusé de leurs priviléges, applicables moitié à nous, moitié à la partie.

22. N'entendons néanmoins comprendre en la prohibition de l'article ci-dessus, en ce qui concerne la date des cessions et transports, ceux qui seront faits par contrats de mariage, par des

partages, ou à titre de donation bien et duement insinuée, à l'égard desquels les privilégiés pourront user de leur committimus quand et ainsi que bon leur semblera.

23. Les privilégiés ne pourront pareillement se servir de leur committimus pour assigner aux requêtes de notre hôtel ou du palais, les débiteurs de leurs débiteurs, pour affirmer ce qu'ils doivent, si leur créance n'est établie par pièces authentiques passées trois années avant l'assignation donnée; et seront en outre tenus d'affirmer, s'ils en sont requis, que leur créance est véritable, et qu'ils ne prêtent point leur nom : le tout sous les peines portées par les précédens articles.

24. Ne pourront aussi avoir lieu les committimus ès demandes pour passer déclarations ou titre nouvel de censives ou rentes foncières, ni pour paiement des arrérages qui en seront dus, à quelques sommes qu'ils puissent monter, ni aux fins de quitter la possession d'héritages ou immeubles, ni pour les élections, tutelles, curatelles, scellés et inventaires, acceptation de garde noble, ou pour matière réelle, encore que par le même exploit la demande fût faite afin de restitution de fruits.

25. Les causes et procès concernant notre domaine, et ceux où nos procureurs seront seuls parties, ne pourront être évoqués des sièges ordinaires en vertu des committimus.

26. Les causes pendantes en notre grand conseil, chambres de nos comptes, cours des aides, cours des monnoies, élections, greniers à sel, juges extraordinaires; et dont la connoissance leur appartient par le titre de leur établissement ou par attribution, ne pourront être évoqués en vertu de committimus.

27. Les tuteurs honoraires, onéraires, et les curateurs, ne pourront se servir de leur droit de committimus pour les affaires de ceux qui sont sous leurs charges, en demandant ou en défendant.

28. Les principaux des colléges, docteurs, régens, et autres du corps des universités qui tiennent des pensionnaires, pourront faire assigner de tous les endroits de notre royaume, pardevant les juges des lieux de leur domicile, les redevables des pensions, et autres choses par eux fournies à leurs écoliers, sans que leurs causes en puissent être évoquées ni renvoyées pardevant d'autres juges, en vertu de committimus ou autres priviléges.

29. Les recteurs, régens et lecteurs des universités, exerçant actuellement, auront leurs causes commises en première instance pardevant les juges conservateurs de priviléges des universités,

auxquels l'attribution en aura été faite par les titres de leur établissement, et à cet effet il en sera par chacun an dressé un rôle par le recteur de chacune université, pour être porté aux juges conservateurs de leurs priviléges.

30. Les écoliers jurés étudians actuellement depuis six mois dans les universités, jouiront des priviléges de scolarité, et ne pourront être distraits, tant en demandant qu'en défendant, de la juridiction des juges de leur privilége, si ce n'est en vertu d'actes passés avec des personnes domiciliées hors la distance de soixante lieues de la ville où l'université est établie; sans que néanmoins ils en puissent user à l'égard des cessions et transports qui auront été par eux acceptés, et des saisies et arrêts faits à leur requête, si ce n'est en la forme et manière ci-dessus ordonnée pour les committimus.

31. Jouiront pareillement du même privilége ceux qui auront régenté pendant vingt ans dans les universités, tant et si longuement qu'ils continueront d'y faire leur actuelle résidence.

32. Si celui qui n'est point privilégié fait assigner ou renvoyer une cause pardevant des juges de priviléges, il sera condamné par le jugement ou arrêt qui interviendra sur le déclinatoire, en soixante-quinze livres d'amende, applicable moitié à nous, moitié à la partie, qui sera acquise de plein droit, dont il sera délivré exécutoire au greffe, encore que par omission ou autrement, elle n'eût point été adjugée par le jugement ou arrêt.

TITRE V.

Des Lettres d'état.

Art. 1. Aucunes lettres d'état ne seront accordées qu'aux personnes employées aux affaires importantes à notre service.

2. Les lettres ne pourront être expédiées qu'après qu'elles auront été signées de notre exprès commandement, par celui de nos secrétaires d'état, dans le département duquel les impétrans seront employés; et seront les officiers militaires tenus de rapporter certificat du secrétaire d'état ayant le département de la guerre, de leur service actuel; le tout à peine de nullité.

3. Ne seront accordées que pour le temps de six mois, qui sera compté du jour de l'impétration; et ne pourront être renouvelées que pour grandes et importantes considérations, dont sera fait mention dans les lettres; autrement les avons déclarées nulles.

4. Quand les lettres d'état seront débattues d'obreption, su-

breption, ou autrement, les parties se retireront par devers nous pour leur être pourvu. Faisons défenses à tous juges d'en connoître, ni de passer outre à l'instruction et jugement des procès, au préjudice de la signification des lettres, et aux parties de continuer leurs poursuites, ni de s'aider des jugemens qui pourroient être intervenus, à peine de nullité, cassation de procédures, dépens, dommages et intérêts.

5. Nonobstant la signification des lettres d'état, les créanciers pourront saisir réellement les immeubles de leurs débiteurs et faire registrer la saisie ; sans néanmoins qu'il puisse être procédé au bail judiciaire : et si elles ont été signifiées depuis le bail les criées pourront être continuées jusqu'au congé d'adjuger exclusivement.

6. N'entendons que les lettres d'état ayent aucun effet en matière criminelle.

TITRE VI.

Des Répits.

Art. 1. Défendons à toutes nos cours et juges de donner aucun terme, atermoiement, répit, ni délai de payer, qu'en conséquence de nos lettres qui leur seront adressées, à peine de nullité des jugemens, interdiction contre les juges, dépens, dommages et intérêts des parties en leur nom, cent livres d'amende contre la partie, et pareille somme contre le procureur qui aura présenté la requête : pourront néanmoins les juges, en condamnant au paiement de quelque somme, donner surséance à l'exécution de la condamnation, qui ne pourra néanmoins être que de trois mois au plus, sans qu'elle puisse être renouvelée.

2. Aucunes lettres de répit ne seront expédiées qu'au grand sceau, et pour des considérations importantes dont il y aura commencement de preuves par actes authentiques, qui seront expliquées dans les lettres, et attachées sous le contre-scel.

3. L'adresse des lettres de répit sera faite au plus prochain juge royal du domicile de l'impétrant, si ce n'est qu'il y ait instance pendante par-devant un autre juge, avec la plus grande partie des créanciers hypothécaires ; auquel cas l'adresse des lettres lui sera faite, et ne pourra aucune des parties demander évocation ni renvoi pour cause de son privilége.

4. Les lettres de répit porteront mandement exprès au juge auquel elles seront adressées, qu'en procédant à l'entérinement

des créanciers appelés, il donne à l'impétrant tel délai qu'il jugera raisonnable pour payer ses dettes, qui ne pourra néanmoins être de plus de cinq ans, si ce n'est du consentement des deux tiers des créanciers hypothécaires : et cependant lui sera accordé par les lettres un délai de six mois, pour en poursuivre l'entérinement, pendant lequel temps défenses seront faites à tous huissiers et sergens d'attenter à sa personne et meubles meublans servant à son usage, à peine de cent livres d'amende contre chacun des huissiers et sergens, moitié envers nous, moitié envers la partie, et des dépens, dommages et intérêts contre chacun des créanciers contrevenans ; ce qui sera ordonné par le juge auquel l'adresse des lettres aura été faite.

5. La surséance octroyée par les lettres de répit aura lieu du jour de la signification qui en sera faite, pourvu qu'elle porte conjointement assignation pour procéder à l'entérinement.

6. Pourront néanmoins les créanciers, pour la sûreté de leur dû, faire arrêter les autres meubles de leurs débiteurs, même saisir réellement leurs immeubles, les mettre en criées, et procéder au bail judiciaire, nonobstant l'obtention et entérinement des lettres de répit, sans toutefois que, pendant le terme accordé par les lettres ou par le juge auquel elles auront été présentées, il puisse être procédé à la vente et adjudication des choses saisies, que du consentement du débiteur et des créanciers, si ce n'est des meubles qui pourroient dépérir pendant la saisie.

7. Les ordonnances, tant préparatoires que définitives du juge qui connaîtra de l'entérinement des lettres, seront exécutées par provision, nonobstant oppositions ou appellations.

8. En cas de saisie de tous les biens de l'impétrant, ou de la principale partie, provision lui sera adjugée telle que de raison, sur les fruits et revenus de ses immeubles ou sur ses meubles, les créanciers appelés par-devant le juge de l'entérinement des lettres de répit.

9. Les appellations des jugemens, et sentences rendues par les juges auxquels les lettres de répit auront été adressées, ressortiront sans moyen en nos cours de parlement.

10. Les co-obligés, cautions et certificateurs, ne pourront jouir du bénéfice des lettres de répit accordées au principal débiteur.

11. Aucuns répits ne seront accordés pour pensions, alimens, médicamens, loyers de maisons, moissons de grains, gages de domestiques, journées d'artisans et mercenaires, reliquats

de comptes de tutelle, dépôts nécessaires et maniement de deniers publics, lettres de change, marchandises prises sur l'étape, foires, marchés, halles, ports publics, poissons de mer, frais, sec et salé, cautions judiciaires, frais funéraires, arrérages de rentes foncières, et redevance des baux amphitéotiques.

12. N'entendons qu'aucun puisse être exclu d'obtenir répit sous prétexte de renonciations qu'il y auroit faites dans les actes et contrats qu'il auroit passés, lesquelles renonciations nous déclarons nulles.

13. Ne seront accordées de secondes lettres de répit, sinon pour causes nouvelles et considérables dont il y aura commencement de preuves, ainsi qu'il est ci-dessus ordonné, sans que, pour quelque cause et prétexte que ce soit, il en puisse être accordé d'autres.

Voulons que la présente ordonnance soit gardée et observée dans tout notre royaume, terres et pays de notre obéissance, à commencer au 1er jour de décembre de l'année présente. Abrogeons toutes ordonnances, coutumes, lois, statuts, réglemens, styles et usages différens ou contraires aux dispositions y contenues.

Si donnons, etc.

N° 582. — ÉDIT *portant révocation de la chambre de justice.*

St-Germain-en-Laye, août 1669. (Rec. Cass.) Reg. P. P. — C. des C. — C. des A. 15 août.

PRÉAMBULE.

LOUIS, etc. La paix générale heureusement conclue par le traité des Pyrénées, nous ayant donné plus de moyen de nous appliquer à la police de notre royaume, nous avons connu par nous-même que les plus grands déréglemens procédoient bien moins de la licence qu'une longue guerre avoit causée, que de la mauvaise administration de nos finances portée à un tel excès, que, sous prétexte de dépenses urgentes, les peuples ont été épuisés par des surcharges extraordinaires, pendant que les financiers ont élevé, dans la confusion des affaires, des fortunes qui, par leur précipitation et leur excès, ont causé du scandale dans tous les ordres de notre état. La connoissance de ces désordres et le désir de soulager nos peuples des oppressions qu'ils avoient souffertes pendant un si long-temps, nous auroit fait prendre la résolution d'établir une chambre de justice, avec une autorité entière et absolue sur tous nos sujets de toutes conditions et qualités.

Mais quoique le mal eût d'abord paru fort grand, néanmoins la recherche qui s'en est faite en a découvert encore d'autres plus dangereux, et dont la continuation menaçoit notre royaume d'une désolation inévitable si nous n'y eussions promptement apporté le remède. En effet, nos plus clairs revenus se sont trouvés avoir été aliénés à vil prix, et sans aucune nécessité, même depuis la publication de la paix, au profit des gens d'affaires, en leurs noms, ou sous d'autres noms interposés, avec une telle profusion, qu'un nombre considérable d'entre eux s'est trouvé, outre la somptuosité de leurs meubles, posséder en fonds de terre et en rentes et droits dont le fonds étoit employé dans les états de nos finances, deux et trois cents mille livres de revenu. Et comme une dissipation si extraordinaire, ne se pouvoit commettre, ni couvrir, qu'en pervertissant l'ordre prescrit par les ordonnances pour l'administration et maniement de nos finances, les états et certifications de comptant qui ont été établis pour les dépenses secrètes de l'état, les prêts et affaires extraordinaires tolérés pour suppléer dans les besoins pressans aux revenus ordinaires, ont servi à en produire une infinité de faux et simulés, pour donner lieu à l'expédition d'un si grand nombre d'ordonnances de comptant qu'il s'en est trouvé pendant les années 1655, 1656, 1657, 1658, 1659, 1660, pour 384,000,782 liv. qui ont servi à consommer criminellement non seulement tous nos revenus, mais encore les aliénations de la plus grande partie d'iceux qui ont été faites pendant ces années. Cette profusion abandonnée de nos revenus, accompagnée d'une si grande confusion qu'elle ne nous permettoit pas de distinguer l'acquéreur de bonne foi d'avec celui qui avoit participé à ces désordres, nous pouvoit donner lieu de supprimer toutes les aliénations et les réunir à nos domaines, mais nous avons mieux aimé courir le risque de faire rembourser les acquéreurs frauduleux que de faire perdre à un homme de bonne foi le prix qui lui étoit légitimement dû. C'est pourquoi nous avons bien voulu faire rembourser tous ceux qui se sont présentés et qui n'avoient aucune marque apparente de suspicion, et ce remboursement a été tel qu'il s'est trouvé monter à plus de six-vingts millions de livres qui ont été actuellement tirés de notre trésor royal depuis l'année 1662 jusques à présent; et quoique les auteurs et les complices de ces désordres se fussent rendus indignes de toute grâce, toutesfois nous avons bien voulu, après quatre années de recherches, faire ressentir aux prévenus les effets de notre clémence, et par une amnistie générale portée par notre édit du mois de juillet 1665, convertir en peines pécuniaires celles qu'ils avoient encourues par la rigueur des ordonnances. L'exécution de cet édit n'a pas été si prompte que nous l'aurions bien désiré; l'affaire d'elle-même a eu ses longueurs et ses difficultés; elles ont été augmentées par la résistance des redevables, contre lesquels, après beaucoup de comminations et de poursuites, il a fallu employer toutes les contraintes de la rigueur et de la justice. Mais quelques avantages que nous eussions pu nous promettre de la continuation de cette chambre que les vœux et les souhaits de toute la France avoient demandée; néanmoins l'appréhension de ces recherches tenant beaucoup de familles dans une inquiétude continuelle, par l'incertitude de l'état de leurs fortunes et de leurs biens, nous fait à présent prendre la résolution de la supprimer pour employer nos principaux soins à faire part à nos sujets des fruits que nous en avons recueillis, par les décharges et soulagemens que nous nous proposons de leur continuer, par les grâces et les bienfaits que nous répandrons sur ceux qui s'en rendront dignes et les auront mérités par leurs bonnes actions et leurs services. A ces causes, etc.

N° 583. — ÉDIT *qui attribue aux maires et échevins des villes la connaissance en première instance des procès entre les ouvriers des manufactures, ou entre les ouvriers et les marchands, à raison d'icelles.*

Saint-Germain-en-Laye, août 1669. (Rec. Cass. — Arch.) Reg. P. P. 13 août.

LOUIS, etc. Les ouvriers des manufactures d'or, d'argent, soie, laine, fil et des teintures et blanchissages, s'étant beaucoup relâchés, et leurs ouvrages ne se trouvant plus de la qualité requise, nous aurions, pour les rétablir dans leur plus grande perfection, fait dresser des statuts et réglemens dans plusieurs villes et principaux lieux où les établissemens en ont été faits; et d'autant qu'il peut naître des différends entre les marchands et les ouvriers employés auxdites manufactures sur le fait d'icelles et desdits statuts, dont la poursuite les distrairoit de leur travail, s'ils n'étoient traités sommairement et pardevant des juges qui aient une connoissance particulière de cette matière, nous avons jugé à propos d'y pourvoir par un règlement général, et de faire expédier nos lettres à ce nécessaires.

A ces causes, etc. Voulons et nous plaît que les maires et échevins, capitouls, jurats et autres officiers ayant pareille fonction dans les hôtels de ville de notre royaume, puissent connoître en première instance et privativement à tous autres juges, de tous les différends mus et à mouvoir entre les ouvriers employés auxdites manufactures, et entre les marchands et lesdits ouvriers, pour raison des longueurs, largeurs, qualités, visites, marques, fabriques ou valeur desdits ouvrages et manufactures d'or, d'argent, de soie, laine et fil; des qualités des laines, teintures et blanchissages, même des salaires des ouvriers employés dans lesdites manufactures, jusques à la somme de cent cinquante livres en dernier ressort et sans appel, et par provision, à quelque somme que ce puisse être, nonobstant l'appel; voulons que lesdits procès soient traités sommairement, sans ministère d'avocats ni procureurs; et à l'audience, sur ce qui aura été dit et représenté par la bouche des parties, et où il y auroit quelques pièces à voir, et que les différends fussent de telle qualité qu'ils ne pussent être jugés sur-le-champ, les pièces seront mises sur le bureau, pour être les différends jugés sans appointement, procédures ni autres formalités de justice; et sans que pour quelque cause que ce puisse être lesdits maires et échevins, capitouls, jurats et autres, puissent recevoir ni prendre aucuns droits, sous prétexte d'épices, salaires ou vacations, ni les greffiers aucuns autres droits que deux sous seulement pour chacun feuillet des sentences qu'ils expédieront, lesquelles sentences seront écrites en la forme et manière portée par les règlemens faits pour les juridictions des juges-consuls.

Connoîtront pareillement lesdits maîtres et échevins, capitouls, jurats et autres ayant pareille fonction, des comptes des gardes et jurés des communautés desdites manufactures, qui seront rendus en la présence de l'un d'eux, gratuitement et sans frais, le tout à peine de concussion.

Et pour faciliter l'expédition desdits procès qui pourroient retarder par la multiplicité des juges, voulons qu'il n'y en puisse avoir que six au plus dans les grandes villes, dont le conseil se trouvera composé de plusieurs échevins et conseil de ville, qui seront pris et tirés du corps d'iceux, et nommés comme les plus intelligens dans les manufactures, à la pluralité des voix, dont trois seront annuellement changés, et trois autres nommés, en sorte qu'il y en ait toujours trois anciens et trois nouveaux; et à l'égard des autres villes et principaux bourgs, où lesdits établissemens se trouveront faits, il n'y en aura que deux ou trois au plus, dont l'un sortira à la fin de chacune année, à la place duquel un autre sera nommé, en sorte qu'il y en ait toujours un ou deux anciens et un nouveau.

L'un desdits échevins nommés sera actuellement marchand ou aura fait pendant six années au moins la marchandise, à peine de nullité de son élection.

Pourront lesdits échevins nommés, prendre les avis des maîtres et gardes, et jurés en charge des ouvrages desdites manufactures, qu'ils seront tenus de leur donner en personne ou par écrit, aussitôt qu'ils en seront requis, gratuitement et sans frais.

Seront tenus lesdits échevins nommés, de juger et prononcer suivant les statuts et réglemens de chacun métier dont il s'agira, sans que les peines portées par iceux puissent être remises ni modérées, à peine d'en répondre en leur propre et privé nom.

Seront lesdits ouvriers et autres parties condamnées, contraints par corps au paiement des sommes portées par les jugemens qui interviendront, nonobstant toutes lettres de répit, surséances et défenses qu'ils pourroient obtenir, que nous avons dès à présent déclarées nulles et de nul effet.

Faisons très expresses inhibitions et défenses à tous autres juges de connoître des susdits différends, et aux parties de faire aucunes poursuites pour raison de ce que dessus, que pardevant lesdits échevins, capitouls, jurats et autres ayant pareille fonction, à peine de nullité, cassation de procédures, dépens, dommages et intérêts.

N'entendons néanmoins comprendre en ces présentes notre bonne ville de Paris, ni déroger aux édits ni réglemens faits en notre conseil, concernant l'élection et juridiction tant civile que criminelle des prévôt des marchands, échevins et juges-conservateurs de la ville de Lyon, pour le fait de la police des arts et métiers, commerce et manufactures d'icelles, que nous voulons être exécutés en leur forme et teneur.

Si donnons, etc.

N° 584. — Edit *portant règlement pour la Chambre des Vacations du parlement de Paris.*

Saint-Germain-en-Laye, août 1669. (Archiv.) Reg. P. P., 13 août. Le Roi séant.

N° 585. — Edit *portant défenses, sous peine de confiscation de corps et de biens, de prendre du service ou de s'habituer à l'étranger.*

Saint-Germain-en-Laye, août 1669. (Ord. 13, 3 X, 258. — Rec. Cass. — Archiv.)

PRÉAMBULE.

LOUIS, etc. Quoique les liens de la naissance qui attachent les sujets naturels à leurs souverains et à leur patrie, soient les plus étroits et les plus indissolubles de la société civile ; que l'obligation du service que chacun leur doit soit profondément gravée dans le cœur des nations les moins policées et universellement reconnue comme le premier des devoirs et le plus indispensable des hommes, néanmoins nous aurions été informé, que, pendant la licence des derniers temps, plusieurs de nos sujets, oubliant ce qu'ils doivent à leur naissance, ont passé dans les pays étrangers, y travaillent à tous les exercices dont ils sont capables, même à la construction des vaisseaux, s'engagent dans les équipages maritimes, s'y habituent sans dessein de retour, et y prennent leurs établissemens par mariages et par acquisitions de biens de toute nature, et les servent utilement contre ce qu'ils nous doivent, et à leur patrie ; ce qui nous oblige, pour les ramener à leur devoir, et prévenir les suites que ces mauvais exemples pourroient causer, de renouveler les anciennes ordonnances faites sur ce sujet, et de tenir la main à l'entière et ponctuelle exécution d'icelles. A ces causes, etc.

N° 586. — Lettres-patentes *sur le règlement général des teintures des manufactures de laine et de fil, précédées desdits statuts et réglemens* (1).

Saint-Germain en Laye, août 1669. (Rec. Cass.) Reg. P. P. 13 août

---

(1) V. au même recueil lettres-patentes et réglement général, à la même date, sur les longueurs, largeurs et qualités des draps, serges et autres étoffes de laines

N° 587. — Ordonnance pour l'enrôlement des matelots en Bretagne.

4 septembre 1669. (Cod. Nav., p. 123.)

N° 588. — Ordonnance portant que les officiers des troupes d'infanterie commanderont préférablement aux officiers de cavalerie dans les villes et places fermées.

Chambord, le 28 septembre 1669. (Réglem. et ordon. sur la guerre.)

N° 589. — Ordonnance pour l'exécution de l'édit d'août 1669, portant défenses de s'habituer en pays étranger.

2 octobre 1669. (Cod. Nav., p. 124.)

N° 590. — Arrêt du conseil portant que la fourniture des vivres des vaisseaux sera publiée au conseil.

2 octobre 1669. (Cod. Nav., p. 162.)

N° 591. — Ordonnance qui règle le temps auquel doit commencer la solde et les victuailles des équipages des vaisseaux.

5 octobre 1669. (Cod. Nav., p. 163.)

N° 592. — Arrêt du conseil portant règlement pour le paiement du pain des prisonniers, conduite d'iceux et frais de justice employés dans les états des domaines du roi.

Paris, 9 octobre 1669. (Néron, II, 755.)

N° 593. — Édit sur la consignation des amendes (1).

Novembre 1669.

N° 594. — Édit portant suppression de la charge de Grand-Maître, chef et Surintendant général de la navigation et commerce de France, et rétablissement de la charge d'Amiral de France (2) avec règlement contenant les pouvoirs, fonctions, autorités et droits de cette charge.

Saint-Germain-en-Laye, 12 novembre 1669. (Ord. 14. 5 Y. 19 — Moreau de St-Méry, I, 184. — Rec. Cass.) Reg. P. P., 27 janvier 1670.

---

et de fil. — Autres lettres-patentes sur les teintures de soie, laine et fil qui s'emploient aux manufactures des draps d'or et d'argent, de soie, tapisserie et autres étoffes et ouvrages.

(1) Cité dans un arrêt du conseil du 21 avril 1781. — Instructions de la régie, 17 octobre 1823.

(2) Supprimée en 1626.

Préambule.

LOUIS, etc. Entre toutes les affaires de notre royaume dont nous avons entrepris le réglement et la réformation, ou relevé et augmenté les établissemens depuis plusieurs années, il n'y en a point où nous ayons donné plus d'application et employé de plus grandes sommes de deniers qu'au rétablissement de nos forces maritimes, du commerce et de la navigation dans toute l'étendue de notre royaume; aussi l'avantage que nos sujets en ont reçu est-il proportionné à l'espérance que nous en avions conçue, et au soin que nous en avons pris, puisque nous voyons clairement par l'augmentation de nos droits d'entrée et de sortie, que les vaisseaux de nos sujets et des étrangers qui fréquentent nos ports et havres sont augmentés considérablement, et nos forces maritimes excèdent de beaucoup celles des rois nos prédécesseurs; mais nous avons estimé que, pour maintenir et augmenter d'aussi grands établissemens que ceux que nous avons faits jusqu'à présent, il était nécessaire d'apporter quelque changement en la charge de grand-maître, chef et sur-intendant de la navigation et commerce de France, qui est à présent vacante par la mort de notre très-cher et bien amé cousin le duc de Beaufort; le titre et les fonctions attribués à ladite charge par son édit de création, n'étant point assez relevés pour pouvoir avec l'autorité et la dignité nécessaires, commander d'aussi considérables forces que celles que nous pouvons à présent mettre en mer; c'est ce qui nous auroit fait prendre la résolution de rétablir la charge d'amiral de France, avec le titre et dignité d'officier de notre couronne, qui y est joint; et en même temps pour éviter les inconvéniens qui obligèrent en l'année 1626 le feu roi notre très-honoré seigneur et père de glorieuse mémoire que Dieu absolve, de supprimer les deux charges de connétable et d'amiral, nous réserver le choix et provision de tous les officiers de marine. A ces causes, etc.

N° 595. — DÉCLARATION *portant que les provisions, passeports et autres expéditions de l'amirauté, seront marqués d'une empreinte contenant ces mots*: Louis, comte de Vermandois, amiral de France.

Saint-Germain-en-Laye, 12 novembre 1669. (Ord. 14, 3 T, 54.)

N° 596. — ORDONNANCE *portant qu'aucun officier de marine ne sera reconnu s'il n'a provisions du roi.*
22 novembre 1669. (Cod. nav., p. 125.)

N° 597. — RÈGLEMENT *sur l'artillerie des vaisseaux.*
1er décembre 1669. (Cod. nav., p. 106.)

N° 598. — RÈGLEMENT *pour les places de laïcs dans les abbayes et prieurés du royaume.*
St-Germain-en-Laye, janvier 1670. (Blanchard.)

N° 599. — EDIT *portant, entre autre disposition, que les débets de comptes sont imprescriptibles, à peine de nullité et de cassation des jugemens.*
Saint-Germain-en-Laye, 7 janvier 1670. (Archiv.)

N° 600. — EDIT *portant défenses, sous peine de la vie, à tous matelots et gens de marine d'abandonner le service sans congé.*
St-Germain-en-Laye, janvier 1670. (Archiv.)

N° 601. — ARRÊT DU PARLEMENT *portant, entre autres choses, que les alimens des prisonniers pour dettes seront consignés par mois et d'avance, sinon que les prisonniers seront relâchés.*
Paris, 31 janvier 1670. (Archiv.)

N° 602. — ORDONNANCE *pour la réduction des compagnies d'infanterie, qui sont de 80 hommes, au nombre de 70.*
Saint-Germain-en-Laye, 4 février 1670. (Règlem. et ordon. sur la guerre.)

N° 603. — ORDONNANCE *portant, entre autres dispositions, fixation des hautes paies qui pourront être entretenues en chaque compagnie d'infanterie, et règlement sur l'armement et l'habillement des soldats.*
Saint-Germain-en-Laye, 6 février 1670. (Règlem. et ordon. sur la guerre.)

N° 604. — DÉCLARATION *portant qu'il sera fabriqué une monnaie particulière pour les îles de l'Amérique.*
Saint-Germain-en-Laye, 19 février 1670. (Moreau de Saint-Méry, I, 188.) Reg. C. des M., 26 février; Cons. de la Mart., 12 février 1671.

N° 605. — ORDONNANCE *qui défend que les soldats d'infanterie soient armés de pertuisannes.*
Saint-Germain-en-Laye, 25 février 1670. (Règlem. et ordon. sur la guerre.)

N° 606. — Ordonnance *portant que dans chaque compagnie d'infanterie il ne pourra y avoir plus de deux cadets âgés au moins de 18 ans.*

Saint-Germain-en-Laye, 25 février 1670. (Rè glem. et ordonn. sur la guerre.

N° 607. — Edit *portant que les marchands, tant nationaux qu'étrangers, pourront réexporter en franchise les marchandises qu'ils auroient fait entrer dans les ports et villes maritimes, sans déclaration à l'entrepôt.*

Saint-Germain-en-Laye, février 1670. Blanchard.)

N° 608. — Arrêt du Conseil *portant que ceux qui n'auroient pas payé les frais de leur passage aux Indes Occidentales ne pourront être retenus plus de 18 mois en esclavage, à l'exception des artisans et gens de métiers.*

Saint-Germain-en-Laye, 27 février 1670. (Archiv.)

N° 609. — Déclaration *pour l'étape générale dans les villes maritimes.*

Saint-Germain-en-Laye, février 1670. (Rec. Cuss.) Reg. C. des A., 6 mars.

N° 610. — Ordonnance *sur la fourniture des vivres aux vaisseaux.*

4 mars 1670. (Cod. nav., p. 165.)

N° 611. — Arrêt *portant réglement sur le délestage.*

29 mars 1670. (Cod. nav., p. 30.)

N° 612. — Ordonnance *pour l'enrôlement général des matelots dans toutes les provinces maritimes du royaume.*

19 avril 1670. (Cod. nav., p. 127.)

N° 613. — Ordonnance *portant que les capitaines de marine exécuteront les instructions des intendans sur la formation des équipages.*

8 mai 1670. (Cod. nav., p. 130.)

N° 614. — Arrêt *du conseil portant décharge des droits d'octroi de Toulon pour les vivres destinés aux équipages des vaisseaux.*

20 mai 1670. (Cod. nav., p. 166.)

N° 615. — Arrêt *de la chambre des comptes qui défend*, sous

SÉGUIER, CHANC., GARDE DES SCEAUX. — AOÛT 1670.

peine de 500 liv. d'amende, de prendre et exercer la faculté de procureur.

Paris, 21 mai 1670. (Archiv.)

N° 616. — DÉCLARATION *portant règlement général pour les chancelleries du royaume.*

Lille, 25 mai 1670. (Rec. Av. Cass.)

N° 617. — ÉDIT *pour l'établissement de l'hôpital des Enfans-Trouvés, à Paris, et règlement y relatif.*

Saint-Germain-en-Laye, juin 1670. (Ord. 14, 3 Y, 185.)

N° 618. — RÈGLEMENT *portant défenses aux officiers du roi, dans les colonies, et à tous autres de taxer les marchandises.*

Saint-Germain-en-Laye, 9 juin 1670. (Archiv. — Moreau de Saint-Méry, I, 194.) Reg. C. S. de la Mart., 13 octobre 1670.

N° 619. — RÈGLEMENT *portant défense aux bâtimens étrangers d'aborder dans les ports des colonies, et aux habitans desdites colonies de les recevoir, à peine de confiscation.*

Saint-Germain-en-Laye, 10 juin 1670. (Archiv. — Moreau de Saint-Méry, I, 195.) Reg. C. S. de la Mart., 13 octobre.

N° 620. — RÈGLEMENT *pour la construction des vaisseaux.*

4 juillet 1670. (Cod. nav., p. 24.)

N° 621. — RÈGLEMENT *sur la fourniture des vivres aux équipages des vaisseaux et sur les tables des capitaines.*

4 juillet 1670. (Cod. nav., p. 166.)

N° 622. — ORDONNANCE *qui règle le temps auquel doit commencer la distribution des vivres et la solde des équipages.*

16 août 1670. (Cod. nav., p. 169.)

N° 623. — ORDONNANCE CRIMINELLE.

Saint-Germain-en-Laye, août 1670 (1). Reg. P. P., 26 août.

LOUIS, etc. Les grands avantages que nos sujets ont reçus des soins que nous avons employés à réformer la procédure ci-

---

(1) Il fut procédé de même pour la rédaction de l'ordonnance criminelle, que pour l'ordonnance civile. (Voy. ci-dessus, p. 103.)
Les commissaires du conseil et les députés du parlement qui prirent part à

vile par nos ordonnances du mois d'avril 1667, et d'août 1669, nous ont porté à donner une pareille application au règlement de l'instruction criminelle qui est d'autant plus importante, que non seulement elle conserve les particuliers dans la possession paisible de leurs biens, ainsi que la civile, mais encore elle assure le repos public, et contient par la crainte des châtiments ceux qui ne sont pas retenus par la considération de leur devoir. A ces causes, etc., ordonnons, et nous plaît, ce qui ensuit.

TITRE PREMIER.

De la Compétence des juges.

Art. 1. La connoissance des crimes appartiendra aux juges des lieux où ils auront été commis, et l'accusé y sera renvoyé, si le renvoi en est requis; même le prisonnier transféré aux frais de la partie civile, s'il y en a, sinon à nos frais, ou des seigneurs.

2. Celui qui aura rendu sa plainte devant un juge ne pourra demander le renvoi devant un autre, encore qu'il soit juge du lieu du délit.

3. L'accusé ne pourra aussi demander son renvoi après que lecture lui aura été faite de la déposition d'un témoin, lors de la confrontation.

4. Les premiers juges seront tenus de renvoyer les procès et les accusés qui ne seront de leur compétence, par-devant les ju-

---

cette ordonnance, sont : le chancelier Séguier, d'Aligre, de Morangis, d'Estrapes, de Sève, Poncet, Boucherat, Pussort, Voisin et Hotman, conseillers d'état; le premier président et les présidens de Maisons, de Novion, de Mesmes, de Coigneux, de Bailleul, Molé de Champlatreux, de Nesmond; conseillers de la grand' chambre de Catinat, de Brillat, Fayer, de Refuge, Paris, Roujault; les députés des enquêtes, les présidens Potier de Blanc-Mesnil, de Bragelogne, de Fourcy, Lepeltier, Maupeou et Charton; les conseillers de Bermond, Mandat, Faure, Levasseur, Malo et Leboult; Talon, premier avocat général; de Harlai, procureur général, et Bignon, second avocat général.

Les principaux ouvrages publiés sur l'ordonnance criminelle, sont :

1° Procès-verbal des conférences tenues pour l'examen des ordonnances de 1667 et 1670. Plusieurs éditions, dont la dernière, in-4°, est de 1776.

2° Code criminel ou commentaires sur l'ordonnance de 1670, par Serpillon, 4 vol. in-4°, Lyon, 1767.

3° Nouveau Commentaire sur l'ordonnance de 1670, par Jousse; 1 vol. in-12, Paris, 1761.

ges qui doivent en connoître, dans trois jours après qu'ils en auront été requis, à peine de nullité des procédures faites depuis la réquisition, d'interdiction de leurs charges, et des dommages et intérêts des parties qui en auront demandé le renvoi.

5. Les grosses des informations, et autres pièces et procédures qui composent le procès, ou qui auront été jointes ; ensemble toutes les informations, pièces et procédures faites par-devant tous autres juges concernant l'accusation, seront portées au greffe du juge par-devant lequel l'accusé sera traduit, s'il est ainsi par lui ordonné.

6. Les frais pour la translation du prisonnier, et le port des informations et procédures, seront faits par la partie civile s'il y en a, sinon par le receveur de notre domaine, ou du seigneur de la juridiction qui en devra connoître : et pour cet effet sera délivré exécutoire par le juge qui en aura ordonné le renvoi ou le port des charges et informations.

7. Nos juges n'auront aucune prévention entre eux ; au cas néanmoins que trois jours après le crime commis, nos juges ordinaires n'ayent informé et décrété, les juges supérieurs pourront en connoître.

8. Ce que nous entendons avoir lieu entre les juges des seigneurs, encore que celui qui auroit prévenu, fût juge supérieur, et du ressort de l'autre.

9. Nos baillis et sénéchaux ne pourront prévenir les juges subalternes et non royaux de leur ressort, s'ils ont informé, et décrété dans les vingt-quatre heures après le crime commis. N'entendons néanmoins déroger aux coutumes à ce contraires, ni à l'usage de notre Châtelet de Paris.

10. Nos juges prévôts ne pourront connoître des crimes commis par des gentilshommes ou par des officiers de judicature, sans rien innover, néanmoins, en ce qui regarde la juridiction des seigneurs.

11. Nos baillis, sénéchaux et juges présidiaux, connoîtront privativement à nos autres juges, et à ceux des seigneurs, des cas royaux qui sont le crime de lèze-majesté en tous ses chefs, sacrilége avec effraction, rébellion aux mandemens émanés de nous ou de nos officiers, la police pour le port des armes, assemblées illicites, séditions, émotions populaires, force publique, la fabrication, l'altération ou l'exposition de fausse monnoie, correction de nos officiers, malversation par eux commises en leurs charges, crimes d'hérésie, trouble public fait au service

divin, rapt et enlèvement des personnes par force et violence, et autres cas expliqués par nos ordonnances et réglemens (1).

12. Les prévôts de nos cousins les maréchaux de France, les lieutenans criminels de robe courte, les vice-baillis, vice-sénéchaux, connoîtront en dernier ressort de tous crimes commis par vagabonds, gens sans aveu et sans domicile, ou qui auront été condamnés à peine corporelle, bannissement ou amende honorable. Connoîtront aussi des oppressions, excès ou autres crimes commis par gens de guerre, tant dans leur marche, lieux d'étapes, que d'assemblée et de séjour pendant leur marche, des déserteurs d'armées, assemblées illicites avec ports-d'armes, levée de gens de guerre sans commissions de nous, et de vols faits sur grand chemin. Connoîtront aussi des vols faits avec effraction, ports-d'armes et violence publique dans les villes qui ne seront point de leur résidence, comme aussi des sacriléges avec effraction, assassinats prémédités, séditions, émotions populaires, fabrication, altération ou exposition de monnoie, contre toutes personnes; en cas toutefois que les crimes aient été commis hors des villes de leur résidence.

13. N'entendons déroger par le précédent article aux priviléges dont les ecclésiastiques ont accoutumé de jouir.

14. Les prévôts des maréchaux, vice-baillis et vice-sénéchaux, ne pourront juger en aucun cas à la charge de l'appel.

15. Nos juges présidiaux connoîtront aussi en dernier ressort des personnes et crimes mentionnés ès articles précédens, et préférablement aux prévôts des maréchaux, lieutenans criminels de robe courte, vice-baillis et vice-sénéchaux, s'ils ont décrété, ou avant eux, ou le même jour.

16. Si les coupables de l'un des cas royaux ou prévôtaux ci-dessus, sont pris en flagrant délit, le juge des lieux pourra informer et décréter contre eux, et les interroger, à la charge d'en avertir incessamment nos baillis et sénéchaux, ou leurs lieutenans criminels par acte signifié à leur greffe : après quoi

---

(1) Lorsque dans une loi l'on a bien fixé les idées des choses, il ne faut point revenir à des expressions vagues. Dans l'ordonnance criminelle de Louis XIV, après qu'on a fait l'énumération exacte des cas royaux, on ajoute ces mots : « A ceux dont de tout temps nos juges royaux ont jugé; » ce qui fait rentrer dans l'arbitraire dont on venoit de sortir. (Montesquieu, *Esprit des Lois*.) L'ordonnance ne dit pas à ceux dont de tout temps les juges royaux ont jugé, elle dit : *Et autres cas expliqués par nos ordonnances et réglemens*. L'observation de Montesquieu appliquée à ces dernières expressions n'en a pas moins de justesse

ils seront tenus d'envoyer quérir le procès et les accusés, qui ne pourront leur être refusés, à peine d'interdiction et de trois cents livres, contre les juges, greffiers et geoliers, applicables moitié à nous, et l'autre moitié aux pauvres et aux nécessités de l'auditoire de nos baillis et sénéchaux, ainsi qu'il sera par eux ordonné.

17. Les lieutenans criminels des siéges où il y a présidial, seront tenus, dans les cas énoncés en l'article 12, ci-dessus, faire juger leur compétence par jugemens en dernier ressort; et pour cet effet porter à la chambre du conseil du présidial les charges et informations, et y faire conduire les accusés pour être ouis en présence de tous les juges, dont ils seront tenus faire mention dans leurs jugemens, ensemble des motifs sur lesquels ils seront fondés pour juger la compétence.

18. Les jugemens seront prononcés aussitôt aux accusés, et baillé copie, et procédé ensuite à leur interrogatoire, au commencement duquel sera encore déclaré, que le procès leur sera fait en dernier ressort.

19. N'entendons néanmoins rien innover à l'usage de notre Châtelet de Paris, dont les juges pourront déclarer aux accusés dans leur dernier interrogatoire sur la sélette, qu'ils seront jugés en dernier ressort; si par la suite des preuves survenues au procès ou par la confession des accusés, il paroît qu'ils aient été repris de justice, ou soient vagabonds et gens sans aveu.

20. Tous juges à la réserve des juges et consuls, et des bas et moyens justiciers, pourront connoitre des inscriptions de faux incidentes aux affaires pendantes par-devant eux, et des rébellions commises à l'exécution de leurs jugemens.

21. Les ecclésiastiques, les gentilshommes et nos secrétaires, pourront demander en tout état de cause, d'être jugés toute la grand'chambre du parlement, où le procès sera pendant, assemblée; pourvu toutefois que les opinions ne soient pas commencées : et s'ils ont requis d'être jugés à la grand' chambre, ils ne pourront demander d'être renvoyés à la Tournelle. Ce qui aura lieu à l'égard des officiers de justice dont les procès criminels ont accoutumé d'être jugés ès grand' chambres de nos parlemens.

22. Ne pourront les présidens, maîtres ordinaires, correcteurs, auditeurs, nos avocats et procureurs généraux de notre chambre des Comptes à Paris, être poursuivis ès causes et matières criminelles ailleurs qu'en la grand' chambre de notre cour de parlement de Paris. Pourront néanmoins pour crime commis

hors la ville, prévôté et vicomté de Paris, nos baillis et sénéchaux informer, et s'ils sont capitaux, décréter à l'encontre d'eux, à la charge de renvoyer les procédures à la grand'chambre, pour être instruites et jugées : et au cas que les parties aient volontairement procédé par-devant eux, elles ne pourront se pourvoir à la grand'chambre que par appel.

TITRE II.

Des procédures particulières aux prévôts des maréchaux de France, vice-baillis, vice-sénéchaux et lieutenans criminels de robe-courte.

Art. 1. Les prévôts de nos cousins les maréchaux de France ne connoîtront d'autres cas que de ceux énoncés dans l'article 12, du titre de la compétence des juges à peine d'interdiction, de dépens, dommages et intérêts, et de trois cents livres d'amende, applicable moitié envers nous, et l'autre moitié envers la partie.

2. Ne pourront aussi recevoir aucune plainte, ni informer hors leur ressort, si ce n'est pour rébellion à l'exécution de leurs décrets.

3. Seront tenus de mettre à exécution les décrets et mandemens de justice, lorsqu'ils en seront requis par nos juges, et sommés par nos procureurs ou par les parties, à peine d'interdiction et de trois cents livres d'amende, moitié vers nous, moitié vers la partie.

4. Leur enjoignons d'arrêter les criminels pris en flagrant délit ou à la clameur publique.

5. Défendons aux prévôts de donner des commissions pour informer à leurs archers, à des notaires, tabellions, ou aucunes autres personnes, à peine de nullité de la procédure, et d'interdiction contre le prévôt.

6. Pourront leurs archers écrouer les prisonniers arrêtés en vertu de leurs décrets.

7. Seront tenus laisser aux prisonniers qu'ils auront arrêtés, copie du procès-verbal de capture et de l'écrou, sous les peines portées par le premier article.

8. Les accusés contre lesquels le prévôt des maréchaux aura reçu plainte, informé et décrété, pourront se mettre dans les prisons du présidial du lieu du délit pour y faire juger la compétence, et à cet effet faire porter au greffe les charges et infor-

mations en vertu du jugement du présidial : ce que le prévôt sera tenu de faire incessamment.

9. Les prévôts des maréchaux, en arrêtant un accusé, seront tenus faire inventaire de l'argent, hardes, chevaux et papiers dont il se trouvera saisi, en présence de deux habitans des plus proches du lieu de la capture, qui signeront l'inventaire; sinon déclareront la cause de leur refus, dont il sera fait mention, pour être le tout remis dans trois jours au plus tard au greffe du lieu de la capture, à peine d'interdiction contre le prévôt pour deux ans, dépens, dommages et intérêts des parties, et de cinq cents livres d'amende applicable comme dessus.

10. A l'instant de la capture, l'accusé sera conduit ès prison du lieu, s'il y en a; sinon aux plus prochaines, dans vingt-quatre heures au plus tard. Défendons aux prévôts d'en faire chartre privée dans leurs maisons ni ailleurs, à peine de privation de leurs charges.

11. Défendons à tous officiers de maréchaussée de retenir aucuns meubles, armes ou chevaux saisis ou appartenans aux accusés; ni de s'en rendre adjudicataires sous leurs noms ou celui d'autres personnes, à peine de privation de leurs offices, cinq cents livres d'amende, et de restitution du quadruple.

12. Les accusés seront interrogés par le prévôt en présence de l'assesseur, dans les vingt-quatre heures de la capture, à peine de deux cents livres d'amende envers nous; pourra néanmoins les interroger sans assesseur au moment de la capture.

13. Enjoignons aux prévôts des maréchaux de déclarer à l'accusé au commencement du premier interrogatoire, et d'en faire mention, qu'ils entendent le juger prévôtalement, à peine de nullité de la procédure, et de tous dépens, dommages et intérêts.

14. Si le crime n'est pas de leur compétence, ils seront tenus d'en laisser la connoissance dans les vingt-quatre heures au juge du lieu du délit, après quoi ne pourront le faire que par l'avis des présidiaux.

15. La compétence sera jugée au présidial dans le ressort duquel la capture aura été faite dans trois jours au plus tard, encore que l'accusé n'ait point proposé de déclinatoire.

16. Les récusations qui seront proposées contre les prévôts des maréchaux, avant le jugement de la compétence, seront jugées au présidial, au rapport de l'assesseur en la maréchaussée, ou d'un conseiller du siège, au choix de la partie qui les présen-

tera, et celle contre l'assesseur, aussi par l'un des officiers dudit siége : et les récusations qui seront proposées depuis le jugement de la compétence, seront réglées au siége où le procès criminel devra être jugé.

17. L'accusé ne pourra être élargi pour quelque cause que ce soit, avant le jugement de la compétence, et ne pourra l'être après que par la sentence du présidial ou siége qui devra juger définitivement le procès.

18. Les jugemens de compétence ne pourront être rendus que par sept juges au moins, et ceux qui y assisteront, seront tenus d'en signer la minute; à quoi nous enjoignons à celui qui présidera et au prévôt de tenir la main, à peine contre chacun d'interdiction, de cinq cents livres d'amende envers nous, et des dommages et intérêts des parties.

19. La compétence ne pourra être jugée, que l'accusé n'ait été ouï en la chambre, en présence de tous les juges, dont sera fait mention dans le jugement, ensemble du motif de la compétence, sur les peines portées par l'article précédent contre le président, et de nullité de la procédure qui sera faite depuis le jugement de la compétence.

20. Le jugement de compétence sera prononcé, signifié, et copie baillée sur-le-champ à l'accusé, à peine de nullité des procédures, et tous dépens, dommages et intérêts contre le prévôt et le greffier du siége où la compétence aura été jugée.

21. Si le prévôt est déclaré incompétent, l'accusé sera transféré ès prisons du juge du lieu où le délit aura été commis, et les charges et informations, procès-verbal de capture et interrogatoire de l'accusé, et autres pièces et procédures remises à son greffe : ce que nous voulons être exécuté dans les deux jours pour le plus tard, après le jugement d'incompétence, à peine d'interdiction pour trois ans contre le prévôt, de 500 livres d'amende envers nous, et des dépens, dommages et intérêts des parties.

22. Le prévôt qui aura été déclaré compétent sera tenu procéder incessamment à la confection du procès avec son assesseur, sinon avec un conseiller du siége où il devra être jugé, suivant la distribution qui en sera faite par le président.

23. Si après le procès commencé pour un crime prévôtal, il survienne de nouvelles accusations dont il n'y ait point eu de plaintes de justice, pour crimes non prévôtaux, elles seront instruites conjointement, et jugées prévôtalement.

24. Aucune sentence prévôtale, préparatoire, interlocutoire ou définitive, ne pourra être rendue qu'au nombre de sept, au moins, officiers ou gradués, en cas qu'il ne se trouve au siége nombre suffisant de juges; et seront tenus ceux qui y auront assisté, de signer la minute à peine de nullité, et le greffier de les interpeller, à peine de 500 livres d'amende contre lui et contre chacun des refusans.

25. Sera dressé deux minutes des jugemens prévôtaux qui seront signées par les juges, dont l'une demeurera au greffe du siége où le procès aura été jugé, et l'autre au greffe de la maréchaussée, à peine d'interdiction pour trois ans contre le prévôt, et de 500 livres d'amende : défendons sous pareilles peines aux deux greffiers de prendre aucuns droits pour l'enregistrement et réception des deux minutes.

26. Si l'accusé est appliqué à la question, le procès-verbal de torture se fera par le rapporteur, en présence d'un conseiller du siége et du prévôt.

27. Les dépens adjugés par le jugement prévôtal seront taxés par le prévôt, en présence du rapporteur, qui n'en pourra prétendre aucuns droits; et s'il en est interjeté appel, le siége qui aura rendu le jugement, en connoîtra en dernier ressort.

28. Enjoignons aux vice-baillis, vice-sénéchaux et lieutenans criminels de robe courte, d'observer ce qui est prescrit pour les prévôts, et au surplus des procédures, seront par eux nos autres ordonnances observées : n'entendons néanmoins rien innover aux fonctions et droits du lieutenant criminel de robe courte de notre Châtelet de Paris.

TITRE III.

Des Plaintes, Dénonciations et Accusations.

Art. 1. Les plaintes pourront se faire par requête, et auront date du jour seulement que le juge, ou en son absence le plus ancien praticien du lieu, les aura répondu.

2. Pourront aussi les plaintes être écrites par le greffier en présence du juge, défendons aux huissiers, sergens, archers et notaires de les recevoir à peine de nullité, et aux juges de les leur adresser, à peine d'interdiction.

3. N'entendons néanmoins rien innover dans la fonction des commissaires de notre Châtelet de Paris, pour la réception des

plaintes qu'ils seront tenus de remettre au greffe : ensemble toutes les informations et procédures par eux faites dans les vingt-quatre heures, dont ils feront faire mention par les greffiers au bas de leur expédition ; et si c'est avant ou après-midi, à peine de cent livres d'amende, moitié vers nous, et moitié vers la partie qui s'en plaindra.

4 Tous les feuillets des plaintes seront signés par le juge et par le complaignant, s'il sait ou peut signer, ou par son procureur fondé de procuration spéciale, et sera fait mention expresse sur la minute et sur la grosse, de sa signature ou de son refus : ce que nous voulons être observé par les commissaires du Châtelet de Paris.

5. Les plaignans ne seront réputés parties civiles, s'ils ne le déclarent formellement ou par la plainte, ou par acte subséquent qui se pourra faire en tout état de cause, dont ils pourront se départir dans les vingt-quatre heures, et non après. Et en cas de désistement ne seront tenus des frais faits depuis qu'il aura été signifié, sans préjudice néanmoins des dommages et intérêts des parties.

6. Nos procureurs et ceux des seigneurs auront un registre pour recevoir et faire écrire les dénonciations qui seront circonstanciées et signées par les dénonciateurs, s'ils savent signer, sinon elles seront écrites en leur présence par le greffier du siége qui en fera réception.

7. Les accusateurs et dénonciateurs qui se trouveront mal fondés, seront condamnés aux dépens, dommages et intérêts des accusés, et à plus grande peine s'il y échoit : ce qui aura lieu à l'égard de ceux qui ne se seront rendus parties, ou qui s'étant rendus parties, se seront désistés si leurs plaintes sont jugées calomnieuses.

8. S'il n'y a point de partie civile, les procès seront poursuivis à la diligence, et sous le nom de nos procureurs ou des procureurs des justices seigneuriales.

TITRE IV.

Des Procès-Verbaux des juges.

ART. 1. Les juges dresseront sur-le-champ et sans déplacer, procès-verbal de l'état auquel seront trouvées les personnes blessées, ou le corps mort : ensemble du lieu où le délit aura été commis, et de tout ce qui peut servir pour la décharge ou conviction.

2. Les procès-verbaux seront remis au greffe dans les vingt-quatre heures, ensemble les armes, meubles et hardes qui pourront servir à la preuve, et feront ensuite parties des pièces du procès.

TITRE V.

Des Rapports des Médecins et Chirurgiens.

Art. 1. Les personnes blessées pourront se faire visiter par médecins et chirurgiens qui affirmeront leur rapport véritable, ce qui aura lieu à l'égard des personnes qui agiront pour ceux qui seront décédés; et sera le rapport joint au procès.

2. Pourront néanmoins les juges ordonner une seconde visite par médecins ou chirurgiens nommés d'office, lesquels prêteront le serment dont sera expédié acte, et après leur visite, en dresseront et signeront sur-le-champ leur rapport pour être remis au greffe et joint au procès, sans qu'il puisse être dressé aucun procès-verbal, à peine de cent livres d'amende contre les juges moitié vers nous, moitié vers la partie.

3. Voulons qu'à tous les rapports qui seront ordonnés en justice, assiste au moins un des chirurgiens commis de notre premier médecin ès lieux où il y en a, à peine de nullité des rapports.

TITRE VI.

Des Informations.

Art. 1. Les témoins seront administrés par nos procureurs ou ceux des seigneurs comme aussi par les parties civiles.

2. Les enfans de l'un et de l'autre sexe, quoiqu'au dessous de l'âge de puberté, pourront être reçus à déposer, sauf en jugeant d'avoir par les juges tel égard que de raison à la nécessité et solidité de leur témoignage.

3. Toutes personnes assignées pour être ouïes en témoignage, recolées ou confrontées seront tenues de comparoir pour satisfaire aux assignations, et pourront y être les laïcs contraints par amende sur le premier défaut et par emprisonnement de leur personne en cas de contumace; même les ecclésiastiques par amende, au paiement de laquelle ils seront contraints par saisie de leur temporel. Enjoignons aux supérieurs réguliers d'y faire comparoir leurs religieux, à peine de saisie de leur temporel et de suspension des priviléges à eux par nous accordés.

4. Les témoins avant qu'être ouïs, feront apparoir de l'exploit qui leur aura été donné pour déposer dont sera fait mention dans leurs dépositions. Pourront néanmoins les juges entendre les témoins d'office et sans assignations en cas de flagrant délit.

5. Les témoins prêteront serment et seront enquis de leur nom, surnom, âge, qualité, demeure, et s'ils sont serviteurs ou domestiques, parens ou alliés des parties, et en quel degré ; et du tout sera fait mention, à peine de nullité de la déposition, et des dépens, dommages et intérêts des parties contre le juge.

6. Les juges, même ceux de nos cours, ne pourront commettre leurs clercs ou autres personnes pour écrire les informations qu'ils feront dedans ou dehors leurs siéges, s'il y a un greffier ou un commis à l'exercice du greffe, si ce n'est qu'ils fussent absens, malades, ou qu'ils eussent quelque autre légitime empêchement.

7. Pourront néanmoins ceux qui exécuteront des commissions émanées de nous, commettre telles personnes qu'ils aviseront auxquelles ils feront prêter serment.

8. Défendons l'usage des adjoints dans les informations, sinon ès cas portés par l'édit de Nantes.

9. La déposition sera écrite par le greffier en présence du juge et signée par lui, par le greffier et le témoin, s'il sait ou peut signer, sinon en sera fait mention, et chaque page sera cottée et signée par le juge, à peine de tous dépens, dommages et intérêts.

10. La déposition de chacun témoin sera rédigée à charge ou à décharge.

11. Les témoins seront ouïs secrètement et séparément, et signeront leur déposition, après que lecture leur en aura été faite et qu'ils auront déclaré qu'ils y persistent, dont mention sera faite par le greffier sous les peines portées par l'art. 5 ci-dessus.

12. Aucune interligne ne pourra être faite, et sera tenu le greffier faire approuver les ratures, et signer les renvois par le témoin et par le juge, sous les mêmes peines.

13. La taxe pour les frais et salaires du témoin sera faite par le juge. Défendons à nos procureurs et à ceux des seigneurs et aux parties de donner aucune chose au témoin, s'il n'est ainsi ordonné.

14. Les dépositions qui auront été déclarées nulles par défaut de formalité, pourront être réitérées, s'il est ainsi ordonné par le juge.

15. Défendons aux greffiers de communiquer les informations et autres pièces secrettes du procès, ni de se désaisir des minutes,

sinon ès mains de nos procureurs, ou de ceux des seigneurs, qui s'en chargeront sur le registre, et marqueront le jour et l'heure pour les remettre incessamment et au plus tard dans trois jours, à peine d'interdiction contre le greffier, et de cent livres d'amende moitié vers nous, et moitié vers la partie.

16. Pourront aussi les rapporteurs retirer les minutes pour s'en servir dans la visite du procès, et seront tenus les remettre vingt-quatre heures après le jugement, sous les mêmes peines.

17. Les greffiers commis par les officiers de nos cours, seront tenus remettre leurs minutes ès cours qui les auront commis, dans trois jours après la procédure achevée, si elle s'est faite au lieu de la juridiction, ou dans les dix lieues, et sera le délai augmenté d'un jour pour la distance de chaque dix lieues, à peine de quatre cents livres d'amende moitié vers nous et moitié vers la partie, et de tous dépens, dommages et intérêts. Ce qui sera exécuté par le greffier commis, quoiqu'il n'eût encore reçu les salaires, dont en ce cas lui sera délivré exécutoire par le greffier ordinaire, suivant la taxe du commissaire, qui n'en pourra prétendre aucuns frais.

18. Enjoignons aux greffiers, garde-sacs de nos cours, grand conseil, et cour des aides de tenir un registre particulier, relié et chiffré, contenant au premier feuillet le nombre de ceux dont il sera composé. Ce qui aura lieu aux siéges présidiaux, baillages, sénéchaussées, maréchaussées, prévôtés et de toutes les autres justices royales et seigneuriales, dont le registre sera paraphé en tous les feuillets par le juge criminel, pour y être par les greffiers tant de nos cours, que des autres, enregistrées toutes les procédures qui seront faites, ou apportées, et leur date, ensemble le nom et la qualité du juge et de la partie, de suite et sans aucun blanc; pour raison de quoi le greffier ne pourra prétendre aucuns droits ni frais; et seront tenus de charger et décharger sur le registre, les officiers qui doivent prendre communication des pièces.

19. Les greffiers des prévôtés et châtellenies royales, et ceux des seigneurs seront tenus d'envoyer par chacun an, au mois de juin et de décembre, au greffe du baillage et sénéchaussée, où ressortissent leurs appellations médiatement ou immédiatement, un extrait de leur registre criminel dont leur sera baillé décharge sans frais. Et ceux des baillages, sénéchaussées et maréchaussées, seront tenus au commencement de chacune année, d'envoyer à notre procureur général, chacun dans son ressort, un extrait de

leur dépôt, même l'état des lettres de grâces ou abolition, entérinées en leurs siéges, avec les procédures et sentences d'entérinement, et la copie des extraits qui leur auront été remis par les greffiers des justices inférieures, l'année précédente.

TITRE VII.

Des Monitoires.

Art. 1. Tous juges, même ecclésiastiques et ceux des seigneurs, pourront permettre d'obtenir monitoires; encore qu'il n'y ait aucun commencement de preuves, ni refus de déposer par les témoins.

2. Enjoignons aux officiaux, à peine de saisie de leur temporel, d'accorder les monitoires que le juge aura permis d'obtenir.

3. Les monitoires ne contiendront autres faits que ceux compris au jugement qui aura permis de les obtenir, à peine de nullité, tant des monitoires que de ce qui aura été fait en conséquence.

4. Les personnes ne pourront être nommées ni désignées par les monitoires, à peine de cent livres d'amende contre la partie et de plus grande s'il y échet.

5. Les curés et leurs vicaires seront tenus, à peine de saisie de leur temporel, à la première réquisition, faire la publication du monitoire, qui pourra néanmoins, en cas de refus, être faite par un autre prêtre nommé d'office par le juge.

6. Si après la saisie du temporel des officiaux, curés ou vicaires à eux signifiée, ils refusent d'accorder et de publier le monitoire, nos juges pourront ordonner la distribution de leurs revenus aux hôpitaux, ou pauvres des lieux.

7. Les officiaux ne pourront prendre ni recevoir pour chacun monitoire plus de trente sols, leurs greffiers dix, y compris les droits du sceau, et les curés ou vicaires dix sols, à peine de restitution du quadruple, sans néanmoins qu'ès lieu où l'usage est de donner moins, les droits puissent être augmentés.

8. Les opposans à la publication du monitoire seront tenus élire domicile dans le lieu de la juridiction du juge qui en aura permis l'obtention, à peine de nullité de leur opposition, et pourront sans commission ni mandement y être assignés, pour comparoir à certains jour et heure, dans les trois jours pour le plus tard, si ce n'est qu'il y eût appel comme d'abus

9 L'opposition sera plaidée au jour de l'assignation, et le jugement qui interviendra exécuté nonobstant opposition ou appellation, même comme d'abus; défendons à nos cours et à tous autres juges de donner des défenses ou surséances, de les exécuter, si ce n'est après avoir vu les informations et le monitoire, et sur les conclusions de nos procureurs. Déclarons nulles toutes celles qui pourroient être obtenues: voulons, sans qu'il soit besoin d'en demander main-levée, que les arrêts, jugemens et sentences, soient exécutés, et les parties qui auront présenté requête à fin de défenses ou surséances, et les procureurs qui y auront occupé, condamnés chacun en cent livres d'amende, qui ne pourra être remise ni modérée, applicable moitié à nous, moitié à la partie.

10. Les révélations qui auront été reçues par les curés ou vicaires, seront envoyées par eux cachetées au greffe de la juridiction où le procès sera pendant, et pourvu par le juge aux frais du voyage, s'il y échoit.

11. En matière criminelle, nos procureurs et ceux des seigneurs, et les promoteurs aux officialités, auront communication des révélations des témoins; et les parties civiles, de leur nom et domicile seulement.

TITRE VIII.

De la Reconnoissance des écritures et signatures en matière criminelle.

Art. 1. Les écritures et signatures privées qui pourront servir à la preuve seront représentées aux accusés, après serment par eux prêté, et ils seront interpellés de reconnoître s'ils les ont écrites ou signées; après quoi elles seront paraphées par le juge et par l'accusé, s'il veut et peut les parapher, sinon en sera fait mention, et les pièces demeureront jointes aux informations.

2. Si l'accusé a reconnu avoir écrit ou signé les pièces, elles feront foi contre lui, et n'en sera fait aucune vérification.

3. Feront pareillement foi les écritures et signatures des mains étrangères qui seront reconnues par l'accusé.

4. Si l'accusé refuse de reconnoître les pièces, ou déclare ne les avoir écrites ou signées, les juges ordonneront qu'elles seront vérifiées sur pièces de comparaison.

5. Les pièces de comparaison seront authentiques, ou reconnues par l'accusé.

6. Nos procureurs ou ceux des seigneurs, et les parties civiles, pourront fournir des pièces de comparaison.

7. Les pièces de comparaison seront représentées par le juge à l'accusé, pour en convenir, ou les contester, sans qu'il lui soit donné, pour raison de ce, délai ni conseil; et s'il en convient, elles seront paraphées par lui et par le juge, qui en ordonnera la réception.

8. Si les pièces sont contestées par l'accusé, ou s'il refuse d'en convenir, le juge en dressera son procès-verbal, pour y pourvoir après qu'il aura été communiqué à notre procureur ou celui des seigneurs, et à la partie civile.

9. La vérification sera faite sur les pièces de comparaison, par experts et maîtres écrivains, nommés d'office par le juge.

10. Si le juge ordonne le rejet des pièces de comparaison, nos procureurs, ou ceux des seigneurs et les parties civiles, seront tenus d'en rapporter d'autres dans le délai qui sera prescrit, autrement les pièces dont la vérification aura été ordonnée, seront rejetées du procès.

11. Les pièces de comparaison et celles qui devront être vérifiées, seront données séparément à chacun expert, pour les voir et examiner à loisir.

12. Les experts seront ouïs, récolés et confrontés séparément, ainsi que les autres témoins.

13. En procédant au récolement des experts, les pièces de comparaison, et celles qui devront être vérifiées, leur seront représentées, et, à la confrontation, elles le seront aux experts et aux accusés.

14. Pourront être ouïs comme témoins ceux qui auront vu écrire ou signer les pièces qui pourront servir à la conviction des accusés, ou qui en auront connoissance en quelque autre manière.

TITRE IX.

Du crime de faux, tant principal qu'incident.

Art. 1. Les plaintes, dénonciations et accusations du crime de faux, et les autres procédures se feront en la même forme et manière que celle de tous les autres crimes; et les informations seront faites, tant par témoins que par experts, qui seront nommés d'office par le juge.

2. Les pièces prétendues avoir été falsifiées seront remises au juge, pour dresser procès-verbal de leur état, les représenter à la

partie civile pour les parapher en sa présence, si la partie veut ou peut les parapher, sinon en sera fait mention; et après avoir été paraphées par le juge, elles seront remises au greffé.

3. Elles seront aussi présentées aux témoins qui auront eu connoissance de la falsification.

4. La forme prescrite pour la reconnoissance des écritures et signatures, en matière criminelle, sera observée dans l'instruction qui se fera par la déposition des experts, pour la preuve du faux principal ou incident.

5. Le demandeur en inscription de faux sera tenu de consigner et d'en attacher l'acte à sa requête; savoir, en nos cours, la somme de cent livres; aux sièges qui y ressortissent immédiatement, soixante livres; et aux autres vingt livres; lesquelles sommes seront reçues et délivrées à qui le juge ordonnera, par les receveurs des amendes, s'il y en a, sinon par les greffiers des juridictions, qui s'en chargeront comme dépositaires, sans droits ni frais, et sans qu'ils puissent les employer en recettes, ni s'en dessaisir qu'elles n'aient été définitivement adjugées, pour être, après le jugement de l'inscription de faux, rendues ou délivrées aussi sans frais à qui il appartiendra.

6. Dans le faux incident, la requête du demandeur sera signée de lui ou de son procureur fondé de pouvoir spécial attaché à la requête, aux fins de faire déclarer par le défendeur s'il veut se servir de la pièce maintenue fausse.

7. Le juge ordonnera au pied de la requête que l'inscription sera faite au greffe, et le défendeur tenu de déclarer dans un délai compétent, suivant la distance de son domicile, s'il veut se servir de la pièce inscrite de faux.

8. Si le défendeur déclare qu'il ne veut point se servir de la pièce, elle sera rejetée du procès, sauf à pourvoir aux dommages et intérêts de la partie, et poursuivre le faux extraordinairement par nos procureurs ou ceux des seigneurs; et en matière bénéficiale, de priver le défendeur du bénéfice contesté, s'il a fait ou fait faire la pièce fausse, ou connu sa fausseté.

9. Si le défendeur déclare se vouloir servir de la pièce, elle sera mise au greffe, et l'acte du mis signifié au demandeur, pour former l'inscription dans les vingt-quatre heures; et le juge ordonnera que la minute sera apportée au greffe, dans le délai qui sera réglé suivant la distance des lieux, sinon la pièce rejetée du procès.

10. Le demandeur ou son conseil prendra, sans déplacer, communication de la pièce par les mains du greffier.

11. Les moyens de faux seront mis au greffe dans trois jours au plus tard, et n'en sera donné copie ni communication au défendeur.

12. Les juges pourront les joindre selon leur qualité et l'état du procès.

13. Si les moyens sont pertinens ou admissibles, la preuve en sera ordonnée par titres, par témoins, et par comparaison d'écritures et signatures par experts qui seront nommés par le même jugement, sauf à les récuser.

14. Le jugement contiendra aussi les moyens et faits qui auront été déclarés admissibles et n'en sera fait preuve d'aucun autre.

15. Les pièces inscrites de faux et celles de comparaison seront mises entre les mains des experts, après avoir prêté serment, et leur rapport délivré au juge, suivant qu'il est prescrit par l'article 10, du titre 21 de la descente sur les lieux, dans notre ordonnance du mois d'avril 1667.

16. S'il y a charge, les juges pourront décréter et ordonner que les experts seront répétés séparément en leur rapport, récolés et confrontés, ainsi que les autres témoins.

17. Le demandeur en faux qui succombera sera condamné en trois cents livres d'amende en nos cours, cent vingt livres aux sièges qui y ressortissent immédiatement; et aux autres, soixante livres, applicables les deux tiers à nous ou aux seigneurs à qui il appartiendra, et l'autre à la partie, sur lesquelles seront déduites les sommes consignées; et pourront les juges condamner en plus grande amende, s'il y échet.

TITRE X.

Des Décrets, de leur exécution et des élargissemens.

Art. 1. Tous décrets seront rendus sur conclusions de nos procureurs, ou de ceux des seigneurs.

2. Selon la qualité des crimes, des preuves, et des personnes, sera ordonné que la partie sera assignée pour être ouïe, ajournée à comparoir en personne, ou prise au corps.

3. L'assignation pour être ouï sera convertie en décret d'ajournement personnel, si la partie ne compare.

4. L'ajournement personnel sera converti en décret de prise de corps, si l'accusé ne compare pas dans le délai qui sera réglé par le décret d'ajournement personnel selon la distance des lieux, ainsi qu'aux ajournemens en matière civile.

5. Les procès-verbaux des présidens et conseillers de nos cours pourront être décrétés de prises de corps, et ceux de nos autres juges d'ajournement personnel seulement, sinon après que leurs assistans auront été répétés.

6. Les procès-verbaux des sergens ou huissiers, même de nos cours, ne pourront être décrétés, sinon en cas de rébellion à justice, que d'ajournement personnel seulement; mais après qu'ils auront été répétés et leurs records, les juges pourront décerner prise de corps, si le cas échoit. N'entendons néanmoins rien innover à l'usage des maîtrises de nos eaux et forêts, dans lesquelles les procès-verbaux des verdiers, gardes et sergens sont décrétés, même de prise de corps.

7. Celui contre lequel il y aura ordonnance d'assigné pour être ouï, ou décret d'ajournement personnel, ne pourra être arrêté prisonnier, s'il ne survient de nouvelles charges, ou que par délibération secrète de nos cours, il ait été résolu qu'en comparaissant il sera arrêté, ce qui ne pourra être ordonné par aucuns autres juges.

8. Pourra être décerné prise de corps sur la seule notoriété pour crime de duel, sur la plainte de nos procureurs contre les vagabonds, et sur celles des maîtres pour crimes et délits domestiques.

9. Après qu'un accusé pris en flagrant délit, où à la clameur publique, aura été conduit prisonnier, le juge ordonnera qu'il sera arrêté et écroué, et l'écrou lui sera signifié parlant à sa personne.

10. L'ordonnance d'assigné pour être ouï, contre un juge ou officier de justice, n'emportera point d'interdiction.

11. Le décret d'ajournement personnel ou de prise de corps, emportera de droit interdiction.

12. Sera procédé à l'exécution de tous décrets, même de prise de corps, nonobstant toutes appellations, même comme de juge incompétent ou récusé, et toutes autres, sans demander permission ni *pareatis*.

13. Seront néanmoins tenus ceux à la requête desquels les décrets seront exécutés, d'élire domicile dans le lieu où se fera l'exécution, sans attribuer toutefois aucune juridiction au juge du domicile élu.

14. Les huissiers, sergens, archers, et autres officiers chargés de l'exécution de quelques décrets ou mandemens de justice, auxquels on aura fait rébellion, excès ou violence, en dresseront procès-verbal, qu'ils remettront incontinent entre les mains du juge pour y être pourvu, et en être envoyé une expédition à notre procureur général ; sans néanmoins que l'instruction et le jugement puissent être retardés.

15. Enjoignons à tous gouverneurs, nos lieutenans généraux des provinces et villes, baillis, sénéchaux, maires et échevins, de prêter main forte à l'exécution des décrets et de toutes les ordonnances de justice, même aux prévôts des maréchaux, vice-baillis, vice-sénéchaux, leurs lieutenans et archers, à peine de radiation de leurs gages en cas de refus, dont il sera dressé procès-verbal par juges, huissiers ou sergens, pour être envoyé à nos procureurs généraux, chacun dans leur ressort, et y être par nous pourvu.

16. Les accusés qui auront été arrêtés, seront incessamment conduits dans les prisons, sans pouvoir être détenus en maison particulière, si ce n'est pendant leur conduite, et en cas de péril d'enlèvement, dont il sera fait mention dans le procès-verbal de capture et de conduite, à peine d'interdiction contre les prévôts, huissiers ou sergens, de mille livres d'amende envers nous, et des dommages et intérêts des parties.

17. Défendons à tous juges, même des officialités, d'ordonner qu'aucune partie soit amenée sans scandale.

18. Pourra, si le cas le requiert, être rendu décret de prise de corps contre des personnes non connues, et sous les désignations de l'habit de la personne et autres suffisantes, comme aussi à l'indication qui en sera faite.

19. Ne sera décerné prise de corps contre les domiciliés, si ce n'est pour crimes qui doivent être punis de peine afflictive ou infamante.

20. Nos procureurs ès justices ordinaires seront tenus d'envoyer à nos procureurs généraux, chacun dans leur ressort, aux mois de janvier et de juillet de chacune année, un état signé par les lieutenans criminels et par eux, des écrous et recommandations faites pendant les six mois précédens ès prisons de leurs sièges, et qui n'auront point été suivies de jugement définitif, contenant la date des décrets, écrous et recommandations, le nom, surnom, qualité et demeure des accusés, et sommairement le titre de l'accusation et l'état de la procédure. A l'effet de quoi

tous actes et écrous seront par les greffiers et geoliers délivrés gratuitement, et l'état porté par les messagers sans frais, à peine d'interdiction contre les greffiers et geoliers, et de cent livres d'amende envers nous, et de pareille amende contre les messagers; ce qui aura lieu, et sous pareille peine, pour les procureurs des justices seigneuriales, à l'égard de nos procureurs des siéges où elles ressortissent.

21. Les accusés contre lesquels il n'y aura eu originairement décret de prise de corps, seront élargis après l'interrogatoire, s'il ne survient de nouvelles charges, ou par leur reconnoissance, ou par la déposition de nouveaux témoins.

22. Aucun prisonnier pour crime ne pourra être élargi par nos cours et autres juges, encore qu'il se fût rendu volontairement prisonnier, sans avoir vu les informations, l'interrogatoire, les conclusions de nos procureurs ou de ceux des seigneurs, et les réponses de la partie civile, s'il y en a, ou sommation de répondre.

23. Les prisonniers pour crime ne pourront être élargis, s'il n'est ordonné par le juge, encore que nos procureurs ou ceux des seigneurs, et les parties civiles, y consentent.

24. Ne pourront aussi les accusés être élargis après le jugement, s'il porte condamnation de peine afflictive, ou que nos procureurs ou ceux des seigneurs en appellent, encore que les parties civiles y consentent, et que les amendes, aumônes et réparations aient été consignées.

TITRE XI.

Des Excuses ou Exoines des accusés.

Art. 1. L'accusé qui ne pourra comparoir en justice pour cause de maladie ou blessure, fera présenter ses excuses par procuration spéciale passée pardevant notaire, qui contiendra le nom de la ville, bourg ou village, paroisse, rue et maison où il sera détenu.

2. La procuration ne sera point reçue sans rapport d'un médecin de faculté approuvée, qui déclarera la qualité et les accidens de la maladie ou blessure, et que l'accusé ne peut se mettre en chemin sans péril de la vie, dont la vérité sera attestée par serment du médecin, pardevant le juge du lieu, dont sera dressé procès-verbal, qui sera aussi joint à la procuration.

3. L'exoine sera montrée à notre procureur ou à celui des sei-

gneurs, et communiquée à la partie civile, s'il y en a, qui sera tenue, sur un simple acte, de se trouver à l'audience où l'exoine sera présentée et reçue, sans que le porteur des pièces soit tenu de déclarer qu'il est envoyé exprès pour les présenter, et qu'il a vu l'accusé.

4. Si les causes de l'exoine paroissent légitimes, il sera ordonné que nos procureurs ou ceux des seigneurs, et les parties informeront respectivement dans un bref délai de la vérité de l'exoine et du contraire.

5. Le délai pour informer étant expiré, sera fait droit sur l'incident de l'exoine sur ce qui se trouvera produit.

TITRE XII.

Des Sentences de provisions.

ART. 1. Les juges pourront, s'il y échoit, adjuger à une partie quelques sommes de denier pour pourvoir aux alimens et médicamens : ce qui sera fait sans conclusions de nos procureurs ou de ceux des seigneurs.

2. Ne pourront les mêmes juges accorder des provisions à l'une et à l'autre des parties, à peine de suspension de leurs charges, et de tous dépens, dommages et intérêts.

3. Ne pourront aussi donner qu'une seconde provision, si elle est jugée nécessaire, pourvu qu'il y ait quinzaine au moins entre la première et la seconde, sans qu'ils puissent recevoir aucuns émolumens ni de l'une ni de l'autre, ni de tous les incidens qui naîtront en conséquence.

4. Les sentences de provision ne pourront être sursises, ni jointes aux procès par les juges qui les auront données, sous pareille peine.

5. Les deniers adjugés par provision ne pourront être saisis pour frais de justice, ou quelque autre cause ou prétexte que ce soit, ni consignés au greffe ou ailleurs, à peine de nullité des consignations, d'interdiction contre les greffiers et leurs commis qui les auront reçues : et pourront, nonobstant toutes les saisies et prétendues consignations, les parties condamnées être contraintes au paiement.

6. Les sentences de provisions seront exécutées par saisie des biens et emprisonnement de la personne du condamné, sans donner caution.

7. Les sentences de provision rendues par nos baillis, séné-

chaux et autres juges ressortissant nuement en nos cours, qui n'excéderont la somme de deux cents livres, celles des autres juges royaux qui n'excéderont six-vingts livres, et des juges des seigneurs qui n'excéderont cent livres, seront exécutées nonobstant et sans préjudice de l'appel.

8. Ne pourront nos cours surseoir ni défendre l'exécution des sentences de provision, sans avoir vu les charges et informations, et les rapports des médecins et chirurgiens, et que le tout n'ait été communiqué à nos procureurs généraux; les défenses ou surséances n'auront aucun effet à l'égard de la provision, si elles ne sont expressément ordonnées par l'arrêt, pour lequel ne seront prises aucunes épices.

TITRE XIII.

Des Prisons, Greffiers des geoles, Geoliers et Guichetiers.

Art. 1. Voulons que les prisons soient sûres, et disposées en sorte que la santé des prisonniers n'en puisse être incommodée.

2. Tous concierges et geoliers exerceront en personne, et non par aucuns commis, et sauront lire et écrire; et dans les lieux où ils ne le savent, en sera nommé d'autres dans six semaines, à peine contre les seigneurs de privation de leur droit.

3. Aucun huissier, sergent, archer ou autre officier de justice, ne pourra être greffier des geoles, concierge, geolier ni guichetier, à peine de cinq cents livres d'amende envers nous, et de peine corporelle s'il y échoit.

4. Enjoignons aux geoliers de donner des gages raisonnables aux guichetiers, et autres personnes par eux préposées à la garde des prisonniers.

5. Il n'y aura aucun greffier de geoles dans les prisons seigneuriales, et n'en sera établi aucun nouveau dans les royales.

6. Les greffiers des geoles où il y en a, ou les geoliers et concierges, seront tenus d'avoir un registre relié, coté et paraphé par le juge dans tous ses feuillets, qui seront séparés en deux colonnes, pour les écrous et recommandations, et pour les élargissemens et décharges.

7. Ils auront encore un autre registre coté et paraphé aussi par le juge, pour mettre par forme d'inventaire les papiers, hardes et meubles desquels le prisonnier aura été trouvé saisi, et dont sera dressé procès-verbal par l'huissier, archer ou sergent qui aura fait

l'emprisonnement, qui sera assisté de deux témoins qui signeront avec lui son procès-verbal; et seront les papiers, hardes et meubles qui pourront servir à la preuve du procès, remis au greffe sur-le-champ, et le surplus rendu à l'accusé qui signera l'inventaire et le procès-verbal; sinon sur l'un et sur l'autre sera fait mention de son refus.

8. Les greffiers et geoliers ne pourront laisser aucun blanc dans leurs registres.

9. Leur défendons, à peine des galères, de délivrer des écrous à des personnes qui ne seront point actuellement prisonnières, ni faire des écrous ou décharges sur feuilles volantes, cahiers, ni autrement, que sur le registre coté et paraphé par le juge.

10. Leur défendons de prendre aucuns droits pour les emprisonnemens, recommandations et décharges; mais pourront seulement pour les extraits qu'ils en délivreront, recevoir ceux qui seront taxés par le juge et qui ne pourront excéder; savoir, en toutes nos cours et justices, dix sols, et la moitié en celles des seigneurs; sans néanmoins pouvoir augmenter ès lieux où l'usage est de donner moins.

11. Les juges régleront les droits appartenans aux geoliers, greffiers des geoles et guichetiers, pour vivres, denrées, gîtes, geolages, extrait d'élargissemens ou décharges, dont sera fait un tableau ou tarif, qui sera posé au lieu le plus apparent de la prison, et le plus exposé à la vue.

12. Les recommandations des prisonniers seront nulles, si elles ne leur sont signifiées parlant à leur personne et copie baillée, dont sera fait mention dans le procès-verbal de l'huissier qui fera la recommandation.

13. Les écrous et recommandations feront mention des arrêts, jugemens et autres actes en vertu desquels ils seront faits, du nom, surnom et qualité du prisonnier, de ceux de la partie qui les fera faire; comme aussi du domicile qui sera par lui élu au lieu où la prison est située, sous pareille peine de nullité: et ne pourra être fait qu'un écrou, encore qu'il y eût plusieurs causes de l'emprisonnement.

14. Défendons à tous geoliers, greffiers et guichetiers, et à l'ancien des prisonniers appelé doyen ou prévôt, sous prétexte de bien-venue, de rien prendre des prisonniers en argent ou vivres, quand même il seroit volontairement offert, ni de cacher leurs hardes, ou les maltraiter et excéder, à peine de punition exemplaire.

15. Le geolier ou greffier de la geole sera tenu de porter incessamment, et dans les vingt-quatre heures pour le plus tard, à nos procureurs ou à ceux des seigneurs, copie des écrous et recommandations qui seront faites pour crimes.

16. Défendons aux geoliers et guichetiers de permettre la communication de quelques personnes que ce soit avec les prisonniers détenus pour crime, avant leur interrogatoire, ni même après, s'il est ainsi ordonné par le juge.

17. Ne sera permis aucune communication aux prisonniers enfermés dans les cachots, ni souffert qu'il leur soit donné aucunes lettres ou billets.

18. Ne pourront aussi les prisonniers être tirés des cachots, s'il n'est ainsi ordonné par le juge, auquel cas ils le seront incessamment et sans user de remise par les geoliers et guichetiers, ni prendre et recevoir aucuns droits ou salaire, encore même qu'ils leur fussent volontairement offerts.

19. Défendons aux geoliers de laisser vaguer les prisonniers pour dettes ou pour crimes, sur peine des galères, ni de les mettre dans les cachots ou leur attacher les fers aux pieds, s'il n'est ainsi ordonné par mandement signé du juge, à peine de punition exemplaire.

20. Les hommes prisonniers, et les femmes, seront mis en des chambres séparées.

21. Enjoignons aux geoliers et guichetiers de visiter les prisonniers enfermés dans les cachots, au moins une fois chacun jour; et de donner avis à nos procureurs et à ceux des seigneurs, de ceux qui seront malades, pour être visités par les médecins et chirurgiens ordinaires des prisons, s'il y en a, sinon par ceux qui seront nommés par le juge, pour être, s'il est besoin, transférés dans les chambres : et après leur convalescence, seront renfermés dans les cachots.

22. Les geoliers et guichetiers ne pourront recevoir des prisonniers aucunes avances pour leurs nourritures, gîtes et geolages, et seront tenus donner quittance de tout ce qui leur sera payé.

23. Les créanciers qui auront fait arrêter ou recommander leur débiteur, seront tenus lui fournir la nourriture suivant la taxe qui en sera faite par le juge, et contraints solidairement, sauf leur recours entre eux; ce que nous voulons avoir lieu à l'égard des prisonniers pour crimes, qui après le jugement ne seront détenus que pour intérêts civils. Sera néanmoins délivré exécu-

toire aux créanciers et à la partie civile, pour être remboursés sur les biens du prisonnier, par préférence à tous créanciers.

24. Sur deux sommations faites à différens jours aux créanciers qui seront en demeure de fournir la nourriture au prisonnier, et trois jours après la dernière, le juge pourra ordonner son élargissement, partie présente, ou dûment appelée.

25. Les prisonniers pour crime ne pourront prétendre d'être nourris par la partie civile; et leur sera fourni par le geolier du pain, de l'eau et de la paille bien conditionnés, suivant les réglemens.

26. Celui qui sera commis par notre procureur ou ceux des seigneurs, pour fournir le pain des prisonniers, sera remboursé sur le fonds des amendes, s'il est suffisant; sinon sur le revenu de nos domaines: et où notre domaine se trouvera engagé, les engagistes y seront contraints, et ailleurs les seigneurs hauts-justiciers, même les receveurs et fermiers de nos domaines, ceux des engagistes et des hauts-justiciers respectivement, nonobstant oppositions ou appellations, prétendus manques de fonds et paiemens faits par avance, et toutes saisies; sauf à être pourvu de fonds aux receveurs sur l'année suivante, et faire déduction aux fermiers sur le prix de leurs baux.

27. Les geoliers ne pourront vendre de la viande aux prisonniers aux jours qui sont défendus par l'église, ni permettre qu'il leur en soit apporté de dehors, même à ceux de la R. P. R., si ce n'est en cas de maladie, par ordonnance de médecin.

28. Les prisonniers qui ne seront enfermés dans les cachots, pourront faire apporter de dehors les vivres, bois, charbon, et toutes choses nécessaires, sans être contraints d'en prendre des geoliers, cabaretiers ou autres. Pourra néanmoins ce qui leur sera apporté être visité, sans être diminué ni gâté.

29. Tous greffiers, même de nos cours, et ceux des seigneurs, seront tenus prononcer aux accusés les arrêts, sentences et jugemens d'absolution ou d'élargissement, le même jour qu'ils auront été rendus; et s'il n'y a point d'appel par nos procureurs ou ceux des seigneurs dans les vingt-quatre heures, mettre les accusés hors des prisons, et l'écrire sur le registre de la geole; comme aussi ceux qui n'auront été condamnés qu'en des peines et réparations pécuniaires, en consignant ès mains du greffier les sommes adjugées pour amendes, aumônes et intérêts civils; sans que faute de paiement d'épices, ou d'avoir levé les arrêts, sentences et jugemens, les prononciations ou les élargissemens

puissent être différés; à peine contre le greffier d'interdiction, de trois cents livres d'amende, dépens, dommages et intérêts des parties : ne pourront néanmoins les prisonniers être élargis, s'ils sont détenus pour autre cause.

30. Ne pourront les geoliers, greffiers des geoles, guichetiers et cabaretiers, ou autres, empêcher l'élargissement des prisonniers, pour frais, nourriture, gîte, geolage, ou aucune autre dépense.

31. Les prisonniers détenus pour dettes seront élargis sur le consentement des parties qui les auront fait arrêter ou recommander, passé pardevant notaire, qui sera signifié aux geoliers ou greffiers des geoles, sans qu'il soit besoin d'obtenir aucun jugement.

32. Le même sera observé à l'égard de ceux qui auront consigné ès mains du geolier ou greffier de la geole, les sommes pour lesquelles ils seront détenus. Voulons qu'ils soient mis hors des prisons, sans qu'il soit besoin de le faire ordonner.

33. Ne pourront les greffiers des geoles, et les geoliers de nos prisons, et de celles des seigneurs, prendre ni recevoir aucun droit de consignation, encore qu'il leur fût volontairement offert; et les deniers consignés seront délivrés entièrement aux parties, sans en rien retenir sous prétexte de droits de recette, de consignation, ou de garde, ou pour épices, frais et expéditions des jugemens, nourritures, gîtes, geolages, et toutes autres dépenses des prisonniers; à peine de concussion.

34. Enjoignons aux lieutenans criminels et tous autres juges d'observer et faire observer les réglemens ci-dessus; leurs défendons d'ordonner aucun élargissement, sinon en la forme par nous prescrite, à peine d'interdiction, et de tous dépens, dommages et intérêts des parties.

35. Nos procureurs et ceux des seigneurs, seront tenus visiter leurs prisons une fois chacune semaine, pour y recevoir les plaintes des prisonniers.

36. Les greffiers des geoles, geoliers et guichetiers, seront pareillement tenus d'exécuter notre présent réglement, à peine contre les greffiers d'interdiction, de trois cents livres d'amende, moitié vers nous, et moitié aux nécessités des prisonniers, et de plus grande, s'il y échet; et contre les geoliers et guichetiers, de destitution, de trois cents livres d'amende, applicables comme dessus, et de punition corporelle.

37. Enjoignons aux juges d'informer des exactions, excès, vio-

lences, mauvais traitemens et contraventions à notre présent règlement, qui seront commises par les greffiers des geoles, les geoliers et guichetiers, dont la preuve sera complète s'il y a six témoins, quoiqu'ils déposent chacun de faits singuliers et séparés, et qu'ils y soient intéressés.

38. Les prisonniers mis en des prisons empruntées, seront incessamment transférés.

39. Les baux à ferme des prisons seigneuriales seront faits en présence de nos juges, chacun dans leur ressort; et ils en taxeront la redevance annuelle, qui ne pourra être excédée par les seigneurs, ni affermée à d'autres, à peine de déchoir entièrement de leur droit de haute justice.

TITRE XIV.

Des Interrogatoires des accusés.

Art. 1. Les prisonniers pour crimes seront interrogés incessamment, et les interrogatoires commencés au plus tard dans les vingt-quatre heures après leur emprisonnement, à peine de tous dépens, dommages et intérêts contre le juge qui doit faire l'interrogatoire; et à faute par lui d'y satisfaire, il y sera procédé par un autre officier, suivant l'ordre du tableau.

2. Le juge sera tenu vaquer en personne à l'interrogatoire, qui ne pourra en aucun cas être fait par le greffier, à peine de nullité et d'interdiction contre le juge et le greffier, et de 500 liv. d'amende envers nous contre chacun d'eux, dont ils ne pourront être déchargés.

3. Nos procureurs, ceux des seigneurs, et les parties civiles, pourront donner des mémoires au juge pour interroger l'accusé, tant sur les faits portés par l'information, qu'autres, pour s'en servir par le juge, ainsi qu'il avisera.

4. Il sera procédé à l'interrogatoire au lieu où se rend la justice, dans la chambre du conseil ou de la geole; défendons aux juges de les faire dans leurs maisons.

5. Pourront néanmoins les accusés pris en flagrant délit, être interrogés dans le premier lieu qui sera trouvé commode.

6. Encore qu'il y ait plusieurs accusés, ils seront interrogés séparément, sans assistance d'autre personne que du juge et du greffier.

7. L'accusé prêtera le serment avant d'être interrogé, et en sera fait mention, à peine de nullité.

8. Les accusés, de quelque qualité qu'ils soient, seront tenus de répondre par leur bouche, sans le ministère de conseil qui ne pourra leur être donné, même après la confrontation, nonobstant tous usages contraires, que nous abrogeons, si ce n'est pour crime de péculat, concussion, banqueroute frauduleuse, vol de commis ou associés en affaires de finance ou de banque, fausseté de pièces, suppositions de part, et autres crimes où il s'agira de l'état des personnes, à l'égard desquelles les juges pourront ordonner, si la matière le requiert, que les accusés après l'interrogatoire communiqueront avec leur conseil ou leurs commis. Laissons au devoir et à la religion des juges, d'examiner avant le jugement s'il n'y a point de nullité dans la procédure.

9. Pourront les juges, après l'interrogatoire, permettre aux accusés de conférer avec qui bon leur semblera, si le crime n'est pas capital.

10. Les hardes, meubles et pièces servant à la preuve, seront représentés à l'accusé lors de son interrogatoire, et les papiers et écritures paraphés par le juge et l'accusé; sinon sera fait mention de la cause de son refus, et sera l'interrogatoire continué sur les faits et inductions résultantes des hardes, meubles et pièces, et l'accusé tenu d'y répondre sur-le-champ, sans qu'il lui en soit donné autre communication, si ce n'est ès cas mentionnés en l'art. 8 ci-dessus, après néanmoins que l'interrogatoire aura été achevé.

11. Si l'accusé n'entend pas la langue françoise, l'interprète ordinaire, ou s'il n'y en a point, celui qui sera nommé d'office par le juge, après avoir prêté serment, expliquera à l'accusé les interrogatoires qui lui seront faits par le juge, et au juge les réponses de l'accusé, et sera le tout écrit en langue françoise, signé par le juge, l'interprète et l'accusé, sinon mention sera faite de son refus de signer.

12. Ne sera fait aucune rature, ni interligne dans la minute des interrogatoires; et si l'accusé y fait aucun changement, il en sera fait mention dans la suite de l'interrogatoire.

13. L'interrogatoire sera lu à l'accusé à la fin de chacune séance, coté et paraphé en toutes ses pages, et signé par le juge et par l'accusé, s'il veut ou sait signer, sinon sera fait mention de son refus; le tout à peine de nullité, et de tous dépens, dommages et intérêts contre le juge.

14. Les commissaires de notre Châtelet de Paris pourront interroger pour la première fois les accusés pris en flagrant délit,

les domestiques accusés par leurs maîtres, et ceux contre lesquels il y aura décret d'ajournement personnel seulement.

15. L'interrogatoire pourra être réitéré toutes les fois que le cas le requerra, et sera chacun interrogatoire mis en cahier séparé.

16. Défendons à nos juges et à ceux des seigneurs, de prendre, recevoir, ni se faire avancer aucune chose par les prisonniers pour leur interrogatoire, ou pour aucuns autres droits par eux prétendus; sauf à se faire payer de leurs droits par la partie civile, s'il y en a.

17. Les interrogatoires seront incessamment communiqués à nos procureurs ou à ceux des seigneurs, pour prendre droit par eux, ou requérir ce qu'ils aviseront.

18. Sera aussi donné communication des interrogatoires à la partie civile, en toutes sortes de crimes.

19. L'accusé de crime auquel il n'échera peine afflictive, pourra prendre droit par les charges, après avoir subi l'interrogatoire.

20. Si nos procureurs ou ceux des seigneurs, et la partie civile, sont reçus à prendre droit par l'interrogatoire, et l'accusé par les charges, la partie civile pourra donner sa requête contenant ses demandes, et l'accusé ses réponses, dans le délai qui sera ordonné, passé lequel, sera procédé au jugement, encore que les requêtes ou les réponses n'aient point été fournies.

21. Si pardevant les premiers juges, les conclusions de nos procureurs ou de ceux des seigneurs, et en nos cours, les sentences dont est appel, ou les conclusions de nos procureurs généraux, portent condamnation de peine afflictive, les accusés seront interrogés sur la sellette.

22. L'interrogatoire prêté sur la sellette pardevant le juge des lieux, sera envoyé en nos cours avec le procès, quand il y aura appel, à peine de 100 liv. d'amende contre le greffier.

23. Les curateurs et les interprètes seront interrogés derrière le barreau, encore que les conclusions et la sentence portent peine afflictive contre l'accusé.

TITRE XV.

Des Récolemens et Confrontations des témoins.

Art. 1. Si l'accusation mérite d'être instruite, le juge ordonnera que les témoins ouïs ès-informations, et autres qui pourront être ouïs de nouveau, seront recolés en leurs dépositions, et si besoin est, confrontés à l'accusé, et pour cet effet, assignés dans un délai compétent, suivant la distance des lieux, la qualité des personnes et de la matière.

2. Les témoins défaillans seront pour le premier défaut condamnés à l'amende; et en cas de contumace, contraints par corps, suivant qu'il sera ordonné par le juge.

3. Ne pourra être procédé au recolement des témoins qu'il n'ait été ordonné par jugement. Pourront néanmoins les témoins fort âgés, malades, valétudinaires, prêts à faire voyage, ou pour quelque autre urgente nécessité, être répétés avant qu'il y ait aucun jugement qui l'ordonne; et ne vaudra la répétition du témoin pour confrontation contre le contumax, qu'après qu'il aura été ainsi ordonné par le jugement de défaut de contumace.

4. Les témoins seront recolés, encore qu'ils aient été ouïs pardevant un des conseillers de nos cours et que le recolement se fasse pardevant lui.

5. Les témoins seront recolés séparément, et seront, après serment et lecture faite de leur déposition, interpelés de déclarer s'ils y veulent ajouter ou diminuer, et s'ils y persistent, sera écrit ce qu'ils y voudront ajouter ou diminuer, et lecture à eux faite du recolement, qui sera paraphé et signé dans toutes ses pages par le juge et par le témoin, s'il sait ou veut signer, sinon sera fait mention de son refus.

6. Le recolement ne sera réitéré encore qu'il ait été fait pendant l'absence de l'accusé, et que le procès ait été instruit en différens temps, ou qu'il y ait plusieurs accusés.

7. Le recolement des témoins sera mis dans un cahier séparé des autres procédures.

8. S'il est ordonné que les témoins seront recolés et confrontés, la déposition de ceux qui n'auront été confrontés ne fera point de preuve, s'ils ne sont décédés pendant la contumace.

9. Dans les crimes esquels il échet peine afflictive, les juges pourront ordonner le recolement et la confrontation des témoins qui n'aura été faite, si leurs dépositions font charge considérable.

10. Dans la visite du procès sera fait lecture de la déposition des témoins, qui sont à la décharge, quoi qu'ils n'aient été recolés, ni confrontés, pour y avoir égard par les juges.

11. Les témoins qui depuis le recolement rétracteront leurs dépositions ou les changeront dans des circonstances essentielles, seront poursuivis et punis comme faux témoins.

12. Les accusés contre lesquels il y aura originairement décret de prise de corps, seront en prison pendant le temps de la confrontation, et en sera fait mention dans la procédure, si ce n'est que par nos cours en jugement des appellations, il en ait été autrement ordonné.

13. Les confrontations seront écrites dans un cahier séparé, et chacune en particulier paraphée et signée du juge dans toutes les pages, par l'accusé et par le témoin, s'ils savent ou veulent signer, sinon sera fait mention de la cause de leurs refus.

14. Pour procéder à la confrontation du témoin, l'accusé sera mandé, et après le serment prêté par le témoin et par l'accusé en présence l'un de l'autre, le juge les interpellera de déclarer s'ils se connoissent.

15. Sera fait ensuite lecture à l'accusé des premiers articles de la déposition du témoin, contenant son nom, âge, qualité et demeure, la connoissance qu'il aura dit avoir des parties, et s'il est leur parent ou allié.

16. L'accusé sera ensuite interpellé par le juge de fournir sur-le-champ ses reproches contre le témoin, si aucuns il a, et averti qu'il n'y sera plus reçu après avoir entendu la lecture de sa déposition, dont sera fait mention.

17. Les témoins seront enquis de la vérité des reproches, et ce que le témoin et l'accusé diront sera écrit.

18. Après que l'accusé aura fourni ses reproches, ou déclaré qu'il n'en veut point fournir, lecture lui sera faite de la déposition et du recolement du témoin, avec interpellation de déclarer s'ils contiennent vérité, et si l'accusé est celui dont il a entendu parler dans ses dépositions et recolemens, et, ce qui sera dit par l'accusé et le témoin, sera aussi rédigé par écrit.

19. L'accusé ne sera plus reçu à fournir de reproches contre le témoin, après qu'il aura entendu la lecture de sa déposition.

20. Pourra néanmoins en tout état de cause proposer des reproches, s'ils sont justifiés par écrit.

21. Défendons aux juges d'avoir égard aux déclarations faites par les témoins depuis l'information, lesquelles nous déclarons nulles. Voulons qu'elles soient rejetées du procès : et néanmoins le témoin qui l'aura faite et la partie qui l'aura produite, condamnés chacun en 400 liv. d'amende envers nous, et autre plus grande peine s'il y échoit.

22. Si l'accusé remarque dans la déposition du témoin quelque contrariété ou circonstance qui puisse éclaircir le fait et justifier

son innocence, il pourra requérir le juge d'interpeller le témoin de les reconnoître, sans pouvoir lui-même faire l'interpellation au témoin : et seront les remarques, interpellations, reconnoissance et réponses aussi rédigées par écrit.

23. Tout ce que dessus aura lieu dans les confrontations qui seront faites des accusés les uns aux autres.

24. S'il est ordonné que les témoins seront ouïs une seconde fois, ou le procès fait de nouveau à cause de quelque nullité dans la procédure, le juge qui l'aura commise sera condamné d'en faire faire les frais, et payer les vacations de celui qui y procédera, et encore les dommages et intérêts de toutes les parties.

TITRE XVI.

Des Lettres d'abolition, rémission, pardon, pour ester à droit, rappel de ban ou de galères, commutation de peine, réhabilitation et révision de procès.

ART. 1. Enjoignons à nos cours et autres juges, auxquels l'adresse des lettres d'abolition sera faite, de les entériner incessamment, si elles sont conformes aux charges et informations. Pourront néanmoins nos cours nous faire remontrance, et nos autres juges représenter à notre chancelier ce qu'ils trouveront à propos sur l'atrocité du crime.

2. Les lettres de rémission seront accordées pour les homicides involontaires seulement, ou qui seront commis dans la nécessité d'une légitime défense de la vie.

3. Les lettres de pardon seront scellées pour les cas esquels il n'échoit peine de mort, et qui néanmoins ne peuvent être excusés.

4. Ne seront données aucunes lettres d'abolition pour les duels, ni pour les assassinats prémédités, tant aux principaux auteurs qu'à ceux qui les auront assistés, pour quelque occasion ou prétexte qu'ils puissent avoir été commis, soit pour venger leurs querelles ou autrement; ni à ceux qui, à prix d'argent ou autrement, se louent ou s'engagent pour tuer, outrager, excéder ou recourre des mains de la justice les prisonniers pour crimes; ni à ceux qui les auront loués ou induits pour ce faire, encore qu'il n'y ait eu que la seule machination ou attentat, et que l'effet n'en soit ensuivi : pour crime de rapt commis par violence; ni à ceux qui auront excédé ou outragé aucuns de nos magistrats

ou officiers huissers, et sergens exerçant, faisant ou exécutant quelque acte de justice. Et si aucunes lettres d'abolition ou rémission étoient expédiées pour les cas ci-dessus, nos cours pourront nous en faire leurs remontrances, et nos autres juges représenter à notre chancelier ce qu'ils estimeront à propos.

5. Les lettres d'abolition, celles pour ester à droit après les cinq années de la coutumace, de rappel de ban ou de galères, commutation de peine, réhabilitation du condamné en ses biens et bonne renommée, et de révision de procès, ne pourront être scellées qu'en notre grande chancellerie.

6. L'arrêt ou le jugement de condamnation sera attaché sous le contre-scel des lettres de rappel de ban ou de galères, commutation de peine ou de réhabilitation; à faute de quoi les impétrans ne pourront s'en aider, et défendons aux juges d'y avoir égard.

7. Enjoignons à nos juges, même à nos cours, d'entériner les lettres de rappel de ban ou de galères, commutation de peine et de réhabilitation, qui leur seront adressées, sans examiner si elles sont conformes aux charges et informations : sauf à nous représenter par nos cours ce qu'elles jugeront à propos.

8. Pour obtenir des lettres de révision de procès, le condamné sera tenu d'exposer le fait avec ses circonstances par requête qui sera rapportée en notre conseil, et renvoyée, s'il est jugé à propos, aux maîtres des requêtes de notre hôtel, pour avoir leur avis, que nous voulons être ensuite rapportés en notre conseil. Et si les lettres sont justes, il sera ordonné par arrêt qu'elles seront expédiées et scellées; et pour cet effet, elles seront signées par un secrétaire de nos commandemens.

9. L'avis des maîtres des requêtes de notre hôtel, et l'arrêt de notre conseil, seront attachés sous le contre-scel des lettres de révision, et l'adresse faite à celles de nos cours, où le procès aura été jugé.

10. Les parties pourront produire devant les juges, auxquels elles seront renvoyées, de nouvelles pièces, qui seront attachées à une requête, de laquelle sera baillé copie à la partie : ensemble des pièces pour y répondre aussi par requête, dont sera pareillement baillé copie dans le délai qui sera ordonné : passé lequel, et après que le tout aura été communiqué à nos procureurs, sera procédé au jugement des lettres sur ce qui se trouvera produit.

11. Toutes les lettres de rémission, pardon pour ester à droit, rappel de ban et de galères, commutation de peine, réhabilita-

tion et révision de procès, obtenues par les gentilshommes, ils seront tenus d'exprimer nommément leur qualité, à peine de nullité.

12. Les lettres obtenues par les gentilshommes ne pourront être adressées qu'à nos cours, chacune suivant sa juridiction et la qualité de la matière, qui pourront néanmoins, si la partie civile le requiert, et qu'elles le jugent à propos, renvoyer l'instruction sur les lieux.

13. L'adresse des lettres obtenues par des personnes de qualité roturière, sera faite à nos baillis et sénéchaux des lieux où il y a siége présidial; et dans les provinces où il n'y a point de siége présidial, l'adresse se fera aux juges ressortissans nuement en nos cours et non autres, à peine de nullité des jugemens.

14. Pourront néanmoins les lettres obtenues par les gentilshommes être adressées aux présidiaux, si leur compétence y a été jugée.

15. Ne pourront les lettres d'abolition, rémission, pardon, et pour ester à droit, être présentées par ceux qui les auront obtenues, s'ils ne sont effectivement prisonniers et écroués; et seront les écroues attachés aux lettres, et eux contraints de demeurer en prison pendant toute l'instruction et jusqu'au jugement définitif des lettres. Défendons à tous juges de les élargir à caution ou autrement, à peine de suspension de leurs charges, et de payer par eux les condamnations qui interviendront contre les accusés.

16. Les lettres seront présentées dans trois mois, du jour de l'obtention, passé lequel temps, défendons aux juges d'y avoir égard. Et ne pourront les impétrans en obtenir de nouvelles, ni être relevés du laps de temps.

17. L'obtention et la signification des lettres ne pourront empêcher l'exécution des décrets, ni l'instruction, jugement et exécution de la coutumace jusqu'à ce que l'accusé soit actuellement en état dans les prisons du juge, auquel l'adresse en aura été faite.

18. Les charges et informations, et toutes les autres pièces du procès, même les procédures faites depuis l'obtention des lettres, seront incessamment portées aux greffes des juges, auxquels l'adresse en sera faite : ce que nous voulons avoir lieu à l'égard des lettres de révision.

19. Les lettres seront signifiées à la partie civile, et copie baillée avec assignation en vertu de l'ordonnance du juge, pour fournir ses moyens d'opposition, et procéder à l'entérinement.

Et seront les formes et délais prescrits par notre ordonnance du mois d'avril 1667, observés si ce n'est que la partie civile consente de procéder avant l'échéance des délais, par acte signé et dûment signifié.

20. Ne pourra être procédé au jugement des lettres, qu'elles n'aient été, ensemble le procès, communiquées à nos procureurs.

21. Les demandeurs en lettres d'abolition, et rémission et pardon, seront tenus de les présenter à l'audience tête nue et à genoux, et affirmeront, après qu'elles auront été lues en leur présence, qu'elles contiennent vérité, qu'ils ont donné charge de les obtenir, et qu'ils s'en veulent servir : après quoi ils seront renvoyés en prison.

22. Nos procureurs, et la partie civile, s'il y en a, pourront, nonobstant la présentation des lettres de rémission et pardon, informer par addition, et faire recoler et confronter les témoins.

23. Défendons aux lieutenans criminels et à tous autres juges, aux greffiers et huissiers de prendre ni recevoir aucune chose, encore qu'elle leur fût volontairement offerte, pour l'attache, lecture ou publication des lettres, ou pour conduire et faire entrer l'impétrant à l'audience, et sous quelque autre prétexte que ce soit, à peine de concussion et de restitution du quadruple.

24. Le demandeur en lettres sera interrogé dans la prison par le rapporteur du procès, sur les faits résultans des charges et informations.

25. défendons à tous juges, même à nos cours de procéder à l'entérinement des lettres, que toutes les informations et charges n'aient été apportées, et communiquées à nos procureurs, vues et examinées par les juges : nonobstant toutes sommations qui pourroient avoir été faites aux greffiers de les apporter, et les diligences dont les demandeurs en lettres pourroient faire apparoir : sauf à décerner des exécutoires, et ordonner d'autres peines contre les greffiers qui en seront en demeure.

26. Les impétrans seront interrogés dans la chambre, sur la sellette avant le jugement, et l'interrogatoire rédigé par écrit par le greffier, et envoyé avec le procès en nos cours en cas d'appel.

27. Si les lettres de rémission et pardon sont obtenues pour des cas qui ne soient pas rémissibles, ou si elles ne sont pas conformes aux charges, les impétrans en seront déboutés.

28. Les impétrans des lettres de révision qui succomberont,

seront condamnés en trois cents livres d'amende envers nous, et cent cinquante livres envers la partie.

TITRE XVII.

Des Défauts et Contumaces.

Art. 1er. Si le décret de prise de corps ne peut être exécuté contre l'accusé, il en sera fait perquisition, et ses biens seront saisis et annotés, sans que, pour raison de ce, il soit obtenu aucun jugement.

2. La perquisition sera faite à son domicile ordinaire, ou au lieu de sa résidence, si aucune il a dans le lieu où s'instruit le procès; et copie laissée du procès-verbal de perquisition.

3. Si l'accusé n'a point de domicile, ou ne réside au lieu de la juridiction, la copie du décret sera affichée à la porte de l'auditoire.

4. La saisie des meubles de l'accusé sera faite en la manière prescrite au titre *des Saisies et Exécutions* de notre ordonnance du mois d'avril 1667.

5. Les fruits des immeubles seront saisis, et commissaires établis à leur garde avec les formalités prescrites par notre ordonnance pour les séquestres et commissaires.

6. Défendons à tous juges d'établir pour gardiens ou commissaires les parens ou domestiques des fermiers et receveurs de notre domaine, ou des seigneurs, à qui la confiscation appartient.

7. Si l'accusé est domicilié ou réside dans le lieu de la juridiction, il y sera assigné à comparoir dans quinzaine; sinon, l'exploit d'assignation sera affiché à la porte de l'auditoire.

8. A faute de comparoir dans la quinzaine, il sera assigné par un seul cri public à la huitaine; mais les jours de l'assignation et de l'échéance ne seront compris dans les délais.

9. Le cri sera fait à son de trompe, suivant l'usage, à la place publique, et à la porte de la juridiction, et encore au-devant du domicile ou résidence de l'accusé, s'il y en a.

10. Si l'accusé qui a pour prison la suite de notre conseil, ou de notre grand conseil, le lieu de la juridiction où s'instruit son procès, ou les chemins de celle où il aura été renvoyé, ne se représente pas, il sera assigné par une seule proclamation à la porte de l'auditoire, et le procès-verbal de proclamation affiché

au même endroit, et procédé sans autres formalités au reste de l'instruction et jugement du procès.

11. Défendons aux juges d'ordonner autre assignation ou proclamation que celles ci-dessus, à peine d'interdiction et des dommages et intérêts des parties.

12. Après le délai des assignations la procédure sera remise au parquet de nos procureurs, ou de ceux des seigneurs, pour y prendre leurs conclusions.

13. Si la procédure est valablement faite, les juges ordonneront que les témoins seront recolés en leurs dépositions, et que le recolement vaudra confrontation.

14. Après le recolement, le procès sera derechef communiqué à nos procureurs, ou ceux des seigneurs, pour prendre leurs conclusions deffinitives.

15. Le même jugement déclarera la contumace bien instruite, en adjugera le profit, et contiendra la condamnation de l'accusé. Défendons d'y insérer la clause : *Si pris et appréhendé peut être*, dont nous abrogeons l'usage.

16. Les seules condamnations de mort naturelle seront exécutées par effigie ; et celles des galères amende honorable, banissement perpétuel, flétrissure et du fouet, écrites seulement dans un tableau sans aucune effigie : et seront les effigies, comme aussi les tableaux, attachés dans la place publique. Et toutes les autres condamnations par contumace seront seulement signifiées, et baillé copie au domicile ou résidence du condamné, si aucune il a dans le lieu de la juridiction ; sinon affichée à la porte de l'auditoire.

17. Le procès-verbal d'exécution sera mis au pied du jugement, signé du greffier seulement.

18. Si le contumax est arrêté prisonnier, ou se représente après le jugement, ou même après les cinq années, dans les prisons du juge qui l'aura condamné, les défauts et contumaces seront mises au néant, en vertu de notre présente ordonnance : sans qu'il soit besoin de jugement, ou d'interjeter appel de la sentence de contumace.

19. Les frais de la contumace seront payés par l'accusé, après avoir été taxés en vertu de notre présente ordonnance ; sans néanmoins que, par faute de paiement, il puisse être sursis à l'instruction et jugement du procès.

20. Il sera ensuite interrogé et procédé à la confrontation des

témoins; encore qu'il eût été ordonné que le recolement vaudroit confrontation.

21. La déposition des témoins décédés avant le recolement sera rejetée, et ne sera point lue lors de la visite du procès, si ce n'est qu'ils aillent à la décharge; auquel cas leur déposition sera lue.

22. Si le témoin qui a été recolé est décédé ou mort civilement pendant la contumace, sa déposition subsistera, et en sera faite confrontation littérale à l'accusé dans les formes prescrites pour la confrontation des témoins; et n'auront en ce cas les juges aucun égard aux reproches, s'ils ne sont justifiés par pièces.

23. Le même aura lieu à l'égard des témoins qui ne pourront être confrontés à cause d'une longue absence, d'une condamnation aux galères, ou bannissement à temps, ou quelque autre empêchement légitime pendant le temps de la contumace.

24. Si l'accusé s'évade des prisons depuis son interrogatoire, il ne sera ni ajourné, ni proclamé à cri public, et le juge ordonnera que les témoins seront ouïs, et ceux qui l'auront été, recolés, et le recolement vaudra confrontation.

25. Le procès sera aussi fait à l'accusé pour le crime du bris des prisons, par défaut et contumace.

26. Si le condamné se représente, ou est mis prisonnier dans l'année de l'exécution du jugement de contumace, main levée lui sera donnée de ses meubles, immeubles; et le prix provenant de la vente de ses meubles, à lui rendu, les frais déduits, en consignant l'amende à laquelle il aura été condamné.

27. Défendons à tous juges, greffiers, huissiers, archers ou autres officiers de justice, de prendre ou faire transporter à leur logis, ni même au greffe, aucuns deniers, meubles, hardes, ou fruits appartenans aux condamnés ou à ceux même contre lesquels il n'y auroit que décret; ni de s'en rendre adjudicataires sous leur nom, ou sous nom interposé sous quelque prétexte que ce soit; à peine d'interdiction, et du double de la valeur.

28. Si ceux qui auront été condamnés ne se représentent ou ne sont constitués prisonniers dans les cinq années de l'exécution de la sentence de contumace, les condamnations pécuniaires, amendes et confiscations seront réputées contradictoires, et vaudront comme ordonnées par arrêt; nous réservant néanmoins la faculté de les recevoir à ester à droit, et leur accorder nos lettres pour se purger: et si le jugement qui interviendra, porte absolution, ou n'emporte point de confiscation,

les meubles et immeubles sur eux confisqués, leur seront rendus en l'état qu'ils se trouveront; sans pouvoir prétendre néanmoins aucune restitution des amendes, intérêts civils, et des fruits des immeubles.

29. Celui qui aura été condamné par contumace à mort, aux galères perpétuelles, ou qui aura été banni à perpétuité du royaume; qui décédera après les cinq années sans s'être représenté ou avoir été constitué prisonnier, sera réputé mort civilement du jour de l'exécution de la sentence de contumace.

30. Les receveurs de notre domaine, les seigneurs ou autres à qui la confiscation appartient pourront pendant les cinq années percevoir les fruits et revenus des biens des condamnés, des mains des fermiers redevables, et commissaires, leur défendons de s'en mettre en possession, ni d'en jouir par leurs mains, à peine du quadruple applicable, moitié à nous, moitié aux pauvres du lieu, et des dépens, dommages et intérêts des parties.

31. Nous ne ferons aucun don des confiscations qui nous appartiendront pendant les cinq années de la contumace. Ce que nous défendons pareillement aux seigneurs hauts justiciers. Déclarons nuls tous ceux qui pourroient être obtenus de nous, ou faits par les seigneurs; sinon pour les fruits des immeubles seulement.

32. Après les cinq années expirées; les receveurs de notre domaine, les donataires, et les seigneurs, à qui la confiscation appartiendra, seront tenus de se pourvoir en justice, pour avoir permission de s'en mettre en possession, et avant d'y entrer faire faire procès-verbal de la qualité et valeur des meubles et effets mobiliers et de l'état des immeubles dont ils jouiront ensuite en pleine propriété : à peine contre les donataires et les seigneurs d'être déchus de leur droit, qui sera adjugé aux pauvres dudit lieu, et contre les receveurs de notre domaine de dix mille livres d'amende applicable moitié à notre profit, et moitié aux pauvres du lieu.

TITRE XVIII.

Des Muets et Sourds, et de ceux qui refusent de répondre.

ART. 1er. Si l'accusé est muet ou tellement sourd qu'il ne puisse ouïr, le juge lui nommera d'office un curateur qui saura lire et écrire.

2. Le curateur fera serment de bien et fidèlement défendre l'accusé, dont sera fait mention, à peine de nullité.

3. Pourra le curateur s'instruire secrètement avec l'accusé par signe ou autrement.

4. Le muet ou sourd qui saura écrire, pourra écrire et signer toutes ses réponses, dires et reproches contre les témoins qui seront encore signés du curateur.

5. Si le sourd ou le muet ne sait, ou ne veut écrire et signer, le curateur répondra en sa présence, fournira de reproches contre les témoins, et sera reçu à faire tous actes ainsi que pourroit faire l'accusé, et seront les mêmes formalités observées, à la réserve seulement, que le curateur sera debout et nue-tête en présence des juges, lors du dernier interrogatoire, quelque conclusion ou sentence qu'il y ait contre l'accusé.

6. Si l'accusé est sourd ou muet, ou ensemble sourd et muet, tous les actes de la procédure feront mention de l'assistance de son curateur à peine de nullité, et dépens, dommages et intérêts des parties contre les juges : le dispositif néanmoins du jugement définitif ne fera mention que de l'accusé.

7. Ne sera donné aucun curateur à l'accusé, qui ne voudra pas répondre le pouvant faire.

8. Le juge lui fera sur-le-champ trois interpellations de répondre, à chacune desquelles il lui déclarera qu'autrement son procès lui sera fait comme à un muet volontaire, et qu'après il ne sera plus reçu à répondre sur ce qui aura été fait en sa présence, pendant son refus de répondre. Pourra néanmoins le juge, s'il le trouve à propos, donner un délai pour répondre, qui ne pourra être plus longue de vingt-quatre heures.

9. Si l'accusé persiste en son refus, le juge continuera l'instruction de son procès, sans qu'il soit besoin de l'ordonner ; et sera fait mention en chacun article des interrogatoires et autres procédures faites en la présence de l'accusé, qu'il n'a voulu répondre, à peine de nullité des actes où mention n'en aura été faite, et des dépens, dommages et intérêts de la partie contre le juge.

10. Si dans la suite de la procédure, l'accusé veut répondre, ce qui sera fait jusques à ses réponses subsistera, même la confrontation des témoins contre lesquels il n'aura fourni de reproches, et ne sera plus reçu à en fournir, s'ils ne sont justifiés par pièces.

11. S'il a commencé de répondre et cessé de le vouloir faire, la procédure sera continuée comme il est ordonné ci-dessus.

TITRE XIX.

Des Jugemens et Procès-Verbaux de Questions et Tortures.

Art. 1er. S'il y a preuve considérable contre l'accusé d'un crime qui mérite peine de mort, et qui soit constant, tous juges pourront ordonner qu'il sera appliqué à la question, au cas que la preuve ne soit pas suffisante.

2. Les juges pourront aussi arrêter que nonobstant la condamnation à la question, les preuves subsisteront en leur entier, pour pouvoir condamner l'accusé à toutes sortes de peines pécuniaires ou afflictives, excepté toutefois celle de mort, à laquelle l'accusé qui aura souffert la question sans rien avouer, ne pourra être condamné, si ce n'est qu'il survienne de nouvelles preuves depuis la question.

3. Par le jugement de mort, il pourra être ordonné que le condamné sera préalablement appliqué à la question pour avoir révélation des complices.

4. Si celui qui aura été condamné à mort par jugement prévôtal et en dernier ressort, préalablement appliqué à la question, revèle aucuns de ses complices, qui soient arrêtés sur-le-champ, la confrontation pourra en être faite, encore que le prévôt n'ait été déclaré compétent pour connoître des complices; sera tenu néanmoins de faire après juger sa compétence.

5. Défendons à tous juges, à l'exception de nos cours seulement, d'ordonner que l'accusé sera présenté à la question sans y être appliqué.

6. Le jugement de condamnation à la question sera dressé et signé sur-le-champ, et le rapporteur assisté de l'un des autres juges, se transportera sans divertir en la chambre de la question pour le faire prononcer à l'accusé.

7. Les sentences de condamnation à la question ne pourront être exécutées qu'elles n'aient été confirmées par arrêt de nos cours.

8. L'accusé sera interrogé après avoir prêté serment, avant qu'il soit appliqué à la question et signera son interogatoire, sinon sera fait mention de son refus.

9. La question sera donnée en présence des commissaires, qui chargeront leur procès-verbal de l'état de la question et des réponses, confessions, dénégations et variations à chacun article de l'interrogatoire.

10. Il sera loisible aux commissaires de faire modérer et relâcher une partie des rigueurs de la question, si l'accusé confesse et s'il varie, de le faire remettre dans les mêmes rigueurs; mais s'il a été délié et entièrement ôté de la question, il ne pourra plus y être remis.

11. Après que l'accusé aura été tiré de la question, il sera sur-le-champ et de rechef interrogé sur ses déclarations et sur les faits par lui confessés ou déniés, et l'interrogatoire par lui signé, sinon sera fait mention de son refus.

12. Quelque nouvelle preuve qui survienne, l'accusé ne pourra être appliqué deux fois à la question pour un même fait.

TITRE XX.

De la Conversion des procès-civils en procès-criminels, et de la réception en procès ordinaires.

Art. 1. Les juges pourront ordonner qu'un procès commencé par voie civile sera poursuivi extraordinairement s'ils connoissent qu'il peut y avoir lieu à quelque peine corporelle.

2. En instruisant les procès ordinaires, ils pourront s'il y échoit décerner décret de prise de corps ou d'ajournement personnel, suivant la qualité de la preuve, et ordonner l'instruction à l'extraordinaire.

3. S'il paroît, avant la confrontation des témoins, que l'affaire ne doit pas être poursuivie criminellement, les juges recevront les parties en procès ordinaire; et pour cet effet ordonneront que les informations seront converties en enquêtes, et permis à l'accusé d'en faire de sa part dans les formes prescrites pour les enquêtes.

4. Après la confrontation des témoins l'accusé ne pourra plus être reçu en procès ordinaire, mais sera prononcé définitivement sur son absolution ou sa condamnation.

5. Encore que les parties aient été reçues en procès ordinaire, la voie extraordinaire sera reprise si la matière est disposée.

TITRE XXI.

De la manière de faire le procès aux communautés des villes, bourgs et villages, corps et compagnies.

Art. 1. Le procès sera fait aux communautés des villes, bourgs et villages, corps et compagnies qui auront commis quelque rébellion, violence ou autre crime.

2. Elles seront tenues pour cet effet de nommer un syndic ou député, selon qu'il sera ordonné par le juge, et à leur refus, il nommera d'office un curateur.

3. Le syndic, le député ou curateur, subira les interrogatoires et la confrontation des témoins, et sera employé dans toutes les procédures en la même qualité et non dans le dispositif du jugement, qui sera rendu seulement contre les communautés, corps et compagnies.

4. Les condamnations ne pourront être que de réparation civile, dommages et intérêts envers la partie, d'amende envers nous, privation de leurs privilèges et de quelque autre punition qui marque publiquement la peine qu'elles auront encourue par leur crime.

5. Outre les poursuites qui se feront contre les communautés, voulons que le procès soit fait aux principaux auteurs du crime et à leurs complices; mais s'ils sont condamnés en quelque peine pécuniaire, ils ne pourront être tenus de celles auxquelles les communautés auront été condamnées.

TITRE XXII.

De la manière de faire le procès au cadavre ou à la mémoire d'un défunt.

Art. 1. Le procès ne pourra être fait au cadavre ou à la mémoire d'un défunt, si ce n'est pour crime de lèze majesté divine ou humaine, dans les cas où il échet de faire le procès aux défunts, duel, homicide de soi-même ou rébellion à justice avec force ouverte, dans la rencontre de laquelle il aura été tué.

2. Le juge nommera d'office un curateur au cadavre du défunt, s'il est encore extant, sinon à sa mémoire et sera préféré le parent du défunt, s'il s'en offre quelqu'un pour en faire la fonction.

3. Le curateur saura lire et écrire, fera le serment, et le procès sera instruit contre lui en la forme ordinaire; sera néanmoins debout seulement et non sur la sellette, lors du dernier interrogatoire, son nom sera compris dans toute la procédure, mais la condamnation sera rendue contre le cadavre ou la mémoire seulement.

4. Le curateur pourra interjeter appel de la sentence rendue contre le cadavre ou la mémoire du défunt; il pourra même y être obligé par quelqu'un des parens, lequel en ce cas sera tenu d'avancer les frais.

5. Nos cours pourront élire un autre curateur que celui qui aura été nommé par les juges dont est appel.

TITRE XXIII.

De l'abrogation des appointemens, écritures et forclusions, en matière criminelle.

Art. 1. Abrogeons les appointemens à ouïr droit, produire, bailler défenses par atténuation, causes et moyens de nullité, réponses, fournir moyen d'obreption, et d'en informer, donner conclusions civiles et tous autres appointemens.

2. Abrogeons aussi l'usage de fournir des conclusions civiles, défenses, avertissemens, inventaires, contredits, causes et moyens de nullité, d'appel, griefs et réponses, commandement ou forclusion de produire ou contredire, pris à l'audience ou au greffe.

3. Pourront néanmoins les parties présenter leurs requêtes, et y attacher les pièces que bon leur semblera, dont sera baillé copie à l'accusé; autrement la requête et pièces seront rejetées : et pourra l'accusé y répondre par requête, qui sera aussi signifiée et baillé copie, comme aussi des pièces qui y seront attachées, sans néanmoins qu'à faute d'en bailler par l'accusé ou par la partie, le jugement du procès puisse être retardé. Ce qui aura pareillement lieu en cause d'appel, qui sera jugé sur ce qui aura été produit devant les juges des lieux.

TITRE XXIV.

Des Conclusions deffinitives de nos procureurs ou de ceux des justices seigneuriales.

Art. 1. Après que le recollement et la confrontation auront été parachevés, nos procureurs ou ceux des seigneurs prendront communication du procès, pour y donner leurs conclusions définitives, ce qu'ils seront tenus de faire incessamment.

2. Leur défendons d'assister à la visite, ou au jugement du procès, ou d'y donner leurs conclusions de vive voix, dont nous

abrogeons l'usage. N'entendons néanmoins rien innover à ce qui s'observe dans notre Châtelet de Paris.

3. Les conclusions seront données par écrit et cachetées, et ne contiendront les raisons sur lesquelles elles sont fondées.

TITRE XXV.

Des Sentences, Jugemens et Arrêts.

Art. 1. Enjoignons à tous juges, même à nos cours, de travailler à l'expédition des affaires criminelles, par préférence à toutes autres.

2. Il sera procédé à l'instruction et au jugement des procès criminels, nonobstant toutes appellations, même comme de juge incompétent et récusé : et si les accusés refusent de répondre sous prétexte d'appellations, le procès leur sera fait comme à des muets volontaires jusques à sentence définitive.

3. Les procédures faites avec les accusés volontairement et sans protestations depuis leurs appellations, ne pourront leur être opposées comme fin de non-recevoir.

4. Ceux contre lesquels la coutumace aura été instruite et jugée, ne seront reçus à présenter requête, soit en première instance ou en cause d'appel, qui ne se soient mis en état : ils pourront néanmoins proposer leurs exoines.

5. Les procès criminels pourront être instruits et jugés, encore qu'il n'y ait point d'information; et si d'ailleurs il y a preuve suffisante par les interrogatoires et par pièces authentiques ou reconnues par l'accusé, et par les autres présomptions et circonstances du procès.

6. Les sentences des premiers juges qui ne contiendront que des condamnations pécuniaires, seront exécutées par manière de provision et nonobstant l'appel, en donnant caution; si outre les dépens dans les justices des seigneurs, elles n'excèdent la somme de 40 livres envers la partie, et de 20 livres envers les seigneurs; dans les juridictions royales, qui ne ressortissent nuement au parlement, si elles excèdent 50 livres envers la partie, et 25 livres envers nous et dans les bailliages et sénéchaussées où il y a présidial, siéges des duchés et pairies, et autres ressortissans nuement en nos cours de parlement, 100 livres envers la partie, et 50 livres envers nous : et se chargeront les receveurs de nos amendes, des sommes qui nous seront adjugées par forme de

consignations, sans frais ni droits; et seront tenus de les employer en recettes après les deux années de la condamnation, s'ils ne justifient les avoir restituées en vertu d'arrêts de nos cours.

7. L'amende payée par provision en la manière ci-dessus, ne portera aucune note d'infamie, si elle n'est confirmée par arrêt.

8. Défendons à nos cours de donner aucunes défenses ou surséances d'exécuter les sentences qui n'excéderont les sommes ci-dessus. Déclarons nulles celles qui pourroient être données. Voulons, sans qu'il soit besoin d'en demander main-levée, que les sentences soient exécutées par provision, et que les parties qui auront demandé les défenses ou surséances, et les procureurs qui auront signé les requêtes, ou fait quelques autres poursuites, soient condamnés chacun en cent livres d'amende, qui ne pourra être remise, ni modérée.

9. Aucun procès ne pourra être jugé de relevée, si nos procureurs, ou ceux des seigneurs, y ont pris des conclusions à mort; ou s'il y écheoit une peine de mort naturelle ou civile, de galères ou bannissement à temps. N'entendons néanmoins rien innover à cet égard à l'usage observé par nos cours.

10. Aux procès qui seront jugés à la charge de l'appel par les juges royaux, ou ceux des seigneurs, auxquels il y aura des conclusions à peine afflictive, assisteront au moins trois juges qui seront officiers, si tant il y en a dans le siège, ou gradués ; et se transporteront au lieu où s'exerce la justice, si l'accusé est prisonnier; et seront présens au dernier interrogatoire.

11. Les jugemens en dernier ressort se donneront par sept juges au moins; et si ce nombre ne se rencontre dans le siège, ou si quelques-uns des officiers sont absens, récusés, ou s'abstiennent pour cause jugée légitime par le siège, il sera pris des gradués.

12. Les jugemens, soit définitifs ou d'instruction, passeront à l'avis le plus doux, si le plus sévère ne prévaut d'une voix, dans les procès qui se jugeront à la charge de l'appel, et de deux dans ceux qui se jugeront en dernier ressort.

13. Après la peine de mort naturelle, la plus rigoureuse est celle de la question avec la réserve des preuves en leur entier, des galères perpétuelles, du bannissement perpétuel, de la question sans réserve des preuves, des galères à temps, du fouet, de l'amende honorable, et du bannissement à temps.

14. Tous jugemens, soit qu'ils soient rendus à la charge de

l'appel, ou en dernier ressort, seront signés par tous les juges qui y auront assisté, à peine d'interdiction, des dommages et intérêts des parties, et de cinq cents livres d'amende. N'entendons néanmoins rien innover à l'usage de nos cours, dont les arrêts seront signés par le rapporteur et le président.

15. Tous jugemens en matière criminelle qui gisent en exécution, seront exécutés, pour ce qui regarde la peine, en tous lieux, sans permission ni *pareatis*.

16. Les juges pourront décerner exécutoire contre la partie civile, s'il y en a, pour les frais nécessaires à l'instruction du procès, et à l'exécution des jugemens; sans pouvoir néanmoins y comprendre leurs épices, droits et vacations, ni les droits et salaires des greffiers.

17. S'il n'y a point de partie civile, ou qu'elle ne puisse satisfaire aux exécutoires, les juges en décerneront d'autres contre les receveurs de notre domaine, où il ne sera point engagé, qui les acquitteront du fond par nous destiné à cet effet: Et si notre domaine est engagé, les engagistes, leurs receveurs et fermiers seront contraints au paiement, même au-dessus du fonds destiné pour les frais de justice; et dans la justice des seigneurs, eux, leurs receveurs et fermiers seront pareillement contraints, et les exécutoires exécutés par provision, et nonobstant l'appel, contre les receveurs ou engagistes de nos domaines, et les seigneurs, sauf leur recours contre la partie civile, s'il y en a.

18. Enjoignons aux premiers juges d'observer le contenu ès deux précédens articles, à peine de 150 livres d'amende, à laquelle, en cas de contravention, ils seront condamnés par les juges supérieurs, sans pouvoir être remise ni modérée: et voulons que les mêmes exécutoires soient aussi par eux délivrés.

19. Enjoignons à nos procureurs et à ceux des seigneurs, de poursuivre incessamment ceux qui seront prévenus de crimes capitaux ou auxquels il écherra peine afflictive, nonobstant toutes transactions et cessions de droits faites par les parties: et à l'égard de tous les autres, seront les transactions exécutées, sans que nos procureurs ou ceux des seigneurs puissent en faire aucune poursuite.

20. Voulons que ce qui a été ordonné pour les dépens en matière civile, soit exécuté en matière criminelle.

21. Les jugemens seront exécutés le même jour qu'ils auront été prononcés.

22. Si les condamnés à l'amende honorable refusent d'obéir à

justice, les juges seront tenus leur en faire trois différentes injonctions, après lesquelles ils pourront les condamner à plus grande peine.

23. Si quelque femme devant ou après avoir été condamnée à mort, paroît ou déclare être enceinte, les juges ordonneront qu'elle sera visitée par matrones qui seront nommées d'office, et qui feront leur rapport dans la forme prescrite au titre des experts, par notre ordonnance du mois d'avril 1667 : et si elle se trouve enceinte, l'exécution sera différée jusques après son accouchement.

24. Le sacrement de confession sera offert aux condamnés à mort, et ils seront assistés d'un ecclésiastique jusques au lieu du supplice.

TITRE XXVI.

Des Appellations.

ART. 1. Toutes appellations de sentences préparatoires, interlocutoires et définives, de quelque qualité qu'elles soient, seront directement portées en nos cours, chacune à son égard, dans les accusations pour crimes qui méritent peine afflictive ; et pour les autres crimes, à nos cours, ou à nos baillis et sénéchaux, au choix et option des accusés.

2. Les appellations de permission d'informer, des décrets, et de toutes autres instructions, seront portées à l'audience de nos cours et juges.

3. Aucune appellation ne pourra empêcher ou retarder l'exécution des décrets, l'instruction et le jugement.

4. Ne pourront nos cours donner aucunes défenses ou surséances de continuer l'instruction des procès criminels, sans voir les charges et informations, et sans conclusions de nos procureurs généraux, dont il sera fait mention dans les arrêts, si ce n'est qu'il n'y ait qu'un ajournement personnel. Déclarons nulles toutes celles qui pourront être données : voulons que sans y avoir égard, ni qu'il soit besoin d'en demander main-levée, l'instruction soit continuée, et les parties qui les auront obtenues, et leurs procureurs, condamnés chacun en cent livres d'amende, applicables moitié à la partie et moitié aux pauvres, qui ne pourront être remises ni modérées.

5. Les procès criminels pendans par-devant les juges des lieux, ne pourront être évoqués par nos cours, si ce n'est qu'elles

connoissent, après avoir vu les charges, que la matière est légère, et ne mérite une plus ample instruction: auquel cas pourront les évoquer, à la charge de les juger sur-le-champ à l'audience, et faire mention par l'arrêt des charges et informations; le tout à peine de nullité.

6. Si la sentence rendue par le juge des lieux porte condamnation de peine corporelle, de galères, de bannissement à perpétuité, ou d'amende honorable, soit qu'il y en ait appel ou non, l'accusé et son procès seront envoyés ensemble, et sûrement en nos cours. Défendons aux greffiers de les envoyer séparément, à peine d'interdiction, et de 500 livres d'amende.

7. S'il y a plusieurs accusés d'un même crime, ils seront envoyés en nos cours, encore qu'il n'y en ait eu qu'un qui ait été jugé.

8. Le même sera pratiqué, si l'un a été condamné, et l'autre absous.

9. Incontinent après l'arrivée de l'accusé et du procès aux geôles des prisons, le greffier de la geôle ou geôlier sera tenu de remettre le procès au greffier de nos cours, qui en avertira le président pour le distribuer.

10. Les informations et procès criminels seront distribués par nos procureurs généraux à leurs substituts, pour sur leur rapport y prendre des conclusions, s'il y échoit, ou mis ès mains de nos avocats généraux, si l'affaire est portée à l'audience, sans que les substituts puissent les prendre au greffe, avant qu'ils leur aient été distribués.

11. Si la sentence dont est appel n'ordonne point de peine afflictive, bannissement ou amende honorable, et qu'il n'y en ait appel interjeté par nos procureurs ou ceux des justices seigneuriales, mais seulement par les parties civiles, le procès sera envoyé au greffe de nos cours par le greffier du premier juge, trois jours après le commandement qui lui en sera fait, s'il est demeurant dans le lieu de l'établissement de nos cours; dans la huitaine, s'il est hors du lieu, ou dans la distance de dix lieues; et s'il est plus éloigné, le délai sera augmenté d'un jour pour dix lieues, à peine d'interdiction contre le greffier, et de cinq cents livres d'amende; et les délais et procédures prescrites par notre ordonnance du mois d'avril 1667 seront observées pour les présentations.

12. Si les procès de la qualité mentionnée en l'article précédent

sont introduits en nos cours de parlement, ils seront distribués ainsi que les procès civils.

13. Si nos procureurs des lieux, ou ceux des justices seigneuriales sont appelans, les accusés, s'ils sont prisonniers, et leurs procès seront envoyés en nos cours; et s'ils ont été élargis depuis la prononciation de la sentence, et avant l'appel, ils seront tenus de se rendre en état lors du jugement du procès en nos cours, ainsi qu'il sera par elles ordonné.

14. Les exécutoires seront délivrés par nos cours à ceux qui auront conduit les prisonniers ou porté le procès.

15. Les accusés seront interrogés en nos cours sur la sellette ou derrière le barreau, lors du jugement du procès.

16. Si les arrêts rendus sur l'appel d'une sentence, portent condamnation de peine afflictive, les condamnés seront renvoyés sur les lieux sous bonne et sûre garde, aux frais de ceux qui en sont tenus, pour y être exécutés, s'il n'est autrement ordonné par nos cours, pour des considérations particulières.

TITRE XXVII.

Des procédures à l'effet de purger la mémoire d'un défunt.

Art. 1. La veuve, les enfans et les parens d'un condamné par sentence de contumace qui sera décédé avant les cinq ans, à compter du jour de son exécution, pourront appeler de la sentence; et si la condamnation de contumace est par arrêt ou jugement en dernier ressort, ils se pourvoiront pardevant les mêmes cours ou juges qui l'auront rendu.

2. Aucun ne sera reçu à purger la mémoire d'un défunt après les cinq années de la contumace expirées, sans obtenir nos lettres en notre grande chancellerie.

3. Nos procureurs et les parties civiles, s'il y en a, seront assignés en vertu des lettres dont leur sera baillé copie; et sera procédé dans les délais prescrits pour les affaires civiles.

4. Avant de faire aucune procédure, les frais de justice seront acquittés, et l'amende consignée.

5. Le jugement des instances à l'effet de purger la mémoire d'un défunt, sera rendu sur les charges et informations, procédures et pièces sur lesquelles la condamnation par contumace sera intervenue.

6. Pourront aussi les parties respectivement produire de nou-

veau telles pièces que bon leur semblera, et les attacher à une requête qui sera signifiée à la partie, et copie baillée de la requête et des pièces, sans qu'il puisse être pris aucun appointement.

7. Les parties y répondront par autre requête, qui sera pareillement signifiée, et copie baillée de la requête et des pièces qui y seront attachées, dans les délais ordonnés pour la matière civile, si ce n'est qu'ils soient prorogés par les juges.

TITRE XXVIII.

Des Faits Justificatifs.

Art. 1. Défendons à tous juges, même à nos cours, d'ordonner la preuve d'aucuns faits justificatifs, ni d'entendre aucuns témoins pour y parvenir, qu'après la visite du procès.

2. L'accusé ne sera point reçu à faire preuve d'aucuns faits justificatifs, que de ceux qui auront été choisis par les juges, du nombre de ceux que l'accusé aura articulés dans les interrogatoires et confrontations.

3. Les faits seront insérés dans le même jugement qui en ordonnera la preuve.

4. Le jugement qui ordonnera la preuve des faits justificatifs sera prononcé incessamment à l'accusé par le juge, et au plus tard dans vingt-quatre heures; et sera interpellé de nommer les témoins par lesquels il entend les justifier: ce qu'il sera tenu de faire sur-le-champ, autrement il n'y sera plus reçu.

5. Après que l'accusé aura nommé une fois les témoins, il ne pourra plus en nommer d'autres, et ne sera point élargi pendant l'instruction de la preuve des faits justificatifs.

6. Les témoins seront assignés à la requête de nos procureurs ou de ceux des seigneurs, et ouïs d'office par le juge.

7. L'accusé sera tenu de consigner au greffe la somme qui sera ordonnée par le juge, pour fournir aux frais de la preuve des faits justificatifs, s'il le peut faire; autrement les frais seront avancés par la partie civile, s'il y en a, sinon par nous, ou par les engagistes de nos domaines, ou par les seigneurs hauts justiciers, chacun à son égard.

8. L'enquête étant achevée, elle sera communiquée à nos procureurs, et à ceux des seigneurs, pour donner leurs conclusions, et à la partie civile, s'il y en a; et sera jointe au procès.

9. Les parties pourront donner leurs requêtes auxquelles elles ajouteront telles pièces qu'elles aviseront sur le fait de l'enquête, lesquelles requêtes et pièces seront signifiées respectivement, et copies baillées; sans que pour raison de ce il soit besoin de prendre aucun réglement, ni de faire une plus ample instruction.

Voulons que la présente ordonnance soit gardée et observée dans tout notre royaume, terres et pays de notre obéissance, à commencer au premier jour de janvier de l'année prochaine 1671; abrogeons toutes ordonnances, coutumes, lois, statuts, réglemens, stiles et usages différens ou contraires aux dispositions y contenues.

Si donnons en mandement, etc.

N° 624. — ORDONNANCE *portant défenses aux officiers des vaisseaux de quitter leur bord sans la permission du commandant de l'escadre.*

27 septembre 1670. (Cod. nav., p. 185.)

N° 625. — RÉGLEMENT *pour les résignations des cures et prébendes.*

Saint-Germain-en-Laye, 4 octobre 1670. (Néron, II, 101.)

PRÉAMBULE.

LOUIS, etc. Nous avons été informé que plusieurs ecclésiastiques s'étudient à se faire pourvoir de prébendes et de cures à dessein d'en profiter sans en faire aucune fonction, et qu'ensuite il les résignent à la charge de grosses pensions; le paiement desquelles met les titulaires hors d'état de les desservir avec l'assiduité et la décence qu'ils doivent; ce qui a donné lieu à des arrêts rendus en notre conseil d'état, sur la requête de plusieurs des sieurs évêques de notre royaume, et à quelqu'autres émanés de nos Cours de parlement et de notre grand conseil, portant réglement sur le fait desdites pensions, entre les résignans et les résignataires desdites prébendes et cures; mais comme lesdits arrêts de notre conseil d'état n'ont lieu que dans les diocèses particuliers pour lesquels ils ont été poursuivis; que ceux d'aucunes de nosdites cours de parlement ne peuvent être valables hors de leur ressort; et ceux de notredit grand conseil ne l'étant non-plus que pour les prébendes et curés dont la connoissance lui pût appartenir par son établissement, ou par quelque attribution particulière : ces remèdes se sont trouvés trop foibles pour empêcher la continuation d'un commerce si scandaleux.

A quoi étant nécessaire de pourvoir pour donner moyen aux prébendiers d'assister au service divin avec assiduité, et aux curés de travailler efficacement au salut des ames dont ils se trouvent chargés, savoir faisons, etc.

N° 626. — ARRÊT *du conseil qui défend aux maîtres d'école d'enseigner aux enfans des religionnaires autre chose qu'à lire, écrire et l'arithmétique.*

St-Germain-en-Laye, 9 novembre 1670. (Archiv. — Nouv. rec. de Lefèvre. — Hist. de l'Édit de Nantes.)

N° 627. — ARRÊT *du conseil portant que les religionnaires rapporteront les sommes imposées sur eux pendant les quatre dernières années.*

Saint Germain-en-Laye, 9 novembre 1670. (Nouv. rec. de Lefèvre. — Histoire de l'Édit de Nantes.)

N° 628. — ARRÊT *du conseil qui défend aux religionnaires d'être plus de 12 aux cérémonies de leurs noces et baptêmes, y compris leurs parents.*

Saint-Germain-en-Laye, 9 novembre 1670. (Archiv.)

N° 629. — ARRÊT *du conseil qui défend d'imprimer, de de vendre aucuns livres traitant de la religion réformée, qu'avec attestation des ministres approuvés et permission des magistrats des lieux.*

Saint-Germain-en-Laye, 9 novembre 1670. (Archiv. — Histoire de l'édit de Nantes.)

N° 630. — DÉCLARATION *prorogeant pour cinq ans la faculté accordée aux ecclésiastiques de rentrer dans les biens aliénés en vertu de la bulle de Pie V, du 25 juillet 1568, et des lettres expédiées en conséquence.*

Saint-Germain-en-Laye, 11 nov. 1670. (Archiv.)

PRÉAMBULE.

LOUIS, etc. Les nécessités pressantes des rois nos prédécesseurs pendant les guerres civiles causées par les hérésies, les ayant obligés de recourir à l'aliénation des biens ecclésiastiques pour y subvenir, et les papes ayant accordé pour cet effet les bulles à ce nécessaires, les temps étant devenus plus calmes, les assemblées du clergé auraient obtenu la faculté d'y pouvoir rentrer, laquelle leur aurait été confirmée de temps en temps; mais comme cette faculté est insolite et extraordinaire, et tend à troubler toutes les familles qui ont partagé ces biens en plusieurs subdivisions depuis plus d'un siècle que ces aliénations ont été faites, nous aurions déclaré aux prélats assemblés par notre permission, en l'année 1666, que nous leur accordons la même faculté encore pour cinq ans, sans espérance d'un plus long terme, et sur ce que l'assemblée du clergé tenue dans notre ville de Pontoise nous aurait fait les mêmes supplications, et insiste pareillement à ce qu'il nous plût au moins continuer pour quelque temps la faculté de retirer les mêmes biens aliénés, en vertu de la bulle de Pie V de l'année 1568, et de nos lettres patentes expédiées en conséquence, portant faculté expresse de rachat; nous, après avoir fait examiner ladite bulle en notre conseil de l'avis d'icelui, etc.

N° 631. — DÉCLARATION *portant défenses à tous marins de prendre service ou de s'habituer à l'étranger, à peine de galères à perpétuité.*

10 décembre 1670 (Cod. nav., p. 141.)

N° 632. — ORDONNANCE *sur la publication des classes et le paiement de la solde et demi-solde.*

19 décembre 1670. (Cod. nav., p. 155.)

N° 633. — DÉCLARATION *portant défenses de saisir les bestiaux, si ce n'est pour fermages.*

Paris, 25 janvier 1671. (Archiv.—Code rural II, 370.— Rec. Cass.) Reg. P. P., 19 février.

PRÉAMBULE.

LOUIS, etc. N'y ayant rien qui soit plus utile à l'agriculture, et qui contribue davantage à la fécondité de la terre que les bestiaux, nous avons estimé qu'il étoit nécessaire, pour un temps, de les affranchir de toutes saisies et exécutions, afin de donner, par cette voie, quelque loisir au plat pays de se rétablir, en lui facilitant les moyens de s'amender ou de défricher les terres dans les lieux qui en ont besoin. C'est pourquoi, par notre édit du mois d'avril 1667, nous défendîmes à tous huissiers, sergens et autres officiers de justice de procéder, pendant quatre années, par saisie et exécution, sur quelque nature et espèce de bestiaux que ce pût être servant à l'engrais ou labour des terres, soit pour dettes de communautés ou particuliers sans aucune exception ; mais comme le temps de cette grâce, que nous apprenons avoir produit un grand fruit dans le public, est sur le point d'expirer, et que le succès que nous en avons espéré seroit imparfait si nous ne la prorogions encore de quelque temps, nous avons résolu de la continuer afin d'obliger d'autant plus les habitans des paroisses et communautés de répondre à nos bonnes intentions, et au désir tout particulier que nous avons de procurer leurs avantages ; à ces causes, etc.

N° 634. — ARRÊT du conseil portant défenses aux religionnaires de solliciter leurs domestiques d'abjurer la religion catholique, et ordonnant qu'en toutes les occasions les catholiques porteront la parole dans les députations.

Versailles, 16 février 1671. (Nouv. rec. de Lefèvre.— Hist. de l'édit de Nantes — Rec. cass.)

N° 635. — ORDONNANCE qui enjoint aux capitaines de marine de ne point quitter leurs vaisseaux qu'ils ne soient désarmés.

6 mars 1671. (Cod. nav., p. 101.)

N° 636. — ORDONNANCE pour la division des matelots de Bretagne en cinq classes.

6 mars 1671. (Cod. nav., p. 136.)

N° 637. — ORDONNANCE portant défenses à tous les sujets des pays conquis et cédés en vertu des traités de paix des Pyrénées et d'Aix-la-Chapelle, de prendre du service à l'étranger sans permission du roi, à peine de confiscation des biens qu'ils laisseront dans le royaume.

Saint-Germain-en-Laye, 15 mars 1671. (Réglem. et ordon. sur la guerre.)

N° 638. — ORDONNANCE *portant défenses aux capitaines d'abandonner les vaisseaux qu'ils ont ordre d'escorter.*

20 mars 1671. (Cod. nav., p. 186.)

N° 639. — DÉCLARATION *portant que tous exploits et autres actes seront contrôlés, à l'exception de ceux y détaillés, dans les trois jours, et avant de les rendre aux parties; et ceux faits pour le recouvrement des droits du roi dans les lieux écartés des bureaux, dans la huitaine.*

Saint-Germain-en-Laye, 21 mars 1671. (Néron II, 102. — Archiv.)

N° 640. — DÉCLARATION (1) *pour les consignations, condamnations et recouvrement des amendes, et qui ordonne qu'elles seront payées par préférence et privilége à tous créanciers.*

Saint-Germain-en-Laye, 21 mars 1671. (Néron II, 103. — Archiv. — Rec. cass.) Reg. P. P., 29 avril.

LOUIS, etc., Ayant par notre déclaration du 13 août 1669, en confirmant les ordonnances de nos prédécesseurs rois de 1539 et 1548, celles de Roussillon, et du mois de décembre 1649, pour de bonnes et justes considérations à ce nous mouvans, établi de grosses amendes contre les téméraires plaideurs, afin de les empêcher de s'engager en des appellations, oppositions, requêtes civiles et inscriptions en faux frivoles; nous avons néanmoins appris avec déplaisir que l'on recherche toutes sortes de moyens pour en éluder l'exécution, sous prétexte qu'il y a des cas qui ne sont pas assez exprimés par notre déclaration et par les précédentes ordonnances; à quoi voulant pourvoir, de l'avis de notre conseil, qui a vu les articles 115, 118 et 128 de l'ordonnance de 1539, celle du 26 novembre 1548, l'article 23 de l'ordonnance de Roussillon, les déclarations du premier juillet 1554, et du mois de décembre 1639; l'article 16 du titre 35, et autres articles, concernant le fait des amendes, de notre ordonnance du mois d'avril 1667; notredite déclaration du 13 août 1669, et les arrêts et réglemens de notre parlement de Paris, des 5 mars 1646, 7 juillet 1649, 6 août 1650, 30 mai 1654, 9 août 1660, 8 mai 1665, et 7 septembre 1667, et autres donnés sur le fait des amendes et autres condamnations à nous adjugées; et pour le recouvrement d'icelles, par préférence à tous créanciers.

---

(1) En vigueur. V. Instruction de la régie, du 1ᵉʳ octobre 1823.

Nous avons ordonné et déclaré, et par ces présentes signées de notre main, ordonnons, déclarons, voulons et nous plaît que toutes les amendes qui seront consignées pour les appellations qui seront relevées en nos cours de parlemens et autres cours supérieures, ne pourront être moindres de douze livres, soit que les appellations soient verbales ou par écrit, et qu'elles soient interjettées des sentences des juges subalternes et de pairies, sentences arbitrales, ordonnances de police et autres appellations de quelques juges et justice que ce puisse être; et de six livres pour les appellations qui seront relevées aux siéges présidiaux, ès cas esquels ils jugent présidialement et en dernier ressort; sans qu'une même partie soit tenue de consigner plus qu'une amende de douze livres ou de six livres, encore que par la suite de l'affaire elle interjetât d'autres appellations incidentes.

Enjoignons néanmoins à nos cours de parlemens et autres compagnies qui jugent en dernier ressort, de ne prononcer en toutes causes et procès d'appel, que par bien ou mal jugé, avec condamnation de l'amende de soixante-quinze livres du fol appel; sous ce tempérament toutefois, que si, pour de bonnes et justes considérations, il se trouvoit à prononcer l'appellation au néant ou hors de cour et de procès sur l'appel, l'appelant qui succombera soit toujours condamné en une amende, qui ne pourra être moindre de douze livres, même les acquiescemens qui seront vidés par expédiens, ou autrement; sans que, sous quelque prétexte que ce soit, ni en quelque manière que la prononciation soit conçue, les appelans en puissent être déchargés.

Enjoignons pareillement à tous nos autres juges, de condamner ceux qui succomberont en leur appel, en celle de six livres, ès cas esquels ils jugent en dernier ressort, à peine d'en répondre en leurs noms; comme aussi à nosdites cours et juges inférieurs, de condamner en l'amende les opposans et tiers opposans, qui seront déboutés de leurs oppositions, suivant et conformément à notre déclaration du mois d'avril 1667.

Ordonnons que tous demandeurs en requêtes civiles, soit qu'ils ayent été parties dans les arrêts contre lesquels les requêtes civiles seront obtenues, ou non, seront tenus de consigner la somme de quatre cent cinquante livres; savoir: trois cents livres pour nous, et cent cinquante livres pour la partie; et pour les arrêts donnés par défaut ou forclusion, celle de deux cent vingt-cinq livres, savoir: cent cinquante livres pour nous, et soixante-quinze livres pour la partie; et à l'égard des inscriptions en faux, que la consignation sera de cent livres, ou plus grande s'il y échet, ès causes, procès et instances qui seront pendantes en nosdites cours de parlement, grand conseil, cour des aides, requêtes de notre hôtel et du palais; de soixante livres aux présidiaux et autres justices ressortissantes immédiatement à nosdites cours, et de vingt livres dans les autres justices; le tout auparavant que les demandeurs en requêtes civiles et les inscrivans en faux y puissent être reçus : lesquelles sommes seront reçues par le fermier de nos domaines ou ses commis à la recette de nosdites amendes, qui s'en chargeront comme dépositaires, sans aucun droit ni frais; pour, après le jugement des appellations, requêtes civiles et inscriptions en faux, être lesdites amendes rendues et délivrées, aussi sans frais, à qui il appartiendra.

Voulons et ordonnons que, de quelque manière qu'il soit prononcé, quand les poursuivans succomberont dans leurs requêtes civiles, inscriptions de faux, ou oppositions, soit par débouté, sans avoir égard, sans s'arrêter, ou hors de cour. même en cas d'acquiescement, l'amende nous soit acquise, quand même les lettres en forme de requête civile auroient été obtenues avant notre ordonnance de 1667; sans que lesdites cours et juges en puissent ordonner la remise ou modération; et sans qu'ils puissent faire application d'aucunes amendes civiles et criminelles, à quelques sommes qu'elles se puissent monter, soit pour réparations, pain des prisonniers, nécessités du palais à l'ordonnance de la cour, ou sous quelques autres prétextes que ce soit; lesquelles nous appartiendront entièrement, attendu que par les états arrêtés en notre conseil, nous pourvoyons au paiement de toutes les charges ordinaires et extraordinaires qui doivent être prises sur lesdites amendes. Pourront néanmoins condamner les accusés en quelques sommes applicables en œuvres pies, dans les cas où il aura été commis sacrilége, et où ladite condamnation d'œuvre pie sera partie de la réparation.

Défendons à tous procureurs postulans de nosdites cours et siéges présidiaux, ès cas esquels ils jugent en dernier ressort, de mettre aucunes appellations aux rôles ordinaires et extraordinaires, tant en matière civile que criminelle, ni d'en poursuivre l'audience sur placets, soit aux grandes audiences ou à huis-clos, ni de conclure en aucuns procès par écrit, que les amendes n'ayent été consignées, et la quittance du receveur desdites amendes signifiée et rapportée. Voulons qu'il soit fait mention sur les placets et arrêts de conclusion, de la date de la quittance, sous le nom et paraphe des procureurs qui en demeureront responsables en leurs noms.

Et en cas que les appelans soient en demeure de consigner l'amende, l'intimé pourra, si bon lui semble, faire ladite consignation, sauf à la répéter en fin de cause contre l'appelant, et jusques à ce toute audience déniée à l'une et à l'autre des parties; et en cas que l'intimé consigne l'amende de douze livres pour l'appelant, et que par l'arrêt l'appelant soit condamné à l'amende de soixante-quinze livres; l'intimé emploiera les douze livres par lui consignées, dans la déclaration des dépens qui lui seront adjugés, et le surplus sera recouvré par ledit fermier du domaine ou ses commis, contre la partie condamnée.

Et pour faciliter le recouvrement des amendes qui ont été ou seront adjugées à notre profit, nous ordonnons que les procureurs de nosdites cours et des siéges présidiaux, qui mettront à l'avenir des causes aux rôles, ou en poursuivront des audiences sur placets, seront tenus, chacun à leur égard, de faire signifier aux procureurs des parties adverses, les qualités des arrêts et jugemens intervenus au profit de leurs parties, portant condamnation d'amende à notre profit, dans le jour qu'ils auront été rendus, et d'y comprendre les noms, surnoms, qualités et demeures desdites parties condamnées, et de les mettre dans trois jours après qu'elles auront été signifiées ès mains des greffiers qui auront reçu lesdits arrêts, sentences et jugemens; comme aussi qu'ils emploieront la même chose dans les qualités des arrêts d'appointé au conseil, de conclusion, acquiescement, appointemens, réglemens, congés, défauts, sentences et jugemens; auxquels greffiers nous ordonnons de faire les extraits desdites amendes, et les délivrer tous les lundis de chaque semaine au fermier de nosdits domaines ou ses commis à la recette d'icelle; et défendons aux greffiers et commis des greffes de délivrer aucuns arrêts, sentences ou jugemens où il y aura condamnation des amendes qui doivent être consignées, qu'ils n'ayent vu la quittance du fermier ou son commis, et coté sur la minute la date de la quittance, et par qui l'amende aura été payée, et fait mention d'icelle sur leurs registres.

Tout ce que dessus, à peine de payer par les contrevenans chacun en droit soi, lesdites amendes en leurs propres et privés noms, et outre de cinq cents livres d'amende contre chacun greffier de nos cours et siéges, et procureur contrevenant pour chaque contravention, pour la première fois, et d'interdiction en cas de récidive ; et au payement seront les contrevenans contraints par corps à leurs frais et dépens, en vertu des présentes.

Toutes lesquelles amendes à nous appartenantes, nous voulons et ordonnons être payées ès mains dudit fermier de nos domaines ou ses commis à la recette d'icelles, sur les biens meubles et immeubles, et autres effets des condamnés, par préférence et privilége à tous créanciers, tant par les fermiers conventionnels et judiciaires, receveurs des consignations, commissaires des saisies réelles, payeurs des gages d'officiers, que tous autres débiteurs des condamnés esdites amendes ; lesquels y seront contraints comme dépositaires, nonobstant toutes saisies et arrêts, oppositions ou appellations, ou autres empêchemens quelconques ; encore que ledit fermier ou ses commis ne se soient opposés aux décrets des biens des condamnés, ni saisi iceux, et sans qu'ils soient obligés de le faire dire et ordonner avec les créanciers, parties saisies, saisissantes et opposantes.

Et en cas que les greffiers des geoles et concierges reçoivent des amendes pour faciliter l'élargissement des prisonniers condamnés en icelles, ils seront tenus de le déclarer et en fournir les deniers audit fermier de nos domaines ou ses commis, tous les lundis de chacune semaine ; à peine d'y être contraints à leurs frais et dépens, et de cent livres d'amende.

Les deniers de toutes lesquelles amendes consignées des affaires qui n'auront été jugées, seront de trois mois en trois mois, mis et délivrés par les commis à la recette d'icelles, ès mains dudit fermier de nos domaines et ses sous-fermiers, chacun en droit soi, pour en demeurer dépositaires et les rendre jour à jour aux appelans et autres qui les auront consignés, qui obtiendront gain de cause, sans aucuns frais ni droits. Et seront lesdits fermiers et sous-fermiers, tenus à la fin de leurs baux de fournir l'état desdites amendes consignées, des affaires qui n'auront été jugées, et de remettre les deniers aux fermiers et sous-fermiers qui entreront en leur place, qui s'en chargeront pour en faire le payement aussi sans aucuns frais ni droits, à ceux et ainsi qu'il sera ordonné, et rendre audit précédent fermier celles qui nous seront adjugées, à proportion que les instances seront jugées ; et en demeureront les cautions dudit fermier et sous-fermier, tenus et responsables en leurs privés noms.

Si donnons, etc.

N° 641. — RÈGLEMENT *sur la tenue du conseil de construction.*

22 mars 1671. (Cod. nav., p. 25.)

N° 642. — DÉCLARATION *sur l'art. 1er du titre des requêtes civiles (ordonnance d'avril 1667), et des art. 6 et 7 du titre des informations (ordonnance d'août 1670), portant défenses de se pourvoir contre les arrêts autrement que par requête civile, et aux juges de commettre autres que les greffiers pour écrire les informations.*

Saint-Germain-en-Laye, 21 avril 1671, (Néron II, 107. — Rec. cass.)

PRÉAMBULE.

LOUIS, etc. Les nouvelles ordonnances que nous avons faites, pour remédier aux désordres qui s'étoient glissés, par la malice et l'opiniâtreté des plaideurs, dans les procédures, procès et instances, tant civiles que criminelles, et les soins que nous prenons pour les faire exactement observer, font assez connoître le désir que nous avons de les réformer : et combien que les juges et magistrats, auxquels nous avons commis l'administration de la justice, et que nous avons, en ce faisant, honorés d'une des principales parties de notre autorité, dussent concourir avec nous en ce louable dessein; nous apprenons qu'en quelques-unes de nos Cours et juridictions de leur ressort, on s'efforce de détruire et anéantir nos bonnes et sincères intentions, en inventant de nouveaux moyens, par lesquels, bien loin d'éteindre l'ardeur de plaider, qui n'est que trop répandue dans les esprits, on la fomente, rendant les procès immortels. Ayant été bien informés, qu'encore que par le premier article du titre des requêtes civiles de notre ordonnance du mois d'avril 1667, nous avions précisément ordonné que les arrêts et jugemens en dernier ressort ne pourront être retractés que par lettres en forme de requête civile, à l'égard de ceux qui auront été parties, ou dûement appellés, et de leurs héritiers, successeurs et ayans cause; et que pour empêcher que les particuliers n'entreprennent d'obtenir lesdites requêtes civiles, sans cause légitime, nous y avons établi des conditions avec quelque sévérité; l'on donne néanmoins la facilité aux parties de se pourvoir contre lesdits arrêts et jugemens, par de simples requêtes, en interprétation d'iceux : et sous ce prétexte, et divers autres, l'on fait revivre les procès, en remettant en question les choses déjà jugées. Comme aussi

Quoique nous ayons, par les articles VI et VII du titre des informations de notre ordonnance du mois d'août 1670 pour les matières criminelles, ordonné que les juges, même ceux de nos Cours, ne pourront commettre leurs clercs ou autres personnes, pour écrire les informations qu'ils feront dedans ou dehors leur siège, s'il y a un greffier ou un commis à l'exercice du greffe, si ce n'est qu'ils fussent absents, malades, ou qu'ils eussent quelque autre légitime empêchement; à l'exception toutefois de ceux qui exécuteront des commissions émanées de nous; lesquels pourront commettre telles personnes qu'ils aviseront, auxquelles ils feront prêter le serment. Néanmoins plusieurs juges et officiers de nosdites Cours et juridictions, se servent de leurs clercs ou autres personnes, pour écrire les informations, interrogatoires, procès-verbaux, récolemens, confrontations, et tous autres actes et procédures en matière criminelle, quoiqu'il y ait des greffiers ou des commis à l'exercice des greffes, et qu'ils ne soient malades ni absens, et autorisent leur entreprise, de ce que par notredite ordonnance, nous avons seulement exprimé les informations; d'où ils veulent inférer qu'ils peuvent se servir de leurs clercs et autres, pour lesdits interrogatoires, procès-verbaux, récolemens, confrontations et autres actes : à quoi voulant pourvoir.

A ces causes, etc.

N° 643. — ARRÊT *du conseil qui déclare commun à tous les sujets du roi le règlement fait par les négocians de Bretagne au sujet de la pêche des molues (morues) de Terre-Neuve.*

Paris, 28 avril 1671. (Valin II, 780.)

PRÉAMBULE.

Sur ce qui a été représenté au roi en son conseil, que les négocians de Saint-Malo et autres de la province de Bretagne, ont été les seuls jusqu'à présent qui ont fait la pêche des molues de Terre-Neuve, dans la côte du Petit-Nord, et comme il arrivoit des désordres par la mésintelligence des capitaines ou maîtres des vaisseaux, pour le choix des hâvres où se fait ladite pêche, et que les sauvages se prévalant de cette discussion, tuoient très souvent les matelots, rompoient et ruinoient les échafauds qui étoient dans les hâvres, cela auroit donné lieu à un règlement fait par les principaux négocians de ladite province de Bretagne, le 26 mars 1640, confirmé par arrêt du Parlement de Rennes du 31 dudit mois, par lequel il est, entre autre chose, ordonné que tous les vaisseaux qui iront à ladite côte pour y faire la pêche seront tenus d'envoyer au hâvre du Petit-Maître, et que le premier qui mouilleroit l'ancre dans ledit hâvre, seroit reconnu pour amiral, et pour cet effet qu'il mettroit l'enseigne sur son grand mât, et auroit le choix de tel hâvre que bon lui sembleroit pour faire la pêche, et d'un galet nécessaire pour la quantité d'hommes dont son vaisseau seroit équipé; et d'autant qu'il y a à présent d'autres vaisseaux que ceux de ladite province de Bretagne, qui vont à la pêche des molues audit hâvre du Petit-Maître, et que sous le pretexte que lesdits réglement et arrêt ne sont pas rendus avec les intéressés auxdits vaisseaux, il pourroit arriver quelque difficulté pour l'exécution d'iceux, ce qui causeroit les mêmes désordres qu'on a voulu éviter; à quoi étant nécessaire de pourvoir, et ouï le rapport du sieur Colbert, conseiller du roi en tous ses conseils, contrôleur général des finances, et tout considéré : sa majesté en son conseil a déclaré lesdits réglement et arrêt du parlement de Rennes desdits jours 26 et 31 mars 1640, communs avec tous ceux de ses sujets qui iront dorénavant à la pêche des molues de Terre-Neuve dans la côte du Petit-Nord; ordonne qu'ils seront exécutés selon leur forme et teneur : et à cette fin veut S. M. que le présent arrêt soit lu, etc.

N° 644. — Edit *portant que les matelots seront censés régnicoles, et exempts du droit d'aubaine après cinq ans de service, sans être tenus de prendre lettres de naturalité.*

avril 1671. (Cod. nav., p. 142.)

N° 645. — Ordonnance *qui prohibe les ventes simulées des bâtimens de mer.*

22 mai 1671. (Bajot.)

N° 646. — Arrêt *qui exempte du droit des fermes les marchandises destinées pour les colonies.*

4 juin 1671. (Bajot.)

N° 647. — Ordonnance *portant défenses aux capitaines de marine de rien changer aux logemens et cloisons des vaisseaux.*

13 juin 1671. (Cod. nav. p. 101.)

N° 648. — ORDONNANCE *portant, entre autres dispositions, réglement sur l'entretien des compagnies d'infanterie, et le nombre d'officiers qui les commanderont.*

Ath, le 22 juin 1671. (Réglem. et ordonn. sur la guerre.)

N° 649. — EDIT *portant que les titulaires pourvus de cures ne pourront les résigner avec réserve de pensions, qu'après les avoir desservis 15 ans; si ce n'est pour cause de maladie les mettant hors d'état de servir le reste de leurs jours.*

Ath, juin 1671. (Ord. 14, 3 Y, 472. (Néron II, 108.) Reg. P.P., 21 juillet.

PRÉAMBULE.

LOUIS, etc. Bien que la création des pensions sur les bénéfices, cures et prébendes, qui requièrent une résidence et un service actuel et continuel, soit contraire à l'ancienne discipline de l'église et à la pureté des canons; et qu'elles n'ayent été tolérées dans les suites des temps, que pour de très justes considérations, particulièrement à cause du grand âge, de l'infirmité de ceux qui avoient desservi long-temps leurs bénéfices, et ne se trouvoient plus en état d'en faire les fonctions; néanmoins cet usage favorable en son origine, a depuis dégénéré en de grands abus par l'ouverture qu'il a donnée à une espèce de commerce des cures et prébendes, en les faisant passer en différentes mains avec rétention de pensions excessives, et beaucoup au delà d'une légitime proportion, ce qui a mis les titulaires hors d'état de les desservir avec l'assiduité et la décence qu'ils doivent, et donne lieu à plusieurs contestations suivies de différens arrêts, tant de notre conseil, que des autres compagnies de notre royaume. Ce qu'étant directement contraire à l'esprit des canons, des conciles et des décrétales, comme aussi aux libertés de l'église gallicane; nous avons estimé nécessaire de retrancher les abus qui s'y sont glissés en renouvelant les dispositions faites par les canons.

A ces causes, etc.

N° 650. — EDIT *portant confirmation des brefs des papes, lettres-patentes, arrêts et jugemens relatifs au rétablissement de la discipline dans les ordres, abbayes et monastères du royaume, et que les religieux ne pourront être établis dans les monastères non réformés sans la permission du roi.*

Tournai, juin 1671. (Ord. 14, 3 Y, 454.—Rec. cass. — Archiv.)

N° 651. — ORDONNANCE *qui défend le commerce étranger aux propriétaires des vaisseaux bâtis aux îles et à la nouvelle France.*

Saint-Germain-en-Laye, 18 juillet 1671. (Moreau de Saint-Méry I, 227.

N° 652. — ORDONNANCE *pour rendre uniformes les poids et mesures dans tous les ports et arsenaux de la marine.*

21 août 1671. (Cod. nav. p. 54.)

N° 653. — DÉCLARATION *(sur l'art. 3, tit. 5, ord. d'août 1670), portant que les visites des blessés seront faites par les deux chirurgiens commis par le premier médecin, suivant l'ancien usage.*

Fontainebleau, 22 août 1671, (Ord. 15, 3 Z, I.—Archiv.) Reg. P. P., 1ᵉʳ septembre.

N° 654. — EDIT *pour la répression des abus qui se commettent dans les pèlerinages.*

Fontainebleau, août 1671. (Ord. 14, 3 Y, 516. — Archiv. — Rec. cass. — Delamare.)

LOUIS, etc. Le désir que nous avons de procurer en tout ce qui dépend de nos soins, et de notre autorité, la gloire de Dieu, le bien et la conservation de nos sujets, nous a obligé de chercher les remèdes convenables pour corriger les désordres qui se sont introduits dans notre royaume, sous un prétexte spécieux de dévotion et de pèlerinage, dont nous apprenons que l'abus est tel, que plusieurs soi-disant pèlerins quittent leurs parens et leurs familles contre leur gré, laissent leurs femmes et leurs enfans sans aucuns secours, volent leurs maîtres, abandonnent leur apprentissage, et suivent l'esprit du libertinage qui les a inspirés, passent le cours de leur pèlerinage en une débauche continuelle : il arrive même que la plupart des gens vagabonds et sans aveu, prenant la qualité de pèlerins, pour entretenir leur oisiveté, passent en cet équipage de province en province, et font une profession publique de mendicité ; et d'autres encore plus blâmables, s'établissent dans des pays étrangers, où ils trompent des femmes, qu'ils épousent au préjudice des femmes légitimes qu'ils ont laissées en France. Nous avons cru qu'il étoit de l'intérêt public et de la police générale de notre royaume de réprimer la corruption d'une chose si sainte, sans néanmoins empêcher les bonnes intentions de ceux qui, par des sentimens sincères de piété et de mortification, voudront entreprendre des pélerinages dont nous n'approuvons pas moins la pratique légitime, que nous voulons retrancher ce qu'il peut y avoir d'abusif. A ces causes, etc. Voulons et nous plaît que tous ceux qui voudront aller en pélerinage à St.-Jacques en Galice, à notre dame de Lorette, et autres lieux saints hors de notre royaume, seront tenus de se présenter devant leur évêque diocésain pour être par lui examinés sur les motifs de leur voyage, et prendre de lui attestation par écrit, outre laquelle ils seront tenus de retirer des maires, jurats, échevins, consuls, capitouls ou syndics des lieux de leur demeure, un certificat contenant leurs nom, surnoms, âge, qualité, vacation, s'ils sont mariés ou non, et la déclaration du lieu où ils veulent aller en pélerinage; comme aussi retireront pareille attestation du lieutenant général, et substituts de notre procureur général, en la sénéchaussée ou baillage d'où ils dépendent; lesquels certificats et attestations, lesdits maires, échevins, jurats, consuls, syndics, lieutenans généraux et autres officiers seront tenus de leur expédier gratuitement et sans frais, en leur portant par lesdits pélerins l'attestation des évêques diocésains, et d'en retenir autant dans leur greffe, pour y avoir recours si besoin est; faisant en outre inhibitions et défenses auxdits lieutenans généraux, substituts de notre procureur général, maires, consuls, jurats, échevins, capitouls ou syndics, d'expédier lesdites attestations et certificats aux mineurs, enfans de famille, apprentis et femmes mariées, qu'il ne leur soit apparu par préalable du consentement de leurs pères, tuteurs, curateurs, ou plus proches parens, maîtres de métier, et de leurs maris; et seront tenus lesdits pélerins, en allant, représenter lesdites attestations et certificats aux magistrats et juges de police des villes et bourgs qui se trouveront sur leur route, desquels ils prendront certificat de leur arrivée et de la représentation desdites attestations et certificats, lesquels seront enregistrés aux greffes desdites villes et bourgs de leur passage, moyennant quoi pourront aller librement dans toutes les terres et lieux de notre obéissance sans qu'il leur soit fait aucun empêchement, et seront reçus ès hôpitaux pour ce établis suivant les conditions de leurs fondations; et où lesdits pélerins ne se trouveront pas munis desdites attestations et certificats, enjoignons à tous juges, magistrats, prévôts des maréchaux, vice-sénéchaux, leurs lieutenans, exempts, et autres officiers, maires, consuls, jurats, capitouls, ou syndics des villes et bourgs dans lesquels passeront lesdits pèlerins, de les arrêter et de les conduire dans les prisons desdites villes, ou s'ils sont arrêtés à la campagne dans celles de la ville la plus prochaine, où nous voulons que par les juges de police ils soient punis du carcan pour la première fois, nonobstant oppositions ou appellations quelconques et sans autre forme ni figure de procès, après quoi leur sera donné sauf-conduit par lesdits juges pour leur retour en leur pays. Et en cas de récidive, ou que lesdits pèlerins continuent leur prétendu pèlerinage, seront punis du fouet, par manière de castigation en présence et par ordonnance des mêmes juges, par les valets des concierges des maisons-de-ville, les geoliers des prisons, ou autres personnes à ce préposées. Et en cas de contravention pour la troisième fois, leur sera le procès fait et parfait, comme à gens vagabonds et sans aveu par les juges des lieux où ils auront été pris en première instance et par appel en nos cours de parlement; et ne pourra la peine être moindre pour les hommes que les galères; nous remettant auxdites cours d'en modérer le temps, suivant l'exigence des cas et qualité des personnes. Enjoignons auxdits juges de police d'envoyer aux substituts de notre procureur général, dans la sénéchaussée dont ils dépendent les procès-verbaux de punition de carcan, ou fouet par manière de castigation, sur ceux qui l'auront soufferte, dans le mois après ladite exécution, et auxdits substituts d'en envoyer tous les six mois les extraits à notre procureur général.

N° 655. — ORDONNANCE *portant amnistie en faveur des déserteurs.*

Versailles, le 30 septembre 1671. (Réglem. et ordon. sur la guerre.)

N° 656. — ORDONNANCE *portant réglement sur les saluts que les vaisseaux du Roi doivent se rendre entre eux.*

3 octobre 1671. (Cod. nav., p. 22.)

N° 657. — RÉGLEMENT *pour la garde et conservation des ports et arsenaux de marine et des vaisseaux de guerre.*

23 octobre 1671. (Cod. nav., p. 35.)

N° 658. — ORDONNANCE *portant amnistie générale pour les habitans des îles de la Tortue et de Saint-Domingue.*

Saint-Germain-en-Laye, octobre 1671. (Moreau de Saint-Méry, I, 249.)

N° 659. — RÈGLEMENT *sur le fait du commandement des armes, de la justice, de la police, des finances et du choix des officiers aux îles de l'Amérique.*

Versailles, 4 novembre 1671. (Moreau de Saint-Méry; I, 251.)

Sa Majesté,..... ordonne ce qui suit :

ART. 1. Le commandement des armes appartiendra toujours au lieutenant-général établi par sa majesté dans lesdites îles et aux gouverneurs particuliers d'icelles; sa majesté voulant néanmoins qu'ils donnent part au directeur de la compagnie des Indes occidentales qui sera sur le lieu, ou à celui qui le représentera et aura son pouvoir, de tout ce qui se passera sur ce sujet, attendu que ladite compagnie est seigneur et propriétaire desdites îles.

2. La justice sera administrée en première instance par les juges établis en chacune île par la compagnie, et en cas d'appel par le conseil souverain établi en chacune d'icelles.

3. La police générale et tout ce qui en dépendra suivant l'usage et les ordonnances du royaume sera faite par ledit conseil souverain en chacune île; et la police particulière, c. a. d. l'exécution des réglemens et ordonnances de police générale sera faite par les premiers juges.

4. Les réglemens et ordonnances de justice et police, de quelque qualité qu'ils puissent être, sans aucune exception, seront proposés dans les conseils souverains par les procureurs de sa majesté, et iceux délibérés et résolus avec liberté de suffrage, à la pluralité des voix, et seront intitulés du nom du lieutenant-général dans l'île où il se trouvera, dans les autres îles des noms des gouverneurs particuliers d'icelles, signés, expédiés par les greffiers desdits conseils, publiés et affichés à la diligence des procureurs généraux, qui seront aussi chargés de tenir la main à leur exécution dont ils seront tenus de rendre compte auxdits conseils.

5. Lesdits conseils seront composés, conformément aux lettres-patentes de sa majesté, du lieutenant général qui y présidera toujours dans toutes les îles où il se trouvera et des gouverneurs particuliers en chacune des autres îles; la seconde personne

desdits conseils sera toujours le directeur ou l'agent général de ladite compagnie; en sorte qu'il aura séance avant le gouverneur particulier, lorsque le lieutenant général y sera présent; ladite compagnie donnera la commission à quatre autres conseillers de chacun conseil conformément aux lettres patentes.

6. En cas de vacances des officiers de guerre, sa majesté veut que ladite compagnie donne pouvoir audit lieutenant général et directeur ou agent général conjointement d'y commettre; en quoi elle désire qu'elle fasse connaître audit directeur général ou agent, qu'en cas de différence de choix il ait à déférer à celui qui sera fait par ledit lieutenant général jusqu'à ce que la compagnie en envoie ses provisions sur les lieux, à l'égard des officiers qu'elle a droit de pourvoir par ses lettres de concessions, ou sa nomination; et les provisions de sa majesté à l'égard de ceux auxquels elle a droit seulement de nommer.

7. A l'égard des charges des conseils souverains, lorsqu'elles vaqueront, sa majesté veut qu'il en soit donné avis à la compagnie, afin que ceux qu'elle aura choisis pour les remplir soient pourvus par sa majesté, et cependant lesdits conseils nommeront trois personnes aux lieutenant général et directeur, ou agent général, qui y commettront conjointement, l'une desdites trois personnes nommées pour l'exercer jusqu'à ce que les provisions de sa majesté aient été envoyées sur les lieux.

8. Les officiers des premières justices seront pourvus par le directeur ou agent général, et en conséquence du pouvoir qui lui en sera donné par la compagnie.

9. Les concessions de toutes les terres seront faites par ledit directeur ou agent général seul, en conséquence du même pouvoir.

10. A l'égard des prises qui seront faites en mer, sa majesté enverra ses provisions sur la nomination de M. le comte de Vermandois, amiral de France, pour l'établissement de la justice de l'amirauté.

11. Sa majesté veut que les premiers juges et les conseils souverains suivent et se conforment à la coutume de Paris, et aux ordonnances du royaume pour la justice qu'ils doivent rendre à ses sujets.

12. A l'égard de la police, sa majesté veut que lesdits conseils souverains s'y appliquent particulièrement en chacune île, et qu'ils travaillent à faire des règlemens et ordonnances qui aient pour fin d'établir une entière liberté à tous les marchands fran-

çais qui y apporteront leur commerce, et en exclure entièrement les étrangers, et à perfectionner les manufactures des sucres, des tabacs, et de toutes les autres marchandises qui croissent dans lesdites îles, et qu'ils soient persuadés que de tous ces points dépend l'augmentation ou perte entière des colonies desdites îles.

13. A l'égard des finances qui consistent au pouvoir d'ordonner des deniers qui seront envoyés par sa majesté ou par la compagnie, lorsque sa majesté y en enverra, elle fera connoître ses volontés par les ordonnances qu'elle fera expédier; à l'égard des deniers de la compagnie, sa majesté veut que le directeur ou l'agent général en ordonne seul sans difficulté, suivant le pouvoir qui lui en sera donné par la compagnie.

Veut sa majesté, que le présent règlement soit publié en chacun des conseils souverains desdites îles, et envoyé au greffe d'iceux et affiché partout où il appartiendra; mande sa majesté, au sieur de Baas, lieutenant-général pour sa majesté dans lesdites îles, aux gouverneurs particuliers d'icelles, et aux officiers tenant lesdits conseils souverains et autres ses officiers qu'il appartiendra, de tenir soigneusement la main à l'exécution d'icelui.

N° 660. — ORDONNANCE *qui défend de transporter des bœufs, lards, toiles et autres marchandises étrangères des pays étrangers dans les îles.*

Versailles, 4 novembre 1671. (Moreau de Saint-Méry, I, 255.)

N° 661. — DÉCLARATION *portant que les acquéreurs des offices de judicature seront tenus de déposer le prix de leur traité, et faisant défenses de l'augmenter.*

Saint-Germain-en-Laye, 27 novembre 1671. (Archiv. — Néron, II, 108.) Reg. Audience de France le même jour.

N° 662. — ORDONNANCE *qui permet à tous marchands français de transporter des vins de Madère dans les îles françaises de l'Amérique.*

Saint-Germain-en-Laye, 28 novembre 1671. (Moreau de Saint-Méry, I, 256.)

N° 663. — DÉCLARATION *concernant les portions congrues, interprétative de celle de juin précédent.*

Saint-Germain-en-Laye, 4 décembre 1671. (Archiv.)

N° 664. — ARRÊT *du conseil portant que les religionnaires ne pourront avoir, dans les lieux où l'exercice de leur culte est permis, ni plus d'une école, ni plus d'un maître.*

St-Germain-en-Laye, 4 décembre 1671. (Nouv. rec. de Lefèvre.)

N° 665. — RÈGLEMENT *sur le nombre d'officiers qui doivent commander les vaisseaux de chaque rang.*

Saint-Germain-en-Laye, 27 décembre 1671. (Cod. nav., p. 102.)

N° 666. — RÈGLEMENT *pour l'administration du jardin des Plantes.*

Saint-Germain-en-Laye, décembre 1671. (Blanchard.)

N° 667. — ARRÊT *du conseil portant confirmation de committimus pour les 200 avocats au conseil, et dérogeant à l'art. 13 du tit. des Committimus, de l'ordonnance d'août 1669, qui n'accordait ce droit qu'aux quinze plus anciens de la compagnie.*

Saint-Germain-en-Laye, décembre 1671. (Rec. av. cass.)

N° 668. — ORDONNANCE *portant que les capitaines donneront un certificat de la quantité et de la qualité des vivres embarqués à leur bord.*

Saint-Germain-en-Laye, 31 décembre 1671. (Cod. nav. p. 169.)

FIN DU TOME DEUXIÈME DU RÈGNE DE LOUIS XIV.

www.ingramcontent.com/pod-product-compliance
Lightning Source LLC
Chambersburg PA
CBHW071110230426
43666CB00009B/1898